Lógica do Sentido

Coleção Estudos
Dirigida por J. Guinsburg

Equipe de realização – Tradução: Luiz Roberto Salinas Fortes; Revisão: Mary Amazonas
Leite de Barros; Produção: Ricardo W. Neves e Sergio Kon.

Gilles Deleuze

LÓGICA DO SENTIDO

Título do original francês:
Logique du sens

© 1969 by Les Éditions de Minuit

Dados Internacionais de Catalogação na Publicação (CIP)
(Câmara Brasileira do Livro, SP, Brasil)

Deleuze, Gilles
    Lógica do sentido / Gilles Deleuze ; [tradução Luiz
Roberto Salinas Fortes]. — São Paulo : Perspectiva, 2015. —
(Estudos ; 35 / dirigida por J. Guinsburg)

    Título original: Logique du sens
    4. reimpr. da 5.ed. de 2009
    Bibliografia.
    ISBN 978-85-273-0138-1

    1. Carroll, Lewis, 1832-1898. Alice no País da
Maravilha 2. Semântica (Filosofia) I. Título. II. Série.

06-1377   CDD-149.94

Índices para catálogo sistemático:
1. Semântica : Filosofia   149.94

5ª edição – 4ª reimpressão

[PPD]

Direitos reservados em língua portuguesa à
EDITORA PERSPECTIVA LTDA.

Av. Brigadeiro Luís Antônio, 3025
01401-000 São Paulo SP Brasil
Telefax: (011) 3885-8388
www.editoraperspectiva.com.br
2019

Sumário

Prólogo: de Lewis Carroll aos Estóicos XV

Primeira Série de Paradoxos: Do Puro Devir 1
Distinção platônica entre as coisas medidas e o devir-louco — A identidade infinita — As aventuras de Alice ou "acontecimentos".

Segunda Série de Paradoxos: Dos Efeitos de Superfície 5
Distinção estóica dos corpos ou estados de coisas e dos efeitos incorporais ou acontecimentos — Corte da relação causal — Fazer subir à superfície... — Descoberta da superfície em Lewis Carroll.

Terceira Série: Da Proposição 13
Designação, manifestação, significação: suas relações e sua circularidade — Haverá uma quarta dimensão da proposição? — Sentido, expressão e acontecimento — Dupla natureza do sentido: exprimível da proposição e atributo do estado de coisas, insistência e extra-ser.

Quarta Série: Das Dualidades 25
Corpo-linguagem, comer-falar — Duas espécies de palavras — Duas dimensões da proposição: as designações e as expressões, as consumações e o sentido — As duas séries.

Quinta Série: Do Sentido 31
A proliferação indefinida — O desdobramento estéril — A neutralidade ou terceiro estado da essência — O absurdo ou os objetos impossíveis.

Sexta Série: Sobre a Colocação em Séries 39
A forma serial e as séries heterogêneas — Sua constituição — Para o que convergem estas séries? — O paradoxo de Lacan: o estranho elemento (lugar vazio ou ocupante sem lugar) — A loja da ovelha.

Sétima Série: Das Palavras Esotéricas 45

Síntese de contração sobre uma série (conexão) — Síntese de coordenação de duas séries (conjunção) — Síntese de disjunção ou de ramificação das séries: o problema das palavras-valise.

Oitava Série: Da Estrutura 51

Paradoxo de Lévi-Strauss — Condição de uma estrutura — Papel das singularidades.

Nona Série: Do Problemático 55

Singularidades e acontecimentos — Problema e acontecimento — As matemáticas recreativas — Ponto aleatório e pontos singulares.

Décima Série: Do Jogo Ideal 61

Regras dos jogos ordinários — Um jogo extraordinário — As duas leituras do tempo: Aion e Cronos — Mallarmé.

Décima Primeira Série: Do Não-Senso 69

Caracteres do elemento paradoxal — Em que ele é não-senso; as duas figuras do não-senso — As duas formas do absurdo (sem significação) que daí decorrem — Co-presença do não-senso ao sentido — O sentido como "efeito".

Décima Segunda Série: Sobre o Paradoxo 77

Natureza do bom senso e paradoxo — Natureza do senso comum e paradoxo — Não-senso, sentido e organização da linguagem dita secundária.

Décima Terceira Série: Do Esquizofrênico e da Menina   85

Antonin Artaud e Lewis Carroll — Comer-falar e a linguagem esquizofrênica — Esquizofrenia e falência da superfície — A palavra-paixão e seus valores literários explodidos, a palavra-ação e seus valores tônicos inarticulados — Distinção entre o não-senso de profundidade e o não-senso de superfície, da ordem primária e da organização secundária da linguagem.

Décima Quarta Série: Da Dupla Causalidade 97

Os acontecimentos-efeitos incorporais, sua causa e sua quase-causa — Impassibilidade e gênese — Teoria de Husserl — As condições de uma verdadeira gênese: um campo transcendental sem Eu nem centro de individuação.

Décima Quinta Série: Das Singularidades 103

A batalha — O campo transcendental não pode conservar a forma de uma consciência — As singularidades impessoais e pré-individuais — Campo transcendental e superfície — Discurso do indivíduo, discurso da pessoa, discurso sem fundo: haverá um quarto discurso?

Décima Sexta Série: Da Gênese Estática Ontológica 113

Gênese do indivíduo: Leibniz — Condição da "compossibilidade" de um mundo ou da convergência das séries (continuidade) — Transformação do acontecimento em predicado — Do indivíduo à pessoa — Pessoas, propriedades e classes.

Décima Sétima Série: Da Gênese Estática Lógica .. 123

Passagem às dimensões da proposição — Sentido e proposição — Neutralidade do sentido — Superfície e forro.

Décima Oitava Série: Das Três Imagens de Filósofos 131

Filosofia e altura — Filosofia e profundidade — Um novo tipo de filósofo: o estóico — Hércules e as superfícies.

Décima Nona Série: Do Humor 137

Da significação à designação — Estoicismo e Zen — O discurso clássico e o indivíduo, o discurso romântico e a pessoa: a ironia — O discurso sem fundo — O discurso das singularidades: o humor ou a "quarta pessoa do singular".

Vigésima Série: Sobre o Problema Moral nos Estóicos 145

Os dois pólos da moral: adivinhação física das coisas e uso lógico das representações — Representação, uso e expressão — Compreender, querer, representar o acontecimento.

Vigésima Primeira Série: Do Acontecimento 151

Verdade eterna do acontecimento — Efetuação e contra-efetuação: o ator — Os dois aspectos da morte como acontecimento — O que significa querer o acontecimento.

Vigésima Segunda Série: Porcelana e Vulcão 157

A "fissura" (Fitzgerald) — Os dois processos e o problema de sua distinção — Alcoolismo, mania depressiva — Homenagem à psicodelia.

Vigésima Terceira Série: Do Aion 167

As características de Cronos e sua reversão por um devir das profundidades — Aion e a superfície — A organização que decorre de Aion e suas diferenças com relação a Cronos.

Vigésima Quarta Série: Da Comunicação dos Acontecimentos 175

Problema das incompatibilidades alógicas — Leibniz — Distância positiva e síntese afirmativa de disjunção — O eterno retorno, o Aion e a linha reta: um labirinto mais terrível...

Vigésima Quinta Série: Da Univocidade 183

O indivíduo e o acontecimento — Seqüência do eterno — As três significações da univocidade.

Vigésima Sexta Série: Da Linguagem 187

O que torna a linguagem possível — Recapitulação da organização da linguagem — O verbo e o infinitivo.

Vigésima Sétima Série: Da Oralidade 191

Problema da gênese dinâmica: das profundidades à superfície — As "posições" segundo Mélanie Klein — Esquizofrenia e depressão, profundidade e altura. Simulacro e Ídolo — Primeira etapa: do ruído à voz.

Vigésima Oitava Série: Da Sexualidade 201

As zonas erógenas — Segunda etapa da gênese dinâmica: a formação das superfícies e sua concordância — Imagem — Natureza do complexo de Édipo, papel da zona genital.

Vigésima Nona Série: As Boas Intenções são Forçosamente Punidas 209

O empreendimento edipiano na sua relação com a constituição da superfície — Reparar e fazer vir — A castração — A intenção como categoria — Terceira etapa da gênese: da superfície física à superfície metafísica (a dupla tela).

Trigésima Série: Do Fantasma 217

Fantasma e acontecimento — Fantasma, eu e singularidades — Fantasma, verbo e linguagem.

Trigésima Primeira Série: Do Pensamento 225

Fantasma, passagem e começo — O casal e o pensamento — A superfície metafísica — A orientação na vida psíquica, a boca e o cérebro.

Trigésima Segunda Série: Sobre as Diferentes Espécies de Séries 231

As séries e a sexualidade: série conectiva e zona erógena, série conjuntiva e concordância — A terceira forma de série sexual, disjunção e divergência — Fantasma e ressonância — Sexualidade e linguagem: os três tipos de séries e as palavras correspondentes — Da voz à palavra.

Trigésima Terceira Série: Das Aventuras de Alice   241

Das três espécies de palavras esotéricas em Lewis Carroll — Resumo comparado de *Alice* e de *Do outro lado do espelho* — Psicanálise e literatura, romance neurótico familiar e romance-obra de arte.

Trigésima Quarta Série: Da Ordem Primária e da Organização Secundária 247

A estrutura pendular do fantasma: ressonância e movimento forçado — Da palavra ao verbo — Fim da gênese dinâmica — Rejeição, primária e secundária — Satírica, irônica, humorística.

APÊNDICES

I. SIMULACRO E FILOSOFIA ANTIGA

1. *Platão e o simulacro* 259

A dialética platônica: significação da divisão — A seleção dos pretendentes.
Cópias e simulacros — As características do simulacro.
História da representação.
Reverter o platonismo: a obra de arte moderna e a desforra dos simulacros — Conteúdo manifesto e conteúdo latente do eterno retorno (Nietzsche contra Platão) — Eterno retorno e simulação — Modernidade.

2. *Lucrécio e o simulacro* 273

O diverso — A Natureza e a soma não-totalizável — Crítica do Ser, do Um e do Todo.
Os diferentes aspectos do princípio de causalidade — As duas figuras do método — O *clinamen* e a teoria do tempo. O verdadeiro e o falso infinito — A perturbação da alma — Emanações da profundidade, simulacros de superfície, fantasmas teológicos, oníricos e eróticos — O Tempo e a unidade do método — Origem do falso infinito e da perturbação da alma.
O Naturalismo e a crítica dos mitos.

II. FANTASMA E LITERATURA MODERNA

3. *Klossowski ou os corpos-linguagem* 289

O silogismo disjuntivo do ponto de vista do corpo e da linguagem — Pornografia e teologia.
Ver e falar — Reflexos, ressonâncias, simulacros — A denúncia — Flexão do corpo e da linguagem.
Troca e repetição — A repetição e o simulacro — Papel das cenas congeladas.
O dilema: corpo-linguagem — Deus e o Anticristo: as duas ordens.
Teoria kantiana do silogismo disjuntivo — O papel de Deus — Transformação da teoria em Klossowski.
A ordem do Anticristo — A intenção: intensidade e intencionalidade — O eterno retorno como fantasma.

4. *Michel Tournier e o mundo sem outrem* 311

Robinson, os elementos e os fins — Problema da perversão.

O efeito de outrem na percepção — Outrem como estrutura *a priori* — O efeito de outrem no tempo — A ausência de outrem — Os duplos e os elementos.
Os três sentidos da perda de outrem — Do simulacro ao fantasma.
Outrem e a perversão.

5. *Zola e a fissura* 331
A fissura e a hereditariedade — Os instintos e seus objetos.
As duas hereditariedades — Instinto de morte e instintos.
A Besta Humana.
O objeto fantasmado — Trágico e épico.

Prólogo:
De Lewis Carroll
aos Estóicos

A obra de Lewis Carroll tem tudo para agradar ao leitor atual: livros para crianças, de preferência para meninas; palavras esplêndidas, insólitas, esotéricas; crivos, códigos e decodificações; desenhos e fotos; um conteúdo psicanalítico profundo, um formalismo lógico e lingüístico exemplar. E para além do prazer atual algo de diferente, um jogo do sentido e do não-senso, um caos-cosmos. Mas as núpcias da linguagem e do inconsciente foram já contraídas e celebradas de tantas maneiras que é preciso procurar o que foram precisamente em Lewis Carroll, com o que reataram e o que celebraram nele, graças a ele.

Apresentamos séries de paradoxos que formam a teoria do sentido. Que esta teoria não seja separável de paradoxos explica-se facilmente: o sentido é uma entidade não existente, ele tem mesmo com o não-senso relações muito particulares. O lugar privilegiado de Lewis Carroll provém do fato de que ele faz a primeira grande conta, a primeira grande encenação dos paradoxos do sentido, ora recolhendo-os, ora renovando-os, ora inventando-os, ora preparando-os. O lugar privilegiado dos Estóicos provém de que foram iniciadores de uma nova imagem do filósofo, em ruptura com os pré-socráticos, com o socratismo e o platonismo; e esta nova imagem já está estreitamente ligada à constituição paradoxal da teoria do sentido. A cada série correspondem, por conseguinte, figuras que são não somente históricas, mas tópicas e lógicas. Como sobre uma superfície pura, certos pontos de tal figura em uma série remetem a outros pontos de tal outra: o conjunto das constelações-problema com os lances de dados correspondentes, as histórias e os lugares, um lugar complexo, uma "história embrulhada" — este livro é um ensaio de romance lógico e psicanalítico.

Apresentamos em apêndice cinco artigos já aparecidos. Nós os retomamos modificando-os, mas o tema permanece e se desenvolvem certos pontos que só são brevemente indicados nas séries precedentes (marcamos a cada vez a ligação por meio de uma nota). São: 1º) "Reverter o platonismo", *Revue de métaphysique et de morale*, 1967; 2º) "Lucrécio e o naturalismo", *Études philosophiques*, 1961; 3º) "Klossowski e os corpos-linguagem", *Critique*, 1965; 4º) "Uma teoria do outro" (Michel Tournier), *Critique*, 1967; 5º) "Introdução à *Besta Humana* de Zola", Cercle précieux du livre, 1967. Agradecemos aos editores que se dispuseram a autorizar esta reprodução.

Primeira Série de Paradoxos: Do Puro Devir

Alice assim como *Do outro lado do espelho* tratam de uma categoria de coisas muito especiais: os acontecimentos, os acontecimentos puros. Quando digo "Alice cresce", quero dizer que ela se torna maior do que era. Mas por isso mesmo ela também se torna menor do que é agora. Sem dúvida, não é ao mesmo tempo que ela é maior e menor. Mas é ao mesmo tempo que ela se *torna* um e outro. Ela é maior agora e era menor antes. Mas é ao mesmo tempo, no mesmo lance, que nos tornamos maiores do que éramos e que nos fazemos menores do que nos tornamos. Tal é a simultaneidade de um devir cuja propriedade é furtar-se ao presente. Na medida em que se furta ao presente, o devir não suporta a separação nem a distinção do antes e do depois, do passado e do futuro. Pertence à essência do devir avançar, puxar nos dois sentidos ao mesmo tempo: Alice não cresce sem ficar menor e inversamente. O bom senso é a afirmação de que, em todas as coisas, há um sentido determinável; mas o paradoxo é a afirmação dos dois sentidos ao mesmo tempo.

Platão convidava-nos a distinguir duas dimensões: 1º) a das coisas limitadas e medidas, das qualidades fixas, quer sejam permanentes ou temporárias, mas supondo sempre freadas assim como repousos, estabelecimentos de presentes, designações de sujeitos: tal sujeito tem tal grandeza, tal pequenez em tal momento; 2º) e, ainda, um puro devir sem medida, verdadeiro devir-louco que não se detém nunca, nos dois sentidos ao mesmo tempo, sempre furtando-se ao presente, fazendo coincidir o futuro e o passado, o mais e o menos, o demasiado e o insuficiente na simultaneidade de uma matéria indócil ("mais quente e mais frio vão sempre para a frente e nunca permanecem, enquanto a quantidade definida é ponto de parada e não poderia avançar sem deixar de ser; "o mais jovem torna-se mais velho do que o mais velho, e o mais velho, mais jovem do que o mais jovem, mas finalizar este devir é o de que eles não são capazes, pois se o finalizassem não mais *viriam a ser,* mas seriam...")[1].

Reconhecemos esta dualidade platônica. Não é, em absoluto, a do inteligível e a do sensível, da Idéia e da matéria, das Idéias e dos corpos. É uma dualidade mais profunda, mais secreta, oculta nos próprios corpos sensíveis e materiais: dualidade subterrânea entre o que recebe a ação da Idéia e o que se subtrai a esta ação. Não é a distinção do Modelo e da cópia, mas a das cópias e dos simulacros. O puro devir, o ilimitado, é a matéria do simulacro, na medida em que se furta à ação da Idéia, na medida em que contesta ao mesmo tempo *tanto* o modelo *como* a cópia. As coisas medidas acham-se sob as Idéias; mas debaixo das próprias coisas não haveria ainda este elemento louco que subsiste, que "sub-vem", aquém da ordem imposta pelas Idéias e recebida pelas coisas? Ocorre até mesmo a Platão perguntar se este puro devir não estaria numa relação muito particular com a linguagem: tal nos parece um dos sentidos principais do *Crátilo.* Não seria talvez esta relação essencial à linguagem, como em um "fluxo" de palavras, um discurso enlouquecido que não cessaria de deslizar sobre aquilo a que remete sem jamais se deter? Ou então, não haveria duas linguagens e duas espécies de "nomes", uns designando as paradas e repousos que recolhem a ação da Idéia e os outros exprimindo os movimentos ou os devires rebeldes?[2] Ou ainda, não seriam duas dimensões distintas interiores à linguagem em geral, uma sempre recoberta pela outra, mas continuando a "sub-vir" e a substituir sob a outra?

O paradoxo deste puro devir, com a sua capacidade de furtar-se ao presente, é a identidade infinita: identidade infinita dos dois sentidos ao mesmo tempo, do futuro e do passado, da véspera e do amanhã, do mais e do menos, do demasiado e do insuficiente, do ativo e do passivo, da causa e do efeito. É a linguagem que fixa os limites (por exemplo, o momento em que começa o *demasiado*), mas é ela também que ultrapassa os limites e os restitui à equivalência infinita de um devir ilimitado ("não segure um tição vermelho durante *demasiado* tempo, ele o queimaria; não se corte *demasiado* profundamente, isso faria você sangrar"). Daí as inversões que constituem as aventuras de

---

1. PLATÃO. *Filebo,* 24 d; *Parmênides,* 154-155.
2. PLATÃO. *Crátilo.* 437 e ss. Sobre tudo o que precede, cf. Apêndice I.

DO PURO DEVIR

Alice. Inversão do crescer e do diminuir: "em que sentido, em que sentido?" pergunta Alice, pressentindo que é sempre nos dois sentidos ao mesmo tempo, de tal forma que desta vez ela permanece igual, graças a um efeito de óptica. Inversão da véspera e do amanhã, o presente sendo sempre esquivado: "geléia na véspera e no dia seguinte, nunca hoje". Inversão do mais e do menos: cinco noites são cinco vezes mais quentes do que uma só, "mas deveriam ser também cinco vezes mais frias pela mesma razão". Do ativo e do passivo: "será que os gatos comem os morcegos?" é o mesmo que "será que os morcegos comem os gatos?". Da causa e do efeito: ser punido antes de ter cometido a falta, gritar antes de se machucar, servir antes de repartir.

Todas estas inversões, tais como aparecem na identidade infinita têm uma mesma conseqüência: a contestação da identidade pessoal de Alice, a perda do nome próprio. A perda do nome próprio é a aventura que se repete através de todas as aventuras de Alice. Pois o nome próprio ou singular é garantido pela permanência de um saber. Este saber é encarnado em nomes gerais que designam paradas e repousos, substantivos e adjetivos, com os quais o próprio conserva uma relação constante. Assim, o eu pessoal tem necessidade de Deus e do mundo em geral. Mas quando os substantivos e adjetivos começam a fundir, quando os nomes de parada e repouso são arrastados pelos verbos de puro devir e deslizam na linguagem dos acontecimentos, toda identidade se perde para o eu, o mundo e Deus. É a provação do saber e da declamação, em que as palavras vêm enviesadas, empurradas de viés pelos verbos, o que destitui Alice de sua identidade. Como se os acontecimentos desfrutassem de uma irrealidade que se comunica ao saber e às pessoas através da linguagem. Pois a incerteza pessoal não é uma dúvida exterior ao que se passa, mas uma estrutura objetiva do próprio acontecimento, na medida em que sempre vai nos dois sentidos ao mesmo tempo e que esquarteja o sujeito segundo esta dupla direção. O paradoxo é, em primeiro lugar, o que destrói o bom senso como sentido único, mas, em seguida, o que destrói o senso comum como designação de identidades fixas.

Segunda Série
de Paradoxos:
Dos Efeitos de Superfície

Os Estóicos, por sua vez, distinguiam duas espécies de coisas: 1) Os corpos, com suas tensões, suas qualidades físicas, suas relações, suas ações e paixões e os "estados de coisas" correspondentes. Estes estados de coisas, ações e paixões, são determinados pelas misturas entre corpos. No limite, há uma unidade de todos os corpos em função de um Fogo primordial em que eles são absorvidos e a partir do qual se desenvolvem segundo sua tensão respectiva. O único tempo dos corpos e estados de coisas é o presente. Pois o presente vivo é a extensão temporal que acompanha o ato, que exprime e mede a ação do agente, a paixão do paciente. Mas, na medida da unidade dos corpos entre si, na medida da unidade do princípio ativo e do princípio passivo, um presente cósmico envolve o universo inteiro: só os corpos existem no espaço e só o presente no tempo. Não há causas e efeitos entre os corpos: todos os corpos são causas, causas uns com relação aos outros, uns para os outros. A unidade da causas entre si se chama Destino, na extensão do presente cósmico.

2) Todos os corpos são causas uns para os outros, uns com relação aos outros, mas de que? São causas de certas coisas de uma natureza completamente diferente. Estes *efeitos* não são corpos, mas, propriamente falando, "incorporais". Não são qualidades e propriedades físicas, mas atributos lógicos ou dialéticos. Não são coisas ou estados de coisas, mas acontecimentos. Não se pode dizer que existam, mas, antes, que subsistem ou insistem, tendo este mínimo de ser que convém ao que não é uma coisa, entidade não existente. Não são substantivos ou adjetivos, mas verbos. Não são agentes nem pacientes, mas resulta-

6   LÓGICA DO SENTIDO

dos de ações e paixões, "impassíveis" — impassíveis resultados. Não são presentes vivos, mas infinitivos: *Aion* ilimitado, devir que se divide ao infinito em passado e em futuro, sempre se esquivando do presente. De tal forma que o tempo deve ser apreendido duas vezes, de duas maneiras complementares, exclusivas uma da outra: inteiro como presente vivo nos corpos que agem e padecem, mas inteiro também como instância infinitamente divisível em passado--futuro, nos efeitos incorporais que resultam dos corpos, de suas ações e de suas paixões. Só o presente existe no tempo e reúne, absorve o passado e o futuro, mas só o passado e o futuro insistem no tempo e dividem ao infinito cada presente. Não três dimensões sucessivas, mas duas leituras simultâneas do tempo.

Como diz Emile Bréhier na sua bela reconstituição do pensamento estóico: "Quando o escalpelo corta a carne, o primeiro corpo produz sobre o segundo não uma propriedade nova, mas um atributo novo, o de ser cortado. O *atributo* não designa nenhuma *qualidade* real..., é sempre ao contrário expresso por um verbo, o que quer dizer que é não um ser, mas uma maneira de ser... Esta maneira de ser se encontra de alguma forma no limite, na superfície de ser e não pode mudar sua natureza: ela não é a bem dizer nem ativa nem passiva, pois a passividade suporia uma natureza corporal que sofre uma ação. Ela é pura e simplesmente um resultado, um efeito não classificável entre os seres... (Os Estóicos distinguem) radicalmente, o que ninguém tinha feito antes deles, dois planos de ser: de um lado o ser profundo e real, a força; de outro, o plano dos fatos, que se produzem na superfície do ser e instituem uma multiplicidade infinita de seres incorporais"[1].

No entanto, o que há de mais íntimo, de mais essencial ao corpo do que acontecimentos como crescer, diminuir, ser cortado? O que querem dizer os Estóicos quando opõem à espessura dos corpos estes acontecimentos incorporais que se dariam somente na superfície, como um vapor nos campos (menos até que um vapor, pois um vapor é um corpo)? O que há nos corpos, na profundidade dos corpos, são misturas: um corpo penetra outro e coexiste com ele em todas as suas partes, como a gota de vinho no mar ou o fogo no ferro. Um corpo se retira de outro, como o líquido de um vaso. As misturas em geral determinam estados de coisas quantitativos e qualitativos: as dimensões de um conjunto ou o vermelho do ferro, o verde de uma árvore. Mas o que queremos dizer por "crescer", "diminuir", "avermelhar", "verdejar", "cortar", "ser cortado" etc.,

---

1. BRÉHIER. Emile. *La Theorie des incorporels dans l'ancien stoïcisme.* Vrin, 1928, pp. 11-13.

DOS EFEITOS DE SUPERFÍCIE

é de uma outra natureza: não mais estados de coisas ou misturas no fundo dos corpos, mas acontecimentos incorporais na superfície, que resultam destas misturas. A *árvore verdeja*...[2] O gênio de uma filosofia se mede em primeiro lugar pelas novas distribuições que impõe aos seres e aos conceitos. Os Estóicos estão em vias de traçar, de fazer passar uma fronteira onde nenhuma havia sido jamais vista: neste sentido deslocam toda a reflexão.

O que estão operando é, em primeiro lugar, uma cisão totalmente nova da relação causal. Eles desmembram esta relação, sujeitos a refazer uma unidade de cada lado. Remetem as causas às causas e afirmam uma ligação das causas entre si (destino). Remetem os efeitos aos efeitos e colocam certos laços dos efeitos entre si. Mas não o fazem, absolutamente, da mesma maneira: os efeitos incorporais não são jamais causas uns em relação aos outros, mas somente "quase-causas", segundo leis que exprimem talvez em cada caso a unidade relativa ou a mistura dos corpos de que dependem como de suas causas reais. Tanto que a liberdade se vê salva de duas maneiras complementares: uma vez na interioridade do destino como ligação das causas, outra na exterioridade dos acontecimentos como laço dos efeitos. Eis por que os Estóicos podem opor destino e necessidade[3]. Os Epicuristas operam uma outra cisão da causalidade, que fundamenta também a liberdade: conservam a homogeneidade da causa e do efeito, mas recortam a causalidade segundo séries atômicas cuja independência respectiva é garantida pelo *clinamen* — não mais destino sem necessidade, mas causalidade sem destino[4]. Nos dois casos começa-se por dissociar a relação causal, ao invés de distinguir tipos de causalidade, como fazia Aristóteles ou como fará Kant. E esta dissociação nos remete sempre à linguagem, seja à existência de uma *declinação* das causas, seja, como veremos, à existência de uma *conjugação* dos efeitos.

Esta dualidade nova entre os corpos ou estados de coisas e os efeitos ou acontecimentos incorporais conduz a uma subversão da filosofia. Por exemplo, em Aristóteles, todas as categorias se dizem em função do Ser; e a diferen-

---

2. Cf. os comentários de Bréhier sobre este exemplo, p. 20.

3. Sobre a distinção das causas reais internas e das causas exteriores que entram em relações limitadas de "confatalidade", cf. CÍCERO, *De fato*, 9, 13, 15 e 16.

4. Os Epicuristas têm também uma idéia do acontecimento muito próxima da dos Estóicos: Epicuro, carta a Heródoto, 39-40, 68-73; e Lucrécio, I, 449 e s. Lucrécio analisa o acontecimento: "a filha de Tíndaro foi seqüestrada..." Ele opõe os *eventa* (servidão-liberdade, pobreza-riqueza, guerra-concórdia) aos *conjuncta* (qualidades reais inseparáveis dos corpos). Os acontecimentos não parecem exatamente incorporais, mas são entretanto apresentados como não existindo por si mesmos, impassíveis, puros resultados dos movimentos da matéria, das ações e paixões dos corpos. Entretanto, não parece que os Epicuristas tenham desenvolvido esta teoria do acontecimento; talvez porque a dobravam às exigências de uma causalidade homogênea e a faziam depender de sua própria concepção do *simulacro*. Cf. Apêndice II.

ça se passa no ser entre a substância como sentido primeiro e as outras categorias que lhe são relacionadas como acidentes. Para os Estóicos, ao contrário, os estados de coisas, quantidades e qualidades, não são menos seres (ou corpos) que a substância; eles fazem parte da substância; e, sob este título, se opõem a um *extra-ser* que constitui o incorporal como entidade não existente. O termo mais alto não é pois o Ser, mas Alguma coisa, *aliquid,* na medida em que subsume o ser e o não-ser, as existências e as insistências [5]. Mais ainda, os Estóicos procedem à primeira grande reviravolta do platonismo, à reviravolta radical. Pois se os corpos, com seus estados, qualidades e quantidades, assumem todos os caracteres da substância e da causa, inversamente, os caracteres da Idéia caem do outro lado, neste extra-ser impassível, estéril, ineficaz, à superfície das coisas: *o ideal, o incorporal não pode ser mais do que um "efeito".*

A conseqüência é de uma importância extrema. Pois, em Platão, um obscuro debate se processava na profundidade das coisas, na profundidade da terra, entre o que se submetia à ação da Idéia e o que se subtraía a esta ação (as cópias e os simulacros). Um eco deste debate ressoa quando Sócrates pergunta: haverá Idéia de tudo, mesmo do pêlo, da imundície e da lama — ou então haverá alguma coisa que, sempre e obstinadamente, esquiva-se à Idéia? Só que em Platão esta "alguma coisa" não se achava nunca suficientemente escondida, recalcada, repelida na profundidade dos corpos, mergulhada no oceano. *Eis que agora tudo sobe à superfície.* É o resultado da operação estóica: o ilimitado torna a subir. O devir-louco, o devir-ilimitado não é mais um fundo que murmura, mas sobe à superfície das coisas e se torna impassível. Não se trata mais de simulacros que escapam do fundo e se insinuam por toda parte, mas de efeitos que se manifestam e desempenham seu papel. Efeitos no sentido causal, mas também "efeitos" sonoros, ópticos ou de linguagem — e menos ainda, ou muito mais, uma vez que eles não têm mais nada de corporal e são agora toda a idéia... O que se furtava à Idéia subiu à superfície, limite incorporal, e representa agora toda a *idealidade* possível, destituída esta de sua eficácia causal e espiritual. Os Estóicos descobriram os efeitos de superfície. Os simulacros deixam de ser estes rebeldes subterrâneos, fazem valer seus efeitos (o que poderíamos chamar de "fantasmas", independentemente da terminologia estóica). O mais encoberto tornou-se o mais manifesto, todos os velhos paradoxos do devir reaparecerão numa nova juventude — transmutação.

---

5. Cf. Plotino, VI, I, 25: a exposição das categorias estóicas (Bréhier, p. 43).

DOS EFEITOS DE SUPERFÍCIE 9

O devir-ilimitado torna-se o próprio acontecimento, ideal, incorporal, com todas as reviravoltas que lhe são próprias, do futuro e do passado, do ativo e do passivo, da causa e do efeito. O futuro e o passado, o mais e o menos, o muito e o pouco, o demasiado e o insuficiente *ainda,* o já e o *não*: pois o acontecimento, infinitamente divisível, é sempre *os dois ao mesmo tempo,* eternamente o que acaba de se passar e o que vai se passar, mas nunca o que se passa (cortar demasiado profundo mas não o bastante). O ativo e o passivo: pois o acontecimento, sendo impassível, troca-os tanto melhor quanto não é *nem um nem outro,* mas seu resultado comum (cortar-ser cortado). A causa e o efeito: pois os acontecimentos, *não sendo nunca nada mais do que efeitos,* podem tanto melhor uns com os outros entrar em funções de quase-causas ou de relações de quase--causalidade sempre reversíveis (a ferida e a cicatriz).

Os Estóicos são amantes de paradoxos e inventores. É preciso reler o admirável retrato de Crisipo, em algumas páginas, por Diógenes Laércio. Talvez os Estóicos se sirvam do paradoxo de um modo completamente novo: ao mesmo tempo como instrumento de análise para a linguagem e como meio de síntese para os acontecimentos. A *dialética* é precisamente esta ciência dos acontecimentos incorporais tais como são expressos nas proposições e dos laços de acontecimentos tais como são expressos nas relações entre proposições. A dialética é realmente a arte da *conjugação* (cf. as *confatalia,* ou séries de acontecimentos que dependem uns dos outros). Mas é próprio da linguagem, simultaneamente, estabelecer limites e ultrapassar os limites estabelecidos: por isso compreende termos que não param de deslocar sua extensão e de tornar possível uma reversão da ligação em uma série considerada (assim, demasiado e insuficiente, muito e pouco).

O acontecimento é coextensivo ao devir e o devir, por sua vez, é coextensivo à linguagem; o paradoxo é, pois, essencialmente "sorite" isto é, série de proposições interrogativas procedendo segundo o devir por adições e subtrações sucessivas. Tudo se passa na fronteira entre as coisas e as proposições. Crisipo ensina: "se dizes alguma coisa esta coisa passa pela boca; ora, tu dizes *uma carroça,* logo uma carroça passa por tua boca". Há aí um uso do paradoxo que só tem equivalente no budismo Zen de um lado, e do outro no *non-sense* inglês ou norte-americano. Por um lado o mais profundo é o imediato; por outro, o imediato está na linguagem. O paradoxo aparece como destituição da profundidade, exibição dos acontecimentos na superfície, desdobramento da linguagem ao longo deste limite. O humor é esta arte da superfície, contra a velha ironia, arte das profundidades ou das alturas. Os Sofistas e os Cínicos já tinham feito do humor uma arma filosófica contra a ironia socrática, mas com os Estóicos o humor encontra sua dialética, seu princípio dialético e seu lugar natural, seu puro conceito filosófico.

Esta operação inaugurada pelos Estóicos, Lewis Carroll a efetua por conta própria. Ou então, por conta própria, ele a retoma. Toda a obra de Carroll trata dos acontecimentos na sua diferença em relação aos seres, às coisas e estados de coisas. Mas o começo de *Alice* (toda a primeira metade) procura ainda o segredo dos acontecimentos e do devir ilimitado que eles implicam, na profundidade da terra, poços e tocas que se cavam, que se afundam, mistura de corpos que se penetram e coexistem. À medida que avançamos na narrativa, contudo, os movimentos de mergulho e de soterramento dão lugar a movimentos laterais de deslizamento, da esquerda para a direita e da direita para a esquerda. Os animais das profundezas tornam-se secundários, dão lugar a *figuras de cartas de baralho,* sem espessura. Dir-se-ia que a antiga profundidade se desdobrou na superfície, converteu-se em largura. O devir ilimitado se desenvolve agora inteiramente nesta largura revirada. Profundo deixou de ser um elogio. Só os animais são profundos; e ainda assim não os mais nobres, que são os animais planos. Os acontecimentos são como os cristais, não se transformam e não crescem a não ser pelas bordas, nas bordas. É realmente este o primeiro segredo do gago e do canhoto: não mais penetrar, mas deslizar de tal modo que a antiga profundidade nada mais seja, reduzida ao sentido inverso da superfície. De tanto deslizar passar-se-á para o outro lado, uma vez que o outro lado não é senão o sentido inverso. E se não há nada para ver por trás da cortina é porque todo o visível, ou antes, toda a ciência possível, está ao longo da cortina, que basta seguir o mais longe, estreita e superficialmente possível para inverter seu lado direito, para fazer com que a direita se torne esquerda e inversamente. Não há, pois, aventuras de Alice, mas uma aventura: sua ascensão à superfície, sua desmistificação da falsa profundidade, sua descoberta de que tudo se passa na fronteira. Eis por que Carroll renuncia ao primeiro título que havia previsto, "As aventuras subterrâneas de Alice".

Com maior razão para *Do outro lado do espelho.* Aí, os acontecimentos, na sua diferença radical em relação às coisas, não são mais em absoluto procurados em profundidade, mas na superfície, neste tênue vapor incorporal que se desprende dos corpos, película sem volume que os envolve, espelho que os reflete, tabuleiro que os torna planos. Alice não pode mais se aprofundar, ela libera o seu duplo

DOS EFEITOS DE SUPERFÍCIE

incorporal. *É seguindo a fronteira, margeando a superfície, que passamos dos corpos ao incorporal.* Paul Valéry teve uma expressão profunda: o mais profundo é a pele. Descoberta estóica, que supõe muita sabedoria e implica toda uma ética. É a descoberta da menina que só cresce e diminui pelas bordas, superfície para enrubescer e verdejar. Ele sabe que os acontecimentos concernem tanto mais os corpos, cortam-nos e mortificam-nos tanto mais quanto percorrem toda sua extensão sem profundidade. Mais tarde os adultos são aspirados pelo fundo, recaem e não compreendem mais, sendo muito profundos. Por que os mesmos exemplos do estoicismo continuam a inspirar Lewis Carroll? A árvore verdeja, o escalpelo corta, a batalha será ou não travada...? É diante das árvores que Alice perde seu nome, é para uma árvore que Humpty Dumpty fala sem olhar Alice. E as falas anunciam batalhas. E por toda parte ferimentos, cortes. Mas serão mesmo exemplos? Ou então será que todo acontecimento não é deste tipo, floresta, batalha e ferimento, sendo tudo tanto mais profundo quanto mais *isso* se passe na superfície, incorporal de tanto margear os corpos? A história nos ensina que os bons caminhos não têm fundação, e a geografia, que a terra só é fértil sob uma tênue camada.

Esta redescoberta do sábio estóico não está reservada à menina. É bem verdade que Lewis Carroll detesta em geral os meninos. Eles têm profundidade demasiada; logo falsa profundidade, falsa sabedoria e animalidade. O bebê masculino em *Alice* se transforma em porco. Em regra geral, somente as meninas compreendem o estoicismo, têm o senso do acontecimento e liberam um duplo incorporal. Mas ocorre que um rapazinho seja gago e canhoto e conquista, assim, o sentido como duplo sentido da superfície. O ódio de Lewis Carroll com relação aos meninos não é devido a uma ambivalência profunda, mas antes a uma inversão superficial, conceito propriamente carrolliano. Em *Sílvia e Bruno* é o garoto que tem o papel inventivo, aprendendo as lições de todas as maneiras, pelo avesso, pelo direito, por cima e por baixo, mas nunca "a fundo". O grande romance *Sílvia e Bruno* conduz ao extremo a evolução que se esboçava em *Alice,* que se prolongava em *Do outro lado do espelho.* A conclusão admirável da primeira parte é pela glória do Este, de onde vem tudo aquilo que é bom, "tanto a substância das coisas esperadas como a existência das coisas invisíveis". Mesmo o barômetro não sobe nem desce, mas vai em frente, de lado e dá o tempo horizontal. Uma máquina de esticar aumenta até mesmo as canções. E a bolsa de Fortunatus, apresentada como anel de Moebius, é feita de lenços costurados *in the wrong way,* de tal forma

12

que sua superfície exterior está em continuidade com sua superfície interna: ela envolve o mundo inteiro e faz com que o que está dentro esteja fora e o que está fora fique dentro [6]. Em *Sílvia e Bruno* a técnica da passagem do real para o sonho, e dos corpos para o incorporal, é multiplicada, completamente renovada, levada à sua perfeição. Mas é sempre contornando a superfície, a fronteira, que passamos do outro lado, pela virtude de um anel. A continuidade do avesso e do direito substitui todos os níveis de profundidade; e os efeitos e superfície em um só e mesmo Acontecimento, que vale para todos os acontecimentos, fazem elevar-se ao nível da linguagem todo o devir e seus paradoxos [7]. Como diz Lewis Carroll num artigo intitulado *The dynamics of a parti-cle,* "superfície plana é o caráter de um discurso..."

---

6. Esta descrição da bolsa está entre as mais belas páginas de Lewis Carroll: *Sylvie and Bruno concluded,* cap. VII.

7. Esta descoberta da superfície, esta crítica da profundidade formam uma constante da literatura moderna. Elas inspiram a obra de Robbe-Grillet. De uma outra maneira são encontradas em Klossowski, na relação entre a epiderme e a luva de Roberte: cf. as observações de Klossowski a este respeito, no *postfacium* das *Leis da hospitalidade,* pp. 335, 344. Ou então Michel Tournier, em *Sexta-feira ou os limbos do Pacífico,* pp. 58-59: "Estranho preconceito, contudo, que valoriza cegamente a profundidade em detrimento da superfície e que pretende que *superficial* significa não *de vasta dimensão,* mas *de pouca profundidade,* enquanto que *profundo* significa ao contrário *de grande profundidade* e não *de fraca superfície.* E, entretanto, um sentimento como o amor mede-se bem melhor, ao que me parece, se é que pode ser medido, pela importância de sua superfície do que pelo grau de profundidade..." Cf. Apêndices III e IV.

Terceira Série:
Da Proposição

Entre estes acontecimentos-efeitos e a linguagem ou mesmo a possibilidade da linguagem, há uma relação essencial: é próprio aos acontecimentos o fato de serem expressos ou exprimíveis, enunciados ou enunciáveis por meio de proposições pelo menos possíveis. Mas há muitas relações na proposição; qual a que convém aos efeitos de superfície, aos acontecimentos?

Muitos autores concordam em reconhecer três relações distintas na proposição. A primeira é chamada designação ou indicação: é a relação da proposição a um estado de coisas exteriores (*datum*). O estado de coisas é *individual,* comporta tal ou tal corpo, misturas de corpos, qualidades e quantidades, relações. A designação opera pela associação das próprias palavras com imagens *particulares que devem* "representar" o estado de coisas: entre todas aquelas que são associadas à palavra, tal ou tal palavra à proposição, é preciso escolher, selecionar as que correspondem ao complexo dado. A intuição designadora exprime-se então sob a forma: "é isto", "não é isto". A questão de saber se a associação das palavras e das imagens é primitiva ou derivada, necessária ou arbitrária, não pode ainda ser posta. O que conta, no momento, é que certas palavras na proposição, certas partículas lingüísticas, servem como formas vazias para a seleção das imagens em todo e qualquer caso, logo para a designação de cada estado de coisas: estaríamos errados se as tratássemos como conceitos universais, já que são *singulares* formais, que têm o papel de puros "designantes", ou, como diz Benveniste, indicadores. Estes indicadores formais são: isto, aquilo; ele; aqui, acolá; ontem,

14 LÓGICA DO SENTIDO

agora etc. Os nomes próprios também são indicadores ou designantes, mas de uma importância especial porque são os únicos a formar singularidades propriamente materiais. Logicamente, a designação tem como critério e como elemento o verdadeiro e o falso. Verdadeiro significa que uma designação é efetivamente preenchida pelo estado de coisas, que os indicadores são efetuados, ou a boa imagem selecionada. "Verdadeiro em todos os casos" significa que o preenchimento se faz para a infinidade das imagens particulares associáveis às palavras, sem que haja necessidade de seleção. Falso significa que a designação não está preenchida, seja por uma deficiência das imagens selecionadas, seja por impossibilidade radical de produzir uma imagem associável às palavras.

Uma segunda relação da proposição é freqüentemente chamada de manifestação. Trata-se da relação da proposição ao sujeito que fala e que se exprime. A manifestação se apresenta pois como o enunciado dos desejos e das crenças que correspondem à proposição. Desejos e crenças são inferências causais, não associações. O desejo é a causalidade interna de uma imagem no que se refere à existência do objeto ou do estado de coisas correspondente; correlativamente, a crença é a espera deste objeto ou estado de coisas, enquanto sua existência deve ser produzida por uma causalidade externa. Não concluiremos que a manifestação seja secundária relativamente à designação: ao contrário, ela a torna possível e as inferências formam uma unidade sistemática da qual as associações derivam. Hume vira isto profundamente: na associação de causa e efeito é "a inferência segundo a relação" que precede a própria relação. Este primado da manifestação é confirmado pela análise lingüística. Pois há na proposição "manifestantes" como partículas especiais: eu, tu; amanhã, sempre; alhures, em toda parte etc. E da mesma forma que o nome próprio é um indicador privilegiado, Eu é o manifestante de base. Mas não são somente os outros manifestantes que dependem do Eu, é o conjunto dos indicadores que se referem a ele [1]. A indicação ou designação subsumia os estados de coisas individuais, as imagens particulares e os designantes singulares; mas os manifestantes, a partir do Eu, constituem o domínio do *pessoal,* que serve de princípio a toda designação possível. Enfim, da designação à manifestação se produz um deslocamento de valores lógicos representado pelo Cogito: não mais o verdadeiro e o falso, mas a veracidade e o engano. Na análise célebre do pedaço

---

1. Cf. a teoria dos *embrayeurs* tal como é apresentada por Benveniste, *Problèmes de linguistique générale,* Gallimard, cap. 20. Separamos "amanhã" de ontem ou agora, porque "amanhã" é primeiramente expressão de crença e só tem um valor indicativo secundário.

DA PROPOSIÇÃO 15

de cera, Descartes não busca de forma nenhuma o que permanece na cera, problema que nem mesmo chega a colocar neste texto, mas mostra como o Eu manifestado no Cogito fundamenta o juízo de designação segundo o qual a cera é identificada.

Devemos reservar o nome de significação a uma terceira dimensão da proposição: trata-se desta vez da relação da palavra com conceitos *universais ou gerais,* e das ligações sintáticas com implicações de conceito. Do ponto de vista da significação, consideramos sempre os elementos da proposição como "significante" das implicações de conceitos que podem remeter a outras proposições, capazes de servir de premissas à primeira. A significação se define por esta ordem de implicação conceitual em que a proposição considerada não intervém senão como elemento de uma "demonstração", no sentido mais geral da palavra, seja como premissa, seja como conclusão. Os significantes lingüísticos são então essencialmente "implica" e "logo". A *implicação* é o signo que define a relação entre as premissas e a conclusão; "logo" é o signo da *asserção,* que define a possibilidade de afirmar a conclusão por si mesma no final das implicações. Quando falamos de demonstração no sentido mais geral, queremos dizer que a significação da proposição se acha sempre assim no procedimento indireto que lhe corresponde, isto é, na sua relação com outras proposições das quais é concluída, ou, inversamente, cuja conclusão ela torna possível. A designação, ao contrário, remete ao procedimento direto. A demonstração não deve ser somente entendida no sentido restrito, silogístico ou matemático, mas também no sentido físico das probabilidades, ou no sentido moral das promessas e compromissos, sendo a asserção da conclusão neste último caso representada pelo momento em que a promessa é efetivamente cumprida[2]. O valor lógico da significação ou demonstração assim compreendida não é mais a verdade, como o mostra o modo hipotético das implicações, mas a *condição de verdade,* o conjunto das condições sob as quais uma proposição "seria" verdadeira. A proposição condicionada ou concluída pode ser falsa, na medida em que designa atualmente um estado de coisas inexistentes ou não é verificada diretamente. A significação não fundamenta a verdade, sem tornar ao mesmo tempo o erro possível. Eis por que a condição de verdade não se opõe ao falso, mas ao absurdo: o que é sem significação, o que não pode ser verdadeiro nem falso.

---

2. Por exemplo, quando Brice Parain opõe a denominação (designação) e a demonstração (significação), ele entende demonstração de uma maneira que engloba o sentido moral de um programa a preencher, de uma promessa a cumprir, de um possível a realizar, como em uma "demonstração de amor" ou em "eu te amarei sempre". Cf. *Recherches sur la nature et les fonctions du langage,* Gallimard, cap. V.

A pergunta: a significação é; por sua vez, primeira com relação à manifestação e à designação? deve receber uma resposta complexa. Pois, se a própria manifestação é primeira com relação à designação, se ela é fundadora, é de um ponto de vista muito particular. Para retomar uma distinção clássica, digamos que é do ponto de vista da *fala,* ainda que fosse uma fala silenciosa. Na ordem da fala, é o Eu que começa e começa em termos absolutos. Nesta ordem ele é pois primeiro, não só em relação a toda designação possível que fundamenta, mas com relação às significações que envolve. Mas justamente deste ponto de vista, as significações conceituais não valem e não se desenvolvem por si mesmas: elas permanecem subentendidas pelo Eu, que se apresenta, ele próprio, tendo uma significação imediatamente compreendida, idêntica à sua própria manifestação. Eis por que Descartes pode opor a definição do homem como animal racional à sua determinação como Cogito: pois a primeira exige um desenvolvimento explícito dos conceitos significados (que é animal? o que é racional?) enquanto que a segunda é suscetível de ser compreendida, no momento mesmo em que for proferida [3].

Este primado da manifestação, não somente com relação à designação mas com relação à significação, deve pois ser entendido em uma ordem da "fala" em que as significações permanecem naturalmente implícitas. É só aí que o Eu é primeiro em relação aos conceitos — em relação ao mundo e a Deus. Mas se existe uma outra ordem em que as significações valem e se desenvolvem por si mesmas, então elas são primeiras, nesta ordem, e fundamentam a manifestação. Esta ordem é precisamente a da *língua:* uma proposição não pode aparecer aí a não ser como premissa ou conclusão e como significante dos conceitos antes de manifestar um sujeito ou mesmo de designar um estado de coisas. É deste ponto de vista que conceitos significados, tais como Deus ou o mundo, são sempre primeiros relativamente ao Eu como pessoa manifestada e às coisas como objetos designados. Em termos mais gerais, Benveniste mostrou que a relação da palavra (ou antes, de sua própria imagem acústica) com o conceito era a única necessária, não arbitrária. Somente a relação da palavra com o conceito goza de uma necessidade que as outras relações não têm, uma vez que permanecem no arbitrário enquanto as consideramos diretamente e que só saem dele na medida em que as referimos a esta primeira relação. Assim, a possibilidade de fazer variar as imagens particulares associadas à palavra, de substituir uma imagem por outra sob a

---

3. Descartes. *Principes,* I, 10.

DA PROPOSIÇÃO   17

forma de "não é isto, é isto", não se explica a não ser pela constância do conceito significado. Da mesma forma, os desejos não formariam uma ordem de exigências ou mesmo de deveres, distinta de uma simples urgência das necessidades, e as crenças não formariam uma ordem de inferências distinta das simples opiniões, se as palavras nas quais se manifestam não remetessem primeiramente a conceitos e implicações de conceitos que tornam significativos estes desejos e estas crenças.

Contudo, o suposto primado da significação sobre a designação levanta ainda um problema delicado. Quando dizemos "logo", quando consideramos uma proposição como concluída, fazemos dela o objeto de uma asserção, isto é, deixamos de lado as premissas e a afirmamos por si mesma, independentemente. Nós a relacionamos ao estado de coisas que designa, independentemente das implicações que constituem sua significação. Mas, para isto são necessárias duas condições. É preciso em primeiro lugar que as premissas sejam postas como efetivamente verdadeiras; o que nos força desde já a sair da pura ordem de implicação para relacioná-las a um estado de coisas designado que pressupomos. Em seguida, porém, mesmo supondo que as premissas A e B sejam verdadeiras, não podemos concluir daí a proposição Z em questão, não podemos destacá-la de suas premissas e afirmá-la independentemente da implicação a não ser admitindo que ela é por sua vez verdadeira, se A e B são verdadeiras: o que constitui uma proposição C que permanece na ordem da implicação, não chega a sair dela, uma vez que remete a uma proposição D, que diz ser Z verdadeira se A, B e C são verdadeiras... até o infinito. Este paradoxo, no coração da lógica e que teve uma importância decisiva para toda a teoria da implicação e da significação simbólica, é o paradoxo de Lewis Carroll, no texto célebre "O que a tartaruga disse a Aquiles"[4]. Em suma: de um lado, destacamos a conclusão das premissas, mas com a condição de que, de outro lado, acrescentemos sempre outras premissas das quais a conclusão não é destacável. É o mesmo que dizer que a significação não é nunca homogênea; ou que os dois signos "implica" e "logo" são completamente heterogêneos; ou que a implicação não chega nunca a fundamentar a designação a não ser que se dê a designação já pronta, uma vez nas premissas, outra na conclusão.

Da designação à manifestação, depois à significação, mas também da significação à manifestação e à designação, somos conduzidos em um círculo que é o círculo da

---

4. Cf. *in Logique sans peine*, ed. Hermann, trad. Gattegno e Coumet. Sobre a abundante bibliografia, literária, lógica e científica, que concerne a esse paradoxo de Carrol, nos reportaremos aos comentários de Ernest Coumet, pp. 281-288.

proposição. A questão de saber se devemos nos contentar com estas três dimensões, ou se é preciso acrescentar a elas *uma quarta que seria o sentido,* é uma questão econômica ou estratégica. Não que devêssemos construir um modelo *a posteriori* que correspondesse a dimensões preliminares. Mas, antes, porque o próprio modelo deve estar apto do interior a funcionar *a priori,* ainda que introduzisse uma dimensão suplementar que não tivesse podido, em razão de sua evanescência, ser reconhecida na experiência. Trata-se pois de uma questão de direito e não somente de fato. Contudo, há também uma questão de fato e é preciso começar por ela: pode o sentido ser localizado em uma destas três dimensões, designação, manifestação ou significação? Responderemos primeiro que isto parece impossível no que se refere à designação. A designação é o que, sendo preenchida, faz com que a proposição seja verdadeira; e não preenchida, falsa. Ora, o sentido evidentemente não pode consistir naquilo que torna a proposição verdadeira ou falsa, nem na dimensão onde se efetuam estes valores. Além do mais, a designação não poderia suportar o peso da proposição a não ser na medida em que se pudesse mostrar uma correspondência entre as palavras e as coisas ou estados de coisas designados: Brice Parain fez a conta dos paradoxos que tal hipótese faz surgir na filosofia grega[5]. E como evitar, entre outras coisas, que uma carruagem passe pela boca? Mais diretamente ainda, Lewis Carroll pergunta: como os nomes teriam um "correspondente"? E que significa para alguma coisa "responder" a seu nome? E se as coisas não respondem a seu nome, que é que as impede de perder seu nome? O que é que sobraria então, salvo o arbitrário das designações às quais nada responde e o vazio dos indicadores ou dos designantes formais do tipo "isto" — tanto uns como os outros destituídos de sentido? É certo que toda designação supõe o sentido e que nos instalamos de antemão no sentido para operar toda designação.

Identificar o sentido à manifestação tem maiores chances de êxito, uma vez que os próprios designantes não têm sentido a não ser em função de um Eu que se manifesta na proposição. Este Eu é realmente primeiro, pois que faz começar a fala: como diz Alice, "se falássemos somente quando alguém nos fala, nunca ninguém diria nada". Concluir-se-á que o sentido reside nas crenças (ou desejos) daquele que se exprime[6]. "Quando emprego uma palavra, diz também Humpty Dumpty, ela significa o que eu quero que ela signifique, nem mais nem menos... A questão é saber quem é o senhor e isso é tudo." Mas vimos que a ordem

5. Parain, *Brice. Op. cit.* Cap. III.
6. Cf. Russell, *Signification et vérité,* ed. Flammarion, trad. Devaux, pp. 213-224.

DA PROPOSIÇÃO 19

das crenças e dos desejos estava fundada na ordem das implicações conceituais da significação e, até mesmo, que a identidade do eu que fala ou diz *Eu* não era garantida a não ser pela permanência de certos significados (conceitos de Deus, do mundo...) O Eu não é primeiro e suficiente na ordem da fala senão na medida em que envolve significações que devem ser desenvolvidas por si mesmas na ordem da língua. Se estas significações se abalam, ou não são estabelecidas em si mesmas, a identidade pessoal se perde — experiência dolorosa por que passa Alice — em condições em que Deus, o mundo e o eu se tornam os personagens indecisos do sonho de um alguém indeterminado. Eis por que o último recurso parece ser o de identificar o sentido com a significação.

Eis-nos jogados no círculo e reduzidos ao paradoxo de Carroll, em que a significação não pode nunca exercer seu papel de último fundamento e pressupõe uma designação irredutível. Mas existe talvez uma razão muito geral pela qual a significação malogra e o fundamento faz círculo com o fundado. Quando definimos a significação como a condição de verdade, nós lhe damos um caráter que lhe é comum com o sentido, que já é do sentido. Como, porém, por sua própria conta a significação assume este caráter, como é que ela faz uso dele? Falando de condição de verdade nós nos elevamos acima do verdadeiro e do falso, uma vez que uma proposição falsa tem um sentido ou uma significação. Mas, ao mesmo tempo, definimos esta condição superior somente como a possibilidade para a proposição de ser verdadeira[7]. A possibilidade para uma proposição de ser verdadeira não é nada além do que a *forma de possibilidade* da proposição mesma. Há muitas formas de possibilidade de proposições: lógica, geométrica, algébrica, física, sintática...; Aristóteles define a forma de possibilidade lógica pela relação dos termos da proposição com "lugares" que dizem respeito ao acidente, ao próprio, ao gênero ou à definição; Kant chega a inventar duas novas formas de possibilidade, a possibilidade transcendental e a possibilidade moral. Mas, seja qual for a maneira segundo a qual definimos a forma, trata-se de um estranho empreendimento, que consiste em nos elevarmos do condicionado à condição para conceber a condição como simples possibilidade do condicionado. Eis que nos elevamos a um fundamento, mas o fundado continua a ser o que era, independentemente da operação que o funda, não afetado por ela: assim, a designação permanece exterior à ordem que a condiciona, o verdadeiro e o falso permanecem indiferentes ao princípio que não determina a possibilidade de um deles a não ser

---

7. Russell, *op. cit.*, p. 198: "Podemos dizer que tudo o que é afirmado por um enunciado provido de sentido possui uma certa espécie de possibilidade".

20   LÓGICA DO SENTIDO

deixando-o substituir na sua antiga relação com o outro. De tal forma que somos perpetuamente remetidos do condicionado à condição, mas também da condição ao condicionado. Para que a condição de verdade escape a este defeito, será preciso que ela disponha de um elemento próprio distinto da forma do condicionado, seria preciso que ela tivesse *alguma coisa de incondicionado,* capaz de assegurar uma gênese real da designação e das outras dimensões da proposição: então a condição de verdade seria definida não mais como forma de possibilidade conceitual, mas como matéria ou "camada" ideal, isto é, não mais como significação, mas como sentido.

O sentido é a quarta dimensão da proposição. Os Estóicos a descobriram com o acontecimento: o sentido é o *expresso da proposição,* este incorporal na superfície das coisas, entidade complexa irredutível, acontecimento puro que insiste ou subsiste na proposição. Por uma segunda vez, no século XIV, esta descoberta é feita na escola de Ockham, por Gregório de Rimini e Nicolas d'Autrecourt. Uma terceira vez, no fim do século XIX, pelo grande filósofo e lógico Meinong [8]. Há, sem dúvida, razões para estes momentos: vimos como a descoberta estóica supunha uma reviravolta do platonismo; da mesma forma a lógica ockhamiana reage contra o problema dos universais; e Meinong contra a lógica hegeliana e sua descendência. A questão é a seguinte: há alguma coisa, *aliquid,* que não se confunde nem com a proposição ou os termos da proposição, nem com o objeto ou o estado de coisas que ela designa, nem com o vivido, a representação ou a atividade mental daquele que se expressa na proposição, nem com os conceitos ou mesmo as essências significadas? O sentido, o expresso da proposição, seria pois irredutível seja aos estados de coisas individuais, às imagens particulares, às crenças pessoais e aos conceitos universais e gerais. Os Estóicos souberam muito bem como dizê-lo: nem palavra, nem corpo, nem representação sensível, nem *representação racional* [9]. Mais do que isto: o sentido seria, talvez, "neutro", indiferente por completo tanto ao particular como ao geral, ao singular como ao universal, ao pessoal e ao impessoal. Ele seria de uma outra natureza. Será, preciso, porém, reconhecer uma tal instância como suplemento — ou então devemos nos arranjar com aquelas de que já dispomos, a designação, a manifestação e a significação? Em cada uma das épocas referidas, a polêmica foi retomada (André de

---

8. Hubert Elie, num belo livro (*Le Complexe significable,* Vrin, 1936), expõe e comenta as doutrinas de Gregório de Rimini e de Nicolas d'Autrecourt. Mostra a extrema semelhança das teorias de Meinong, e como uma mesma polêmica se reproduz nos séculos XIX e XIV, mas não indica a origem estóica do problema.

9. Sobre a diferença estóica entre os incorporais e as representações racionais, compostas de traços corporais, cf. E. Bréhier, *op. cit.,* pp. 16-18.

Neufchâteau e Pierre d'Ailly contra Rimini, Brentano e Russell contra Meinong). O fato é que a tentativa de fazer aparecer esta quarta dimensão é um pouco como a caça ao Snark de Lewis Carroll. Ela é, talvez, esta própria caça e o sentido é o Snark. É difícil responder àqueles que julgam suficiente haver palavras, coisas, imagens e idéias. Pois não podemos nem mesmo dizer, a respeito do sentido, que ele exista: nem nas coisas, nem no espírito, nem como uma existência física, nem com uma existência mental. Diremos que, pelo menos, ele é útil e que devemos admiti-lo por sua utilidade? Nem isso já que é dotado de um esplendor ineficaz, impassível e estéril. Eis por que diziam que, de *fato,* não se pode inferi-lo a não ser indiretamente, a partir do círculo a que nos conduzem as dimensões ordinárias da proposição. É somente rompendo o círculo, como fazemos para o anel de Moebius, desdobrando-o no seu comprimento, revirando-o, que a dimensão do sentido aparece por si mesma e na sua irredutibilidade, mas também em seu poder de gênese, animando então um modelo interior *a priori* da proposição [10]. A lógica do sentido é toda inspirada de empirismo; mas, precisamente, não há senão o empirismo que saiba ultrapassar as dimensões experimentais do visível, sem cair nas Idéias e encurralar, invocar, talvez produzir um fantasma no limite extremo de uma experiência alongada, desdobrada.

Esta dimensão última é chamada por Husserl *expressão*: ela se distingue da designação, da manifestação, da demonstração [11]. O sentido é o expresso. Husserl, não menos que Meinong, reencontra as fontes vivas de uma inspiração estóica. Quando Husserl se interroga, por exemplo, sobre o "noema perceptivo" ou o "sentido da percepção", ele o distingue ao mesmo tempo do objeto físico, do vivido psicológico, das representações mentais e dos conceitos lógicos. Ele o apresenta como um impassível, um incorporal, sem existência física nem mental, que não age nem padece, puro resultado, pura "aparência": a árvore real (o designado) pode queimar, ser sujeito ou objeto de ação, entrar em misturas; não o noema da árvore. Há muitos noemas ou sentidos para um só e mesmo designado: estrela da noite e estrela da manhã são dois noemas, isto é, duas maneiras pelas quais um mesmo designado se apresenta em expressões. Mas, nestas condições, quando Husserl diz que o noema é o

---

10. Cf. as observações de Albert Lautman sobre o anel de Moebius: ele não tem senão "um só lado e esta é uma propriedade essencialmente extrínseca, pois que para nos darmos conta disso precisamos fender o anel e revirá-lo, o que supõe uma rotação em torno de um eixo exterior à superfície do anel. É, entretanto, possível caracterizar esta unilateralidade por uma propriedade puramente intrínseca..." etc. *Essai sur les notions de structure et d'existence en mathématiques,* ed. Hermann, 1938, t. I, p. 51.

11. Não levamos em conta aqui o emprego particular que Husserl faz de "significação" na sua terminologia, seja para identificá-la, seja para ligá-la a "sentido".

22 LÓGICA DO SENTIDO

percebido tal como aparece em uma apresentação, o "percebido como tal" ou a aparência, não devemos compreender que se trata de um dado sensível ou de uma qualidade, mas, ao contrário, de uma unidade ideal objetiva como correlato intencional do ato de percepção. Um noema qualquer não é dado em uma percepção (nem em uma lembrança ou em uma imagem), ele tem um estatuto completamente diferente que consiste em *não* existir fora da proposição que o exprime, proposição perceptiva, imaginativa, de lembrança ou de representação. Do verde como cor sensível ou qualidade, distinguimos o "verdejar" como por noemática ou atributo. *A árvore verdeja,* não é isto, finalmente, o sentido de cor da árvore e a *árvore arvorifica,* seu sentido global? O noema será outra coisa além de um acontecimento puro, o acontecimento de árvore (embora Husserl assim não fale, por razões terminológicas)? E o que ele chama de aparência, que é senão um efeito de superfície? Entre os noemas de um mesmo objeto ou mesmo de objetos diferentes se elaboram laços complexos análogos aos que a dialética estóica estabelece entre os acontecimentos. Seria a fenomenologia esta ciência rigorosa dos efeitos de superfície?

Consideremos o estatuto complexo do sentido ou do expresso. De um lado, não existe fora da proposição que o exprime. O expresso não existe fora de sua expressão. Daí por que o sentido não pode ser dito existir, mas somente insistir ou subsistir. Mas, por outro lado, não se confunde de forma nenhuma com a proposição, ele tem uma "objetividade" completamente distinta. O expresso não se parece de forma nenhuma com a expressão. O sentido se atribui, mas não é absolutamente atributo da proposição, é atributo da coisa ou do estado de coisas. O atributo da proposição é o predicado, por exemplo, um predicado qualitativo como verde. Ele se atribui ao sujeito da proposição. Mas o atributo da coisa é o verbo verdejar, por exemplo, ou antes, o acontecimento expresso por este verbo; e ele se atribui à coisa designada pelo sujeito ou ao estado de coisas designado pela proposição em seu conjunto. Inversamente, este atributo lógico, por sua vez, não se confunde de forma alguma com o estado de coisas físico, nem com uma qualidade ou relação deste estado. O atributo não é um ser e não qualifica um ser; é um extra-ser. Verde designa uma qualidade, uma mistura de coisas, uma mistura de árvore e de ar em que uma clorofila coexiste com todas as partes da folha. Verdejar, ao contrário, não é uma qualidade na coisa, mas um atributo que se diz da coisa e que não existe fora da proposição que o exprime designando a coisa. E eis-nos de volta a nosso ponto de

DA PROPOSIÇÃO   23

partida: o sentido não existe fora da proposição... etc.
Mas aqui não se trata de um círculo. Trata-se, antes,
da coexistência de duas faces sem espessura, tal que passamos de uma para a outra margeando o comprimento. Inseparavelmente o *sentido é o exprimível ou o expresso da
proposição e o atributo do estado de coisas*. Ele volta uma
face para as coisas, uma face para as proposições. Mas
não se confunde nem com a proposição que o exprime nem
com o estado de coisas ou a qualidade que a proposição
designa. É, exatamente, a fronteira entre as proposições
e as coisas. É este *aliquid,* ao mesmo tempo extra-ser e
insistência, este mínimo de ser que convém às insistências [12].
É neste sentido que é um "acontecimento": *com a condição
de não confundir o acontecimento com sua efetuação espaço-temporal em um estado de coisas.* Não perguntaremos,
pois, qual é o sentido de um acontecimento: o acontecimento é o próprio sentido. O acontecimento pertence essencialmente à linguagem, ele mantém uma relação essencial
com a linguagem; mas a linguagem é o que se diz das coisas.
Jean Gattegno marcou bem a diferença entre os contos de
Carroll e os contos de fada clássicos: em Carroll tudo o que
se passa, passa-se na linguagem e passa pela linguagem;
"não é uma história que ele nos conta, é um discurso que
nos dirige, discurso em várias partes...[13]. É exatamente
neste mundo plano do sentido-acontecimento, ou do expri-
mível-atributo, que Lewis Carroll instala toda sua obra.
Disso decorre a relação entre a obra fantástica assinada
Carroll e a obra matemático-lógica assinada Dodgson. Parece difícil aceitar que se diga, como já se fez, que a obra
fantástica apresente simplesmente a amostra das armadilhas
e dificuldades nas quais caímos quando não observamos as
regras e leis formuladas na obra lógica. Não somente porque muitas das armadilhas subsistem na própria obra lógica,
mas porque a partilha parece-nos outra. É curioso constatar que toda obra lógica diz respeito diretamente à *significação,* às implicações e conclusões e não se refere ao
sentido a não ser indiretamente — precisamente por intermédio dos paradoxos que a significação não resolve ou até
mesmo que ela cria. Ao contrário, a obra fantástica se refere imediatamente ao *sentido* e relaciona diretamente a ele
a potência do paradoxo. O que corresponde aos dois estados do sentido, de fato e de direito, *a posteriori* e *a priori,*
um pelo qual o inferimos indiretamente do círculo da proposição, outro pelo qual o fazemos aparecer por si mesmo
desdobrando o círculo ao longo da fronteira entre as proposições e as coisas.

---

12. Estes termos, *insistência e extra-ser,* têm seu correspondente na terminologia de Meinong, assim como na dos estóicos.
13. Em *Logique sans peine, op. cit.,* prefácio, pp. 19-20.

Quarta Série:
Das Dualidades

A primeira grande dualidade era a das causas e dos efeitos, das coisas corporais e dos acontecimentos incorporais. Mas, na medida em que os acontecimentos-efeitos não existem fora das proposições que os exprimem, esta dualidade se prolonga na das coisas e das proposições, dos corpos e da linguagem. De onde a alternativa que atravessa toda a obra de Lewis Carroll: comer ou falar. Em *Sílvia e Bruno* a alternativa é: *bits of things* ou "bits of shakespeare". No jantar de cerimônia de Alice, comer o que se vos apresenta *ou* ser apresentado ao que se come. Comer, ser comido, é o modelo da operação dos corpos, o tipo de sua mistura em profundidade, sua ação e paixão, seu modo de coexistência um no outro. Mas falar é o movimento da superfície, dos atributos ideais ou dos acontecimentos incorporais. Pergunta-se o que é mais grave: falar de comida ou comer as palavras. Em suas obsessões alimentares, Alice é atravessada por pesadelos que se referem a absorver, ser absorvido. Ela constata que os poemas que ouve falam de peixes comestíveis. E se falarmos de alimento, como evitar fazê-lo diante daquele que deve servir de alimento? Assim, temos as gafes de Alice diante do camundongo. Como evitar comer o pudim ao qual se foi *apresentado*? Mais ainda, as palavras vêm de forma atravessada, como atraídas pela profundidade dos corpos, com alucinações verbais, como vemos nestas doenças em que as perturbações da linguagem são acompanhadas por comportamentos orais desencadeados (levar tudo à boca, comer qualquer objeto, ranger os dentes). "Estou segura de que não são as verdadeiras palavras", diz Alice resumindo o destino daquele que fala de comida. Mas comer as palavras é justamente o contrário: elevamos a operação dos corpos à superfície da linguagem, fazemos subir os corpos destituindo-os de sua antiga profundidade, prestes a pôr em risco toda a linguagem neste desafio. Desta vez, as perturbações são de superfície, laterais, esparramadas da direita para a esquerda. A gagueira substituiu a *gafe,* os fantasmas da superfície substituíram a alucinação das profundidades, os sonhos de deslizamento acelerado substituíram os pesadelos de soterramento e absorção difíceis. Assim, a menina ideal, incorporal e inapetente, o menino ideal, gago e canhoto, devem se desligar de suas imagens reais, vorazes, de glutões e de desastrados.

Mas esta segunda dualidade, corpo-linguagem, comer--falar, não é suficiente. Vimos como o sentido, embora não exista fora da proposição que o exprime, é o atributo de estados de coisas e não da proposição. O acontecimento subsiste na linguagem, mas acontece às coisas. As coisas e as proposições acham-se menos em uma dualidade radical do que de um lado e de outro de uma fronteira representada pelo sentido. Esta fronteira não os mistura, não os reúne (não há monismo tanto quanto não há dualismo), ela é, antes, a articulação de sua diferença: corpo/linguagem. Se compararmos o acontecimento a um vapor nos prados, este vapor se eleva precisamente na fronteira, na dobradiça das coisas e das proposições. Tanto que a dualidade se reflete dos dois lados, em cada um dos dois termos. Do lado da coisa, há as qualidades físicas e relações reais, constitutivas do estado de coisas; além disso, os atributos lógicos ideais que marcam os acontecimentos incorporais. E, do lado da proposição, há os nomes e adjetivos que *designam* o estado de coisas e, além disso, os verbos que *exprimem* os acontecimentos ou atributos lógicos. De um lado, os nomes próprios singulares, os substantivos e adjetivos gerais que marcam as medidas, as paradas e repousos, as presenças; de outro, os verbos que carregam consigo o devir e seu cortejo de acontecimentos reversíveis e cujo presente se divide ao infinito em passado e futuro. Humpty Dumpty distingue com vigor as duas espécies de palavras: "Algumas têm caráter, notadamente os verbos: são as mais dignas. Com os adjetivos podemos fazer o que quiser, mas não com os verbos. Eu sou capaz, no entanto, de me servir de todas a meu bel--prazer! Impenetrabilidade! Eis o que digo". E quando Humpty Dumpty explica a palavra insólita "impenetrabilidade", dá uma razão muito modesta ("quero dizer que tagarelamos bastante a este respeito"). Na realidade, impenetrabilidade quer dizer algo muito diferente. Humpty Dumpty opõe a impassibilidade dos acontecimentos às ações e paixões dos corpos, a incomunicabilidade do sentido à

DAS DUALIDADES 27

comestibilidade das coisas, a impenetrabilidade dos incorporais sem espessura às misturas e penetrações recíprocas das substâncias, a resistência da superfície à moleza das profundidades, em suma, a "dignidade" dos verbos às complacências dos substantivos e adjetivos. E impenetrabilidade quer dizer também a fronteira entre os dois — e quer dizer que aquele que está sentado sobre a fronteira, exatamente como Humpty Dumpty, está sentado sobre o seu muro estreito, dispõe dos dois, senhor impenetrável da articulação de sua diferença ("eu posso, entretanto, me servir de todas a meu bel-prazer").

O que não é ainda suficiente. A última palavra da dualidade não se acha neste retorno à hipótese do *Crátilo*. A dualidade na proposição não é entre duas espécies de nomes, de repouso e nomes de vir-a-ser, nomes de substâncias ou qualidades e nomes de acontecimentos, mas entre duas dimensões da própria proposição: a designação e a expressão, a designação de coisas e a expressão de sentido. É como se fossem dois lados de um espelho: mas o que se acha de um lado não se parece com o que se acha do outro ("tudo o mais era tão diferente quanto possível..."). Passar do outro lado do espelho é passar da relação de designação à relação de expressão — sem se deter nos intermediários, manifestação, significação. É chegar a uma dimensão em que a linguagem não tem mais relação com designados, mas somente com expressos, isto é, com o sentido. Tal é o último deslocamento da dualidade: ela passa agora para o interior da proposição.

O camundongo conta que, quando os senhores projetaram oferecer a coroa a Guilherme, o Conquistador, "o arcebispo achou *isto* razoável". O pato pergunta: "Achou o quê?" — "Achou *isto,* replicou o camundongo muito irritado, o senhor sabe muito bem o que *isto* quer dizer. — Sei muito bem o que *isto* quer dizer quando encontro uma coisa, diz o pato; em geral é uma rã ou um verme. A pergunta é: o que foi que o arcebispo encontrou?" É claro que o pato emprega e compreende *isto* como um termo de designação para todas as coisas, estados de coisas e qualidades possíveis (indicador). Ele chega mesmo a precisar que o designado é essencialmente o que se come ou se pode comer. Todo designável ou designado é, por princípio, consumível, penetrável; Alice observa em algum outro lugar que não pode "imaginar" a não ser alimentos. Mas o camundongo empregava *isto* de maneira completamente diferente: como o sentido de uma proposição preliminar, como o acontecimento expresso pela proposição (ir oferecer a coroa a Guilherme). O equívoco sobre *isto* se distribui, por conseguinte, segundo a dualidade da designação e da expressão. As duas

28 LÓGICA DO SENTIDO

dimensões da proposição se organizam em duas séries que não convergem senão no infinito, em um termo tão ambíguo quanto *isto,* uma vez que se encontram somente na fronteira que não cessam de bordejar. E uma das séries retoma à sua maneira "comer", enquanto que a outra extrai a essência de "falar". Eis por que em muitos poemas de Carroll assiste-se ao desenvolvimento autônomo das duas dimensões simultâneas, uma remetendo a objetos designados sempre consumíveis ou recipientes de consumação, a outra a sentidos sempre exprimíveis ou, pelo menos, a objetos portadores de linguagem e de sentido, as duas dimensões convergindo somente em uma palavra esotérica, em um *aliquid* não identificável. Assim, o refrão de Snark: "Você pode persegui-lo com dedal e também persegui-lo com cuidado, pode caçá-lo com garfos e esperança" — em que o dedal e o garfo se referem a instrumentos designados, mas esperança e cuidado, a considerações de sentido e de acontecimentos (o sentido em Lewis Carroll é freqüentemente apresentado como aquilo com o que se deve "tomar cuidado", objeto de um "cuidado" fundamental). A palavra rara, o *Snark,* é a fronteira perpetuamente contornada, ao mesmo tempo que traçada pelas duas séries. Mais típica ainda é a admirável canção do jardineiro em *Sílvia e Bruno.* Cada estrofe põe em jogo dois termos de gênero muito diferente que se oferecem a dois olhares distintos: "Ele pensava que via ... Ele olhou uma segunda vez e se deu conta de que era..." O conjunto das estrofes desenvolve assim duas séries heterogêneas, uma feita de animais, de seres ou de objetos consumidores ou consumíveis, descritos segundo qualidades físicas, sensíveis e sonoras; a outra, feita de objetos ou de personagens eminentemente simbólicos, definidos por atributos lógicos ou, por vezes, apelações parentais e portadores de acontecimentos, de notícias, de mensagens, de sentidos. Na conclusão de cada estrofe, o jardineiro traça uma alameda melancólica, margeada de uma parte e de outra pelas duas séries; pois esta canção — é preciso que se saiba — é sua própria história.

> Ele pensava ver um elefante
> que se exercitava com uma flauta
> olhou por uma segunda vez e se deu conta de que era
> uma carta de sua mulher.
> No final compreendo, disse ele,
> o amargor da vida...
>
> Ele pensava ver um albatroz
> que batia em torno da lâmpada,
> olhou uma segunda vez e se deu conta de que era
> um selo postal no valor de um *penny.*
> Farias melhor se voltasses para casa, disse ele,
> as noites são muito úmidas...

DAS DUALIDADES 29

Ele pensava ver um argumento
que provava que ele era o Papa,
olhou uma segunda vez e se deu conta de que era
uma barra de sabão pintada.
Um acontecimento tão terrível, disse com uma voz fraca,
extingue toda esperança. [1]

---

1. A canção do jardineiro, em *Sílvia e Bruno*, é formada por nove estrofes, das quais oito estão dispersas no primeiro tomo, a nona aparecendo em *Sylvie and Bruno concluded* (capítulo 20). Uma tradução do conjunto é dada por Henri Parisot em *Lewis Carroll*, ed. Seghers, 52 e por Robert Benayoun em sua *Anthologie du nonsense*, Pauvert, ed., 1957, pp. 180-182.

Quinta Série:
Do Sentido

Mas, já que o sentido não é nunca apenas um dos dois termos de uma dualidade que opõe as coisas e as proposições, os substantivos e os verbos, as designações e as expressões, já que é também a fronteira, o corte ou a articulação da diferença entre os dois, já que dispõe de uma impenetrabilidade que lhe é própria e na qual se reflete, ele deve se desenvolver numa nova série de paradoxos, desta vez interiores.

Paradoxo da regressão ou da proliferação indefinida. Quando designo alguma coisa, suponho sempre que o sentido é compreendido e já está presente. Como diz Bergson, não vamos dos sons às imagens e das imagens ao sentido: instalamo-nos logo "de saída" em pleno sentido. O sentido é como a esfera em que estou instalado para operar as designações possíveis e mesmo para pensar suas condições. O sentido está sempre pressuposto desde que o eu começa a falar; eu não poderia começar sem esta pressuposição. Por outras palavras: nunca digo o sentido daquilo que digo. Mas, em compensação, posso sempre tomar o sentido do que digo como objeto de uma outra proposição, da qual, por sua vez, não digo o sentido. Entro então em uma regressão infinita do pressuposto. Esta regressão dá testemunho, ao mesmo tempo, da maior impotência daquele que fala e da mais alta potência da linguagem: minha impotência em dizer o sentido do que digo, em dizer ao mesmo tempo alguma coisa e seu sentido, mas também o poder infinito da linguagem de falar sobre as palavras. Em suma: sendo dada uma proposição que designa um estado de coisas, podemos sempre tomar seu sentido como o designado de uma outra

32   LÓGICA DO SENTIDO

proposição. Se concordamos em considerar a proposição como um nome, é evidente que todo nome que designa um objeto pode se tornar objeto de um novo nome que designa seu sentido: n_1 sendo dado remete a n_2 que designa o sentido de n_1, n_2 a n_3 etc. Para cada um de seus nomes, a linguagem deve conter um nome para o sentido deste nome. Esta proliferação infinita das entidades verbais é conhecida como paradoxo de Frege [1]. Mas é este também o paradoxo de Lewis Carroll. Ele aparece rigorosamente do outro lado do espelho, no encontro de Alice com o cavaleiro. O cavaleiro anuncia o título da canção que vai cantar "O nome da canção é chamado Olhos esbugalhados" — "Oh, é o nome da canção?" diz Alice. — "Não, você não compreendeu, diz o cavaleiro. É como o nome é chamado. O verdadeiro nome é: o Velho, o velho homem". — "Então eu deveria ter dito: é assim que a canção é chamada?" corrigiu Alice. — "Não, não deveria: trata-se de coisa bem diferente. A canção é chamada Vias e meios; mas isto é somente como ela é chamada, compreendeu?" — "Mas então, o que é que ela é?" — "Já chego aí, diz o cavaleiro, a canção é na realidade *Sentado sobre uma barreira*".

Este texto, que só pudemos traduzir pesadamente, para sermos fiéis à terminologia de Carroll, distingue uma série de entidades nominais. Ele não segue uma regressão infinita mas, precisamente para se limitar, procede segundo uma progressão convencionalmente finita. Devemos pois partir do fim, restaurando a regressão natural. 1º) Carroll diz: a canção é, na *realidade,* "Sentado sobre uma barreira". É que a canção é, ela própria, uma proposição, um nome (seja n_1). "Sentado sobre uma barreira" é este nome, este nome que é a canção e que aparece desde a primeira estrofe. 2º) Mas não é o nome *da* canção: sendo ela própria um nome, a canção é designada por um outro nome. Este segundo nome (seja n_2), é "Vias e meios", que forma o tema das 2ª, 3ª, 4ª e 5ª estrofes. Vias e meios é pois o nome que designa a canção, ou *o que a canção é chamada*. 3º) Mas o nome *real,* acrescenta Carroll, é o "Velho, velho homem", que aparece, com efeito, no conjunto da canção. É que o próprio nome designador tem um sentido que forma um novo nome (n_3). 4º) Mas este terceiro nome, por sua vez, deve ser designado por um quarto. Isto é: o sentido de n_2, ou seja n_3, deve ser designado por n_4. Este quarto nome *é como o nome da canção é chamado*: "Olhos esbugalhados", que aparece na 6ª estrofe.

Há quatro nomes na classificação de Carroll: o nome como realidade da canção; o nome que designa esta reali-

---

1. Cf. G. Frege, *Ueber Sinn und Bedeutung,* Zeitschrift f, Ph. und ph. Kr. 1892. Esse princípio de uma proliferação infinita das entidades suscitou em muitos lógicos contemporâneos resistências pouco justificadas: assim Carnap, *Meaning and necessity,* Chicago, 1947, pp. 130-138.

DO SENTIDO

33

dade, que designa pois a canção ou que representa o que a canção é chamada; o sentido deste nome, que forma um novo nome ou uma nova realidade; o nome que designa esta nova realidade, que designa pois o sentido do nome da canção ou que representa como o nome da canção é chamado. Devemos fazer várias observações: em primeiro lugar, que Lewis Carroll se limitou voluntariamente, já que não leva em conta nem mesmo cada estrofe em particular e já que sua apresentação progressiva da série lhe permite atribuir-se nela um ponto de partida arbitrário, "Olhos esbugalhados". Mas é evidente que a série, tomada no seu sentido regressivo, pode ser prolongada ao infinito na alternância de um nome real e de um nome que designa esta realidade. Observar-se-á, por outro lado, que a série de Carroll é muito mais complexa do que aquela que indicávamos há pouco. Antes tratava-se, com efeito, apenas do seguinte: um nome que designa uma coisa remete a outro nome que designa seu sentido, ao infinito. Na classificação de Carroll esta situação precisa é representada somente por n_2 e n_4: n_4 é o nome que designa o sentido de n_2. Ora, Lewis Carroll aí acrescenta dois outros nomes: um primeiro, porque ele trata a coisa primitiva designada como sendo ela própria um nome (a canção); um terceiro, porque trata o sentido do nome designador como sendo ele próprio um nome, independentemente do nome que vai, por sua vez, designá-lo. Lewis Carroll forma, pois, a regressão com quatro entidades nominais que se deslocam ao infinito. Isto é: ele decompõe cada par, fixa cada par, para tirar deste um par suplementar. Veremos por quê. Mas podemos nos contentar com uma regressão de dois termos alternantes: o nome que designa alguma coisa e o nome que designa o sentido deste primeiro nome. Esta regressão com dois termos é a condição mínima de proliferação indefinida.

Esta expressão mais simples aparece em um texto de *Alice,* em que a Duquesa encontra sempre a moral a ser extraída de toda e qualquer coisa. De toda coisa, com a condição, pelo menos, de que seja uma proposição. Pois quando Alice não fala a duquesa fica desamparada: "Você pensa em alguma coisa, querida, e isto faz esquecer de falar. Não posso lhe dizer, por enquanto, qual é a moral". Mas, assim que Alice fala, a duquesa encontra as morais: "Parece-me que agora o jogo anda muito melhor", diz Alice — "É verdade, diz a duquesa, e a moral disto é: oh! é o amor, é o amor que faz girar o mundo" — "Alguém disse, murmurou Alice, que o mundo girava quando cada qual tratava dos seus próprios problemas." — "Pois é, quer dizer mais ou menos a mesma coisa, diz a duquesa, ... e a moral disto é: tome cuidado com o sentido e os sons tomarão

34 LÓGICA DO SENTIDO

cuidado de si mesmos." Não se trata de associações de idéias, de uma para outra frase, em toda esta passagem: a moral de cada proposição consiste numa outra proposição que designa o sentido da primeira. Fazer do sentido o objeto de uma nova proposição, é isto "cuidar bem do sentido", em condições tais que as proposições proliferam, "os sons tomam conta de si mesmos". Confirma-se a possibilidade de um laço profundo entre a lógica do sentido e a ética, a moral ou a moralidade.

Paradoxo do desdobramento estéril ou da reiteração seca. Há um meio de evitar esta regressão ao infinito: é fixar a proposição, imobilizá-la, justamente no momento de extrair dela o sentido como esta tênue película no limite das coisas e das palavras. (Daí o desdobramento que acabamos de constatar em Carroll a cada etapa da regressão.) Mas será que é este o destino do sentido: não podemos dispensar esta dimensão, mas, ao mesmo tempo, não sabemos o que fazer com ela quando a atingimos? Que fizemos além de liberar um duplo neutralizado da proposição, seco fantasma, sem espessura? Eis por que, sendo o sentido expresso por um verbo na proposição, exprime-se este verbo sob uma forma infinitiva ou participial ou interrogativa: Deus-ser ou o existente-azul do céu, ou o céu é azul? O sentido opera a suspensão da afirmação assim como da negação. Será este o sentido das proposições "Deus é, o céu é azul"? Como atributo dos estados de coisas, o sentido é extra-ser, ele não é ser, mas um *aliquid* que convém ao não--ser. Como expresso da proposição, o sentido não existe, mas insiste ou subsiste na proposição. E era um dos pontos mais notáveis da lógica estóica esta esterilidade do sentido--acontecimento: somente os corpos agem e padecem, mas não os incorporais, que resultam das ações e das paixões. Este paradoxo podemos, pois, chamá-lo de paradoxo dos Estóicos. Até em Husserl repercute a declaração de uma esplêndida esterilidade do expresso, que vem confirmar o estatuto do noema: "A camada da expressão — e aí está sua originalidade — a não ser, precisamente, que confira uma expressão a todas as outras intencionalidades, não é produtiva. Ou, se quisermos: sua produtividade, sua ação noemática, esgotam-se no *exprimir*" [2].

Extraído da proposição, o sentido é independente desta, pois dela suspende a afirmação e a negação e, no entanto, não é dela senão um duplo evanescente: exatamente o sorriso sem gato de Carroll ou a chama sem vela. E os dois paradoxos — o da regressão infinita e o do desdobramento estéril — formam os termos de uma alternativa: um *ou* o

---

2. HUSSERL. *Idées* § 124. Ed. Gallimard, trad. Ricoeur, p. 421.

DO SENTIDO

outro. E se o primeiro nos força a conjugar o mais alto poder e a maior impotência, o segundo nos impõe uma tarefa análoga, que será preciso cumprir mais tarde: conjugar a esterilidade do sentido com relação à proposição de onde o extraímos, com sua potência de gênese quanto às dimensões da proposição. De qualquer maneira, parece que Lewis Carroll está vivamente consciente de que os dois paradoxos formam uma alternativa. Em *Alice,* os personagens só têm duas possibilidades para se secar do banho de lágrimas em que caíram: ou escutar a história do camundongo, a mais "seca" história que se conhece, já que ela isola o sentido de uma proposição em um *isto* fantasmagórico; ou se lançar em uma corrida louca, em que giramos em círculo de proposição em proposição, parando quando queremos, sem vencedor nem vencido, no circuito de uma proliferação infinita. De qualqutr maneira, a secura é o que será chamado mais tarde de impenetrabilidade. E os dois paradoxos representam as formas essenciais da gagueira, a forma coréica ou clônica de uma proliferação convulsiva em círculo e a forma tetânica ou tônica de uma imobilização sofreada. Como se diz em "Poeta fit non nascitur", espasmo ou assobio, as duas regras do poema.

Paradoxo da neutralidade ou do terceiro-estado da essência. O segundo paradoxo, por sua vez, nos joga necessariamente em um terceiro. Pois se o sentido como duplo da proposição é indiferente tanto à afirmação como à negação, se não é nem passivo e nem ativo, nenhum modo da proposição é capaz de afetá-lo. O sentido permanece estritamente o mesmo para proposições que se opõem seja do ponto de vista da qualidade, seja do ponto de vista da quantidade, seja do ponto de vista da relação, seja do ponto de vista da modalidade. Pois todos estes pontos de vista concernem à designação e aos diversos aspectos de sua efetuação ou preenchimento por estados de coisas e não ao sentido ou à expressão. Primeiramente, a qualidade, afirmação e negação: "Deus é" e "Deus não é" devem ter o mesmo sentido, em virtude da autonomia do sentido com relação à existência do designado. Tal é, no século XIV, o fantástico paradoxo de Nicolas d'Autrecourt, objeto de reprovação: *contradictoria ad invicem idem significant* [3].

Depois a quantidade: todo homem é branco, nenhum homem não é branco, algum homem não é branco... E a relação: o sentido deve permanecer o mesmo para a relação invertida, uma vez que a relação com respeito a ele se estabelece sempre nos dois sentidos ao mesmo tempo, na medida em que ele faz emergir todos os paradoxos do devir-louco. O sentido é sempre duplo sentido e exclui a

---

3. Cf. Hubert Elie, *op. cit.,* E. Maurice de Gandillac, *Le Mouvement Doctrinal du IXe au XIVe siècle,* Bloud e Gay, 1951.

possibilidade de que haja um bom sentido da relação. Os acontecimentos nunca são causa uns dos outros, mas entram em relações de quase-causalidade, causalidade real e fantasmagórica que não cessa de assumir os dois sentidos. Não é nem ao mesmo tempo nem relativamente à mesma coisa que eu sou mais jovem e mais velho, mas é ao mesmo tempo que me torno um e outro e pela mesma relação. De onde os exemplos inumeráveis disseminados na obra de Carroll, onde vemos que "os gatos comem os morcegos" e "os morcegos comem os gatos", "digo o que penso" e "penso o que digo", "amo o que me dão" e "dão-me o que eu amo", "respiro quando durmo" e "durmo quando respiro" — têm um só e mesmo sentido. Até no exemplo final de *Sílvia e Bruno,* em que a jóia vermelha que traz escrita a proposição "Todo mundo amará Sílvia" e a jóia azul que traz a proposição "Sílvia amará todo mundo" são os dois lados da mesma jóia que não podemos preferir senão a *si mesmo* segundo a lei do devir (*to choose a thing from itself*).

Finalmente, a modalidade: como a possibilidade, a realidade ou a necessidade do objeto designado afetariam o sentido? Pois o acontecimento, por conta própria, deve ter uma só e mesma modalidade, no futuro e no passado segundo os quais ele divide ao infinito sua presença. E se o acontecimento é possível no futuro e real no passado, é preciso que seja os dois ao mesmo tempo, pois ele então se divide aí ao mesmo tempo. Isto significa que ele é necessário? Todos se lembram do paradoxo dos futuros contingentes e da importância de que gozou junto ao estoicismo. Ora, a hipótese da necessidade repousa na aplicação do princípio de contradição à proposição que enuncia um futuro. Os Estóicos fazem prodígios, colocados nesta perspectiva, para escapar à necessidade e para afirmar o "fatal": não o necessário[4]. É preciso, preferencialmente, sairmos desta perspectiva, sujeitos a reencontrar a tese estóica em um outro plano. Pois o princípio de contradição se refere, de um lado, à impossibilidade de uma efetuação de designação e, de outro, ao mínimo de uma condição de significação. Mas não concerne, talvez, ao sentido: nem possível, nem real, nem necessário, mas fatal... O acontecimento subsiste na proposição que o exprime e, ao mesmo tempo, advém às coisas em sua superfície, no exterior do ser: e é isto, como veremos, "fatal". É próprio também do acontecimento ser dito como futuro pela proposição, mas não é menos próprio à proposição dizer o acontecimento como passado. Precisamente porque tudo passa pela linguagem e se passa na

---

4. Sobre o paradoxo dos futuros contingentes e sua importância no pensamento estóico, cf. o estudo de P. M. Schuhl, *Le Dominateur et les possibles,* P.U.F., 1960.

linguagem, uma das técnicas mais gerais de Carroll é a que consiste na apresentação *duas vezes* do acontecimento: primeiro na proposição em que subsiste e, em seguida, no estado de coisas ao qual, na superfície, ele advém. Uma vez na estrofe de uma canção que o relaciona à proposição, outra no efeito de superfície que o relaciona aos seres, às coisas e estados de coisas (por exemplo, a batalha de Tweedledum e de Tweedledee ou a do leão e a do unicórnio; e em *Sílvia e Bruno,* onde Carroll pede ao leitor para adivinhar se construiu as estrofes da canção do jardineiro a partir dos acontecimentos ou os acontecimentos a partir das estrofes). Mas será que devemos mesmo dizer *duas vezes,* pois é sempre *ao mesmo tempo,* pois são as duas faces simultâneas de uma mesma superfície da qual o interior e o exterior, a "insistência" e o "extra-ser", o passado e o futuro, acham-se em continuidade sempre reversível?

Como poderíamos resumir estes paradoxos da neutralidade, os quais mostram, sem exceção, o sentido inafetado pelos modos da proposição? O filósofo Avicena distinguia três estados da essência: universal com relação ao intelecto que a pensa em geral; singular com relação às coisas particulares em que se encarna. Mas nenhum destes dois estados é a essência em si mesma: Animal não é nada além de animal, *animal non est nisi animal tantum,* indiferente tanto ao universal como ao singular, tanto ao particular como ao geral [5]. O primeiro estado da essência é a essência como significada pela proposição, na ordem do conceito e das implicações de conceito. O segundo estado é a essência enquanto designada pela proposição nas coisas particulares em que se empenha. Mas o terceiro é a essência como sentido, a essência como expressa: sempre nesta secura, *animal tantum,* esta esterilidade ou esta neutralidade esplêndidas. Indiferente ao universal e ao singular, ao geral e ao particular, ao pessoal e ao coletivo, mas também à afirmação e à negação etc. Em suma: indiferente a todos os opostos. Pois todos estes opostos são somente modos da proposição considerada nas suas relações de designação e de significação e não características do sentido que ela exprime. Será, pois, que o estatuto do acontecimento puro e do *fatum* que o acompanha não é o de ultrapassar todas as oposições: nem privado, nem público, nem coletivo, nem individual..., tanto mais terrível e poderoso nesta neutralidade, uma vez que é tudo ao mesmo tempo?

Paradoxo do absurdo ou dos objetos impossíveis. Deste paradoxo decorre ainda um outro: as proposições que designam objetos contraditórios têm um sentido. Sua designa-

---

5. Cf. os comentários de Etienne Gilson, *l'Être et l'essence*, ed. Vrin, 1948, pp. 120-123.

ção, entretanto, não pode em caso algum ser efetuada; e elas não têm nenhuma significação, a qual definiria o gênero de possibilidade de uma tal efetuação. Elas são sem significação, isto é, absurdas. Nem por isso deixam de ter um sentido e as duas noções de absurdo e de não-senso não devem ser confundidas. É que os objetos impossíveis — quadrado redondo, matéria inextensa, *perpetuum mobile,* montanha sem vale etc. — são objetos "sem pátria", no exterior do ser, mas que têm uma posição precisa e distinta no exterior: eles são "extra-ser", puros acontecimentos ideais inefetuáveis em um estado de coisas. Devemos chamar este paradoxo de paradoxo de Meinong, que soube tirar dele os mais belos e mais brilhantes efeitos. Se distinguimos duas espécies de ser, o ser do real como matéria das designações e o ser do possível como forma das significações, devemos ainda acrescentar este extra-ser que define um mínimo comum ao real, ao possível *e ao impossível.* Pois o princípio de contradição se aplica ao real e ao possível, mas *não* ao impossível: os impossíveis são extra-existentes, reduzidos a este mínimo e, enquanto tais, insistem na proposição.

Sexta Série:
Sobre a
Colocação em Séries

O paradoxo de que todos os outros derivam é o da regressão indefinida. Ora, a regressão tem necessariamente a forma serial: cada nome designador tem um sentido que deve ser designado por um outro nome, $n_1 \to n_2 \to n_3 \to n_4 \ldots$ Se consideramos somente a sucessão dos nomes, a série opera uma síntese do homogêneo, cada nome distingue-se do precedente apenas pela sua posição, seu grau ou seu tipo: de acordo com a teoria dos "tipos", com efeito, cada nome que designa o sentido de um precedente é de um grau superior a este nome e ao que ele designa. Mas se consideramos não mais a simples sucessão dos nomes, mas o que alterna nesta sucessão, vemos que cada nome é tomado primeiro na designação que opera e, em seguida, no sentido que exprime, uma vez que é este sentido que serve de designado ao outro nome: a vantagem da apresentação de Lewis Carroll era, precisamente, a de fazer aparecer esta diferença de natureza. Desta vez, trata-se de uma síntese do heterogêneo; ou antes, *a forma serial se realiza necessariamente na simultaneidade de duas séries pelo menos.* Toda série única, cujos termos homogêneos se distinguem somente pelo tipo ou pelo grau, subsume necessariamente duas séries heterogêneas, cada série constituída por termos de mesmo tipo ou grau, mas que diferem em natureza dos da outra série (eles podem também, como é óbvio, diferir em grau). A forma serial é, pois, essencialmente multisserial. Já é assim em matemática, onde uma série construída na vizinhança de um ponto não tem interesse a não ser em função de uma outra série, construída em torno de outro ponto e que converge ou diverge da primeira. *Alice* é a história de uma *regressão oral;* mas "regressão" deve ser compreendido primeiro em um sentido lógico, o da síntese dos nomes; e a forma de homogeneidade desta síntese subsume duas séries heterogêneas da oralidade, comer-falar, coisas consumíveis--sentidos exprimíveis. É, assim, a forma serial que nos remete aos paradoxos da dualidade que descrevêramos há pouco e nos força a retomá-los a partir deste novo ponto de vista.

Com efeito, as duas séries heterogêneas podem ser determinadas de maneiras diversas. Podemos considerar uma série de acontecimentos e uma série de coisas em que estes acontecimentos se efetuam ou não; ou então, uma série de proposições designadoras e uma série de coisas designadas; ou então, uma série de verbos e uma série de adjetivos e substantivos; ou então, uma série de expressões e de sentidos e uma série de designação e de designados. Estas variações não têm nenhuma importância, já que representam apenas graus de liberdade para a organização das séries heterogêneas: é a mesma dualidade, como vimos, que passa *pelo lado de fora* entre os acontecimentos e os estados de coisas, na *superfície* entre as proposições e os objetos designados e no *interior* da proposição entre as expressões e as designações. Mas, o que é mais importante é que podemos construir as duas séries sob uma forma aparentemente homogênea: podemos então considerar duas séries de coisas ou duas séries de acontecimentos; ou duas séries de proposições, de designações; ou duas séries de sentidos ou de expressões. Significa isto que a constituição das séries se faz de forma arbitrária?

A lei das duas séries simultâneas é que não são nunca iguais. Uma representa o *significante,* a outra o *significado.* Em razão de nossa terminologia estes dois termos adquirem, porém, uma acepção particular. Chamamos de "significante" todo signo enquanto apresenta em si mesmo um aspecto qualquer do sentido; "significado", ao contrário, o que serve de correlativo a este aspecto do sentido, isto é, o que se define em dualidade relativa com este aspecto. O que é significado não é, por conseguinte, nunca o próprio sentido. O que é significado, numa acepção restrita, é o conceito; e, em uma acepção larga, é cada coisa que pode ser definida pela distinção que tal ou qual aspecto do sentido mantém com ela. Assim, o significante é primeiramente o acontecimento como atributo lógico ideal de um estado de coisas e o significado é o estado de coisas com suas qualidades e relações reais. Em seguida, o significante é a proposição em seu conjunto, na medida em que ela comporta dimensões de designação, de manifestação, de significação no sentido estrito; e o significado é o termo independente que corresponde a estas dimensões, isto é, o conceito, mas também a coisa designada ou o sujeito manifestado. Finalmente, o significante é a única dimensão da expressão, que possui com efeito o privilégio de não ser relativa a um termo independente, uma vez que o sentido como expresso não existe fora da expressão; e então o significado é a designação, a manifestação ou mesmo a significação, no sentido estrito, isto é, a proposição enquanto o sentido ou o expresso dela se distingue. Ora, quando se estende o método serial, considerando-se duas séries de acontecimentos ou duas séries de coisas ou duas série de proposições ou ainda duas séries de expressões, a homogeneidade não é senão aparente: sempre uma tem um papel de significante e a outra um papel de significado, mesmo que elas troquem estes papéis quando mudamos de ponto de vista.

Jacques Lacan pôs em evidência a existência de duas séries em uma narrativa de Edgar Poe. Primeira série: o rei que não vê a carta comprometedora recebida por sua mulher; a rainha, aliviada por ter melhor escondido a carta justamente por ter deixado a carta em evidência; o ministro que vê tudo e se apodera da carta. Segunda série: a polícia, que não acha nada em casa do ministro; o ministro que teve a idéia de deixar a carta em evidência para melhor escondê--la; Dupin que vê tudo e retoma a carta [1]. É evidente que as diferenças entre séries podem ser mais ou menos grandes — muito grandes em alguns autores, muito pequenas em outros que não introduzem a não ser variações infinitesimais, mas não menos eficazes. É evidente também que a relação entre as séries, o que se refere a significante à significada, o que põe a significada em relação com a significante, pode ser assegurada da maneira mais simples pela continuação de uma história, a semelhança das situações, a identidade dos personagens. Mas nada disto é essencial. O essencial aparece, ao contrário, quando as diferenças pequenas *ou* grandes superam as semelhanças, quando elas são primeiras, quando, por conseguinte, duas histórias completamente distintas se desenvolvem simultaneamente, quando as personagens têm uma identidade vacilante e maldeterminada.

Podemos citar vários autores que souberam criar técnicas seriais de um formalismo exemplar. Joyce assegura a relação da série significante Bloom com a série significada *Ulisses* graças a múltiplas formas que comportam uma arqueologia dos modos de narração, um sistema de correspondência entre números, um prodigioso emprego de palavras esotéricas, um método de perguntas-respostas, uma instauração de correntes de pensamento, de linhas de pensamento múltiplas (o *double thinking* de Carroll?). Raymond Roussel funda a comunicação numa relação fonemática ("les bandes

---

1. LACAN, Jacques. *Écrits*. Ed. du Seuil, 1966, "Le Séminaire sur *la lettre volée*".

du vieux *p*illard", "les bandes du vieux *b*illard" $= \dfrac{b}{p}$), e preenche toda diferença por uma história maravilhosa em que a série significante *p* volta a se juntar com a série significada *b*: história tão enigmática que, neste procedimento em geral, a série significada pode permanecer escondida [2]. Robbe-Grillet estabelece suas séries de descrições de estados de coisas, de designações rigorosas com pequenas diferenças, fazendo-as girar em torno de temas fixos, mas próprias a se modificarem e a se deslocarem em cada série de maneira imperceptível. Pierre Klossowski conta com o *nome próprio* Roberte, não para designar uma personagem e manifestar sua identidade, mas ao contrário para exprimir uma "intensidade primeira", para distribuir sua diferença e produzir seu desdobramento segundo duas séries: a primeira, significante, que remete ao "marido que só imagina sua mulher surpreendendo-se a si mesma a se deixar surpreender", a segunda, significada, que remete à mulher "lançando-se em iniciativas que devem convencê-la de sua liberdade, quando nada mais fazem do que confirmar a visão do esposo" [3]. Witold Gombrowicz estabelece uma série significante de animais enforcados (mas significando o quê?) e uma série significada de bocas femininas (mas significadas em quê?), cada série desenvolvendo um sistema de signos, ora por excesso, ora por falta, e comunicando com a outra por estranhos objetos que interferem e pelas palavras esotéricas que pronuncia Léon [4].

Ora, três caracteres permitem precisar a relação e a distribuição das séries em geral. Primeiro, os termos de cada série estão em perpétuo deslocamento relativo diante dos da outra (assim, o lugar do ministro nas duas séries de Poe). Há um desnível essencial. Este desnível, este deslocamento não é de forma nenhuma um disfarce que viria recobrir ou esconder a semelhança das séries, nelas introduzindo variações secundárias. Este deslocamento relativo é, ao contrário, a variação primária sem a qual cada série não desdobraria na outra, constituindo-se neste desdobramento e não se relacionando à outra a não ser por esta variação. Há pois um duplo deslizamento de uma série sobre a outra ou sob a outra, que as constitui ambas em perpétuo desequilíbrio uma com relação à outra. Em segundo lugar, este desequilíbrio deve, ele mesmo, ser orientado: o fato é que uma das duas séries, precisamente a que é determinada como

---

2. Cf. MICHEL FOUCAULT, *Raymond Roussel*, Gallimard, 1963, Cap. 2 (e particularmente sobre as séries, p. 78 e s.).

3. KLOSSOWSKI, Pierre. *Les lois de l'hospitalité*. Gallimard, 1965. Avertissement, p. 7.

4. GOMBROWICZ, Witold. *Cosmos*. Denoël, 1966. Sobre tudo o que precedeu, cf. Apêndice I.

significante, apresenta um excesso sobre outra; há sempre um excesso de significante que se embaralha. Finalmente, o ponto mais importante, que assegura o deslocamento relativo das duas séries e o excesso de uma sobre a outra, é uma instância muito especial e paradoxal que não se deixa reduzir a nenhum termo das séries, a nenhuma relação entre estes termos. Por exemplo: a *carta,* segundo o comentário que Lacan faz da narrativa de Edgar Poe. Ou ainda Lacan comentando o caso freudiano do "Homem dos lobos", colocando em evidência a existência de séries no inconsciente — no caso a série paterna significada e a série filial significante — e mostrando nos dois o papel particular de um elemento especial: a *dívida* [5]. Em *Finnegan's Wake,* é também uma carta que faz comunicar todas as séries do mundo em um caos-cosmos. Em Robbe-Grillet, as séries de designação são tanto mais rigorosas e rigorosamente descritivas, quanto mais convergem na expressão de objetos indeterminados ou sobredeterminados, tais como a borracha, o cordãozinho, a mancha do inseto. Segundo Klossowski, o nome Roberte exprime uma "intensidade", isto é, uma diferença de intensidade, antes de designar ou de manifestar "pessoas".

Quais são os caracteres desta instância paradoxal? Ela não pára de circular nas duas séries. E é mesmo graças a isto que assegura a comunicação entre elas. É uma instância de dupla face, igualmente presente na série significante e na série significada. É o espelho. É, ao mesmo tempo, palavra e coisa, nome e objeto, sentido e designado, expressão e designação etc. Ela assegura, pois, a convergência das duas séries que percorre, com a condição, porém, de fazê-las divergir sem cessar. É que ela tem como propriedade ser sempre deslocada com relação a si mesma. Se os termos de cada série são relativamente deslocados, *uns com relação aos outros,* é porque primeiramente, em si mesmos, elas têm um lugar *absoluto,* mas este lugar absoluto se acha sempre determinado por sua distância deste elemento que não pára de se deslocar *relativamente a si mesmo* nas duas séries. Da instância paradoxal é preciso dizer que não está nunca onde a procuramos e, inversamente, que nunca a encontramos onde está. Ela *falta em seu lugar,* diz Lacan [6]. Da mesma forma, podemos dizer que ela falta a sua própria identidade, falta a sua própria semelhança, falta a seu próprio equilíbrio e a sua própria origem. Das duas séries que ela anima não diremos, por conseguinte, que uma seja originária e outra derivada. Elas podem certa-

---

5. Cf. o texto de Lacan, essencial para um método serial, mas que não é retomado nos *Écrits:* "Le Mythe individuel du névrosé', C.D.U.

6. *Écrits,* p. 25. O paradoxo que descrevemos aqui deve ser chamado paradoxo de Lacan. Ele dá testemunho de uma inspiração carrolliana freqüentemente presente em seus escritos.

44 LÓGICA DO SENTIDO

mente, ser originárias ou derivadas uma com relação à outra. Podem ser sucessivas. Mas são estritamente simultâneas com relação à instância em que comunicam. São simultâneas sem nunca serem iguais, uma vez que a instância tem duas faces, das quais uma sempre falta à outra. É próprio desta instância, pois, estar em excesso em uma série que ela constitui como significante, mas também em falta na outra que ela constitui como significada: sem par, desemparelhada por natureza ou com relação a si. Seu excesso remete sempre a sua própria falta e inversamente. De tal forma que estas determinações são ainda relativas. Pois o que é, em excesso de um lado, senão um lugar vazio extremamente móvel? E o que está em falta do outro lado não é um objeto muito móvel, *ocupante sem lugar,* sempre extranumerário e sempre deslocado?

Na verdade, não há elemento mais estranho do que esta coisa de dupla face, de duas "metades" desiguais ou ímpares. Como em um jogo, assiste-se à combinação da casa vazia e do deslocamento perpétuo de uma peça. Ou, antes, como na loja da ovelha: Alice comprova aí a complementaridade da "prateleira vazia" e da "coisa brilhante que se acha sempre acima", do lugar sem ocupante e do ocupante sem lugar. "O mais estranho (*oddest*: o mais desemparelhado) era que cada vez que Alice fixava com os olhos uma prateleira qualquer para fazer a conta exata do que nela havia, *esta prateleira mostrava-se sempre absolutamente vazia,* enquanto que as outras ao redor estavam repletíssimas. Como as coisas esvanecem aqui, disse ela finalmente num tom queixoso, depois de ter passado cerca de um minuto perseguindo inutilmente uma grande coisa brilhante que se assemelhava, ora a uma boneca, ora a uma caixa e que *se achava sempre sobre a prateleira acima daquela que ela olhava...* Vou segui-la até à prateleira mais alta. Suponho que ela hesitará em atravessar o teto! Mesmo este plano, porém, malogrou: a *coisa* passou através do teto, tão tranqüilamente quanto possível, como se disto tivesse longo hábito".

Sétima Série:
Das Palavras Esotéricas

Lewis Carroll é o explorador, o instaurador de um método serial em literatura. Achamos nele vários processos de desenvolvimento em séries. *Em primeiro lugar, duas séries de acontecimentos com pequenas diferenças internas, reguladas por um estranho objeto*: assim em *Sílvia e Bruno*, o acidente de um jovem ciclista se acha deslocado de uma série para a outra (Cap. 23). E não há dúvida de que estas duas séries são sucessivas uma em relação à outra, mas são simultâneas em relação ao estranho objeto, aqui um carrilhão com oito ponteiros e corda inversora, que não anda com o tempo, mas ao contrário, o tempo é que anda com ele. Ele faz voltar os acontecimentos de duas maneiras, seja de forma invertida em um devir-louco, seja com pequenas variações em um *fatum* estóico. O jovem ciclista, que cai sobre uma caixa na primeira série, agora passa indene. Mas quando os ponteiros reencontram sua posição, ele jaz de novo ferido sobre o carro que o leva ao hospital: como se o relógio tivesse sabido conjurar o acidente, isto é, a efetuação temporal do acontecimento, mas não ó próprio Acontecimento, o resultado, o ferimento enquanto verdade eterna... Ou então na segunda parte de *Sílvia e Bruno* (Cap. 2) uma cena que reproduz uma outra da primeira parte, com pequenas diferenças (o lugar variável do velho, determinado pela "bolsa", estranho objeto que se acha deslocado em relação a si mesmo, uma vez que a heroína para entregá-lo é forçada a correr numa velocidade feérica).

Em segundo lugar, duas séries de acontecimentos com grandes diferenças internas aceleradas, reguladas por proposições ou, ao menos, por ruídos, onomatopéias. É a lei do espelho, tal como Lewis Carroll a descrevia: "Tudo o que podia ser visto do antigo quarto era ordinário e

46 LÓGICA DO SENTIDO

sem interesse, mas o resto era tão diferente quanto possível". As séries sonho-realidade de *Sílvia e Bruno* são construídas segundo esta lei de divergência, com os desdobramentos de personagens de uma série para outra e seus redobramentos em cada uma. No prefácio da segunda parte, Carroll desenha um quadro detalhado dos *estados,* humanos e feéricos, que garantem a correspondência das duas séries segundo cada passagem do livro. As passagens entre séries, suas comunicações, são geralmente asseguradas por uma proposição que começa em uma e acaba na outra por uma onomatopéia, um ruído que participa das duas. (Não compreendemos por que os melhores comentadores de Carroll, especialmente os franceses, fazem tantas reservas e críticas levianas a *Sílvia e Bruno,* obra-prima que dá testemunho de técnicas inteiramente renovadas em relação a *Alice* e ao *Espelho.*)

Em terceiro lugar, duas séries de proposições (ou então uma série de proposições e uma série de "consumações", ou então uma série de expressões puras e uma série de designações) *com forte disparidade, reguladas por uma palavra esotérica.* Primeiro devemos considerar, porém, que as palavras esotéricas de Carroll são de tipos muito diferentes. Um primeiro tipo contenta-se em contrair os elementos silábicos de uma proposição ou de várias que se seguem: assim, em *Sílvia e Bruno* (Cap. 1), *"y'reince"* no lugar de *Your royal Highness.* Esta contração se propõe extrair o sentido global da proposição para nomeá-la por meio de uma só sílaba, "Impronunciável monossílabo", como diz Carroll. Outros procedimentos são conhecidos, já em Rabelais e Swift: por exemplo, o alongamento silábico com sobrecarga de consoantes ou então a simples desvocalização, sendo conservadas somente as consoantes (como se fossem aptas para exprimir o sentido, ao passo que as vogais seriam apenas elementos de designação) etc. [1]. De qualquer maneira, as palavras esotéricas deste primeiro tipo formam uma conexão, uma síntese de sucessão referidas a uma só série.

As palavras esotéricas peculiares a Lewis Carroll são de um outro tipo. Trata-se de uma síntese de coexistência que se propõe assegurar a conjunção de duas séries de proposições heterogêneas ou de dimensões de proposições (o que dá no mesmo, já que podemos sempre construir as proposições de uma série encarregando-as de encarnar particularmente uma determinada dimensão). Vimos que o grande exemplo era a palavra *Snark:* circula através das duas

---

1. Sobre os procedimentos de Rabelais e Swift, cf. a classificação de Émile Pons nas *Oeuvres* de Swift, Pléiade, pp. 9-12.

séries da oralidade, alimentar e semiológica ou das duas dimensões da proposição, designadora e expressiva. *Sílvia e Bruno* oferece outros exemplos: o *Phlizz,* fruto sem sabor ou o *Azzigoom-Pudding.* A variedade destes nomes explica-se facilmente: nenhum é a palavra que circula, mas é, antes, um nome para designá-la ("o nome pelo qual a palavra é chamada"). A palavra circulante é de uma outra natureza: em princípio é a casa vazia, a prateleira vazia, a palavra em branco, como ocorre a Lewis Carroll aconselhar os tímidos a deixarem em branco certas palavras nas cartas que escrevem. Esta palavra é também "chamada" por nomes que marcam evanescências e deslocamentos: o *Snark* é invisível e o *Phlizz* é quase uma onomatopéia daquilo que se desvanece. Ou, então, é chamado por nomes totalmente indeterminados: *aliquid, it,* isto, coisa ou negócio (cf. o *isto* na história do camundongo ou a *coisa* na loja da da ovelha). Ou, finalmente, ela não é chamada por nenhum nome, mas é nomeada pelo refrão de uma canção que circula através de suas estrofes e faz com que elas se comuniquem; ou, como na canção do jardineiro, por uma conclusão de cada estrofe que faz com que se comuniquem os dois gêneros de premissas.

Em quarto lugar, séries com forte ramificação, reguladas por palavras-valise e constituídas, quando necessário, por palavras esotéricas de um tipo precedente. Com efeito, as palavras-valise são elas próprias palavras esotéricas de um novo tipo: podemos defini-las, em primeiro lugar dizendo que contraem várias palavras e envolvem vários sentidos ("furiante" = fumante + furioso). Mas todo o problema é de saber quando é que se tornam necessárias estas palavras-valise. Pois é possível sempre encontrar palavras-valise; quase todas as palavras esotéricas podem ser interpretadas assim. Com muita boa vontade, mas com muita arbitrariedade também. Mas, na verdade, uma palavra-valise só é necessariamente fundada e formada se coincide com uma função particular da palavra esotérica que ela pretende designar. Por exemplo, uma palavra esotérica com uma simples função de contração sobre uma só série (*y'reince*) não é uma palavra-valise. Por exemplo, ainda, no célebre *Jabberwocky,* um grande número de palavras desenha uma zoologia fantástica, mas não forma necessariamente palavras-valise: assim, os *toves* (pincéis, lagartixas, saca-rolhas), os *borogoves* (pássaros-vassouras), os *raths* (porcos verdes); ou o verbo *outgribe* (mugir-espirrar-assobiar)[2].

---

2. Henri Parisot e Jacques B. Brunius deram duas belas traduções do *Jabberwocky*. A de Parisot é reproduzida no seu *Lewis Carroll,* ed. Seghers; a de Brunius, com comentários sobre as palavras nos *Cahiers du Sud,* 1948, nº

48

LÓGICA DO SENTIDO

Por exemplo, finalmente, uma palavra esotérica subsumindo duas séries heterogêneas não é necessariamente uma palavra-valise: acabamos de ver como esta dupla função de subsunção era suficientemente preenchida por palavras como *Phlizz*, coisa, isto...

Já nestes níveis, no entanto, palavras-valises *podem* aparecer. *Snark* é uma palavra-valise que designa um animal fantástico ou compósito: *shark* + *snake*, tubarão + serpente. Não é uma palavra-valise, a não ser secundária ou acessoriamente, pois seu teor não coincide com sua função como palavra esotérica. Por seu teor remete a um animal compósito, enquanto que por sua função conota duas séries heterogêneas, das quais uma somente se refere a um animal, ainda que compósito, e a outra diz respeito a um sentido incorporal. Não é, pois, por seu aspecto de "valise" que ela preenche sua função. Em compensação, *Jabberwock* é sem dúvida um animal fantástico, mas é também uma palavra-valise, cujo teor, desta vez, coincide com a função. Carroll sugere, com efeito, que é formada de *wocer* ou *wocor* que significa rebento, fruto, e de *jabber*, que exprime uma discussão volúvel, animada, tagarela. É pois enquanto palavra-valise que *Jabberwock* conota duas séries análogas à do *Snark*, a série da descendência animal ou vegetal que concerne a objetos designáveis e consumíveis e a série da proliferação verbal que concerne a sentidos exprimíveis. Estas duas séries podem, entretanto, ser conotadas de outra forma e a palavra-valise não encontra aí o fundamento da sua necessidade. A definição da palavra-valise, segundo a qual ela contrai várias palavras e encerra vários sentidos, não passa de uma definição nominal.

Comentando a primeira estrofe do *Jabberwocky*, Humpty Dumpty apresenta como palavras-valise: *slithy* "fluctuoso" = flexível-untuoso-viscoso); *minssy* ("detriste" = débil-triste)... Aqui o nosso embaraço redobra. Vemos· como há, a cada vez, várias palavras e vários sentidos contraídos; mas estes elementos se organizam facilmente em uma só série para compor um sentido global. Não vemos, pois, como a palavra-valise se distingue de uma contração simples ou de uma síntese de sucessão conectiva. Não há dúvida de que podemos introduzir uma segunda série; o próprio Carroll explicava que as possibilidades de interpretação eram infinitas. Por exemplo, podemos reduzir o *Jabberwocky* ao esquema da canção do jardineiro, com suas duas séries de objetos designáveis (animais consumíveis) e

---

287. Ambos citam também versões do *Jabberwocky* em línguas diversas. Tomamos de empréstimo os termos de que nos servimos, ora de Parisot, ora de Brunius. Deveremos considerar mais tarde a transcrição que Antonin Artaud fez da primeira estrofe: este texto admirável coloca problemas que não são mais os de Carroll.

DAS PALAVRAS ESOTÉRICAS

de objetos portadores de sentido (seres simbólicos ou funcionais do tipo "empregado de banco", "selo", "diligência" ou mesmo "ação de estrada de ferro" como no *Snark*). É possível então interpretar o fim da primeira estrofe como significando, de um lado, à maneira de Humpty Dumpty: "os porcos verdes (*raths*), longe de casa (*nome = from home*) mugiam-espirravam-assobiavam (*outgrabe*)"; mas também como significando, de outro lado: "as taxas, os cursos preferenciais (*rath = rate + rather*) longe de seu ponto de partida, estavam fora de alcance (*outgrab*)". Deste modo, porém, qualquer interpretação serial pode ser aceita e não vemos como a palavra-valise se distingue de uma síntese conjuntiva de coexistência ou de uma palavra esotérica qualquer assegurando a coordenação de duas ou mais séries heterogêneas.

A solução é dada por Carroll no prefácio de *A Caça ao Snark*. "Colocam-me a questão: sob que rei, diga, seu ordinário? fale ou morre! Não sei se o rei era William *ou* Richard. Então respondo Rilchiam." Revela-se como a palavra-valise é fundada em uma estrita síntese disjuntiva. E, longe de nos encontrarmos diante de um caso particular, descobrimos a lei da palavra-valise em geral, com a condição de pôr em evidência a disjunção que poderia estar escondida. Assim, no que se refere a "furiante" (furioso e fumante): "Se vossos pensamentos se inclinam por pouco que seja do lado de fumante, direis fumante-furioso; se eles se voltam, ainda que com a espessura de um fio de cabelo, do lado de furioso, direis furioso-fumante; mas se tendes este dom raríssimo, ou seja, um espírito perfeitamente equilibrado, direis *furiante*". A disjunção necessária não é, pois, entre fumante e furioso, pois podemos muito bem ser as duas coisas ao mesmo tempo, mas entre fumante-e-furioso, de um lado e, de outro, furioso-e-fumante. Neste sentido, a função da palavra-valise consiste sempre em ramificar a série em que se insere. Eis por que ele nunca existe só: ela dá sinal a outras palavras-valise que a precedem ou a seguem e que fazem com que toda série seja já ramificada em princípio ainda ramificável. Michel Butor diz muito bem: "Cada uma destas palavras poderá se tornar como um desvio e iremos de uma a outra por uma multidão de trajetos; de onde a idéia de um livro que não conta somente uma história, mas um mar de histórias" [3]. Podemos pois responder a questão que colocávamos no começo: quando a palavra esotérica não tem somente por função conotar ou coordenar duas séries heterogêneas, mas além disso introduzir nelas disjunções, então a palavra-valise é necessá-

---

3. BUTOR, Michel. *Introduction aux fragments de "Finnegans Wake"*. Gallimard, 1962. p. 12.

ria ou necessariamente fundada; isto é, a própria palavra esotérica é então "chamada" ou designada por uma palavra--valise. A palavra esotérica remete em geral, ao mesmo tempo, à casa vazia e ao ocupante sem lugar. Mas devemos distinguir três espécies de palavras esotéricas em Carroll: as *contraentes,* que operam uma síntese de sucessão sobre uma só série e recaem sobre os elementos silábicos de uma proposição ou de uma seqüência de proposições para daí extrair o sentido composto ("conexão"); as *circulantes,* que operam uma síntese de coexistência e de coordenação entre duas séries heterogêneas e que recaem diretamente, de vez, sobre o sentido respectivo destas séries ("conjunção"); as *disjuntivas* ou palavras-valise, que operam uma ramificação infinita das séries coexistentes e recaem, ao mesmo tempo, sobre as palavras e os sentidos, os elementos silábicos e semiológicos ("disjunção"). É a função ramificante ou a síntese disjuntiva que dá a definição real da palavra-valise.

Oitava Série:
Da Estrutura

Lévi-Strauss indica um paradoxo análogo ao de Lacan sob a forma de uma antinomia: dadas duas séries, uma significante e outra significada, uma apresenta um excesso e a outra uma falta, pelos quais se relacionam uma a outra em eterno desequilíbrio, em perpétuo deslocamento. Como diz o herói de *Cosmos*: signos significantes, sempre existem em demasia. É que o significante primordial é da ordem da linguagem; ora, seja qual for a maneira segundo a qual é adquirida a linguagem, os elementos da linguagem são dados todos em conjunto, de uma só vez, já que não existem independentemente de suas relações diferenciais possíveis. O significado em geral, porém, é da ordem do conhecido; ora, o conhecido acha-se submetido à lei de um movimento progressivo que vai por parte, *partes extrapartes*. E sejam quais forem as totalizações operadas pelo conhecimento, elas permanecem assintóticas à totalidade virtual da língua ou da linguagem. A série significante organiza uma totalidade preliminar, enquanto que a significada ordena totalidades produzidas. "O Universo significou bem antes de termos começado a saber o que ele significava... O homem dispõe desde sua origem de uma integralidade de significante que muito o embaraça quando se trata de atribuir um significado, dado como tal sem ser, no entanto, conhecido. Há sempre uma inadequação entre os dois" [1].

Este paradoxo poderia ser chamado de paradoxo de Robinson, pois, é evidente que Robinson em sua ilha deserta não pode construir um análogo da sociedade a não ser que dê a si mesmo, de uma só vez, todas as regras e

---

1. LÉVI-STRAUSS, C. Introdução à *Sociologie et Anthropologie* de Marcel Mauss. P.U.F., 1950. pp. 48-49.

leis que se implicam reciprocamente, mesmo quando ainda não possuem objetos. A conquista da natureza, ao contrário, é progressiva, parcial, de parte a parte. Uma sociedade qualquer tem todas as regras ao mesmo tempo: jurídicas, religiosas, políticas, econômicas, do amor e do trabalho, do parentesco e do casamento, da servidão e da liberdade, da vida e da morte, enquanto que a conquista da natureza em que ela se empenha e sem a qual não seria sociedade se faz progressivamente, de uma para outra fonte de energia, de objeto em objeto. Eis por que a *lei* pesa com todo o seu peso antes mesmo que saibamos qual é o seu objeto e em que se possa jamais sabê-lo exatamente. É este desequilíbrio que torna as revoluções possíveis; não que as revoluções sejam determinadas pelo progresso técnico, mas elas se tornam possíveis por este abismo entre as duas séries, que exige reorganizações da totalidade econômica e política em função dos avanços do progresso técnico. Há, por conseguinte, dois erros. O mesmo, na realidade: o do reformismo ou da tecnocracia, que pretende promover ou impor organizações parciais das relações sociais em função do ritmo das aquisições técnicas; o do totalitarismo, que pretende constituir uma totalização do significável e do conhecido em função do ritmo da totalidade social existente em tal momento. É por isso que o tecnocrata é o amigo natural do ditador, computadores e ditadura. O revolucionário, porém, vive na distância que separa o progresso técnico e a totalidade social, aí inscrevendo seu sonho de revolução permanente. Ora, este sonho é ele próprio ação, realidade, ameaça efetiva sobre toda a ordem estabelecida e torna possível aquilo com que ele sonha.

Voltemos ao paradoxo de Lévi-Strauss: dadas duas séries, significante e significada, há um excesso natural da série significante, uma carência natural da série significada. Há necessariamente "um *significante flutuante,* que é a servidão de todo pensamento finito, mas também a caução de toda arte, toda poesia, toda invenção mítica e estética" — acrescentemos: toda revolução. Há, além disso, de outro lado, uma espécie de *significado flutuado,* dado pelo significante "sem ser, por isso, conhecido", sem ser, por isso, fixado ou realizado. Lévi-Strauss propõe que se interpretem assim palavras como *treco,* "negócio", alguma coisa, *aliquid,* mas também o célebre *mana* (ou também o *isto*). Um valor "em si mesmo vazio de sentido e, pois, suscetível de receber qualquer sentido, cuja única função é de preencher uma distância entre o significante e o significado", "um valor simbólico zero, isto é, um signo marcando a necessidade de um conteúdo simbólico suplementar àquele de que já se acha carregado o significado, mas podendo ser um valor qualquer com a condição de que ainda faça parte da reserva disponível..." É preciso compreender, ao mesmo tempo, que as duas séries estão marcadas uma por excesso outra por falta e que as duas determinações se trocam sem nunca se equilibrar. Pois o que está em excesso na série significante é literalmente uma casa vazia, um lugar sem ocupante, que se desloca sempre; e o que está em falta na série significada é um dado supranumerário e não colocado, não conhecido, ocupante sem lugar e sempre deslocado. É a mesma coisa sob duas faces, nas duas faces ímpares pelas quais as séries se comunicam sem perder sua diferença. É a aventura que acontece na loja da ovelha ou a história contada pela palavra esotérica.

Podemos, talvez, determinar certas condições mínimas de uma *estrutura* em geral: 1º) São necessárias, pelo menos, duas séries heterogêneas, das quais uma será determinada como "significante" e a outra como "significada" (nunca uma única série basta para formar uma estrutura). 2º) Cada uma destas séries é constituída por termos que não existem a não ser pelas relações que mantêm uns com os outros. A estas relações, ou antes, aos valores destas relações, correspondem acontecimentos muito particulares, isto é, *singularidades* designáveis na estrutura: exatamente como no cálculo diferencial, onde repartições de pontos singulares correspondem aos valores das relações diferenciais[2]. Por exemplo, as relações diferenciais entre fonemas designam singularidades em uma língua, na "vizinhança" das quais se constituem as sonoridades e significações características da língua. Mais ainda, observa-se que singularidades atinentes a uma série determinam de uma maneira complexa os termos da outra série. Uma estrutura comporta em todo caso duas distribuições de pontos singulares correspondendo a séries de base. Eis por que é inexato opor a estrutura e o acontecimento: a estrutura comporta um registro de *acontecimentos* ideais, isto é, toda uma *história* que lhe é interior (por exemplo, se as séries comportam "personagens", uma história reúne todos os pontos singulares que correspondem às posições relativas dos personagens entre eles nas duas séries). 3º) As duas séries heterogêneas convergem para um elemento paradoxal, que é como o seu "diferenciante". Ele é o princípio de emissão das singularidades. Este elemento não pertence a nenhuma série, ou antes, pertence a ambas ao mesmo tempo e não pára de

2. A aproximação com o cálculo diferencial pode parecer arbitrária e ultrapassada. Mas o que está ultrapassada é somente a interpretação infinitista do cálculo. Já no fim do século XIX Weierstrass dá uma interpretação finita, *ordinal e estática*, muito próxima de um estruturalismo matemático. E o tema das singularidades continua sendo uma peça essencial da teoria das equações diferenciais. O melhor estudo sobre a história do cálculo diferencial e sua interpretação estrutural moderna é a de C. B. Boyer, *The History of the Calculus and Its Conceptual Development*, Dover, N. York, 1959.

circular através delas. Ele tem também como propriedade o fato de estar sempre deslocado com relação a si mesmo, de "estar fora do seu próprio lugar", de sua própria identidade, de sua própria semelhança, de seu próprio equilíbrio. Ele aparece em uma série como um excesso, mas com a condição de aparecer ao mesmo tempo na outra como uma falta. Mas se é excesso em uma é a título de casa vazia; e se é falta na outra é a título de peão supranumerário ou de ocupante sem casa. Ele é ao mesmo tempo palavra e objeto: palavra esotérica, objeto exotérico.

Ele tem por função: articular as duas séries uma à outra, refleti-las uma na outra, fazê-las comunicar, coexistir e ramificar; reunir as singularidades correspondendo às duas séries em uma "história embaralhada", assegurar a passagem de uma repartição de singularidades à outra, em suma, operar a redistribuição dos pontos singulares; determinar como significante a série em que aparece como excesso, como significada aquela em que aparece correlativamente como falta e, sobretudo, assegurar a doação do *sentido* nas duas séries, significante e significada. Pois o sentido não se confunde com a significação mesma, mas ele é o que se atribui de maneira a determinar o significante como tal e o significado como tal. Concluímos que não há estrutura sem séries, sem relações entre termos de cada série, sem pontos singulares correspondendo a estas relações; mas, sobretudo, não há estrutura sem casa vazia, que faz tudo funcionar.

Nona Série:
Do Problemático

O que é um acontecimento ideal? É uma singularidade. Ou melhor: é um conjunto de singularidades, de pontos singulares que caracterizam uma curva matemática, um estado de coisas físico, uma pessoa psicológica e moral. São pontos de retrocesso, de inflexão etc.; desfiladeiros, nós, núcleos, centros; pontos de fusão, de condensação, de ebulição etc.; pontos de choro e de alegria, de doença e de saúde, de esperança e de angústia, pontos sensíveis, como se diz. Tais singularidades não se confundem, entretanto, nem com a personalidade daquele que se exprime em um discurso, nem com a individualidade de um estado de coisas designado por uma proposição, nem com a generalidade ou a universalidade de um conceito significado pela figura ou a curva. A singularidade faz parte de uma outra dimensão, diferente das dimensões da designação, da manifestação ou da significação. A singularidade é essencialmente pré-individual, não-pessoal, aconceitual. Ela é completamente indiferente ao individual e ao coletivo, ao pessoal e ao impessoal, ao particular e ao geral — e às suas oposições. Ela é *neutra*. Em compensação, não é "ordinária": o ponto singular se opõe ao ordinário [1].

Dizíamos que um conjunto de singularidades correspondia a cada série de uma estrutura. Inversamente, cada singularidade é fonte de uma série que se estende em uma direção determinada até à vizinhança de uma outra singularidade. É neste sentido que há não somente várias séries divergentes em uma estrutura, mas que cada série é, ela pró-

---

1. Precedentemente, o sentido como "neutro" parecia, para nós, opor-se ao singular não menos do que às outras modalidades. É que a singularidade era definida somente em relação à designação e à manifestação, o singular não era definido senão como individual ou pessoal, não como pontual. Agora, ao contrário, a singularidade faz parte do domínio neutro.

pria, constituída por várias subséries convergentes. Se consideramos as singularidades que correspondem às duas grandes séries de base, vemos que elas se distinguem nos dois casos por sua repartição. De uma para a outra, certos pontos singulares desaparecem ou se desdobram, ou mudam de natureza e de função. Ao mesmo tempo em que as duas séries ressoam e se comunicam, passamos de uma para outra repartição. Isto é, ao mesmo tempo em que as séries são percorridas pela instância paradoxal, as singularidades se deslocam, se redistribuem, transformam-se uma nas outras, mudam de conjunto. Se as singularidades são verdadeiros acontecimentos, elas se comunicam em um só e mesmo Acontecimento que não cessa de redistribuí-las e suas transformações formam uma *história*. Péguy viu profundamente que a história e o acontecimento eram inseparáveis de tais pontos singulares: "Há pontos críticos de acontecimento assim como há pontos críticos de temperatura, pontos de fusão, de congelamento, de ebulição, de condensação; de coagulação; de cristalização. E há mesmo no acontecimento estados de sobrefusão que não se precipitam, que não se cristalizam, que não se determinam a não ser pela introdução de um fragmento de acontecimento futuro"[2]. E Péguy soube inventar toda uma linguagem, dentre as mais patológicas e as mais estéticas que se possa imaginar, para dizer como uma singularidade se prolonga em uma linha de pontos ordinários, mas também se retoma em uma outra singularidade, se redistribui em um outro conjunto (as duas repetições, a má e a boa, a que encadeia e a que salva).

Os acontecimentos são ideais. Novalis chega a dizer que há duas ordens de acontecimentos: uns ideais, os outros reais e imperfeitos, por exemplo o protestantismo ideal e o luteranismo real[3]. Mas a distinção não é entre duas espécies de acontecimentos, mas entre o acontecimento, por natureza ideal e sua efetuação espaço-temporal em um estado de coisas. Entre o *acontecimento* e o *acidente*. Os acontecimentos são singularidades ideais que comunicam em um só e mesmo Acontecimento; assim possuem uma verdade eterna e seu tempo não é nunca o presente que os efetua e os faz existir, mas o Aion ilimitado, o Infinitivo em que eles subsistem e insistem. Os acontecimentos são as únicas idealidades; e reverter o platonismo é, em primeiro lugar, destituir as essências para substituí-las pelos acontecimentos como jatos de singularidades. Uma dupla luta tem por objeto impedir toda confusão dogmática do acontecimento com a essência, mas também toda confusão empirista do acontecimento com o acidente.

2. PÉGUY. *Clio*. Gallimard. p. 269.
3. NOVALIS. *L'Encyclopédie*. Trad. Maurice de Gandillac, ed. de Minuit. p. 396.

DO PROBLEMÁTICO 57

O modo do acontecimento é o problemático. Não se deve dizer que há acontecimentos problemáticos, mas que os acontecimentos concernem exclusivamente aos problemas e definem suas condições. Em belas páginas em que opõe uma concepção teoremática e uma concepção problemática da geometria, o filósofo neoplatônico Proclus define o problema pelos acontecimentos que vêm afetar uma matéria lógica (secções, ablações, adjunções etc.), enquanto o teorema concerne às propriedades que se deixam deduzir de uma essência [4]. O acontecimento por si mesmo é problemático e problematizante. Um problema, com efeito, não é determinado senão pelos pontos singulares que exprimem suas condições. Não dizemos que, por isto, o problema é resolvido: ao contrário, ele é determinado como problema. Por exemplo, na teoria das equações diferenciais, a existência e a repartição das singularidades são relativas a um campo problemático definido pela equação como tal. Quanto à solução, ela só aparece com as curvas integrais e a forma que elas tomam na vizinhança das singularidades no campo dos vetores. Parece, pois, que um problema tem sempre a solução que merece segundo as condições que o determinam enquanto problema; e, com efeito, as singularidades presidem à gênese das soluções da equação. Nem por isso deixa de ser verdade, como dizia Lautman, que a instância-problema e a instância-solução diferem em natureza [5] — como o acontecimento ideal e sua efetuação espaço-temporal. Devemos, assim, romper com um longo hábito de pensamento que nos faz considerar o problemático como uma categoria subjetiva de nosso conhecimento, um momento empírico que marcaria somente a imperfeição de nossa conduta, a triste necessidade em que nos encontramos de não saber de antemão e que desapareceria com o saber adquirido. O problema pode muito bem ser recoberto pelas soluções, nem por isso ele deixa de subsistir na Idéia que o refere às suas condições e organiza a gênese das próprias soluções. Sem esta Idéia as soluções não teriam *sentido*. O problemático é ao mesmo tempo uma categoria objetiva do conhecimento e um gênero de ser perfeitamente objetivo. "Problemático" qualifica precisamente as objetividades ideais. Kant foi, sem dúvida, o primeiro a fazer do problemático não uma incerteza passageira, mas o objeto próprio da Idéia e com isto

---

4. PROCLUS. *Commentaires sur le premier livre des Éléments d'Euclide.* Trad. Ver Eecke, Desclée de Brower. p. 68 e ss.
5. Cf. Albert Lautman, *Essai sur les notions de structure et d'existence en mathématiques*, Hermann, 1938, t. II, pp. 148-149; e *Nouvelles recherches sur la structure dialectique des mathématiques*, Hermann, 1939, pp. 13-15. E sobre o papel das singularidades, *Essai*, II, pp. 138-139; e *Le Problème du Temps*, Hermann, 1946, pp. 41-42. Péguy, à sua maneira, viu a relação essencial do acontecimento ou da singularidade com as categorias de problema e solução; cf. *op. cit.*, p. 269: "e um problema de que não se via o fim, um problema sem saída..." etc.

também um horizonte indispensável a tudo o que acontece ou aparece.

Pode-se então conceber de uma nova maneira a relação entre as matemáticas e o homem: não se trata de quantificar nem de medir as propriedades humanas, mas, de um lado, de problematizar os acontecimentos humanos e, de outro, de desenvolver como acontecimentos humanos as condições de um problema. As matemáticas recreativas com que sonhava Carroll apresentam este duplo aspecto. O primeiro aparece justamente em um texto intitulado "Uma história embrulhada": esta história é formada por *nós* que envolvem as singularidades correspondendo cada vez a um problema; personagens encarnam estas singularidades e se deslocam e se redistribuem de um problema a outro, sujeitos a se reencontrar no décimo nó, tomados na rede de suas relações de parentesco. O *isto* do camundongo, que remetia ou a objetos consumíveis ou a sentidos exprimíveis é agora substituído pelos *data,* que remetem ora a dons alimentares, ora a dados ou condições de problemas. A segunda tentativa, mais profunda, aparece em *The dynamics of a parti-cle*: "Podíamos ver duas linhas seguir seu caminho monótono através de uma superfície plana. A mais velha das duas, graças a uma longa prática, adquirira a arte, tão penosa para os lugares jovens e impulsivos, de se alongar equitativamente nos limites de seus pontos extremos; mas a mais jovem, em sua impetuosidade de moça, tendia sempre a divergir e a se tornar uma hipérbole ou uma dessas curvas românticas ilimitadas... O destino e a superfície intermediária haviam-nas, até aqui, mantido separadas, mas isto não duraria mais muito tempo; uma linha as entrecortara de tal maneira que os dois ângulos interiores juntos fossem menores do que dois ângulos retos..."

Não se deve ver neste texto — assim como não se deve ver em um célebre texto de *Sílvia e Bruno*: "Era uma vez uma coincidência que tinha saído para dar um passeio com um pequeno acidente..." — uma simples alegoria, nem uma maneira barata de antropomorfizar as matemáticas. Quando Carroll fala de um paralelogramo que suspira por ângulos exteriores e que geme por não poder se inscrever em um círculo ou de uma curva que sofre com as "secções e ablações" a que é submetida, precisamos nos lembrar antes de que as pessoas psicológicas e morais são também feitas de singularidades pré-pessoais e que seus sentimentos, seu *pathos* se constituem na vizinhança destas singularidades, pontos sensíveis de crise, de retrocesso, de ebulição, nós e núcleos (por exemplo, o que Carroll chama de *plain anger* ou *right anger*). As duas linhas de Carroll evocam as duas séries ressoantes; e suas aspirações evocam as repartições de

DO PROBLEMÁTICO   59

singularidade que passam umas nas outras e se redistribuem no curso de uma história embrulhada. Como diz Lewis Carroll, "superfície plana é o caráter de um discurso em que, dados dois pontos quaisquer, aquele que fala é determinado a se estender falsamente na direção dos dois pontos"[6]. É em *The dynamics of a parti-cle* que Carroll esboça uma teoria das séries e dos graus ou potências das partículas ordenadas nestas séries (*LSD, a function of great value...*).

Não se pode falar dos acontecimentos a não ser nos problemas cujas condições determinam. Não se pode falar dos acontecimentos senão como de singularidades que se desenrolam em um campo problemático e na vizinhança das quais se organizam as soluções. É por isso que todo um método de problemas e de soluções percorre a obra de Carroll, constituindo a linguagem científica dos acontecimentos e de suas efetuações. Mas, se as repartições de singularidades que correspondem a cada série formam campos de problemas, como caracterizaremos o elemento paradoxal que percorre as séries, faz com que elas ressoem, se comuniquem e se ramifiquem e que comanda a todas as retomadas e transformações, a todas as redistribuições? Este elemento deve ele próprio ser definido como o lugar de uma pergunta. O *problema* é determinado pelos *pontos singulares* que correspodem às séries, mas a *pergunta,* por um *ponto aleatório* que corresponde à casa vazia ou ao elemento móvel. As metamorfoses ou redistribuições de singularidades formam uma história; cada combinação, cada repartição é um acontecimento; mas a instância paradoxal é o Acontecimento no qual todos os acontecimentos se comunicam e se distribuem, o Único acontecimento de que todos os outros não passam de fragmentos e farrapos. Joyce saberá dar todo o seu sentido a um método de perguntas-respostas que vem duplicar o dos problemas, Inquisitória que funda a Problemática. A pergunta se desenvolve em problemas e os problemas se envolvem em uma pergunta fundamental. E assim como as soluções não suprimem os problemas, mas aí encontram, ao contrário, as condições subsistentes sem as quais elas não teriam nenhum sentido, as respostas não suprimem de forma nenhuma a pergunta, nem a satisfazem e ela persiste através de todas as respostas. Há, pois, um aspecto pelo qual os problemas permanecem sem solução e a pergunta sem resposta: é neste sentido que problema e pergunta designam por si mesmos objetidades ideais e têm um ser próprio, *minimum de ser* (cf. as "adivinhações" sem resposta de *Alice*). Já vimos como as palavras esotéricas lhes estavam essencialmente ligadas. De um lado, as pala-

---

6. Por "estender-se em falso" (*s'étendre en faux*), procuramos traduzir os dois sentidos do verbo *to lie.*

vras-valise são inseparáveis de um problema que se desenrola em séries ramificadas e que não exprime absolutamente uma incerteza subjetiva, mas, ao contrário, o equilíbrio objetivo de um espírito situado diante do horizonte daquilo que acontece ou aparece: será Richard ou William? será que ele é fumante-furioso ou furioso-fumante? com distribuição de singularidades a cada vez. De outro lado, as palavras em branco, ou antes, as palavras que designam a palavra em branco, são inseparáveis de uma pergunta que se envolve e se desloca através das séries; a este elemento que nunca se encontra em seu próprio lugar, foge à sua própria semelhança, à sua própria identidade, cabe ser objeto de uma pergunta fundamental que se desloca com ele: que é o *Snark?* e o *Phlizz?* E o Isto? Refrão de uma canção, cujas estrofes formariam séries através das quais ele circula, palavra mágica tal que todos os nomes pelos quais ela é "chamada" não preenchem o seu branco, a instância paradoxal tem precisamente este ser singular, esta "objetidade" que corresponde à pergunta como tal e lhe corresponde sem jamais a ela responder.

Décima Série:
Do Jogo Ideal

Não somente Lewis Carroll inventa jogos ou transforma as regras de jogos conhecidos (tênis, croquê), mas ele invoca uma espécie de jogo ideal, cujo sentido e função é difícil perceber à primeira vista: é o caso, em *Alice,* da corrida à Caucus, na qual damos a partida quando quisermos e na qual paramos de correr a nosso bel-prazer; e do jogo de croquê no qual as bolas são ouriços, os tacos são flamingos rosados, os arcos, por fim, soldados que não param de se deslocar do começo ao fim da partida. Estes jogos têm de comum o seguinte: são muito movimentados, parecem não ter nenhuma regra precisa e não comportar nem vencedor nem vencido. Não "conhecemos" tais jogos, que parecem contradizer-se a si mesmos.

Nossos jogos conhecidos respondem a um certo número de princípios, que podem ser o objeto de uma teoria. Esta teoria convém tanto aos jogos de destreza quanto aos de azar; só difere a natureza das regras. 1º) É preciso, de qualquer maneira, que um conjunto de regras preexista ao exercício do jogo e, se jogamos, é necessário que elas adquiram um valor categórico; 2º) estas regras determinam hipóteses que dividem o acaso, hipóteses de perda ou de ganho (o que vai acontecer se...); 3º) estas hipóteses organizam o exercício do jogo em uma pluralidade de jogadas, real e numericamente distintas, cada uma operando uma distribuição fixa que cai sob este ou aquele caso (mesmo quando temos uma só jogada, esta jogada não vale senão pela distribuição fixa que opera e por sua particularidade numérica); 4º) as conseqüências das jogadas se situam na alternativa "vitória ou derrota". Os caracteres dos jogos normais são, pois, as regras categóricas preexistentes, as hipóteses distribuintes, as distribuições fixas e numericamente distintas, os resultados conseqüentes. Estes jogos são parciais por um duplo título: porque não ocupam a não ser uma parte da atividade dos homens e porque, mesmo que os levemos ao absoluto, *retêm o acaso somente em certos pontos* e abandonam o resto ao desenvolvimento mecânico das conseqüências ou à destreza como arte da causalidade. É pois forçoso que, sendo mistos neles mesmos, remetam a um outro tipo de atividade, o trabalho ou a moral, dos quais eles são a caricatura ou a contrapartida, mas também cujos elementos integram em uma nova ordem. Seja o homem que faz a aposta de Pascal, seja Deus que joga o xadrez de Leibniz, o jogo não é tomado explicitamente como modelo a não ser porque ele próprio tem modelos implícitos que não são jogos: modelo moral do Bem ou do Melhor, modelo econômico das causas e dos efeitos, dos meios e dos fins.

Não basta opor um jogo "maior" ao jogo menor do homem, nem um jogo divino a um jogo humano: é preciso imaginar outros princípios, aparentemente inaplicáveis, mas graças aos quais o jogo se torna puro. 1º) Não há regras preexistentes, cada lance inventa suas regras, carrega consigo sua própria regra. 2º) Longe de dividir o acaso em um número de jogadas realmente distintas, o conjunto das jogadas afirma todo o acaso e não cessa de ramificá-lo em cada jogada. 3º) As jogadas não são pois, realmente, numericamente distintas. São qualitativamente distintas, mas todas são as formas qualitativas de um só e mesmo lançar, ontologicamente uno. Cada lance é ele próprio uma série, mas em um *tempo menor que o minimum* de tempo contínuo pensável; a este mínimo serial corresponde uma distribuição de singularidades [1]. Cada lance emite pontos singulares, os pontos sobre os dados. Mas o conjunto dos lances está compreendido no ponto aleatório, único lançar que não pára de se deslocar através de todas as séries, *em um tempo maior que o maximum* de tempo contínuo pensável. Os lances são sucessivos uns com relação aos outros, mas simultâneos em relação a este ponto que muda sempre a regra, que coordena e ramifica as séries correspondentes, insuflando o acaso sobre toda a extensão de cada uma delas. O único lançar é um caos, de que cada lance é um fragmento. Cada lance opera uma distribuição de singularidades, constelação. Mas, ao invés de repartir um espaço fechado entre resultados fixos conforme as hipóteses, são os resultados móveis que se repartem no espaço aberto do lançar único e não repartido: *distribuição nômade* e não sedentária, em que cada sistema de singularidades comunica e ressoa com

1. Sobre a idéia de um tempo menor que o mínimo de tempo contínuo, cf. o Apêndice II.

DO JOGO IDEAL

os outros, ao mesmo tempo implicado pelos outros e implicando-os no maior lançar. É o jogo dos problemas e da pergunta, não mais do categórico e do hipotético.

4º) Um tal jogo sem regras, sem vencedores nem vencidos, sem responsabilidade, jogo da inocência e corrida à Caucus em que a destreza e o acaso não mais se distinguem, parece não ter nenhuma realidade. Aliás, ninguém se divertiria com ele. Não é seguramente o jogo do homem de Pascal, nem do Deus de Leibniz. Quanta trapaça na aposta moralizadora de Pascal, que má jogada na combinação econômica de Leibniz. Com toda a certeza, isto tudo não é o mundo como obra de arte. O jogo ideal de que falamos não pode ser realizado por um homem ou por um deus. Ele só pode ser pensado e, mais ainda, pensado como não-senso. Mas, precisamente: ele é a realidade do próprio pensamento. É o inconsciente do pensamento puro. É cada pensamento que forma uma série em um tempo menor que o mínimo de tempo contínuo conscientemente pensável. É cada pensamento que emite uma distribuição de singularidades. São todos os pensamentos que comunicam em um Longo pensamento, que faz corresponder ao seu deslocamento todas as formas ou figuras da distribuição nômade, insuflando por toda parte o acaso e ramificando cada pensamento, reunindo "em uma vez" o "cada vez" para "todas as vezes". Pois só o pensamento pode *afirmar todo o acaso, fazer do acaso um objeto de afirmação.* E, se tentamos jogar este jogo fora do pensamento, nada acontece e, se tentamos produzir um resultado diferente da obra de arte, nada se produz. É pois o jogo reservado ao pensamento e à arte, lá onde não há mais vitórias para aqueles que souberam jogar, isto é, afirmar e ramificar o acaso, ao invés de dividi-lo *para* dominá-lo, *para* apostar, *para* ganhar. Este jogo que não existe a não ser no pensamento, e que não tem outro resultado além da obra de arte, é também aquilo pelo que o pensamento e a arte são reais e perturbam a realidade, a moralidade e a economia do mundo.

Em nossos jogos conhecidos, o acaso é fixado em certos pontos: nos pontos de encontro entre séries causais independentes, por exemplo, o movimento da roleta e da bola lançada. Uma vez realizado o encontro, as séries confundidas seguem um mesmo trilho, ao abrigo de qualquer nova interferência. Se um jogador se inclinasse bruscamente e assoprasse com todas as suas forças, visando precipitar ou contrariar o curso da bola, seria detido, expulso e o lance seria anulado. O que é que ele teria feito, porém, além de reinsuflar um pouco o acaso? É assim que J. L. Borges descreve a loteria em Babilônia: "Se a loteria é uma intensificação do acaso, uma infusão periódica de caos no cosmos, não seria conveniente que o acaso interviesse em todas as etapas da tiragem e não em uma só apenas? Não é evidentemente absurdo que o acaso dite a morte de alguém, mas que não estejam sujeitas ao acaso as circunstâncias dessa morte: a reserva, a publicidade, o prazo de uma hora ou um século?... Na realidade, o número de tiragem é infinito. *Nenhuma decisão é final, todas se ramificam. Os ignorantes supõem que infinitas tiragens necessitam um tempo infinito; basta, na realidade, que o tempo seja infinitamente subdivisível,* como o mostra a famosa parábola do Conflito com a Tartaruga"[2]. A pergunta fundamental que nos coloca este texto: que tempo é este que não tem necessidade de ser infinito, mas somente "infinitamente subdivisível"? Este tempo é o Aion. Vimos que o passado, o presente e o futuro não eram absolutamente três partes de uma mesma temporalidade, mas formavam duas leituras do tempo, cada uma completa e excluindo a outra: de um lado, o presente sempre limitado, que mede a ação dos corpos como causas e o estado de suas misturas em profundidade (Cronos); de outro, o passado e o futuro essencialmente ilimitados, que recolhem à superfície os acontecimentos incorporais enquanto efeitos (Aion). A grandeza do pensamento estóico está em mostrar, ao mesmo tempo, a necessidade das duas leituras e sua exclusão recíproca. *Ora* diremos que só o presente existe, que ele reabsorve ou contrai em si o passado e o futuro e, de contração em contração cada vez mais profundas, ganha os limites do Universo inteiro para se tornar um presente vivo cósmico. Basta então proceder segundo a ordem das descontrações para que o Universo recomece e que todos os seus presentes sejam restituídos: o tempo do presente é pois sempre um tempo limitado, mas infinito porque cíclico, animando um eterno retorno físico como retorno do Mesmo, e uma eterna sabedoria moral como sabedoria da Causa. *Ora, ao contrário,* diremos que só o passado e o futuro subsistem, que eles subdividem ao infinito cada presente, por menor que ele seja e o alongam sobre sua linha vazia. A complementaridade do passado e do futuro aparece claramente: é que cada presente se divide em passado e em futuro, ao infinito. Ou melhor, um tal tempo não é infinito, já que não volta jamais sobre si, mas é ilimitado, porque pura linha reta cujas extremidades não cessam de se distanciar no passado, de se distanciar no futuro. Não haverá aí, no Aion, um labirinto bem diferente do de Cronos, ainda mais terrível e que comanda um *outro* eterno retorno e uma outra ética (ética dos Efeitos)? Pensemos

---

2. BORGES, J. L. *Fictions.* Gallimard, pp. 89-90 (O "conflito com a Tartaruga" parece uma alusão não somente ao paradoxo de Zenão, mas ao de Lewis Carroll que vimos precedentemente e que Borges resume em *Enquêtes,* Gallimard, p. 159).

DO JOGO IDEAL

ainda nas palavras de Borges: "Conheço um labirinto grego que é uma linha única, reta... Da próxima vez que vos matar, prometo-vos este labirinto que se compõe de uma só linha reta e que é invisível, incessante" [3].

Em um caso o presente é tudo e o passado e o futuro não indicam senão a diferença relativa entre dois presentes, um de menor extensão, o outro cuja contração recai sobre uma extensão maior. No outro caso, o presente não é nada, puro instante matemático, ser de razão que exprime o passado e o futuro nos quais ele se divide. Em suma: *dois tempos, dos quais um não se compõe senão de presentes encaixados e o outro não faz mais do que se decompor em passado e futuro alongados*. Dois quais um é sempre definido, ativo ou passivo e o outro, eternamente Infinitivo, eternamente neutro. Dos quais um é cíclico, mede o movimento dos corpos e depende da matéria que o limita e preenche; e o outro é pura linha reta na superfície, incorporal, ilimitado, forma vazia do tempo, independente de toda matéria. Uma das palavras esotéricas do *Jabberwocky* contamina os dois tempos: *wabe* deve ser compreendida a partir do verbo *swab* ou *soak* e designa a relva molhada pela chuva que envolve um quadrante solar: é o Cronos físico e cíclico do vivo presente variável. Mas, em um outro sentido, é a alameda que se estende para frente e para trás, *way-be "a long way before, a long way behind"*: é o Aion incorporal que se desenrolou, tornou-se autônomo desembaraçando-se de sua matéria, fugindo nos dois sentidos ao mesmo tempo do passado e do futuro, e onde mesmo a chuva é horizontal, segundo a hipótese de *Sílvia e Bruno*. Ora, este Aion em linha reta e forma vazia é o tempo dos acontecimentos-efeitos. Na medida mesma em que o presente mede a efetuação temporal do acontecimento, isto é, sua encarnação na profundidade dos corpos agentes, sua incorporação em um estado de coisas, na mesma medida o acontecimento por si mesmo e na sua impassibilidade, sua impenetrabilidade, não tem presente mas recua e avança em dois sentidos ao mesmo tempo, perpétuo objeto de uma dupla questão: o que é que vai se passar? o que é que acabou de se passar? E o angustiante do acontecimento puro está, justamente, em que ele é alguma coisa que acaba de ocorrer e que vai se

---

3. BORGES. *Fictions*. pp. 187-188. (No seu *Histoire de l'éternité*, Borges vai menos longe e não parece conceber todo labirinto, a não ser como circular ou cíclico). Entre os comentadores do pensamento estóico, Victor Goldschmidt analisou particularmente a coexistência destas duas concepções do tempo: uma, de presentes variáveis; a outra, de subdivisão ilimitada em passado-futuro (*Le Système stoïcien et l'idée de temps*, Vrin, 1953, pp. 36-40.) Ele mostra também nos estóicos a existência de dois métodos e de duas atitudes morais. Mas a questão de saber se estas duas atitudes correspondem aos dois tempos permanece obscura: não parece que assim seja, de acordo com o comentário do autor. Com mais forte razão, a questão de dois eternos retornos muito diferentes, correspondendo aos dois tempos, não aparece (pelo menos diretamente) no pensamento estóico. Deveremos voltar a estes pontos.

passar, ao mesmo tempo, nunca alguma coisa que se passa. O *X* de que sentimos que *isto* acaba de se passar, é o objeto da novidade"; e o *X* que sempre vai se passar é o objeto do "conto". O acontecimento puro é conto e novidade, jamais atualidade. É neste sentido que os acontecimentos são *signos*.

Aos Estóicos ocorre dizer que os signos são sempre presentes e signos de coisas presentes: daquele que se encontra mortalmente ferido, não podemos *dizer* que ele foi ferido e que morrerá, mas que ele *é* tendo sido ferido e que ele *é* devendo morrer. Este presente não contradiz o Aion: ao contrário, é o presente como ser de razão, que se subdivide ao infinito em alguma coisa que acaba de se passar e alguma coisa que vai se passar, sempre fugindo nos dois sentidos ao mesmo tempo. O outro presente, o presente vivo, se passa e efetiva o acontecimento. Mas o acontecimento, nem por isso deixa de guardar uma verdade eterna, sobre o Aion que o divide eternamente em um passado próximo e um futuro iminente e que não cessa de subdividi-lo, repelindo a um e a outro sem nunca torná-los menos insistentes. O acontecimento é que nunca alguém morre, mas sempre acaba de morrer ou vai morrer, no presente vazio do Aion, eternidade. Descrevendo um assassínio tal como deve ser reproduzido por mímica, pura idealidade, Mallarmé diz: "Aqui avançando, aí rememorando, no futuro, no passado, sob uma aparência falsa de presente — assim opera o Mimo, jogo que se limita a uma alusão perpétua sem quebrar o gelo" [4]. Cada acontecimento é o menor tempo, menor que o mínimo de tempo contínuo pensável, porque ele se divide em passado próximo e futuro iminente. Mas é também o tempo mais longo, mais longo que o máximo de tempo contínuo pensável, porque ele não cessa de ser subdividido pelo Aion que o torna igual à sua linha ilimitada. Entendamos: cada acontecimento sobre o Aion é menor que a menor subdivisão no Cronos; mas é também maior que o maior divisor de Cronos, isto é, o ciclo inteiro. Por sua subdivisão ilimitada nos dois sentidos ao mesmo tempo, cada acontecimento acompanha o Aion em toda sua extensão e torna-se coextensivo à sua linha reta nos dois sentidos. Sentimos então a aproximação de um eterno retorno que não tem mais nada a ver com o ciclo ou já a entrada de um labirinto, tanto mais terrível quanto mais ele é o da linha única, reta e sem espessura? O Aion é a linha reta que traça o ponto aleatório; os pontos singulares de cada acontecimento se distribuem sobre esta linha, sempre relativamente ao ponto aleatório que os subdivide ao infinito e assim faz com que se comuniquem uns com os outros,

---

4. MALLARMÉ. "Mimique". In: *Oeuvres*, Pléiade, Gallimard, p. 310.

DO JOGO IDEAL

estende-os e estira-os por sobre toda a linha. Cada acontecimento é adequado ao Aion inteiro, cada acontecimento
comunica com todos os outros, todos formam um só e mesmo Acontecimento, acontecimento do Aion onde têm uma
verdade eterna. Eis o segredo do acontecimento: estando
sobre o Aion, ele, entretanto, não o preenche. Como o incorporal preencheria o incorporal' e o impenetrável preencheria o impenetrável? Somente os corpos se penetram, somente Cronos é preenchido pelos estados de coisas e os
movimentos de objetos que mede. Mas, forma vazia e de-
senrolada do tempo, o Aion subdivide ao infinito o que o
acossa sem jamais habitá-lo, Acontecimento para todos os
acontecimentos; eis por que a unidade dos acontecimentos
ou dos efeitos entre si é de um tipo completamente diferente da unidade das causas corporais entre si.

O Aion é o jogador ideal ou o jogo. Acaso insuflado
e ramificado. É ele a cartada única de que todos os lances
se distinguem em qualidade. Ele joga ou se joga sobre
duas mesas pelo menos, na juntura das duas mesas. Aí
ele traça sua linha reta, bissetriz. Ele recolhe e reparte sobre
todo o seu comprimento, as singularidades correspondendo
às duas. As duas mesas ou séries são como o céu e a
terra, as proposições e as coisas, as expressões e as consumações — Carroll diria: a tábua (*table*) de multiplicação e
a mesa (*table*) de comer. O Aion é exatamente a fronteira
das duas, a linha reta que as separa, mas igualmente superfície plana que as articula, vidro ou espelho impenetrável.
Assim circula através das séries, que não cessa de refletir e
de ramificar, fazendo de um só e mesmo acontecimento o
expresso das proposições, sob uma face, o atributo das coisas,
sob a outra face. É o jogo de Mallarmé isto é, o "livro":
com suas duas tábuas (a primeira e a última folha num
mesmo folheto dobrado), suas séries múltiplas interiores dotadas de singularidades (folhas móveis permutáveis, cons-
telações-problemas), sua linha reta com duas faces que refletem e ramificam as séries ("central pureza", "equação sob
um deus Jano"), e sobre esta linha o ponto aleatório que
se desloca sem cessar, aparecendo como casa vazia de um
lado, objeto extranumerário de outro (hino e drama ou então
"um pouco de padre, um pouco de dançarina" ou ainda o
móvel envernizado com compartimentos e o chapéu sem lugar
para ocupar, como elementos arquitetônicos do livro). Ora,
nos quatro fragmentos um pouco elaborados do Livro de
Mallarmé, algo ressoa no pensamento mallarmiano vagamen-
te conforme às séries de Carroll. Um fragmento desenvolve
a dupla série, coisas ou proposições, comer ou falar, nu-
trir-se ou. ser apresentado, comer a senhora que convida ou
responder ao convite. Um segundo fragmento destaca a "neu-

68 LÓGICA DO SENTIDO

tralidade firme e benevolente" da palavra, neutralidade do sentido em relação à proposição, assim como da ordem expressa com relação àquele que a ouve. Um outro fragmento mostra em duas figuras femininas entrelaçadas a linha única de um Acontecimento sempre em desequilíbrio, que apresenta uma de suas faces como sentido das proposições e a outra como atributo dos estados de coisas. Um outro fragmento, finalmente, mostra o ponto aleatório que se desloca sobre a linha, ponto de *Igitur* ou do *Coup de dés,* duplamente indicado por um velho morto de fome e uma criança nascida da palavra — "pois morto de fome lhe dá o direito de recomeçar..." [5].

---

5. *Le "Livre" de Mallarmé,* Gallimard: cf. o estudo de Jacques Scherer sobre a estrutura do "livro" e notadamente sobre os quatro fragmentos (pp. 130-138). Não parece, apesar dos pontos de encontro entre as duas obras e certos problemas comuns, que Mallarmé tenha conhecido Lewis Carroll: mesmo os *Nursery Rhymes* de Mallarmé, que se referem a Humpty Dumpty, dependem de outras fontes.

Décima Primeira Série:
Do Não-Senso

Resumamos os caracteres deste elemento paradoxal, *perpetuum mobile* etc.: ele tem por função percorrer as séries heterogêneas e, de um lado, coordená-las, fazê-las ressoar e convergir e, de outro, ramificá-las, introduzir em cada uma delas disjunções múltiplas. Ele é ao mesmo tempo palavra = X e coisa = X. Ele tem duas faces, já que pertence simultaneamente às duas séries, mas que não se equilibram, não se juntam, não se emparelham nunca, uma vez que ele se acha sempre em desequilíbrio com relação a si mesmo. Para dar conta desta correlação e desta dissimetria, utilizamos pares variáveis: ele é ao mesmo tempo excesso e falta, casa vazia e objeto supranumerário, lugar sem ocupante e ocupante sem lugar, "significante flutuante" e significado flutuado, palavra esotérica e coisa exotérica, palavra branca e objeto negro. Eis por que ele é sempre designado de duas maneiras: *"pois o Snark era um Boujoum, imaginem vocês"*. Evitaremos imaginar que o *Boujoum* e uma espécie particularmente temível de *Snark*: a relação de gênero a espécie não convém aqui, mas somente as duas metades dissimétricas de uma instância última. Da mesma forma como Sexto Empírico nos ensina que os Estóicos dispunham de uma palavra destituída de sentido, *Blituri*, mas a empregavam junto com um correlato: *Skindapsos*[1]. *Pois Blituri era um Skindapsos, vejam*. Palavra = x em uma série, mas ao mesmo tempo coisa = x na outra série; é preciso talvez, como veremos, acrescentar ao Aion um terceiro aspecto, o da ação = x, na medida em que as séries comunicam e ressoam e formam uma "história em-

---

1. Cf. Sexto Empírico, *Adversus Logicos*, VIII, 133. *Blituri* é uma onomatopéia que exprime um som como o da lira; *skindapsos* designa a máquina ou o instrumento.

brulhada". O *Snark* é um nome inaudito, mas também um monstro invisível e remete a uma ação formidável, a caça em cujo desfecho o caçador se dissipa e perde sua identidade. O *Jabberwock* é um nome inaudito, um animal fantástico, mas também o objeto da ação formidável ou do grande homicídio.

Em primeiro lugar a palavra em branco é designada por palavras esotéricas quaisquer (isto, coisa, *Snark* etc.); esta palavra em branco ou estas palavras esotéricas de primeira potência têm por função coordenar as duas séries heterogêneas. Em seguida, as palavras esotéricas podem, por sua vez, ser designadas por palavras-valise, palavras de segunda potência que têm por função ramificar as séries. A estas duas potências correspondem duas figuras diferentes. *Primeira figura.* O elemento paradoxal é, ao mesmo tempo, palavra e coisa. Isto é: a palavra em branco que o designa ou a palavra esotérica que designa esta palavra em branco, tem também como propriedade exprimir a coisa. É uma palavra que designa exatamente o que exprime e exprime o que designa. Ela exprime seu designado, assim como designa seu próprio sentido. Em uma só e mesma vez, ela diz alguma coisa e diz o sentido do que diz: ela diz seu próprio sentido. Por tudo isto, ela é completamente anormal. Sabemos que a lei normal de todos os nomes dotados de sentido é, precisamente, que seu sentido não pode ser designado a não ser por um outro nome (nl → n2 → n3 . . .). O nome que diz seu próprio sentido só pode ser um *não--senso* (Nn). O não-senso não faz senão uma só coisa com a palavra "não-senso" e a palavra "não-senso" confunde-se com as palavras que não têm sentido, isto é, as palavras convencionais de que nos servimos para designá-lo. — *Segunda figura.* A própria palavra-valise é o princípio de uma alternativa de que ela forma também os dois termos (fumioso — fumante e furioso ou furioso e fumante). Cada parte virtual de uma tal palavra designa o sentido da outra ou exprime a outra parte que, por sua vez, o designa. Sob esta forma, além disso, a palavra no seu conjunto diz seu próprio sentido e é não-senso sob este novo título. A segunda lei normal dos nomes dotados de sentido é, com efeito, que seu sentido não pode determinar uma alternativa na qual eles próprios entram. O não-senso tem pois duas figuras, uma que corresponde à síntese regressiva, outra à síntese disjuntiva.

Pode-se objetar: tudo isto não quer dizer nada. Seria um mau jogo de palavras supor que não-senso diga seu próprio sentido, já que, por definição, ele não o possui. Esta objeção é infundada. O que é jogo de palavras é dizer que não-senso tem um sentido, que é o de não ter sentido. Mas esta não é, em absoluto, a nossa hipótese. Quando supomos que o não-senso diz seu próprio sentido, queremos dizer, ao contrário, que o sentido e o sem-sentido têm uma relação específica que não pode ser decalcada da relação entre o verdadeiro e o falso, isto é, não pode ser concebida simplesmente como uma relação de exclusão. É exatamente este o problema mais geral da lógica do sentido: de que serviria elevarmo-nos da esfera do verdadeiro à do sentido, se fosse para encontrar entre o sentido e o não-senso uma relação análoga à do verdadeiro e do falso? Já vimos quanto era vão elevarmo-nos do condicionado à condição, para conceber a condição à imagem do condicionado, como simples forma de possibilidade. A condição não pode ter com seu negativo uma relação do mesmo tipo que o condicionado tem com o seu. A lógica dos sentidos vê-se necessariamente determinada a colocar entre o sentido e o não--senso um tipo original de relação intrínseca, um modo de co-presença, que, por enquanto, podemos somente sugerir, tratando o não-senso como uma palavra que diz seu próprio sentido.

O elemento paradoxal é não-senso sob as duas figuras precedentes. Mas as leis normais não se opõem exatamente a estas duas figuras. Estas figuras, ao contrário, submetem as palavras normais dotadas de sentido a estas leis que não se aplicam a elas: todo nome normal tem um sentido que deve ser designado por um outro nome e que deve determinar disjunções preenchidas por outros nomes. Na medida em que estes nomes dotados de sentido são submetidos a estas leis, eles recebem *determinações de significação*. A determinação de significação não é a mesma coisa que a lei, mas dela decorre; ela relaciona os nomes, isto é, as palavras e proposições a conceitos, propriedades ou classes. Assim, quando a lei regressiva diz que o sentido de um nome deve ser designado por um outro nome, estes nomes de graus diferentes remetem do ponto de vista da significação a classes ou propriedades de "tipos" diferentes: toda propriedade deve ser de um tipo superior às propriedades ou indivíduos sobre os quais ela recai e toda classe deve ser de um tipo superior aos objetos que contém; nestas condições, um conjunto não pode se conter como elemento, nem conter elementos de diferentes tipos. Da mesma forma, conforme a lei disjuntiva, uma determinação de significação enuncia que a propriedade ou o termo com relação aos quais se faz uma classificação não pode pertencer a nenhum dos grupos de mesmo tipo classificados com relação a ele: um elemento não pode fazer parte dos subconjuntos que determina, nem do conjunto cuja existência ele pressupõe. Às duas figuras do não-senso correspondem pois duas formas do absurdo, definidas como "destituídas de significação" e constituindo *paradoxos*: o conjunto que se compreende como elemento, o elemento que divide o conjunto que supõe — o conjunto de todos os conjuntos e o barbeiro do regimento. O absurdo é, pois, ora confusão de níveis formais na síntese regressiva, ora círculo vicioso na síntese disjuntiva[2]. O interesse das determinações de significação é o de engendrar os princípios de não-contradição e de terceiro excluído, ao invés de dá-los já feitos; os próprios paradoxos operam a gênese da contradição ou da inclusão nas proposições desprovidas de significação. É preciso, talvez, considerar a partir deste ponto de vista certas concepções estóicas sobre a ligação das proposições. Pois quando os estóicos se interessam tanto pela proposição hipotética do gênero de "se faz dia, está claro", ou de "se esta mulher tem leite, ela deu à luz", os comentadores têm certamente razão de lembrar que não se trata aí de uma relação de conseqüência física ou de causalidade no sentido moderno da palavra, mas eles se enganam, talvez, ao ver aí uma simples conseqüência lógica sob um laço de identidade. Os estóicos numeravam os membros da proposição hipotética: podemos considerar "fazer dia" ou "ter dado à luz" como significando propriedades de um tipo superior àquilo sobre o que recaem ("estar claro", "ter leite"). A ligação das proposições não se reduz nem a uma identidade analítica, nem a uma síntese empírica, mas pertence ao domínio da significação — de tal maneira que a contradição seja engendrada, não na relação de um termo a seu oposto, mas na relação do oposto de um termo com o *outro* termo. De acordo com a transformação do hipotético em conjuntivo "se faz dia, está claro" implica que não é possível que faça dia e não esteja claro: talvez porque "fazer dia" deveria então ser elemento de um conjunto — que ele suporia — e pertencer a um dos grupos classificados em relação a ele.

Não menos do que uma determinação de significação, o não-senso opera uma *doação de sentido*. Mas não da mesma maneira. Pois, do ponto de vista do sentido, a lei regressiva não relaciona mais ou menos os nomes de graus diferentes a classes ou a propriedades, mas os reparte em séries heterogêneas de acontecimentos. Não há dúvida de que estas séries são determinadas, uma como significante e a outra como significada, mas a distribuição do sentido em uma e na outra é completamente independente da relação precisa de significação. Eis por que vimos que um termo despro-

---

2. Esta distinção corresponde às duas formas do não-senso segundo Russell. Sobre estas duas formas, cf. Franz Crahay, *Le Formalisme logico-mathématique et le problème du non-sens*, ed. les Belles Lettres, 1957. A distinção russelliana parece-nos preferível à distinção muito geral que Husserl faz entre "não-senso" e "contra-senso" nas *Investigações Lógicas* e na qual se inspira Koyré em *Epiménide le menteur* (Hermann, p. 9 e s.).

DO NÃO-SENSO 73

vido de significação nem por isso deixava de ter um sentido e que o próprio sentido ou o acontecimento eram independentes de todas as modalidades que afetam as classes e as propriedades, neutras com relação a todos estes caracteres. O acontecimento difere em natureza das propriedades e das classes. O que tem um sentido tem também uma significação, mas por razões diferentes das que fazem com que tenha um sentido. O sentido não é, pois, separável de um novo gênero de paradoxos, que marca a presença do não-senso no sentido, como os paradoxos precedentes marcavam a presença do não-senso na significação. Desta vez, são os paradoxos da subdivisão ao infinito, de um lado e, de outro, da repartição de singularidades. Nas séries, cada termo não tem sentido a não ser por sua posição relativa a todos os outros termos; mas esta posição relativa depende ela própria da posição absoluta de cada termo em função da instância $= x$ determinada como não-senso e que circula sem cessar através das séries. O sentido é efetivamente *produzido* por esta circulação, como sentido que volta ao significante, mas também sentido que volta ao significado. Em suma, o sentido é sempre um *efeito*. Não somente um efeito no sentido causal; mas um efeito no sentido de "efeito óptico", "efeito sonoro", ou melhor, efeito de superfície, efeito de posição, efeito de linguagem. Um tal efeito não é em absoluto uma aparência ou uma ilusão; é um produto que se estende ou se alonga na superfície e que é estritamente co-presente, coextensivo à sua própria causa e que determina esta causa como causa imanente, inseparável de seus efeitos, puro *nihil* ou x fora de seus efeitos. Tais efeitos, um tal produto, são habitualmente designados por um nome próprio ou singular. Um nome próprio não pode ser considerado plenamente como um signo a não ser na medida em que remeta a um efeito deste gênero: assim é que a física fala em "efeito Kelvin", "efeito Seebeck", "efeito Zeemann" etc., ou que a medicina designa as doenças pelos nomes dos médicos que souberam desenhar o seu quadro de sintomas. Nesta mesma via, a descoberta do sentido como efeito incorporal, sempre produzido pela circulação do elemento $= x$ nas séries de termos que percorre, deve ser chamado "efeito Crisipo", ou "efeito Carroll".

Os autores que se costuma, atualmente, chamar de estruturalistas, não têm, talvez, outro ponto em comum — porém essencial — além do seguinte: o sentido, não como aparência, mas como efeito de superfície e de posição, produzido pela circulação da casa vazia nas séries da estrutura (lugar do morto, lugar do rei, mancha cega, significante flutuante, valor zero, cantonada ou causa ausente etc.). O estruturalismo, conscientemente ou não, celebra novos acha-

74   LÓGICA DO SENTIDO

dos de inspiração estóica ou carrolliana. A estrutura é verdadeiramente uma máquina de produção de sentido incorporal (*skindapsos*). E quando o estruturalismo mostra, desta maneira, que o sentido é produzido pelo não-senso e seu perpétuo deslocamento e que nasce da posição respectiva de elementos que não são, por si mesmos, "significantes", não veremos aí, em compensação, nenhuma aproximação com o que foi chamado de filosofia do absurdo: Lewis Carroll sim, Camus não. Pois, para a filosofia do absurdo o não-senso é o que se opõe ao sentido em uma relação simples com este; tanto que o absurdo se define sempre por uma deficiência de sentido, por uma falta (não há bastante...). Do ponto de vista da estrutura, ao contrário, há sempre sentido demais: excesso produzido e superproduzido pelo não--senso como privação de si mesmo. Assim como Jakobson define um fonema zero que não possui nenhum valor fonético determinado, mas que se opõe à *ausência de fonema* e não ao fonema, da mesma forma o não-senso não possui nenhum sentido particular, mas se opõe à ausência de sentido e não ao sentido que ele produz em excesso sem nunca manter com seu produto a relação simples de exclusão à qual gostaríamos de reduzi-lo [3]. O não-senso é ao mesmo tempo o que não tem sentido, mas que, como tal, opõe-se à ausência de sentido, operando a doação de sentido. E é isto que é preciso entender por *non-sense*.

Finalmente, a importância do estruturalismo em filosofia, e para o pensamento em geral, mede-se por isto: por ele deslocar as fronteiras. Quando a noção de sentido tomou o lugar das Essências desfalecentes, a fronteira filosófica pareceu instalar-se entre aqueles que ligavam o sentido a uma nova transcendência, novo avatar de Deus, céu transformado e aqueles que encontravam o sentido no homem e seu abismo, profundidade novamente cavada, subterrânea. Novos teólogos de céu brumoso (o céu de Koenigsberg) e novos humanistas das cavernas, ocuparam a cena em nome do Deus-homem ou do Homem-Deus como segredo do sentido. Era por vezes difícil distinguir entre eles. Mas, o que torna, hoje a distinção impossível é primeiramente a lassidão em que nos encontramos diante deste discurso interminável em que se pergunta se é o asno que carrega o homem ou se é o homem que carrega o asno e que carrega a si mesmo. Em seguida, temos a impressão de um contra-senso puro operado sobre o sentido; pois, de qualquer maneira, céu ou subterrâneo, o sentido é apresentado como Princípio, Reservatório, Reserva, Origem. Princípio celeste, dizemos que ele é fundamentalmente esquecido e velado; princípio

---

3. Cf. as observações de Lévi-Strauss sobre o "fonema zero" na "Introdução à Obra de Marcel Mauss" (Mauss, *Sociologie et Anthropologie,* p. 50).

DO NÃO-SENSO   75

subterrâneo, que é profundamente rasurado, desviado, alienado. Mas tanto sob a rasura como sob o véu, o apelo é no sentido de reencontrar ou restaurar o sentido, seja em um Deus que não teríamos compreendido suficientemente, seja em um homem que não teríamos sondado o bastante. É, pois, agradável, que ressoe hoje a boa nova: o sentido não é nunca princípio ou origem, ele é produzido. Ele não é algo a ser descoberto, restaurado ou re-empregado, mas algo a produzir por meio de novas maquinações. Não pertence a nenhuma altura, não está em nenhuma profundidade, mas é efeito de superfície, inseparável da superfície como de sua dimensão própria.

Não é que ao sentido falte profundidade ou altitude, é antes a altitude e a profundidade que carecem de superfície, que carecem de sentido ou que não o têm a não ser por um "efeito" que supõe o sentido. Não perguntamos mais se o "sentido originário" da religião está em um Deus que os homens traíram ou em um homem que se alienou na imagem de Deus. Por exemplo: não procuramos em Nietzsche um profeta da reviravolta nem da superação. Se há um autor para o qual a morte de Deus, a queda em altura do ideal ascético não tem nenhuma importância enquanto é compensada pelas falsas profundidades do humano, má consciência e ressentimento, é sem dúvida Nietzsche: ele conduz suas descobertas alhures, no aforismo e no poema, que não fazem falar nem Deus nem o homem, máquinas de produzir sentido, de medir a superfície instaurando o jogo ideal efetivo. Não procuramos em Freud um explorador da profundidade humana e do sentido originário, mas o prodigioso descobridor da maquinaria do inconsciente por meio da qual o sentido é produzido, sempre produzido em função do não-senso [4]. E como poderíamos deixar de sentir que nossa liberdade e nossa efetividade encontram seu lugar, não no universal divino nem na personalidade humana, mas nestas singularidades que não são mais nossas que nós mesmos, mais divinas que os deuses, animando no concreto o poema e o aforismo, a revolução permanente e ação parcial? O que há de burocrático nestas máquinas fantasmas que são os povos e os poemas? Basta que nos dissipemos um pouco, que saibamos estar na superfície, que

4. Em páginas que estão de acordo com as teses principais de Louis Althusser, J. P. Osier propõe a distinção seguinte: entre aqueles para os quais o sentido é algo a ser reencontrado em uma origem mais ou menos perdida (seja essa origem divina ou humana, ontológica ou antropológica) e aqueles para os quais a origem é um não-senso e o sentido sempre produzido como um efeito de superfície, epistemológico. Aplicando a Freud e a Marx este critério, J. P. Osier estima que o problema da interpretação não consiste de forma nenhuma a passar do "derivado" ao "originário", mas a compreender os mecanismos de produção do sentido em duas séries: o sentido é sempre efeito. Cf. Prefácio a *L'Essence du christianisme* de Feuerbach, ed. Maspéro, 1968, notadamente pp. 15-19.

estendamos nossa pele como um tambor, para que a "grande política" comece. Um casa vazia que não é nem para o homem e nem para Deus; singularidades que não são nem da ordem do geral, nem da ordem do individual, nem pessoais, nem universais: tudo isto atravessado por circulações, ecos, acontecimentos que trazem mais sentido e liberdade, efetivados com o que nunca sonhou, nem Deus concebeu. Fazer circular a casa vazia e fazer falar as singularidades pré-individuais e não pessoais, em suma, produzir o sentido, é a tarefa de hoje.

Décima Segunda Série:
Sobre o Paradoxo

Não nos desembaraçamos dos paradoxos dizendo que eles são dignos de Lewis Carroll mais do que dos *Principia Mathematica*. O que é bom para Carroll é bom para a lógica. Não nos desembaraçamos deles dizendo que o barbeiro do regimento não existe, tanto quanto o conjunto anormal. Pois, em compensação, eles insistem na linguagem e todo o problema é saber se a própria linguagem poderia funcionar sem fazer insistirem tais entidades. Não diremos também que os paradoxos dão uma falsa imagem do pensamento, inverossímil e inutilmente complicada. Seria preciso ser muito "simples" para acreditar que o pensamento é um ato simples, claro para si mesmo, que não põe em jogo todas as potências do inconsciente e do não-senso no inconsciente. Os paradoxos só são recreações quando os consideramos como iniciativas do pensamento; não quando os consideramos como "a Paixão do pensamento", descobrindo o que não pode ser senão pensado, o que não pode ser senão falado, que é também o inefável e o impensável, Vazio mental, Aion. Não invocaremos, enfim, o caráter contraditório das entidades insufladas, não diremos que o barbeiro não pode pertencer ao regimento etc. A força dos paradoxos reside em que eles não são contraditórios, mas nos fazem assistir à gênese da contradição. O princípio de contradição se aplica ao real e ao possível, mas não ao impossível do qual deriva, isto é, aos paradoxos ou antes ao que representam os paradoxos.

Os paradoxos de significação são essencialmente o *conjunto anormal* (que se compreende como elemento ou que compreende elementos de diferentes tipos) e o *elemento rebelde* (que faz parte de um conjunto cuja existência ele pressupõe e pertence aos dois subconjuntos que determina). Os paradoxos de sentido são essencialmente a *subdivisão ao infinito* (sempre passado-futuro e jamais presente) e a *distribuição nômade* (repartir-se em um espaço aberto ao invés de repartir um espaço fechado). Mas, de qualquer maneira, têm por característica o fato de ir em dois sentidos ao mesmo tempo e tornar impossível uma identificação, colocando a ênfase ora num, ora no outro desses efeitos: tal é a dupla aventura de Alice, o devir-louco e o nome-perdido. É que o paradoxo se opõe à *doxa,* aos dois aspectos da *doxa,* bom senso e senso comum. Ora, o bom senso se diz de uma direção: ele é senso único, exprime a existência de uma ordem de acordo com a qual é preciso escolher uma direção e se fixar a ela. Esta direção é facilmente determinada como a que vai do mais diferenciado ao menos diferenciado, da parte das coisas à parte do fogo. Segundo ela, orientamos a flecha do tempo, uma vez que o mais diferenciado aparece necessariamente como passado, na medida em que ele define a origem de um sistema individual e o menos diferenciado como futuro e como fim. Esta ordem do tempo, do passado ao futuro, é pois instaurada com relação ao presente, isto é, com relação a uma fase determinada do tempo escolhida no sistema individual considerado. O bom senso se dá assim a condição sob a qual ele preenche sua função, que é essencialmente a de prever: é claro que a previsão seria impossível na outra direção, se fôssemos do menos diferenciado ao mais diferenciado, por exemplo, se temperaturas primeiramente indiscerníveis fossem se diferenciando. Eis por que o bom senso pôde se reencontrar tão profundamente na termodinâmica. Mas na origem ele se vale de modelos mais altos. O bom senso é essencialmente repartidor; sua fórmula é "de um lado e de outro lado", mas a repartição que ele opera se faz em tais condições que a diferença é posta no começo, tomada em um movimento dirigido incumbido de cumulá-la, igualá-la, anulá-la, compensá-la. É exatamente o que quer dizer: da parte das coisas à parte do fogo, ou da parte dos mundos (sistemas individuais) à parte de Deus. Uma tal repartição implicada pelo bom senso se define precisamente como distribuição fixa ou sedentária. A essência do bom senso é de se dar uma singularidade, *para* estendê-la sobre toda a linha dos pontos ordinários e regulares que dela dependem, mas que a conjuram e a diluem. O bom senso é completamente combustivo e digestivo. O bom senso é agrícola, inseparável do problema agrário e da instalação de cercados, inseparável de uma operação das classes médias em que as partes se compensem, se regularizem. Máquina a vapor e criação em terrenos cercados, mas também propriedades e classes, são as fontes vivas do bom senso: não somente como fatos que surgem em tal época, mas como arquétipos eternos; e não por simples metáfora, mas de maneira a reunir todos os sentidos dos termos "propriedades" e "classes". Os caracteres sistemáticos do bom senso são pois: a afirmação de uma só direção; a determinação desta direção como indo do mais diferenciado ao menos diferenciado, do singular ao regular, do notável ao ordinário; a orientação da flecha do tempo, do passado ao futuro, de acordo com esta determinação; o papel diretor do presente nesta orientação; a função de previsão que assim se torna possível; o tipo de distribuição sedentária, em que todos os caracteres precedentes se reúnem.

O bom senso desempenha papel capital na determinação da significação. Mas não desempenha nenhum na doação de sentido; e isto porque o bom senso vem sempre em segundo lugar, porque a distribuição sedentária que ele opera pressupõe uma outra distribuição, como o problema dos cercados supõe um espaço primeiro livre, aberto, ilimitado, flanco de colina ou encosta. Bastaria então dizer que o paradoxo segue a outra direção oposta à do bom senso e vai do menos diferenciado ao mais diferenciado, por um capricho que seria somente um divertimento do espírito? Para retomar exemplos célebres, é certo que se a temperatura fosse se diferenciando ou se a viscosidade se fizesse acelerante, não poderíamos mais "prever". Mas por quê? Não porque as coisas se passariam no outro sentido. O outro sentido seria ainda um senso único. Ora, o bom senso não se contenta em determinar a direção particular do senso único, ele determina primeiro o princípio de um sentido único em geral, reservando-se o direito de mostrar que este princípio, uma vez dado, nos força a escolher tal direção de preferência a outra. De tal forma que a potência do paradoxo não consiste absolutamente em seguir a outra direção, mas em mostrar que o sentido toma sempre os dois sentidos ao mesmo tempo, as duas direções ao mesmo tempo. O contrário do bom senso não é o outro sentido; o outro sentido é somente a recreação do espírito, sua iniciativa amena. Mas o paradoxo como paixão descobre que não podemos separar duas direções, que não podemos instaurar um senso único, nem um senso único para o sério do pensamento, para o trabalho, nem um senso invertido para as recreações e os jogos menores. Se a viscosidade se fizesse acelerante, ela arrancaria os móveis ao repouso, mas em um sentido imprevisível. Em que sentido, em que sentido? pergunta Alice. A pergunta não tem resposta, porque é próprio do sentido não ter direção, não ter "bom sentido", mas sempre as duas ao mesmo tempo, em um passado-futuro infinitamente sub-

80 LÓGICA DO SENTIDO

dividido e alongado. O físico Boltzmann explicava que a flecha do tempo, indo do passado para o futuro, só valia nos mundos ou sistemas individuais e com relação a um presente determinado em tais sistemas: "para o Universo inteiro, as duas direções do tempo são pois impossíveis de distinguir, da mesma forma como no espaço não há nem acima, nem abaixo (isto é, nem altura, nem profundidade)[1]. Reencontramos a oposição do Aion e do Cronos. Cronos é o presente que só existe, que faz do passado e do futuro suas duas dimensões dirigidas, tais que vamos sempre do passado ao futuro, mas na medida em que os presentes se sucedem nos mundos ou sistemas parciais. Aion é o passado-futuro em uma subdivisão infinita do momento abstrato, que não cessa de se decompor nos dois sentidos ao mesmo tempo, esquivando para sempre todo presente. Pois nenhum presente é fixável no Universo como sistema de todos os sistemas ou conjunto anormal. À linha orientada do presente, que "regulariza" em um sistema individual cada ponto singular que recebe, opõe-se a linha de Aion, que salta de uma singularidade pré-individual a outra e as retoma todas uma nas outras, retoma todos os sistemas segundo as figuras da distribuição nômade em que cada acontecimento é já passado e ainda futuro, mais e menos ao mesmo tempo, sempre véspera e amanhã na subdivisão que os faz comunicar.

No senso (sentido) comum, "sentido" não se diz mais de uma direção, mas de um órgão. Nós o dizemos comum, porque é um órgão, uma função, uma faculdade de identificação, que relaciona uma diversidade qualquer à forma do Mesmo. O senso comum identifica, reconhece, não menos quanto o bom senso prevê. Subjetivamente, o senso comum subsume faculdades diversas da alma ou órgãos diferenciados do corpo e os refere a uma unidade capaz de dizer Eu: é um só e mesmo eu que percebe, imagina, lembra-se, sabe etc.; e que respira, que dorme, que anda, que come... A linguagem não parece possível fora de um tal sujeito que se exprime ou se manifesta nela e que diz o que ele faz. Objetivamente, o senso comum subsume a diversidade dada e a refere à unidade de uma forma particular de objeto ou de uma forma individualizada de mundo: é o mesmo objeto que eu vejo, cheiro, saboreio, toco, o mesmo que percebo, imagino e do qual me lembro... e é no mesmo mundo que respiro, ando, fico em vigília ou durmo, indo de um objeto para outro segundo as leis de um sistema determinado. Aí ainda a linguagem não parece possível fora de tais identidades que designa. Vemos muito bem a complementaridade entre as duas forças, a do bom senso e a do senso

1. BOLTZMANN. *Leçons sur la théorie des gaz.* Trad. fr. Gauthier-Villars, ed., t. II, p. 253.

SOBRE O PARADOXO

comum. O bom senso não poderia fixar nenhum começo e nenhum fim, nenhuma direção, não poderia distribuir nenhuma diversidade, se não se superasse em direção a uma instância capaz de referir este diverso à forma de identidade de um sujeito, à forma de permanência de um objeto ou de um mundo, que supomos estar presente do começo ao fim. Inversamente, esta forma de identidade no senso comum permaneceria vazia se não se superasse em direção a uma instância capaz de determiná-la por esta ou aquela diversidade começando aqui, acabando ali e que supomos durar todo o tempo que é preciso para igualação de suas partes. É preciso que a qualidade seja ao mesmo tempo parada e medida, atribuída e identificada. É nesta complementaridade do bom senso e do senso comum que se estabelece a aliança do eu, do mundo e de Deus — Deus como saída última das direções e princípio supremo da identidade. Da mesma forma, o paradoxo é a subversão simultânea do bom senso e do senso comum: ele aparece de um lado como os dois sentidos ao mesmo tempo do devir-louco, imprevisível; de outro lado, com o não-senso da identidade perdida, irreconhecível. Alice é aquela que vai sempre nos dois sentidos ao mesmo tempo: o país das maravilhas (*Wonderland*) tem uma dupla direção sempre subdividida. Ela é também aquela que perde a identidade, a sua, a das coisas e a do mundo: em *Sílvia e Bruno,* o país das fadas (*Fairyland*) se opõe a Lugar-comum (*Common-place*). Alice se submete e fracassa em todas as provas do senso comum: a prova da consciência de si como órgão — "Quem sois vós?" —, a prova da percepção de objeto como reconhecimento — o bosque que se furta a qualquer identificação —, a prova da memória como recitação — "é falso do começo ao fim" — a prova do sonho como unidade de mundo — em que cada sistema individual se desfaz em proveito de um universo no qual somos sempre um elemento no sonho de um outro — "não gosto de pertencer ao sonho de uma outra pessoa". Como é que Alice poderia ainda ter senso comum, uma vez que não tem mais bom senso? A linguagem parece, de qualquer maneira impossível, não tendo mais sujeito que se exprima ou se manifeste nela, nem objeto a designar, nem classes e propriedades a significar segundo uma ordem fixa.

É contudo aí que se opera a doação de sentido, nesta região que precede todo bom senso e senso comum. Aí, a linguagem atinge sua mais alta potência com a paixão do paradoxo. Para além do bom senso, as parelhas de Lewis Carroll representam os dois sentidos, ao mesmo tempo, do devir-louco. Primeiro em *Alice,* o chapeleiro e a lebre de

82 LÓGICA DO SENTIDO

março: cada um habita em uma direção, mas as duas direções são inseparáveis, cada uma se subdivide na outra, tanto que as encontramos ambas em cada uma. É preciso ser dois para ser louco, somos sempre loucos em dupla, ambos se tornam loucos no dia em que "massacraram o tempo", isto é, destruíram a medida, suprimiram as paradas e os repousos que referem a qualidade a alguma coisa de fixo. Eles mataram o presente, que não sobrevive mais entre eles a não ser na imagem adormecida do arganaz, seu companheiro supliciado, mas também que não mais subsiste a não ser no momento abstrato, na hora do chá, infinitamente subdivisível em passado e em futuro. Tanto que agora eles não cessam de mudar de lugar, sempre em atraso e sempre adiantados, nas duas direções ao mesmo tempo, mas nunca na hora certa. Do outro lado do espelho, a lebre e o chapeleiro são retomados nos dois mensageiros, um para ir, outro para vir, um para procurar, outro para relatar, segundo as duas direções simultâneas do Aion. Mais ainda, Tweedledum e Tweedledee dão testemunho da indiscernibilidade das duas direções e da infinita subdivisão dos dois sentidos em cada direção sobre a estrada bifurcante que indica sua casa. Mas, assim como os pares tornam impossível toda medida do devir, toda parada da qualidade e, por conseguinte, todo exercício do bom senso, Humpty Dumpty é a simplicidade real, o Senhor das palavras, o Doador do sentido, que destrói o exercício do senso comum, distribuindo as diferenças de tal maneira que nenhuma qualidade fixa, nenhum tempo medido se relacionam a um objeto identificável ou reconhecível: ele, cujo porte e pescoço, gravata e cinto se confundem — carecendo tanto de sentido comum quanto de órgãos diferenciados, unicamente feito de singularidades móveis e "desconcertantes". Humpty Dumpty não reconhecerá Alice, pois cada singularidade de Alice lhe parece tomada no conjunto ordinário de um órgão (olhos, nariz, boca) e fazer parte do Lugar-comum de um semblante muito regular, organizado como o de todo mundo. Na singularidade dos paradoxos nada começa ou acaba, tudo vai no sentido do futuro e do passado ao mesmo tempo. Como diz Humpty Dumpty, podemos sempre nos impedir de crescer a dois, um crescendo apenas com o outro diminuindo. Não é de surpreender que o paradoxo seja a potência do inconsciente: ele se passa sempre no entre-dois das consciências, contra o bom senso ou às costas da consciência, contra o senso comum. À pergunta: quando é que a gente fica careca? ou quando é que existe uma porção? — Crisipo respondia que seria melhor parar de contar, que podíamos mesmo ir dormir e o verificaríamos certamente mais tarde. Carnéades não parece compreender muito bem esta resposta,

SOBRE O PARADOXO 83

quando objeta que no despertar de Crisipo tudo recomeça e a mesma pergunta se coloca. Crisipo se faz mais explícito: podemos sempre puxar dos dois lados, frear os cavalos quando a descida se acentua ou diminuir com uma mão quando aumentamos com a outra [2]. Pois, se se trata de saber "por que em tal momento de preferência a outro qualquer", "por que é que a água muda de qualidade a zero graus", a questão estará mal colocada enquanto zero graus for considerado como um ponto ordinário na escala das temperaturas. E se, ao contrário, ele for considerado como um ponto singular, não é separável do acontecimento que se passa nele, sempre chamado zero com relação à sua efetuação sobre a linha das ordinárias, sempre por vir e já passado.

Podemos, a partir daí, propor um quadro do desenvolvimento da linguagem em superfície e da doação do sentido na fronteira das proposições e das coisas. Tal quadro representa a organização dita secundária, própria à linguagem. Ele é animado pelo elemento paradoxal ou ponto aleatório ao qual demos duplos-nomes diversos. E dá na mesma apresentar este elemento como percorrendo as duas séries, na superfície, ou como traçando entre as duas a linha reta do Aion. Ele é não-senso e define as duas figuras verbais do não-senso. Mas, justamente porque o não senso-se acha em uma relação interior original com o sentido, ele é também o que provê de sentido os termos de cada série: as posições relativas destes termos uns com relação aos outros dependem de sua posição "absoluta" com relação a ele. O sentido é sempre um efeito produzido nas séries pela instância que as pecorre. Eis por que o sentido, tal como é recolhido sobre o Aion, tem ele próprio duas faces que correspondem às faces dissimétricas do elemento paradoxal: uma, voltada para a série determinada como significante; a outra voltada para a série determinada como significada. O sentido insiste em uma das séries (proposições): ele é o exprimível das proposições, mas não se confunde com as proposições que o exprimem. O sentido advém à outra série (estados de coisas): ele é o atributo dos estados de coisas, mas não se confunde com os estados de coisas aos quais ele se atribui, com as coisas e qualidades que o efetuam. O que permite, pois, determinar tal série como significante e tal outra como significada, são precisamente estes dois aspectos do sentido, insistência e extra-ser e os dois aspectos do não--senso ou do elemento paradoxal do qual eles derivam, casa vazia e objeto supranumerário — lugar sem ocupante em uma série e ocupante sem lugar na outra. É por isso que o

---

2. Cf. Cícero, *Primeiros acadêmicos*, § 29. Cf. também as observações de Kierkegaard nas *Migalhas*, que dá razão a Carnéades arbitrariamente.

sentido em si mesmo é objeto de paradoxos fundamentais que retomam as figuras do não-senso. Mas a doação de sentido não se faz sem que sejam também determinadas condições de significação às quais os termos das séries, uma vez providos de sentido, serão ulteriormente submetidos em uma organização terciária que os refere às leis das indicações e das manifestações possíveis (bom senso, senso comum). Este quadro de um desdobramento total na superfície é necessariamente afetado, em cada um destes pontos, por uma extrema e persistente fragilidade.

Décima Terceira Série:
Do Esquizofrênico
e da Menina

Nada de mais frágil do que a superfície. A organização secundária não estará ameaçada por um monstro muito mais poderoso do que o Jabberwock — por um não-senso informe e sem fundo, bem diferente daqueles que vimos precedentemente com duas figuras ainda inerentes ao sentido? A ameaça é primeiramente imperceptível; mas bastam alguns passos para nos apercebermos de uma falha aumentada e que toda organização de superfície já desapareceu, jogada em uma ordem primária terrível. O não-senso não dá mais o sentido: ele devorou tudo. Acreditávamos primeiro permanecer no mesmo elemento ou em um elemento vizinho. Percebemos agora que mudamos de elemento, que entramos em uma tempestade. Acreditávamos ainda estar entre as garotinhas e as crianças: já nos encontramos em uma loucura irreversível. Acreditávamos estar no ponto culminante de pesquisas literárias, na mais alta invenção das linguagens e das palavras; já nos achamos nos debates de uma vida convulsiva, na noite de uma criação patológica concernente aos corpos. É por isso que o observador deve permanecer atento: é pouco suportável, sob o pretexto das palavras-valise, por exemplo, ver misturar as histórias infantis, as experimentações poéticas e as experiências da loucura. Um grande poeta pode escrever numa relação direta com a criança que ele foi e as crianças que ama; um louco pode carregar consigo a mais imensa obra poética, numa relação direta com o poeta que ele foi e que não deixou de ser. Isto não justifica de forma nenhuma a grotesca trindade da criança, do poeta e do louco. Com toda a força da admiração, da veneração, devemos estar atentos aos deslizes que revelam uma diferença profunda sob seme-

86   LÓGICA DO SENTIDO

lhanças grosseiras. Devemos estar atentos às funções e aos abismos muito diferentes do não-senso, à heterogeneidade das palavras-valise que não autorizam nenhum amálgama entre os que inventam e mesmo os que os empregam. Uma menina pode cantar "Pimpanicalho", um artista escrever "fumioso", um esquizofrênico dizer "perspendicaz"[1]: não temos nenhuma razão para acreditar que o problema seja o mesmo por trás de resultados grosseiramente análogos. Não é sério confundir a canção de Babar e os gritos-sopros de Artaud, "Ratara ratara ratara Atara tatara rana Otara otara katara..." Acrescentemos que o erro dos lógicos, quando falam do não-senso, é o de dar exemplos desencarnados, laboriosamente construídos por eles mesmos e para as necessidades de sua demonstração, como se não tivessem nunca ouvido uma menina cantar, um grande poeta dizer, um esquizofrênico falar. Miséria dos exemplos ditos lógicos (salvo em Russell, sempre inspirado em Lewis Carroll). Mas aí ainda a insuficiência do lógico não nos autoriza a refazer, contra ele, uma trindade. Ao contrário. O problema é o da clínica, isto é, do deslize de uma organização para outra ou da formação de uma desorganização progressiva e criadora. O problema é também o da crítica, isto é, da determinação dos níveis diferenciais em que o não-senso muda de figura, a palavra-valise de natureza, a linguagem inteira de dimensão.

Ora, as semelhanças grosseiras lançam primeiramente sua armadilha. Gostaríamos de considerar dois textos com estas armadilhas de semelhança. Ocorre a Antonin Artaud confrontar-se com Lewis Carroll: primeiro, em uma transcrição do capítulo Humpty Dumpty, depois em uma carta de Rodez em que julga Carroll. Ao ler a primeira estrofe do *Jabberwocky,* tal como é apresentada por Artaud, tem-se a impressão de que os dois primeiros versos correspondem ainda aos critérios de Carroll e se conformam a regras de tradução bastante análogas às dos outros tradutores franceses, Parisot ou Brunius. Mas desde a última palavra do segundo verso, desde o terceiro verso, um deslizamento se produz e mesmo um desabamento central e criador, que faz com que estejamos em um outro mundo e em uma outra linguagem[2]. Com espanto, reconhecemos sem esforço: é a linguagem da esquizofrenia. Mesmo as palavras-valise

---

1. "Perspendicaz" é uma palavra-valise de um esquizofrênico, para designar espíritos que se mantêm acima da cabeça do sujeito (*perpendiculares*) e que são muito *perspicazes*: citado por Georges Dumas, *Le surnaturel et les dieux d'après les maladies mentales*, P.U.F., 1946, p. 303.
2. ARTAUD, Antonin. L'Arve et L'Aume, tentative anti-grammaticale contre Lewis Carroll. *L'Arbalète*, nᵒ 12, 1947:

> "Il était roparant, et les vliqueux tarands
> Allaient en gibroyant et en brimbulkdriquant
> Jusque là où la rourghe est à rouarghe a rangmbde et rangmbde a rouarghambde;
> Tous les falomitards étaient les chats-huants
> Et les Ghoré Uk'hatis dans le Crabugeument."

parecem ter uma outra função, tomadas em síncopes e sobrecarregadas de guturais. Medimos, num mesmo gesto, a distância que separa a linguagem de Carroll, emitida na superfície e a linguagem de Artaud, talhada na profundidade dos corpos — a diferença de seus problemas. Damos então todo o seu alcance às declarações de Artaud na carta de Rodez: "Não fiz tradução do Jabberwocky. Tentei traduzir um fragmento mas isto me aborreceu. Jamais gostei deste poema, que sempre me pareceu de um infantilismo afetado... *Não gosto dos poemas ou das linguagens de superfície* e que respiram ócios felizes e êxitos do intelecto, mesmo que este se apóie no ânus, mas sem que se empenhe nisso a alma ou o coração. O ânus é sempre terror e não admito que percamos um excremento sem nos dilacerarmos com a possibilidade de que aí percamos também nossa alma e não há alma no Jabberwocky... Podemos inventar nossa própria língua e fazer falar a língua pura com um sentido extra-gramatical, mas é preciso que este sentido seja válido em si, isto é, que venha do pavor... Jabberwocky é a obra de um aproveitador que quis intelectualmente saciar-se, ele, farto de uma refeição bem servida, saciar-se com a dor de outrem... Quando escavamos o excremento do ser e de sua linguagem, o poema deve cheirar mal e Jabberwocky é um poema que o autor evitou manter no ser uterino do sofrimento em que todo grande poeta mergulhou e onde, ao ser parido, cheira mal. Há no Jabberwocky passagens de fecalidade, mas se trata de fecalidade de um esnobe inglês, que frisa o obsceno como cachos frisados a ferro quente. É a obra de um homem que comia bem e percebemos isto no que ele escreve..." [3]. Façamos um resumo: Artaud considera Lewis Carroll como um perverso, um pequeno perverso, que se restringe à instauração de uma linguagem de superfície e não sentiu o verdadeiro problema de uma linguagem em profundidade — problema esquizofrênico do sofrimento, da morte e da vida. Os jogos de Carroll lhe parecem pueris, sua alimentação muito mundana e até mesmo sua fecalidade hipócrita e bem educada.

Longe do gênio de Artaud, consideremos um outro texto cuja beleza e densidade permanecem clínicas [4]. Aquele que chama a si mesmo de doente ou esquizofrênico "estudante de línguas" experimenta a existência e a disjunção das duas séries da oralidade: é a dualidade coisas-palavras, consumações — expressões, objetos consumíveis — proposições exprimíveis. Esta dualidade entre comer e falar pode se exprimir mais violentamente: pagar-falar, defecar-

---

3. Carta a Henri Parisot, *Lettres de Rodez*, G.L.M., 1946.
4. WOLFSON, Louis. Le Schizo et les langues ou la phonétique chez le psychotique. *Les Temps Modernes*, nº 218, julho de 1964.

-falar. Mas ela se transporta e se reencontra, também, sobretudo entre duas espécies de palavras, de proposições, duas espécies de linguagem: a língua materna, o inglês, essencialmente alimentar e excremencial; as línguas estrangeiras, essencialmente expressivas, que o doente se esforça por adquirir. A mãe o ameaça de duas maneiras equivalentes para impedi-lo de progredir nestas línguas: seja brandindo diante dele alimentos tentadores mas indigestos, encerrados em caixas; seja surgindo para lhe falar bruscamente em inglês, antes que ele tenha tido o tempo de tapar os ouvidos. Ele enfrenta a ameaça por meio de um conjunto de procedimentos cada vez mais aperfeiçoados. Em primeiro lugar, ele come com gula, empanturra-se, sapateia sobre as caixas, mas repetindo para si mesmo, sem parar, algumas palavras estrangeiras. Mais profundamente, ele assegura uma ressonância entre as duas séries e uma conversão de uma para a outra, traduzindo as palavras inglesas em palavras estrangeiras segundo os elementos fonéticos (as consoantes sendo o mais importante): por exemplo, árvore, *tree* em inglês, é convertida graças ao R que se encontra também no vocábulo francês, depois graças ao T que se encontra também no termo hebreu; e como o russo diz, *derevo,* árvore, podemos igualmente transformar *tree* em *tere,* T transformando-se então em D. Este procedimento já complexo dá lugar a um procedimento generalizado, quando o doente tem a idéia de fazer intervir associações: *early* (cedo), cujas consoantes R e L colocam problemas particularmente delicados, transforma-se nas locuções francesas associadas "suR-Le--champ", "de bonne heuRe", "matinaLement", "à la paRole", "dévoRer L'espace", ou mesmo em uma palavra esotérica e fictícia de consonância alemã, *urlich.* (Lembramo-nos de que Raymond Roussel, nas técnicas que inventava para constituir e converter séries no interior do francês, distinguia um primeiro procedimento restrito e um segundo procedimento generalizado na base de associações.) Acontece que palavras rebeldes resistem a todos os procedimentos, animando insuportáveis paradoxos: assim *ladies,* que se aplica apenas à metade do gênero humano, mas que não pode ser transcrito a não ser por *leutte* ou *loudi,* que designam, ao contrário, a totalidade do gênero humano.

Aqui ainda temos primeiramente a impressão de uma certa semelhança com as séries carrollianas. A grande dualidade oral comer-falar, também em Lewis Carroll, ora se desloca e passa entre duas espécies de proposições ou duas dimensões das proposições, ora se endurece e se torna pagar--falar, excremento-linguagem (Alice deve comprar o ovo na loja da ovelha e Humpty Dumpty paga as palavras; quanto à fecalidade, como diz Artaud, ela se acha subjacente em

DO ESQUIZOFRÊNICO E DA MENINA   89

toda a obra de Carroll). Da mesma forma, quando Antonin Artaud desenvolve suas próprias séries antinômicas, "ser e obedecer, viver e existir, agir e pensar, matéria e alma, corpo e espírito", ele próprio tem a impressão de uma extraordinária semelhança com Carroll. O que ele traduz dizendo que para além dos tempos, Carroll o pilhou e plagiou, a ele, Antonin Artaud, tanto no que se refere ao poema de Humpty Dumpty sobre os peixes, quanto no que diz respeito ao *Jabberwocky*. E, no entanto, por que Artaud acrescenta que não tem nada a ver com Carroll? Por que a extraordinária familiaridade é também uma radical e definitiva estranheza? Basta perguntar uma vez mais como e em que lugar se organizam as séries de Carroll: as duas séries se articulam em superfície. Sobre esta superfície, uma linha é como a fronteira das duas séries, proposições e coisas ou dimensões da proposição. Ao longo desta linha se elabora o sentido, ao mesmo tempo como expresso da proposição e atributo das coisas, "exprimível" das expressões e "atribuível" das designações. As duas séries se encontram pois articuladas por sua diferença e o sentido percorre toda a superfície, embora permaneça sobre sua própria linha. Não há dúvida de que este sentido imaterial é o resultado das coisas corporais, de suas misturas, de suas ações e paixões. Mas o resultado é de uma natureza completamente diferente da causa corporal. Eis por que, sempre na superfície, o sentido como efeito remete a uma quase-causa ela própria incorporal: o não-senso sempre móvel, expresso nas palavras esotéricas e nas palavras-valise e que distribui o sentido dos dois lados simultaneamente. É tudo isto a organização de superfície em que opera a obra de Carroll como efeito de espelho.

Artaud diz: isto não passa de superfície. A revelação que vai animar o gênio de Artaud, o mais ínfimo dos esquizofrênicos a conhece e vive também à sua maneira: para ele *não há, não existe mais superfície*. Como então Carroll não iria parecer-lhe uma menina afetada, ao abrigo de todos os problemas de fundo? A primeira evidência esquizofrênica é que a superfície se arrebentou. Não há mais fronteira entre as coisas e as proposições, precisamente porque não há mais superfície dos corpos. O primeiro aspecto do corpo esquizofrênico é uma espécie de corpo-coador: Freud sublinhava esta aptidão do esquizofrênico para captar a superfície e a pele como perfuradas por uma infinidade de pequenos buracos [5]. A conseqüência é que o corpo no seu

---

5. Freud. O Inconsciente (1915). *Métapsychologie*. Trad. M. Bonaparte e A. Berman, Gallimard, pp. 152-155. Citando dois casos de doentes dos quais um apreende sua pele e o outro suas meias como sistemas de pequenos buracos que correm o risco de perpétuo alargamento, Freud mostra que existe aí um sintoma propriamente esquizofrênico que não poderia convir nem ao histérico nem ao obsessivo.

90 LÓGICA DO SENTIDO

todo não é mais que profundidade e leva, engole todas as coisas nesta profundidade escancarada que representa uma involução fundamental. Tudo é corpo e corporal. Tudo é mistura de corpo e no corpo, encaixe, penetração. Tudo é física, como diz Artaud: "nós temos nas costas vértebras plenas, atravessadas pelo cravo da dor e que, pelo andar, pelo esforço dos pés ao se levantarem, a resistência ao abandono, formam caixas ao se unirem umas às outras"[6]. Uma árvore, uma coluna, uma flor, uma vara crescem através do corpo; sempre outros corpos penetram em nosso corpo e coexistem com suas partes. Tudo é diretamente caixa, alimento em caixa e excremento. Como não há superfície, o interior e o exterior, o continente e o conteúdo não têm mais limite preciso e se afundam em uma universal profundidade ou giram no círculo de um presente cada vez mais estreito, na medida mesma em que ele é cada vez mais repleto. De onde a maneira esquizofrênica de viver a contradição: seja na fenda profunda que atravessa o corpo, seja nas partes que se encaixam e giram. Corpo-coador, corpo-despedaçado e corpo-dissociado formam as três primeiras dimensões do corpo esquizofrênico.

Nesta falência da superfície, a palavra no seu todo perde o sentido. Ela conserva talvez um certo poder de designação, mas apreendido como vazio; um certo poder de manifestação, apreendido como indiferente; uma certa significação, apreendida como "falsa". Mas ela perde, em todos os casos, seu sentido, isto é, sua capacidade de recolher ou de exprimir um efeito incorporal distinto das ações e das paixões do corpo, um acontecimento ideal distinto de sua própria efetuação presente. Todo acontecimento é efetuado, ainda que sob uma forma alucinatória. Toda palavra é física, afeta imediatamente o corpo. O procedimento é do seguinte gênero: uma palavra, freqüentemente de natureza alimentar, aparece em maiúsculas impressas como em uma colagem que a fixa e a destitui de seu sentido; mas ao mesmo tempo em que perde seu sentido, a palavra afixada explode em pedaços, decompõe-se em sílabas, letras, sobretudo consoantes que agem diretamente sobre o corpo, penetrando-o e mortificando-o. Foi o que vimos a respeito do esquizofrênico estudante de línguas: é ao mesmo tempo, que a língua materna é destituída de seu sentido e que seus *elementos fonéticos* se tornam singularmente contundentes. A palavra deixou de exprimir um atributo de estado de coisas, seus pedaços se confundem com qualidades sonoras insuportáveis, fazem efração no corpo em que formam uma mistura, um novo estado de coisas, como se eles próprios fossem alimentos

---

6. ARTAUD, Antonin. *La Tour de feu*. Abril de 1961.

DO ESQUIZOFRÊNICO E DA MENINA 91

venenosos, ruidosos e excrementos encaixados. As partes do corpo, órgãos, determinam-se em função dos elementos decompostos que os afetam e os agridem [7]. Ao efeito de linguagem se substitui uma pura linguagem-afeto, neste procedimento da paixão: "Toda escrita é PORCARIA" (isto é, toda palavra detida, traçada se decompõe em pedaços ruidosos, alimentares e excremenciais).

Trata-se menos, portanto, para o esquizofrênico, de recuperar o sentido que de destruir a palavra, de conjurar o afeto ou de transformar a paixão dolorosa do corpo em ação triunfante, com a obediência em comando, sempre nesta profundidade abaixo da superfície cavada. O estudante de línguas dá o exemplo de meios pelos quais as explosões dolorosas da palavra na língua materna são convertidas em ações relativas às línguas estrangeiras. E da mesma forma como aquilo que feria, há pouco, estava nos *elementos fonéticos* que afetam as partes do corpo encaixado ou desencaixado, o triunfo não pode ser obtido agora a não ser pela instauração de palavras-sopros, de palavras-gritos em que todos os valores literais, silábicos e fonéticos são substituídos por *valores exclusivamente tônicos* e não-escritos, aos quais corresponde um corpo glorioso como nova dimensão do corpo esquizofrênico, um organismo sem partes que faz tudo por insuflação, inspiração, evaporação, transmissão fluídica (o corpo superior ou corpo sem órgãos de Antonin Artaud)[8]. E sem dúvida esta determinação do procedimento ativo, por oposição ao procedimento da paixão, parece em primeiro lugar insuficiente: os fluidos não parecem, com efeito, menos maléficos do que os pedaços. Mas isto em virtude da ambivalência ação-paixão. É aí que a contradição vivida na esquizofrenia encontra seu verdadeiro ponto de aplicação: se a paixão e a ação são os pólos inseparáveis de uma ambivalência é porque as duas linguagens que elas formam pertencem inseparavelmente ao corpo, à profundidade dos corpos. Nunca se está seguro, por conseguinte, de que os fluidos ideais de um organismo sem partes não carreguem vermes parasitas, fragmentos de órgãos e de alimentos sólidos, restos de excrementos; estamos mesmo seguros de que as potências maléficas se servem efetivamente dos fluidos e das insuflações para fazer passar nos corpos os pedaços da paixão. O fluido é necessariamente corrompido, não por si mesmo, mas pelo outro pólo do qual é inseparável. Não é menos certo que ele representa o pólo ativo ou estado de mistura perfeito, por oposição ao atrito e à contusão das misturas imperfeitas, pólo

7. Sobre as letras-órgãos, cf. Antonin Artaud, "Le Rite du peyotl", em *Les Tarahumaras*, ed. l'Arbalète, pp. 26-32.
8. Cf. em *84*, 1948: "Nada de boca, de língua, de dentes, de laringe, de esôfago, de estômago, de ventre, de ânus. Eu reconstruirei o homem que sou". (O corpo sem órgãos é feito só de osso e de sangue.)

LÓGICA DO SENTIDO

passivo. Há na esquizofrenia uma maneira de viver a distinção estóica entre duas misturas corporais, a mistura parcial, que altera, a mistura total e líquida que deixa o corpo intacto. Há, no elemento fluido, um líquido insuflado, o segredo não-escrito de uma mistura ativa que é como o "princípio do Mar", por oposição às misturas passivas das partes encaixadas. É neste sentido que Artaud transforma o poema de Humpty Dumpty sobre o mar e os peixes, sobre o problema de obedecer e de comandar.

Esta segunda linguagem, este procedimento de ação se define praticamente por suas sobrecargas consonânticas, guturais e aspiradas, suas apóstrofes e seus acertos interiores, seus sopros e sua escansões, sua modulação que substitui todos os valores silábicos ou mesmo literais. Trata-se de fazer da palavra uma ação tornando-a indecomponível, impossível de desintegrar: *linguagem sem articulação.* Mas o cimento aqui é um princípio molhado, a-orgânico, bloco ou massa de mar. A propósito da palavra russa, a árvore *derevo,* o estudante de línguas se regozija com a existência de um plural — *derev'ya* — em que a apóstrofe interior lhe parece assegurar a fusão das consoantes (o signo mole dos lingüistas). Ao invés de separar as consoantes e de torná-las pronunciáveis, dir-se-ia que a vogal reduzida ao signo mole torna as consoantes indissociáveis, molhando-as, deixa-as ilegíveis e mesmo impronunciáveis, mas faz delas gritos ativos em um sopro contínuo [9]. Os gritos juntos são soldados no sopro, como as consoantes no signo que molha, como os peixes na massa do mar ou os ossos no sangue para o corpo sem órgãos. Signo de fogo, também, onda que "hesita entre o gás e a água", dizia Artaud: os gritos são como crepitações no sopro.

Quando Antonin Artaud diz no seu *Jabberwocky:* "Jusque là où la rourghe est à rouarghe a rangmbde et rangmbde a rouarghambde", trata-se de ativar, de insuflar, de molhar ou de fazer flamejar a palavra para que ela se torne a ação de um corpo sem partes, em lugar da paixão de um organismo feito em pedaços. Trata-se de fazer da palavra um consolidado de consoantes, um indecomponível de consoantes, com signos moles. Nesta linguagem podemos sempre encontrar equivalentes de palavras-valise. Para *rourghe e rouarghe,* o próprio Artaud indica *ruée* (monte de palha) *roue* (roda), *route* (rota), *règle* (regra), *route à régler*

---

9. Cf. Wolfson, *op. cit.,* p. 53: em *derev'ya,* "a vírgula entre o *v* molhado e o *y* representa o signo dito mole, o qual nesta palavra faz na verdade com um *y*, consoante completa, se pronuncie após o *v* (molhado) o qual fonema de alguma forma seria molhado sem o signo mole e por causa da vogal mole seguinte, representada aqui foneticamente por *ya* e escrevendo-se em russo com uma só letra, tendo a forma de um R maiúsculo ao inverso (pronunciar *dirévya:* o acento de intensidade recai sobre a segunda sílaba; o *i* aberto e breve; o *d*, o *r* e o *v* molhados ou como fundidos com um yod)". Da mesma forma, p. 73, os comentários do esquizofrênico sobre a palavra russa *louD'Mi.*

DO ESQUIZOFRÊNICO E DA MENINA   93

(rota a ser regulada), a que acrescentaremos *Rouergue*, país de Rodez em que Artaud se encontrava. Da mesma forma, quando ele diz *Uk'hatis*, com apóstrofe interior, ele indica *ukhase* (ukase), *hâte* (pressa) e *abruti* (embrutecido) e acrescenta "solavanco noturno sob Hécate, que significa os porcos da lua postos para fora do caminho reto". Ora, no momento mesmo em que a palavra se apresenta como uma palavra-valise, sua estrutura e o comentário que a ela se acrescenta nos persuadem de algo totalmente diferente; os *Ghoré Uk'hatis* de Artäud não são um equivalente dos porcos perdidos, dos *mome raths* de Carroll ou dos *verchons fourgus* de Parisot. Eles não rivalizam neste plano. É que, longe de assegurar uma ramificação de séries segundo o sentido, operam ao contrário uma cadeia de associações entre elementos tônicos e consonantais, em uma região de infra-sentido, segundo um princípio fluido e incandescente que absorve, reabsorve efetivamente o sentido à medida que ele se produz: *Uk'hatis* (ou os porcos da lua extraviados), é *K'H* (solavanco), *K'T* (noturno) *H'KT* (Hécate).

Não se marcou bastante a dualidade da palavra esquizofrênica: a palavra-paixão que explode nos seus valores *fonéticos* contundentes, a palavra-ação que solda valores *tônicos* inarticulados. Estas duas palavras se desenvolvem em relação com a dualidade do corpo, corpo feito em pedaços e corpo sem órgãos. Elas remetem a dois teatros, teatro do terror ou da paixão, teatro da crueldade essencialmente ativo. Elas remetem a dois não-sensos, passivo e ativo: o da palavra privada de sentido que se decompõe em elementos fonéticos, o dos elementos tônicos que formam uma palavra indecomponível não menos privada de sentido. Tudo se passa aqui, age e padece abaixo do sentido, longe da superfície. Subsentido, infra-sentido, *Untersinn*, que deve ser distinguido do não-senso de superfície. Segundo a palavra de Hölderlin, "um signo vazio de sentido", tal é a linguagem sob seus dois aspectos, um signo, de qualquer forma, mas que se confunde com uma ação ou uma paixão do corpo [10]. Eis por que parece muito insuficiente dizer que a linguagem esquizofrênica se define por um deslizamento, incessante e enlouquecido, da série significante sobre a série sig-

---

10. No seu belíssimo estudo *Structuration dynamique dans la schizophrénie* (Verlag Hans Huber, Berna, 1956), Gisela Pankow levou muito longe o exame do papel dos signos na esquizofrenia. Relativamente aos casos relatados por Mme Pankow, consideraremos notadamente: a análise das palavras alimentares tornadas imóveis que explodem em pedaços fonéticos, assim como CARAMELS, p. 22; a dialética do continente e do conteúdo, a descoberta da oposição polar, o tema da água e do fogo que se acha a isso ligado, pp. 57-60, 64, 67, 70; a curiosa invocação do peixe como signo de revolta ativa e da água quente como signo de liberação, pp. 74-79; a distinção de dois corpos, o corpo aberto e dissociado do homem-flor e a cabeça em órgãos que lhe serve de complemento, pp. 69-72. Parece-nos, entretanto, que a interpretação de Mme Pankow minimiza o papel da cabeça sem órgãos. E que o regime dos signos vividos na esquizofrenia não se compreende, abaixo do sentido, a não ser pela distinção entre os signos-paixões do corpo e dos signos-ações corporais.

nificada. Na realidade, *não há mais séries absolutamente,* as duas séries desapareceram. O não-senso deixou de dar o sentido à superfície; ele absorve, engole todo sentido, tanto ao lado do significante quanto do significado. Artaud diz que o Ser, que é não-senso, tem dentes. Na organização de superfície que chamávamos de secundária, os corpos físicos e as palavras sonoras são separados e articulados ao mesmo tempo por uma fronteira incorporal, a do sentido que representa de um lado o expresso puro das palavras, de outro, o atributo lógico dos corpos. Tanto que o sentido pode muito bem resultar das ações e das paixões do corpo: é um resultado que difere em natureza, nem ação nem paixão por si mesmo e que garante a linguagem sonora de toda confusão com o corpo físico. Ao contrário, nesta ordem primária da esquizofrenia, não há mais dualidade a não ser entre as ações e as paixões do corpo; e a linguagem é os dois ao mesmo tempo, inteiramente reabsorvida na profundidade escancarada. Nada mais impede as proposições de se abaterem sobre os corpos e de confundir seus elementos sonoros com as afecções do corpo, olfativas, gustativas, digestivas. Não somente não há mais sentido, mas não há mais gramática ou sintaxe e, em última instância, nem mesmo elementos silábicos, literais ou fonéticos articulados. Antonin Artaud pode intitular seu ensaio de "Tentativa antigramatical contra Lewis Carroll". Carroll tem necessidade de uma gramática muito estrita, encarregada de recolher a flexão e a articulação das palavras, como separadas da flexão e da articulação dos corpos, ainda que fosse apenas pelo espelho que as reflete e lhes devolve um sentido [11]. Eis por que podemos opor ponto por ponto Artaud e Carroll — a ordem primária e a organização secundária. As *séries de superfície* do tipo "comer-falar" não têm realmente nada de comum com os *pólos em profundidade* aparentemente semelhantes. As duas *figuras do não-senso* na superfície, que distribuem o sentido entre as séries, não têm nada a ver com os dois *mergulhos de não-senso* que o arrastam, o engolem e o reabsorvem (*untersinn*). As duas formas da gagueira, clônica e tônica, não têm senão grosseiras analogias com as duas linguagens esquizofrênicas. O corte de superfície não tem nada de comum com a *Spaltung* profunda. A contradição captada em uma subdivisão infinita do passado-futuro sobre a linha incorporal do Aion não tem nada a ver com a opo-

---

11. É neste sentido que, em Carroll, a invenção é essencialmente de vocabulário e não sintáxico ou gramatical. Desde então, as palavras-valise podem abrir uma infinidade de interpretações possíveis, ramificando as séries; resulta que o rigor sintáxico elimina, de fato, um certo número destas possibilidades. O mesmo ocorre em Joyce, como o mostrou Jean Paris (*Tel Quel,* nº 30, 1967, p. 64). Ao contrário, em Artaud; mas porque não há mais problema de sentido, propriamente falando.

DO ESQUIZOFRÊNICO E DA MENINA

sição dos pólos no presente físico dos corpos. Mesmo as palavras-valise têm funções totalmente heterogêneas.

Podemos encontrar na criança uma "posição" esquizóide antes de ela ter se elevado ou conquistado a superfície. Na superfície mesmo podemos sempre encontrar pedaços esquizóides, uma vez que ela tem precisamente por sentido organizar e estender elementos vindos das profundidades. Nem por isso é menos execrável e deplorável misturar tudo, seja a conquista da superfície na criança, seja a falência da superfície no esquizofrênico e o controle das superfícies naquele que chamamos — por exemplo — perverso. Podemos sempre fazer da obra de Lewis Carroll uma espécie de conto esquizofrênico. Imprudentes psicanalistas ingleses o fizeram: o corpo-telescópio de Alice, seus encaixes e desencaixes, suas obsessões alimentares manifestas e excremenciais latentes; os pedaços que designam tanto pedaços de alimento como "trechos escolhidos", as colagens e etiquetas de palavras alimentares prontas para se decompor; as perdas de identidade, os peixes e o mar... Podemos ainda perguntar que gênero de loucura representam clinicamente o chapeleiro, a lebre de março e o arganaz. E na oposição de Alice e Humpty Dumpty, podemos sempre reconhecer os dois pólos ambivalentes "órgãos em pedaços — corpos sem órgãos", corpo coador e corpo glorioso. O próprio Artaud não tinha outra razão para se confrontar com o texto de Humpty Dumpty. Mas, neste momento preciso, repercute a advertência de Artaud: "Eu não fiz tradução... jamais gostei deste poema... não gosto dos poemas ou das linguagens de superfície". Uma psicanálise má tem duas maneiras de se enganar ou por acreditar descobrir matérias idênticas que forçosamente se encontram em toda parte ou formas análogas que fazem falsas diferenças. É ao mesmo tempo que se deixa assim escapar o aspecto clínico psiquiátrico e o aspecto crítico literário. O estruturalismo tem razão em lembrar que forma e matéria não têm alcance a não ser nas estruturas originais e irredutíveis em que elas se organizam. Uma psicanálise deve ser de dimensões geométricas, antes de ser de anedotas históricas. Pois a vida, a própria sexualidade, estão na organização e orientação dessas dimensões, antes de estar nas matérias geradoras e nas formas engendradas. A psicanálise não pode se contentar em designar casos, manifestar histórias ou significar complexos. A psicanálise é psicanálise do sentido. Ela é geográfica antes de ser histórica. Ela distingue países diferentes. Artaud não é Carroll nem Alice, Carroll não é Artaud, Carroll não é nem mesmo Alice. Antonin Artaud aprofunda a *criança* em uma alternativa extremamente violenta, conforme às duas linguagens em profundidade, de paixão e ação corporais:

ou então que a criança não nasça, isto é, não saia das caixas de sua espinha dorsal por vir, sobre a qual os pais fornicam (o suicídio às avessas) — ou então que ela se faça um corpo fluídico e glorioso, flamejante, sem órgãos e sem pais (como aquelas que Artaud chamava de suas "filhas" por nascer). Carroll ao contrário espera a *criança,* conforme a sua linguagem do sentido incorporal: ele a espera no ponto e no momento em que a criança deixou as profundidades do corpo materno, ainda não descobriu a profundidade do seu próprio corpo, curto momento de superfície em que a menina aflora à água, como Alice na bacia de suas próprias lágrimas. São outros países, outras dimensões sem relação. Podemos acreditar que a superfície tem seus monstros, Snark e Jabberwock, seus terrores e suas crueldades, as quais, pelo fato de não serem das profundidades, têm, de qualquer maneira, garras e podem tragar lateralmente ou mesmo fazer-nos recair no abismo que acreditávamos conjurado. Carroll e Artaud não se reencontram; só o comentador pode mudar de dimensão, e eis a sua grande fraqueza, o sinal de que não habita nenhuma. Por todo Carroll, não daríamos uma página de Antonin Artaud; Artaud é o único a ter sido profundidade absoluta na literatura e a ter descoberto um corpo vital e a linguagem prodigiosa deste corpo, à custa de sofrimento, como ele diz. Ele explorava o infra-sentido, hoje ainda desconhecido. Mas Carroll continua sendo o senhor ou o agrimensor das superfícies, que acreditávamos tão bem conhecidas a ponto de não mais explorá-las e onde se processa, contudo, toda a lógica do sentido.

Décima Quarta Série:
Da Dupla Causalidade

A fragilidade do sentido se explica facilmente. O atributo é de uma outra natureza que as qualidades corporais. O acontecimento, de uma outra natureza que as ações e paixões do corpo. Mas ele *resulta* delas: o sentido é o efeito de causas corporais e de suas misturas. Tanto que ele está sempre correndo o risco de ser tragado por sua causa. Ele não se salva, não afirma sua irredutibilidade a não ser na medida em que a relação causal compreende a heterogeneidade da causa e do efeito: elo das causas entre si *e* ligação dos efeitos entre si. O que é o mesmo que dizer que o sentido incorporal, como resultado das ações e das paixões do corpo, não pode preservar sua diferença relativamente à causa corporal a não ser na medida em que se prende em superfície a uma quase-causa, ela mesma incorporal. Foi o que os Estóicos viram muito bem: o acontecimento é submetido a uma dupla causalidade, remetendo de um lado às misturas de corpos que são a sua causa, de outro lado, a outros acontecimentos que são a sua quase-causa [1]. Ao contrário, se os Epicuristas não chegam a desenvolver sua teoria dos envelopes e das superfícies, se não chegam à idéia de efeitos incorporais, é talvez porque os "simulacros" continuam sendo submetidos à causalidade exclusiva dos corpos em profundidade. Mas, mesmo do ponto de vista de uma pura física das superfícies, a exigência de uma dupla causalidade se manifesta: os acontecimentos de uma superfície líquida remetem, de um lado, às modificações intermoleculares dos quais dependem como de sua causa real, mas, de outro lado, às variações de uma tensão dita superficial, da qual dependem como de uma quase-causa, ideal ou "fictícia". Temos tentado fundamentar esta segunda causalidade de uma ma-

98 LÓGICA DO SENTIDO

neira que convém ao caráter incorporal da superfície e do acontecimento: pareceu-nos que o acontecimento, isto é, o sentido, relacionava-se a *um elemento paradoxal intervindo como não-senso ou ponto aleatório, operando como quase--causa e assegurando a plena autonomia do efeito.* (É verdade que esta autonomia não desmente a fragilidade precedente, uma vez que as duas figuras do não-senso na superfície podem, por sua vez, transformar-se nos dois não-sensos profundos de paixão e de ação e assim o efeito incorporal ser reabsorvido na profundidade dos corpos. Inversamente, esta fragilidade não desmente a autonomia enquanto o sentido dispõe de sua dimensão própria.)

A autonomia do efeito se define pois em primeiro lugar por sua diferença de natureza com relação à causa, em segundo lugar, por sua relação com a quase-causa. Só que estes dois aspectos dão ao sentido caracteres muito diferentes e mesmo, aparentemente, opostos. Pois, na medida em que afirma sua diferença de natureza diante das causas corporais, estados de coisas, qualidades e misturas físicas, o sentido como efeito ou acontecimento se caracteriza por uma esplêndida impassibilidade (impenetrabilidade, esterilidade, ineficácia, nem ativo nem passivo). E esta impassibilidade não marca somente a diferença do sentido com relação aos estados de coisas designados, mas também sua diferença relativamente às proposições que o exprimem: deste lado, ela aparece como neutralidade (dobra extraída da proposição, suspensão das modalidades da proposição). Ao contrário, desde que o sentido é captado na sua relação com a quase--causa que o produz e o distribui na superfície, ele herda, participa, mais ainda, envolve e possui a potência desta causa ideal: vimos como esta não era nada fora de seu efeito, que ela tragava este efeito, que mantinha com ele uma relação imanente que faz do produto alguma coisa de produtor, ao mesmo tempo em que é produzido. Não há mais por que voltar a insistir sobre o caráter essencialmente *produzido* do sentido: jamais originário, mas sempre causado, derivado. Resta que esta derivação é dupla e que, em relação com a imanência da quase-causa, ela cria os caminhos que traça e faz bifurcar. E este poder genético, nestas condições, devemos sem dúvida compreendê-lo com relação à própria proposição, na medida em que o sentido expresso deve engendrar as outras dimensões da proposição (significação, manifestação, designação). Mas devemos compreendê-lo também com relação à maneira pela qual estas dimensões se acham preenchidas e até mesmo com relação

---

1. Cf. Clément d'Alexandrie, *Stromates* VIII, 9: "Os estóicos dizem que o corpo é causa no sentido próprio, mas o incorporal de um modo metafórico e à maneira de uma causa".

ao que preenche estas dimensões, a tal ou tal grau ou de tal ou tal maneira: isto é, com relação aos estados de coisas designados, aos estados do sujeito manifestados, aos conceitos, propriedades e classes significadas. Como conciliar estes dois aspectos contraditórios? De um lado, a impassibilidade em relação aos estados de coisas ou a neutralidade em relação às proposições, de outro lado a potência de gênese tanto em relação às proposições quanto em relação aos próprios estados de coisas. Como conciliar o princípio lógico segundo o qual uma proposição falsa tem um sentido (de tal modo que o sentido como condição do verdadeiro permanece indiferente tanto ao verdadeiro como ao falso) e o princípio transcendental, não menos certo, segundo o qual uma proposição tem sempre a verdade, a parte e o gênero de verdade, que ela merece e que lhe cabe conforme seu sentido? Não bastaria dizer que esses dois aspectos se explicam pela dupla figura da autonomia e vêm do fato de que, em um caso, consideramos somente o efeito como diferindo em natureza de sua causa real e no outro caso como ligado à sua quase-causa ideal. Pois são estas duas figuras da autonomia que nos precipitam na contradição, sem contudo resolvê-la.

Esta oposição entre a lógica formal simples e a lógica transcendental atravessa toda a teoria do sentido. Consideramos o exemplo de Husserl nas *Idéias*. Lembremo-nos de que Husserl descobrira o sentido como noema de um ato ou expresso de uma proposição. Nesta via, como os Estóicos, tinha reencontrado a impassibilidade do sentido na expressão graças aos métodos redutores da fenomenologia. Pois não somente o noema, desde os seus primeiros momentos, implicava um duplo neutralizado da tese ou da modalidade da proposição expressiva (o percebido, o lembrado, o imaginado); mas possuía um núcleo completamente independente dessas modalidades da consciência e desses caracteres téticos da proposição, completamente distinto também das qualidades físicas do objeto posto como real (assim, os puros predicados, como a cor noemática, em que não intervém nem a realidade do objeto nem a maneira segundo a qual temos consciência dele). Ora, eis que, no núcleo do sentido noemático, aparece alguma coisa de ainda mais íntima, um "centro supremamente" ou transcendentalmente íntimo, que não é nada além da relação do próprio sentido ao objeto na sua realidade, *relação e realidade* que devem agora ser engendrados ou constituídos de maneira transcendental. Paul Ricoeur, após Fink, sublinhou muito bem esta virada na quarta secção das *Idéias*: "Não somente a consciência se supera em um sentido visado, mas este sentido visado se supera em um objeto. O sentido visado não era mais do que um conteúdo, conteúdo intencional, certamente, e não real... (Mas agora) a relação do noema ao objeto deveria ela própria ser constituída pela consciência transcendental como última estrutura do noema" [2]. No coração da lógica do sentido, reencontramos sempre este problema, esta imaculada concepção como passagem da esterilidade à gênese.

Mas a gênese husserliana parece operar um passe de mágica. Pois o núcleo foi bem determinado como *atributo;* mas o atributo é compreendido como *predicado* e não como verbo, isto é, como conceito e não como *acontecimento* (é assim que a expressão, de acordo com Husserl, produz uma forma do conceitual ou que o sentido é inseparável de um tipo de generalidade, se bem que esta generalidade não se confunda com a da espécie). Daí, então, a relação do sentido ao objeto decorre naturalmente da relação dos predicados noemáticos a alguma coisa $= X$ capaz de lhes servir de suporte ou de princípio de unificação. Esta coisa $= X$ não é, pois, em absoluto, como um não-senso interior e co-presente ao sentido, ponto zero que não pressuporia nada daquilo que é preciso engendrar; é muito mais o objeto $= X$ de Kant, em que X significa somente "qualquer", estando com o sentido em uma relação racional extrínseca de transcendência e que se dá, já pronta, a forma de designação, exatamente como o sentido enquanto generalidade predicável se dava já pronta a forma de significação. Ocorre que Husserl pensa a gênese, não a partir de uma instância necessariamente "paradoxal" e não "identificável" apropriadamente falando (faltando à sua própria identidade como à sua própria origem), mas ao contrário a partir de uma faculdade originária de *senso comum* encarregada de dar conta da identidade do objeto qualquer e mesmo de uma faculdade de *bom senso* encarregada de dar conta do processo de identificação de todos os objetos quaisquer ao infinito [3]. Nós o vemos muito bem na teoria husserliana da *doxa,* em que os diferentes modos de crença são engendrados em função de uma *Urdoxa* a qual age como uma faculdade de senso comum com relação às faculdades especificadas. O que aparecia já tão claramente em Kant vale também para Husserl: a impotência desta filosofia em romper com a forma do senso comum. Que dizer, então, de uma filo-

---

2. Paul Ricoeur, em *Idées* de Husserl, Gallimard, pp. 431-432.
3. HUSSERL, *op. cit.*, p. 456: "O *x* dotado nos diferentes atos ou noemas de atos de um estatuto de determinação diferente é necessariamente atingido pela consciência como sendo o mesmo..."; p. 478: "A todo objeto que *existe verdadeiramente* corresponde por princípio, no *a priori* da generalidade incondicionada das essências, a idéia de uma consciência possível na qual o próprio objeto pode ser tomado de maneira originária e portanto perfeitamente adequada..."; p. 480: "Este contínuo é mais exatamente determinado como infinito em todas as direções; composto em todas estas fases de aparências do mesmo *x* determinável..."

DA DUPLA CAUSALIDADE 101

sofia que sente muito bem que não seria filosofia se não rompesse ao menos provisoriamente com os conteúdos particulares e as modalidades da *doxa*, mas que dela conserva o essencial, isto é: a forma, e que se contenta com elevar ao transcendental um exercício apenas empírico em uma imagem do pensamento apresentada como "originária"? Não é somente a dimensão de significação que se dá já pronta no sentido concebido como predicado geral; e não é somente, também, a dimensão de designação, que se dá na relação suposta do sentido com um objeto qualquer determinável ou individualizável; é ainda toda a dimensão de manifestação, no posicionamento de um sujeito transcendental que conserva a forma da pessoa, da consciência pessoal e da identidade subjetiva e que se contenta em decalcar o transcendental a partir dos caracteres do empírico. O que é evidente em Kant, quando infere diretamente as três sínteses transcendentais de sínteses psicológicas correspondentes, não o é menos em Husserl, quando infere um "Ver" originário e transcendental a partir da "visão" perceptiva.

E assim, não somente nos damos *na* noção de sentido tudo o que era preciso engendrar *por* ela, mas, o que é mais grave, embaralhamos toda a noção confundindo sua expressão com outras dimensões das quais pretendíamos distingui-la — nós a confundimos transcendentalmente com estas dimensões das quais queríamos distingui-la formalmente. As metáforas de núcleo são inquietantes; elas envolvem o que está em questão. Sem dúvida a doação de sentido husserliana toma de empréstimo a aparência adequada de uma série regressiva homogênea de grau em grau, depois de uma organização de séries heterogêneas, a da noese e a do noema, percorridas por uma instância de dupla face (Urdoxa e objeto qualquer)[4]. Mas trata-se somente da caricatura racional ou racionalizada da verdadeira gênese, da doação de sentido que deve determiná-la ao efetivar-se nas séries, e do duplo não-senso que deve presidir a esta doação, agindo como quase-causa. Em verdade, a doação do sentido a partir da quase-causa imanente e a gênese estática que se segue para as outras dimensões da proposição não podem se realizar senão em um campo transcendental que responderia às condições que Sartre punha em seu artigo decisivo de 1937: um campo transcendental impessoal não tendo a forma de uma consciência pessoal sintética ou de uma identidade subjetiva — o sujeito ao contrário sendo sempre constituído[5]. Nunca o fundamento pode se parecer com o

---

4. Husserl, *op. cit.*, §§ 100-101 e §§ 102 e s.
5. Cf. Sartre, "La Transcendance de l'Ego", em *Recherches Philosophiques*, 1936-1937, depois ed. Vrin. A idéia de um campo transcendental "impessoal ou pré-pessoal", produtor do Eu assim como do Ego, é de uma grande importância. O que impede esta tese de desenvolver todas as suas conseqüências

102   LÓGICA DO SENTIDO

que funda; e, do fundamento, não basta dizer que é uma outra história, e também uma outra geografia, sem ser um outro mundo. E não menos que a forma do pessoal, o campo transcendental do sentido deve excluir a do geral e a do individual; pois a primeira caracteriza somente um sujeito que se *manifesta,* mas a segunda, somente classes e propriedades objetivas *significadas* e a terceira, sistemas designáveis *individualizados* de maneira objetiva, remetendo a pontos de vista subjetivos eles mesmos *individuantes* e *designantes.* Assim, não nos parece que o problema avance realmente, na medida em que Husserl inscreve no campo transcendental centros de individuação e sistemas individuais, mônadas e pontos de vista, vários Eu à maneira de Leibniz, antes que uma forma de Eu à maneira kantiana[6]. Há, contudo, como veremos, uma mudança muito importante. Mas o campo transcendental não é mais individual do que pessoal — e mais geral do que universal. Devemos dizer que é um poço sem fundo, sem figura nem diferença, abismo esquizofrênico? Tudo o desmente, a começar pela organização de superfície de um tal campo. A idéia de singularidades, logo de antigeneralidades, que são entretanto impessoais e pré-individuais, deve agora nos servir de hipótese para a determinação deste domínio e de sua potência genética.

---

em Sartre é que o campo transcendental impessoal é ainda determinado como o de uma consciência, que deve, então, unificar-se por si mesma e sem Eu, através de um jogo de intencionalidades ou retenções puras.

6. Nas *Méditations cartésiennes,* as mônadas, centros de visão ou pontos de vista, tomam um lugar importante ao lado do Eu com unidade sintética da apercepção. Entre os comentadores de Husserl, coube o mérito a Gaston Berger o insistir sobre este deslize; assim, ele podia objetar a Sartre que a consciência pré-pessoal não tinha talvez necessidade do Eu, mas que não podia dispensar pontos de vista ou centros de individuação (cf. Berger, *Le Cogito dans la philosophie de Husserl,* Aubier, 1941, p. 154; e *Recherches sur les conditions de la connaissance,* P.U.F., 1941, pp. 190-193). A objeção é pertinente na medida em que o campo transcendental é ainda determinado como o de uma "consciência" constituinte.

Décima Quinta Série:
Das Singularidades

Os dois momentos do sentido, impassibilidade e gênese, neutralidade e produtividade, não são tais que um possa passar pela aparência do outro. A neutralidade, a impassibilidade do acontecimento, sua indiferença às determinações do interior e do exterior, do individual e do coletivo, do particular e do geral etc., são mesmo uma constante sem a qual o acontecimento não teria verdade eterna e não se distinguiria de suas efetuações temporais. Se a batalha não é um exemplo de acontecimento entre outros, mas o Acontecimento na sua essência, é sem dúvida porque ela se efetua de muitas maneiras ao mesmo tempo e que cada participante pode captá-la em um nível de efetuação diferente no seu presente variável: vejamos as clássicas comparações entre Stendhal, Hugo, Tolstói, tal como eles "viam" a batalha e faziam-na ser vista pelos seus heróis. Mas é sobretudo porque a batalha *sobrevoa* seu próprio campo, neutra com relação a todas as suas efetuações temporais, neutra e impassível com relação aos vencedores e vencidos, com relação aos covardes e aos bravos, e por isso tanto mais terrível, nunca presente, sempre ainda por vir e já passada, não podendo então ser captada senão pela vontade que ela própria inspira ao anônimo, vontade que é preciso sem dúvida chamar "de indiferença" em um soldado mortalmente ferido, que não é mais nem bravo nem covarde e não pode mais ser vencedor nem vencido, de tal forma além, mantendo-se lá onde se dá o Acontecimento, participando assim de sua terrível impassibilidade. "Onde" está a batalha? Eis por que o soldado se vê fugir quando foge, saltar quando salta, determinado a considerar cada efetuação temporal do alto da verdade eterna do acontecimento que se encarna nela e, infelizmente, na sua própria carne. Ainda é preciso uma longa conquista ao soldado para chegar a este além da coragem e da covardia, a esta apreensão pura do acontecimento por uma "intuição volitiva", isto é, pela vontade que faz para ele o acontecimento, distinta de todas as intuições empíricas que correspondem ainda a tipos de efetuação[1]. Assim, o maior livro sobre o acontecimento, maior neste aspecto do que Stendhal, Hugo e Tolstói, é o de Stephen Crane, *The Red Badge of Courage,* em que o herói se designa a si mesmo anonimamente como "o jovem" ou "o jovem soldado". É um pouco como nas batalhas de Lewis Carroll em que um grande ruído, uma imensa nuvem negra e neutra, um corvo barulhento, sobrevoa os combatentes e não os separa ou não os dispersa a não ser para torná-los ainda mais indistintos. Há certamente um deus da guerra, mas de todos os deuses ele é o mais impassível, o menos permeável às preces, "Impenetrabilidade", céu vazio, Aion.

Com relação aos modos proposicionais em geral, a neutralidade do sentido aparece de vários pontos de vista. Do ponto de vista da quantidade, o sentido não é nem particular nem geral, nem universal nem pessoal. Do ponto de vista da qualidade, ele é completamente independente da afirmação e da negação. Do ponto de vista da modalidade, ele não é nem assertórico, nem apodítico, nem mesmo interrogativo (modo de incerteza subjetiva ou de possibilidade objetiva). Do ponto de vista da relação, ele não se confunde na proposição que o exprime nem com a designação, nem com a manifestação, nem com a significação. Do ponto de vista do tipo, enfim, ele não se confunde com nenhuma das intuições, das "posições" de consciência que podemos determinar empiricamente graças ao jogo dos caracteres proposicionais precedentes: intuições ou posições de percepção, de imaginação, de memória, de entendimento, de vontade empírica etc. Husserl mostrou realmente a independência do sentido com relação a um certo número desses modos ou desses pontos de vista, conforme às exigências dos métodos de redução fenomenológicos. Mas, o que o impede de conceber o sentido como uma plena (impenetrável) neutralidade é o cuidado em conservar no sentido o modo racional de um bom senso e de um senso comum, que ele apresenta erradamente como uma matriz, uma "forma-mãe não-modalizada" (Urdoxa). É esta mesma preocupação que o faz conservar a forma da consciência no transcendental. Ocorre então que a plena neutralidade do sentido não pode ser atingida a não ser como

---

1. Georges Gurvitch empregava a palavra "intuição volitiva" para designar uma intuição cujo dado não limita a atividade; ele a aplicava ao Deus de Duns Escoto e de Descartes, à vontade de Kant, ao ato puro de Fichte (*Morale Théorique et Science des Moeurs*, P.U.F., 1948, p. 54 e s.). Parece-nos que a palavra convém antes a uma vontade estóica, vontade *de* acontecimento, no duplo sentido do genitivo.

DAS SINGULARIDADES

um dos lados de uma disjunção na própria consciência: ou a posição-mãe do cogito real sob a jurisdição da razão ou a neutralização como "contrapartida", "cogito impróprio", "sombra ou reflexo" inativo e impassível, subtraído à jurisdição racional [2]. O que é assim apresentado como um corte radical da consciência corresponde aos dois aspectos do sentido, neutralidade e potência genética com respeito aos modos. Mas a solução que consiste em repartir os dois aspectos em uma alternativa não é mais satisfatória do que, aquela que tratava um destes aspectos como uma aparência. Não somente a gênese é então uma falsa gênese, mas a neutralidade, uma pseudoneutralidade. Vimos ao contrário que a mesma coisa devia ser captada como efeito de superfície neutro e como princípio de produção fecundo com relação às modificações do ser e às modalidades da proposição, não segundo uma disjunção da consciência mas segundo o desdobramento e a conjunção das duas causalidades.

Procuramos determinar um campo transcendental impessoal e pré-individual, que não se parece com os campos empíricos correspondentes e que não se confunde, entretanto, com uma profundidade indiferenciada. Este campo não pode ser determinado como o de uma consciência: apesar da tentativa de Sartre, não podemos conservar a consciência como meio ao mesmo tempo em que recusamos a forma da pessoa e o ponto de vista da individuação. Uma consciência não é nada sem síntese de· unificação, mas não há síntese de unificação de consciência sem forma do Eu ou ponto de vista da individualidade (Ego). O que não é nem individual nem pessoal, ao contrário, são as emissões de singularidades enquanto se fazem sobre uma superfície inconsciente e gozam de um princípio móvel imanente de auto-unificação por *distribuição nômade*, que se distingue radicalmente das distribuições fixas e sedentárias como condições das sínteses de consciência. As singularidades são os verdadeiros acontecimentos transcendentais: o que Ferlinghetti chama de "a quarta pessoa do singular". Longe de serem individuais ou pessoais, as singularidades presidem à gênese dos indivíduos e das pessoas: elas se repartem em um "potencial" que não comporta por si mesmo nem Ego (*Moi*) individual, nem Eu (*Je*) pessoal, mas que os produz atualizando-se, efetuando-se, as figuras desta atualização não se parecendo em nada ao potencial efetuado. É somente uma teoria dos pontos singulares que se acha apta a ultrapassar a síntese da pessoa e a análise do indivíduo tais como elas são (ou se fazem) na consciência. Não podemos aceitar a alternativa que compromete inteiramente ao mesmo

---

2. Cf. nas *Idéias*, o extraordinário § 114 (e sobre a jurisdição da razão, § 111).

tempo a psicologia, a cosmologia e a teologia: ou singularidades já tomadas em indivíduos e pessoas ou o abismo indiferenciado. Quando se abre o mundo pululante das singularidades anônimas e nômades, impessoais, pré-individuais, pisamos, afinal, o campo do transcendental. No curso das séries precedentes, cinco características principais de um tal mundo se esboçaram.

Em primeiro lugar, as singularidades-acontecimentos correspondem a séries heterogêneas que se organizam em um sistema nem estável nem instável, mas "metaestável", provido de uma energia potencial em que se distribuem as diferenças entre séries. (A energia potencial é a energia do acontecimento puro, enquanto que as formas de atualização correspondem às efetuações do acontecimento.) Em segundo lugar, as singularidades gozam de um processo de auto-unificação, sempre móvel e deslocado na medida em que um elemento paradoxal percorre e faz ressoar as séries, envolvendo os pontos singulares correspondentes em um mesmo ponto aleatório e todas as emissões, todos os lances, em uma mesma jogada. Em terceiro lugar as singularidades ou potenciais freqüentam a superfície. Tudo se passa na superfície em um cristal que não se desenvolve a não ser pelas bordas. Sem dúvida, não é o mesmo que se dá com um organismo; este não cessa de se recolher em um espaço interior, como de se expandir no espaço exterior, de assimilar e de exteriorizar. Mas as membranas não são aí menos importantes: elas carregam os potenciais e regeneram as polaridades, elas põem precisamente em contacto o espaço exterior independentemente da distância. O interior e o exterior, o profundo e o alto, não têm valor biológico a não ser por esta superfície topológica de contacto. É, pois, até mesmo biologicamente que é preciso compreender que "o mais profundo é a pele". A pele dispõe de uma energia potencial vital propriamente superficial. E, da mesma forma como os acontecimentos não ocupam a superfície, mas a freqüentam, a energia superficial não está *localizada* na superfície, mas ligada à sua formação e reformação. Gilbert Simondon diz muito bem: "O vivo vive no limite de si mesmo, sobre seu limite... A polaridade característica da vida está ao nível da membrana; é neste terreno que a vida existe de maneira essencial, como um aspecto de uma tipologia dinâmica que mantém ela própria a metaestabilidade pela qual ela existe... Todo o conteúdo do espaço interior está topologicamente em contacto com o conteúdo do espaço exterior sobre os limites do vivo; não há, com efeito, distância em topologia; toda a massa de matéria viva que está no espaço interior está ativamente presente ao mundo exterior sobre o limite do vivo... *Fazer parte do meio de in-*

terioridade não significa somente estar dentro mas estar do lado interno do limite... Ao nível da membrana polarizada se enfrentam o passado interior e o futuro exterior..." [3]

Diremos, pois, como quarta determinação, que a superfície é o lugar do *sentido*: os signos permanecem desprovidos de sentido enquanto não entram na organização de superfície que assegura a ressonância entre duas séries (duas imagens-signos, duas fotos ou duas pistas etc.). Mas este mundo do sentido não implica ainda nem unidade de direção nem comunidade de órgão, os quais exigem um aparelho receptor capaz de operar um escalonamento sucessivo dos planos de superfície segundo uma outra dimensão. Mais ainda, este mundo do sentido com seus acontecimentos-singularidades apresenta uma neutralidade que lhe é essencial. Não somente porque ele sobrevoa as dimensões segundo as quais se ordenará de maneira a adquirir significação, manifestação e designação; mas porque ele sobrevoa as atualizações de sua energia cômo energia potencial, isto é, a efetuação de seus acontecimentos, que pode ser tanto interior quanto exterior, coletiva e individual, segundo a superfície de contacto ou o limite superficial neutro que transcende as distâncias e assegura a continuidade sobre suas duas faces. Eis por que, em quinto lugar, este mundo do sentido tem por estatuto o *problemático*: as singularidades se distribuem em um campo propriamente problemático e advêm neste campo como acontecimentos topológicos aos quais não está ligada nenhuma direção. Um pouco como acontece para os elementos químicos dos quais sabemos onde estão antes de saber o que eles são, nós conhecemos a existência e a repartição dos pontos singulares antes de conhecer a´ sua natureza (gargalos, nós, núcleos, centros...). O que permite, como vimos, dar a "problemático" e à indeterminação que comporta uma definição plenamente objetiva, uma vez que a natureza das singularidades dirigidas de um lado, e sua existência e repartição sem direção, de outro, dependem de instâncias objetivamente distintas [4].

---

3. SIMONDON, Gilbert. *L'Individu et sa genèse physico-biologique*. P.U.F., 1964. pp. 260-264. Todo o livro de Simondon nos parece de uma grande importância, porque apresenta a primeira teoria racionalizada das singularidades impessoais e pré-individuais. Ele se propõe explicitamente, a partir destas singularidades, a fazer a gênese tanto do indivíduo vivo como do sujeito cognoscente. Assim, trata-se de uma nova concepção do transcendental. E as cinco características pelas quais tentamos definir o campo transcendental: energia potencial do campo, ressonância interna das séries, superfície topológica das membranas, organização do problemático, estatuto do problemático, são todos analisados por Simondon. Tanto que a matéria deste parágrafo e do seguinte depende estreitamente deste livro, de que divergimos somente nas conclusões.

4. Cf. Albert Lautman, *Le Problème du Temps*, Hermann, 1946, pp. 41-42: "A interpretação geométrica da teoria das equações diferenciais coloca bem em evidência duas realidades absolutamente distintas: há o campo de direções e os acidentes topológicos que podem lhe advir, como por exemplo a existência no plano de *pontos singulares aos quais não é conferida nenhuma direção* e há curvas integrais com a forma que elas tomam na vizinhança das

Então aparecem as condições da verdadeira gênese. É exato que o sentido é a descoberta própria da filosofia transcendental e vem substituir as velhas Essências metafísicas. (Ou antes, o sentido foi primeiro descoberto uma vez, sob seu aspecto de neutralidade impassível, por' uma lógica empírica das proposições que rompia com o aristotelismo; depois, uma segunda vez, sob seu aspecto de produtividade genética, pela filosofia transcendental em ruptura com a metafísica.) Mas a questão de saber como o campo transcendental deve ser determinado é muito complexa. Parece-nos impossível lhe dar, à maneira kantiana, a forma pessoal de um Eu, de uma unidade sintética de apercepção, mesmo se conferimos a esta unidade um alcance universal; sobre este ponto as objeções de Sartre são decisivas. Mas não é, igualmente, possível conservar-lhe a forma de uma consciência, mesmo se definimos esta consciência impessoal por intencionalidades e retenções puras que supõem ainda centros de individuação. O erro de todas as determinações do transcendental como consciência é de conceber o transcendental à imagem e à semelhança daquilo que está incumbido de fundar. Então, ou nos damos já feito o que pretendíamos engendrar por um método transcendental: nós no-lo damos já feito no sentido dito "originário" que supomos pertencer à consciência constituinte. Ou então, conforme o próprio Kant, renunciamos à gênese ou à constituição para nos atermos a um simples condicionamento transcendental; mas nem por isso escapamos ao círculo vicioso de acordo com o qual a condição remete ao condicionado do qual ela decalca a imagem. É verdade que esta exigência de definir o transcendental como consciência originária é justificada, afirma-se, uma vez que as condições dos objetos reais do conhecimento devem ser *as mesmas que* as condições do conhecimento; sem esta cláusula a filosofia transcendental perderia todo sentido, devendo instaurar para os objetos condições autônomas que ressuscitariam as Essências e o Ser divino da antiga metafísica. A dupla série do condicionado, isto é, da consciência empírica e de seus objetos, deve pois ser fundada numa instância originária que retém a forma pura da objetividade (objeto = X) e a forma pura da consciência e que constitui aquela a partir desta.

Mas esta exigência não parece de forma nenhuma legítima. O que é comum à metafísica e à filosofia transcendental é primeiramente esta alternativa que elas nos impõem *ou* um fundo indiferenciado, sem-fundo, não-ser informe, abis-

---

singularidades do campo de direções... *A existência e a repartição* das singularidades são noções relativas ao campo de vetores definido pela equação diferencial; a forma das curvas integrais é relativa às soluções desta equação. Os dois problemas são seguramente complementares pois a *natureza* das singularidades do campo é definida pela forma de curvas na sua vizinhança; não é menos verdadeiro que o campo de vetores de um lado. as curvas integrais de outro, são duas realidades matemáticas essencialmente distintas".

DAS SINGULARIDADES 109

mo sem diferenças e sem propriedades — ou então um Ser soberanamente individuado, uma forma fortemente personalizada. Fora deste Ser ou desta Forma, não tereis senão o caos... Em outros termos, a metafísica e a filosofia transcendental se entendem a fim de não conceberem *singularidades determináveis a não ser já aprisionadas em um Ego individual (Moi) supremo ou um Eu pessoal (Je) superior.* Parece então absolutamente natural à metafísica determinar este Ego supremo como aquele que caracteriza um Ser infinita e completamente determinado por seu conceito e por isso mesmo possuindo toda a realidade originária. Este Ser, com efeito, é necessariamente individuado, uma vez que ele rejeita no não-ser ou no abismo do sem-fundo todo predicado ou toda propriedade que não exprimiria absolutamente nada de real e delega às suas criaturas, isto é, às individualidades finitas, o cuidado de receber os predicados derivados que não exprimem senão realidades limitadas [5]. No outro pólo, a filosofia transcendental escolhe a forma sintética finita da Pessoa, de preferência ao ser analítico infinito do indivíduo; e lhe parece natural determinar este Eu superior do lado do homem e operar a grande permutação Homem-Deus com que a filosofia se contentou durante tanto tempo. O Eu é coextensivo à representação, como há pouco o indivíduo era coextensivo ao Ser. Mas, em um caso como no outro, permanecemos na alternativa do sem-fundo indiferenciado e das singularidades aprisionadas: é forçoso, desde então, que o não-senso e o sentido estejam em uma oposição simples e que o sentido ele próprio apareça ao mesmo tempo como originário e como confundido com primeiros predicados, seja predicados considerados na determinação infinita da individualidade do Ser supremo, seja predicados considerados na constituição formal finita do sujeito superior. Humanos ou divinos, como dirá Stirner, trata-se de fato dos mesmos predicados, quer pertençam analiticamente ao ser divino ou sejam sinteticamente ligados à forma humana. E enquanto o sentido é posto como originário e predicável, importa pouco saber se é um sentido divino esquecido pelo homem ou então um sentido humano alienado em Deus.

Foram sempre momentos extraordinários aqueles em que a filosofia fez falar o Sem-fundo e encontrou a linguagem mística de seu furor, de sua informidade, de sua ce-

---

5. A mais bela exposição didática da metafísica tradicional é apresentada por Kant desta maneira, na *Crítica da Razão Pura*, "Do Ideal Transcendental". Kant mostra como a idéia de um conjunto de toda possibilidade exclui todo outro predicado além de predicados "originários" e por aí constitui o conceito completamente determinado de um Ser individual ("é neste caso que um conceito universal em si de uma coisa é determinado completamente e é conhecido como a representação de um indivíduo"). Então o universal não é mais do que a forma de comunicação no pensamento entre esta individualidade suprema e as individualidades finitas: o universal pensado remete de todas as maneiras ao indivíduo.

110 LÓGICA DO SENTIDO

gueira: Boehme, Schelling, Schopenhauer. Nietzsche esteve primeiramente entre estes, discípulo de Schopenhauer, no *Nascimento da Tragédia,* quando ele fez falar Dionísio sem fundo, opondo-o à individuação divina de Apolo e não menos à pessoa humana de Sócrates. Eis o problema fundamental de "Quem fala em filosofia?" ou qual é o "sujeito" do discurso filosófico? Mas, mesmo fazendo falar o fundo informe ou o abismo indiferenciado, com toda sua voz de embriaguez e cólera, não saímos da alternativa imposta pela filosofia transcendental tanto quanto pela metafísica: fora da pessoa e do indivíduo, não *distinguireis* nada... Assim a descoberta de Nietzsche está alhures, quando, tendo se livrado de Schopenhauer e de Wagner, explora um mundo de singularidades impessoais e pré-individuais, mundo que ele chama agora de dionisíaco ou da vontade de potência, energia livre e não ligada. Singularidades nômades que não são mais aprisionadas na individualidade fixa do Ser infinito (a famosa imutabilidade de Deus) nem nos limites sedentários do sujeito finito (os famosos limites do conhecimento). Alguma coisa que não é nem individual nem pessoal e, no entanto, que é singular, não abismo indiferenciado, mas saltando de uma singularidade para a outra, sempre emitindo um lance de dado que faz parte de um mesmo lançar sempre fragmentado e reformado em cada lance. Máquina dionisíaca de produzir o sentido e em que o não-senso e o sentido não estão mais numa oposição simples, mas co-presentes um ao outro em um novo discurso. Este novo discurso não é mais o da forma, mas nem muito menos o do informe: ele é antes o informal puro. "Sereis um monstro e um caos"... Nietzsche responde: "Nós realizamos esta profecia" [6]. E o sujeito deste novo discurso, mas não há mais sujeito, não é o homem ou Deus, muito menos o homem no lugar de Deus. É esta singularidade livre, anônima e nômade que percorre tanto os homens, as plantas e os animais independentemente das matérias de sua individuação e das formas de sua personalidade: super-homem não quer dizer outra coisa, o tipo superior de *tudo aquilo que é.* Estranho discurso que devia renovar a filosofia e que trata o sentido, enfim, não como predicado, como propriedade, mas como acontecimento.

Na sua própria descoberta, Nietzsche entreviu como em um sonho o meio de pisar a terra, de roçá-la, de dançar e de trazer de volta à superfície o que restava dos monstros do fundo e das figuras do céu. Mas é verdade que ele foi tomado por uma ocupação mais profunda, mais grandiosa, mais perigosa também: na sua descoberta ele viu um novo meio de explorar o fundo, de levar a ele um olho distinto,

6. *Nietzsche.* Ed. Kröner, XV, § 83.

DAS SINGULARIDADES

111

de discernir nele mil vozes, de fazer falar todas estas vozes, correndo o risco de ser tragado por esta profundidade que interpretava e povoava como nunca havia ocorrido. Ele não suportava permanecer na superfície frágil, de que havia, entretanto, feito o traçado através dos homens e dos deuses. Reganhar um sem-fundo que ele renovava, que ele reaprofundava, foi aí que Nietzsche, à sua maneira, pereceu. Ou então "quase pereceu"; pois a doença e a morte são o próprio acontecimento, como tal justificável de uma dupla causalidade: a dos corpos, dos estados de coisas e das misturas, mas também a da quase-causa que representa o estado de organização ou de desorganização da superfície incorporal. Nietzsche se tornou pois demente e morreu de paralisia geral, ao que parece, mistura corporal sifilítica. Mas o encaminhamento que seguia este acontecimento, desta vez com relação à quase-causa inspirando toda a obra e co-inspirando a vida, tudo isto não tem nada a ver com a paralisia geral, com as dores oculares e os vômitos de que ele sofria, salvo para lhe dar uma nova causalidade, isto é, uma verdade eterna independentemente de sua efetuação corporal, um estilo em uma obra em lugar de uma mistura no corpo. Não vemos outra maneira de colocar o problema das relações da obra e da doença a não ser sob esta dupla causalidade.

Décima Sexta Série:
Da Gênese
Estática Ontológica

O campo transcendental real é feito desta topologia de superfície, destas singularidades nômades, impessoais e pré-individuais. Como o indivíduo deriva daí para fora do campo, constitui a primeira etapa da gênese. O indivíduo não é separável de um mundo, mas o que chamamos de mundo? Em regra geral, como vimos, uma singularidade pode ser compreendida de duas maneiras: na sua existência ou sua repartição, mas também na sua natureza, conforme a qual ela se prolonga ou se estende em uma direção determinada sobre uma linha de pontos ordinários. Este segundo aspecto representa já uma certa fixação, um começo de efetuação das singularidades. Um ponto singular se prolonga analiticamente sobre uma série de ordinários, até à vizinhança de uma outra singularidade etc.: um mundo é assim constituído, com a condição de que as séries sejam convergentes (um "outro" mundo começaria na vizinhança dos pontos em que as séries obtidas divergiriam). Um mundo envolve já um sistema infinito de singularidades selecionadas por convergência. Mas, neste mundo, constituem-se indivíduos que selecionam e envolvem um número finito de singularidades do sistema, que as combinam com aquelas que seu próprio corpo encarna, que as estendem sobre suas próprias linhas ordinárias e mesmo são capazes de reformá-las sobre as membranas que colocam em contacto o interior e o exterior. Leibniz tem razão em dizer que a mônada individual exprime um mundo segundo a relação dos outros corpos ao seu e exprime esta própria relação segundo a relação das partes de seu corpo entre elas. Um indivíduo está pois sempre em um mundo como círculo de convergência e um mundo não pode ser

114   **LÓGICA DO SENTIDO**

formado e pensado senão em torno de indivíduos que o ocupam ou o preenchem. A questão de saber se o próprio mundo tem uma superfície capaz de reformar um potencial de singularidades é geralmente resolvida pela negativa. Um mundo pode ser infinito em uma ordem de convergência e, no entanto, ter uma energia finita, e esta ordem ser limitada. Reconhecemos aqui o problema da entropia; pois é da mesma maneira que uma singularidade se prolonga sobre uma linha de ordinários e que uma energia potencial se atualiza e cai ao seu nível mais baixo. O poder de reformação não é concedido senão aos indivíduos no mundo e por um tempo: justamente o tempo de seu presente vivo em função do qual o passado e o futuro do mundo circundante recebem ao contrário uma direção fixa irreversível.

O complexo indivíduo-mundo-interindividualidade define um primeiro nível de efetuação do ponto de vista de uma gênese estática. Neste primeiro nível, singularidades se efetuam ao mesmo tempo em um mundo e nos indivíduos que fazem parte deste mundo. Efetuar-se ou ser efetuado significa: prolongar-se sobre uma série de pontos ordinários; ser selecionado segundo uma regra de convergência; encarnar-se em um corpo, tornar-se estado de um corpo; reformar-se localmente para novas efetuações e novos prolongamentos limitados. Nenhuma destas características pertence às singularidades como tais, mas somente ao mundo individuado e aos indivíduos mundanos que os envolvem; eis por que a efetuação é sempre ao mesmo tempo coletiva e individual, interior e exterior etc.

Efetuar-se é também ser *expresso*. Leibniz sustenta uma tese célebre: cada mônada individual exprime o mundo. Mas esta tese não é suficientemente compreendida enquanto a interpretamos como significando a inerência dos predicados na mônada expressiva. Pois é bem verdade que o mundo expresso não existe fora das mônadas que o exprimem, logo existe nas mônadas como a série dos predicados que lhe são inerentes. Não é menos verdade, entretanto, que Deus cria o mundo antes que as mônadas e que o expresso não se confunde com sua expressão, mas insiste ou subsiste [1]. O mundo expresso é feito de relações diferenciais e de singularidades adjacentes. Ele forma precisamente um mundo na medida em que as séries que dependem de cada singularidade convergem com aquelas que dependem das outras: *é esta convergência que define a "compossibilidade" como regra de uma síntese de mundo.* Lá onde as séries divergem começa um outro mundo, in-

---

1. Tema constante das *cartas de Leibniz a Arnauld*: Deus criou, não exatamente Adão-pecador, mas o mundo em que Adão pecou.

DA GÊNESE ESTÁTICA ONTOLÓGICA 115

compossível com o primeiro. A extraordinária noção de compossibilidade se define pois como um *continuum* de singularidades, a continuidade tendo por critério ideal a convergência das séries. Também a noção da incompossibilidade não será redutível à de contradição; é antes a contradição que dela decorre de uma certa maneira: a contradição entre Adão-pecador e Adão-não-pecador decorre da incompossibilidade dos mundos em que Adão peca e não peca. Em cada mundo, as mônadas individuais exprimem todas as singularidades deste mundo — uma infinidade — como em um murmúrio ou em um desvanecimento; mas cada uma não envolve ou não exprime "claramente" senão um certo número de singularidades, *aquelas na vizinhança das quais ela se constitui e que se combinam com seu corpo.* Vemos que o *continuum* de singularidade é completamente distinto dos indivíduos que o envolvem em graus de clareza variáveis e complementares: as singularidades são pré--individuais. Se é verdade que o mundo expresso não existe senão nos indivíduos e aí existe como predicado, ele subsiste de uma maneira completamente diferente, como acontecimento ou verbo, nas singularidades que presidem à constituição dos indivíduos: não mais Adão-pecador, mas o mundo em que Adão pecou... É arbitrário privilegiar a inerência dos predicados na filosofia de Leibniz. Pois a inerência dos predicados na mônada expressiva supõe primeiro a compossibilidade do mundo expresso e esta por sua vez supõe a distribuição de puras singularidades segundo as regras de convergência e de divergência, que pertencem ainda a uma lógica do sentido e do acontecimento, não a uma lógica da predicação e da verdade. Leibniz foi muito longe nesta primeira etapa da gênese: o indivíduo constituído como centro de envolvimento, como envolvendo singularidades em um mundo e sobre seu corpo.

O primeiro nível de efetuação produz correlativamente mundos individuados e eu individuais que povoam cada um destes mundos. Os indivíduos se constituem na vizinhança de singularidades que eles envolvem; e exprimem mundos como círculos de convergência das séries dependendo destas singularidades. Na medida em que o expresso não existe fora de suas expressões, isto é, fora dos indivíduos que o exprimem, o mundo é realmente o "pertencer" do sujeito, o acontecimento se tornou predicado, predicado analítico de um sujeito. *Verdejar* indica uma singularidade-acontecimento na vizinhança da qual a árvore se constitui; ou *pecar,* na vizinhança da qual Adão se constitui; mas *ser verde, ser pecador,* são agora os predicados analíticos de sujeitos constituídos, a árvore e Adão. Como todas as mônadas individuais exprimem a totalidade de seu mundo — embora

116   LÓGICA DO SENTIDO

dele não exprimam claramente senão uma parte selecionada —, seus corpos formam misturas e agregados, associações variáveis com as zonas de clareza e de obscuridade:
eis por que mesmo as relações são aqui predicados analíticos
de misturas. (Adão comeu do fruto da árvore.) Aliás
mais ainda, contra certos aspectos da teoria leibniziana, é
preciso dizer que a ordem analítica dos predicados é uma
ordem de coexistência ou de sucessão, sem hierarquia lógica nem caráter de generalidade. Quando um predicado é
atribuído a um sujeito individual, ele não goza de nenhum
grau de generalidade; ter uma cor não é mais geral do que
ser verde, ser animal não é mais geral do que ser racional.
As generalidades crescentes ou decrescentes não aparece-
rão senão a partir do momento em que um predicado é determinado em uma proposição para servir de sujeito a um
outro predicado. Enquanto os predicados se relacionam a
indivíduos, é preciso lhes reconhecer uma igual imediatez
que se confunde com seu caráter analítico. Ter uma cor
não é mais geral do que ser verde, pois é somente esta
cor que é o verde e este verde que é esta nuança que se
referem ao sujeito individual. Esta rosa não é vermelha
sem ter o vermelho desta rosa. Este vermelho não é uma
cor sem ter a cor deste vermelho. Podemos deixar o
predicado indeterminado, nem por isso ele adquire uma determinação de generalidade. Em outros termos, não há
ainda nenhuma ordem de conceitos e de mediações, mas
somente uma ordem de mistura em coexistência e sucessão.
Animal e racional, verde e cor, são dois predicados igualmente imediatos que traduzem uma mistura no corpo do
sujeito individual ao qual um não se atribui menos imediatamente que o outro. A razão é um corpo, como dizem
os Estóicos, que penetra e se estende em um corpo animal.
A cor é um corpo luminoso que absorve ou reflete um
outro corpo. Os predicados analíticos não implicam ainda
nenhuma consideração lógica de gêneros ou de espécies, de
propriedades nem de classes, mas implica somente a estrutura e a diversidade físicas atuais que os tornam possíveis
nas misturas de corpos. Eis por que identificamos, no limite, o domínio das intuições como representações imedia-
tas, predicados analíticos de existência e *descrições* de misturas ou de agregados.

   Mas, sobre o terreno desta primeira efetuação, se funda e se desenvolve um segundo nível. Reencontramos o
problema husserliano da 5ª Meditação cartesiana: o que
é que no Ego ultrapassa a mônada, suas pertinências e
predicados? ou, mais precisamente, o que é que dá ao mundo "um sentido de transcendência objetiva propriamente
dita, segunda na ordem da constituição, distinta da "trans-

DA GÉNESE ESTÁTICA ONTOLÓGICA 117

cendência imanente" do primeiro nível [2]? Mas a solução aqui não pode ser a da fenomenologia, uma vez que o Ego não é menos constituído que a mônada individual. Esta mônada, este indivíduo vivo, era definido em um mundo como *continuum* ou círculo de convergências; mas o Ego como sujeito cognoscente aparece quando alguma coisa é *identificada* nos mundos, entretanto, incompossíveis, através de séries no entanto divergentes: então o sujeito está "em face" do mundo, em um sentido novo da palavra mundo (*Welt*), enquanto que o indivíduo vivo estava no mundo e o mundo nele (*Umwelt*). Não podemos pois seguir Husserl quando ele faz trabalhar a mais alta síntese de identificação no elemento de um *continuum* de que todas as linhas são convergentes ou concordantes [3]. Não ultrapassamos assim o primeiro nível. É somente quando alguma coisa é identificada entre séries divergentes, entre mundos incompossíveis, que um objeto $= X$ aparece, transcendendo os mundos individuados ao mesmo tempo que o Ego que o pensa transcende os indivíduos mundanos, dando desde então ao mundo um novo valor em face do novo valor do sujeito que se funda.

Para ver como se faz esta operação é preciso sempre voltar ao teatro de Leibniz — e não às pesadas maquinarias de Husserl. De um lado, sabemos que uma singularidade não é separável de uma zona de indeterminação perfeitamente objetiva, espaço aberto de sua distribuição nômade: pertence com efeito ao *problema* o relacionar-se a condições que constituem esta indeterminação superior e positiva, pertence ao *acontecimento* o subdividir-se sem cessar como reunir-se em um só e mesmo Acontecimento, pertence aos *pontos singulares* o distribuir-se de acordo com figuras móveis comunicantes que fazem de todas as jogadas um só e mesmo lançar (ponto aleatório) e do lançar uma multiplicidade de jogadas. Ora, embora Leibniz não tenha atingido o livre princípio deste jogo, porque não soube nem quis insuflar aí bastante acaso, nem fazer da divergência um objeto de afirmação como tal, ele recolheu, entretanto, todas as conseqüências ao nível de efetuação que nos ocupa agora. Um problema, diz ele, tem condições que comportam necessariamente "signos ambíguos", ou pontos aleatórios, isto é, repartições diversas de singularidades às quais corresponderão casos de soluções diferentes: assim, a equação das secções cônicas exprime um só e mesmo Acontecimento que seu signo ambíguo subdivide em acontecimentos diversos, círculo, elipse, hipérbole, parábola, reta, que for-

---

2. Cf. *Meditações cartesianas*, § 48 (Husserl orienta imediatamente este problema para uma teoria transcendental de Outrem. Sobre o papel de Outrem em uma gênese estática, cf. nosso Apêndice IV).
3. *Idéias*, § 143.

118 LÓGICA DO SENTIDO

mam casos correspondendo ao problema e determinando a gênese das soluções. É preciso pois conceber que os mundos incompossíveis, apesar de sua incompossibilidade, comportam alguma coisa em comum e de objetivamente comum que representa o signo ambíguo do elemento genético com relação ao qual vários mundos aparecem como casos de solução para um mesmo problema (todos os lances, resultados para um mesmo lance). Nestes mundos há pois, por exemplo, um Adão objetivamente indeterminado, isto é, positivamente definido por algumas singularidades *somente,* que podem se combinar e se completar de maneira muito diferente em diferentes mundos (ser o primeiro homem, viver em um jardim, fazer nascer uma mulher de si etc.) [4]. Os mundos incompossíveis tornam-se as variantes de uma mesma história: Sextus por exemplo ouve o oráculo... ou então, como diz Borges, "Fang detém um segredo, um desconhecido bate à sua porta... Há vários desfechos possíveis: Fang pode matar o intruso, o intruso pode matar Fang, ambos podem escapar, ambos podem morrer, etc. Todos os desfechos se produzem, cada um é o ponto de partida de outras bifurcações" [5].

Não nos encontramos mais diante de um mundo individuado constituído por singularidades já fixas e organizadas em séries convergentes, nem diante de indivíduos determinados que exprimem este mundo. Encontramo-nos agora diante do ponto aleatório dos pontos singulares, diante do signo ambíguo das singularidades, ou antes diante do que representa este signo e que vale para vários desses mundos e, no limite, para todos, para além de suas divergências e dos indivíduos que os povoam. Há pois um "Adão vago", isto é, vagabundo, nômade, um Adão = X, comum a vários mundos. Um Sextus = X, um Fang = X. No limite, uma qualquer coisa = X comum a todos os mundos. Todos os objetos = X são "pessoas". Elas são definidas por predicados, mas estes predicados não são mais os predicados analíticos de indivíduos determinados em um mundo e a

---

4. Distinguimos pois três seleções, conforme ao tema leibniziano: uma que define um mundo por convergência, uma outra que define neste mundo indivíduos completos, uma outra, enfim, que define elementos incompletos ou antes ambíguos, comuns a vários mundos e aos indivíduos correspondentes.

Sobre esta terceira seleção ou sobre o Adão "vago" constituído por um pequeno número de predicados (ser o primeiro homem etc.) que devem ser completados diferentemente em diferentes mundos, cf. Leibniz, "Observações sobre a carta de M. Arnauld" (Janet, I, p. 522 e ss.). É verdade que neste texto Adão vago não tem existência por si mesmo, vale somente com relação ao nosso entendimento finito, seus predicados não são mais do que generalidades. Mas, ao contrário, no texto célebre da *Teodicéia* (§§ 414-416), os diferentes Sextus nos mundos diversos têm uma unidade objetiva muito especial que repousa sobre a natureza ambígua da noção de singularidade e sobre a categoria de problema do ponto de vista de um cálculo infinito. Muito cedo Leibniz havia elaborado uma teoria dos "signos ambíguos" em relação com os pontos singulares, tomando por exemplo as secções cônicas: cf. "Do Método da Universalidade" (*Opúsculos,* Couturat).

5. BORGES. *Fictions.* Gallimard, p. 130.

DA GÊNESE ESTÁTICA ONTOLÓGICA

119

operar a *descrição* destes indivíduos. Ao contrário, são predicados *que definem* sinteticamente pessoas e abrindo-lhes diferentes mundos e individualidades como variáveis ou possibilidades: assim, "ser o primeiro homem e viver em um jardim" para Adão, "deter um segredo e ser incomodado por um intruso" para Fang. Quanto ao objeto qualquer absolutamente comum e de que todos os mundos são as variáveis, ele tem por predicados os primeiros possíveis ou categorias. Ao invés de cada mundo ser predicado analítico de indivíduos descritos em séries, são os mundos incompossíveis que são predicados sintéticos de pessoas definidas com relação a sínteses disjuntivas. Quanto às variáveis que efetuam as possibilidades de uma pessoa, devemos tratá-las como conceitos significando necessariamente classes e propriedades, logo afetadas essencialmente de generalidade crescente ou decrescente em uma especificação continuada sobre fundo categorial: com efeito, o jardim pode conter uma rosa vermelha, mas há em outros mundos ou em outros jardins rosas que não são vermelhas, flores que não são rosas. As variáveis são propriedades e classes. Elas são completamente distintas dos agregados individuais do primeiro nível: as propriedades e as classes são fundadas na ordem da pessoa. É que as próprias pessoas são primeiramente *classes de um só membro,* e seus predicados *propriedades com uma constante.* Cada pessoa é único membro de sua classe e, no entanto, é uma classe constituída pelos mundos, possibilidades e indivíduos que lhe cabem. As classes como múltiplos e as propriedades como variáveis derivam destas classes de um só membro e destas propriedades com uma constante. Acreditamos pois que o conjunto da dedução se apresenta assim: 1º) as pessoas; 2º) as classes com um só membro que elas constituem e as propriedades com uma constante que lhes pertencem; 3º) as classes extensivas e propriedades variáveis, isto é, os conceitos gerais que dela derivam. É neste sentido que interpretamos o laço fundamental entre o conceito e o Ego. O Ego universal é exatamente a pessoa correspondendo a alguma coisa $= X$ comum a todos os mundos, como os outros ego são as pessoas correspondendo a tal coisa $= X$ comum a vários mundos.

Não podemos seguir pormenorizadamente toda esta dedução. Importa somente fixar as duas etapas da gênese passiva. Primeiro, a partir das singularidades-acontecimentos que o constituem, o sentido engendra um primeiro complexo no qual ele se efetua: *Umwelt* que organiza as singularidades em círculos de convergência, indivíduos que exprimem estes mundos, estados de corpos, misturas ou agregados destes indivíduos, predicados analíticos que descrevem estes estados. Mais um segundo complexo aparece,

120   LÓGICA DO SENTIDO

muito diferente, construído sobre o primeiro: *Welt* comum a vários mundos ou a todos, pessoas que definem estes "alguma coisa de comum", predicados sintéticos que definem estas pessoas, classes e propriedades que daí derivam. Da mesma forma como o primeiro estágio da gênese é a operação do sentido, o segundo é a operação do não-senso sempre co-presente ao sentido (ponto aleatório ou signo ambíguo): eis por que os dois estágios e sua distinção são necessariamente fundados. De acordo com o primeiro, vemos formar-se o princípio de um "bom senso", ou de uma organização já fixa e sedentária das diferenças. De acordo com o segundo, vemos formar-se o princípio de um "senso comum" como função de identificação. Mas seria um erro conceber estes princípios produzidos como se eles fossem transcendentais, isto é, conceber *à sua imagem* o sentido e o não-senso de que eles derivam. É no entanto o que explica que Leibniz, por mais longe que tenha ido em uma teoria dos pontos singulares e do jogo, não pôs verdadeiramente as regras de distribuição do jogo ideal e não concebeu o pré-individual senão no mais próximo dos indivíduos constituídos, em regiões já formadas pelo bom senso (cf. a vergonhosa declaração de Leibniz quando ele atribui à filosofia a criação de novos conceitos, com a condição de não subverter os "sentimentos estabelecidos"). É também o que explica que Husserl, em sua teoria da constituição, se dê já feita a forma do senso comum, conceba o transcendental como Pessoa ou Ego e não distinga o X como forma de identificação produzida e o X instância completamente diferente, não-senso produtor que anima o jogo ideal e o campo transcendental impessoal [6]. Em verdade, a pessoa é Ulisses, ela não é pessoa propriamente falando, forma produzida a partir deste campo transcendental impessoal. E o indivíduo é sempre um qualquer, nascido, como Eva, de uma costela de Adão, de uma singularidade prolongada sobre uma linha de ordinários a partir do campo transcendental pré-individual. O indivíduo e a pessoa, o bom senso e o senso comum são produzidos pela gênese passiva, mas a partir do sentido e do não-senso que não lhes parecem e dos quais vimos o jogo transcendental pré-individual e impessoal. Da mesma forma o bom senso e o senso comum são minados pelo princípio de sua produção e derrubados de dentro pelo paradoxo. Na obra de Lewis Carroll, Alice seria antes como o indivíduo, a mônada que descobre o sentido e já pressente o não-senso, remontado à

---

6. Observaremos, no entanto, as curiosas alusões de Husserl a um *fiat* ou a um ponto móvel originário no campo transcendental determinado como Ego: cf. *Idéias*, § 122.

DA GÊNESE ESTÁTICA ONTOLÓGICA 121

superfície a partir de um mundo em que ela mergulha, mas também que se envolve nela e lhe impõe a dura lei das misturas; Sílvia e Bruno seriam antes como as pessoas "vagas", que descobrem o não-senso e sua presença ao sentido a partir de "alguma coisa" comum a vários mundos, mundo dos homens e mundo das fadas.

Décima Sétima Série:
Da Gênese Estática Lógica

Os indivíduos são proposições analíticas infinitas: infinitas no que exprimem, mas finitas na sua expressão clara, na sua zona de expressão corporal. As pessoas são proposições sintéticas finitas: finitas na sua definição, mas indefinidas na sua aplicação. Os indivíduos e as pessoas são em si mesmos proposições ontológicas, as pessoas estando fundadas sobre os indivíduos (mas inversamente os indivíduos estando fundados pela pessoa). Todavia, o terceiro elemento de gênese ontológicas, isto é, as classes múltiplas e as propriedades variáveis que dependem por sua vez das pessoas, não se encarna em uma terceira proposição ela própria ontológica. Ao contrário, este elemento nos faz passar a uma outra ordem de proposição, constitui a condição ou forma de possibilidade da proposição lógica em geral. E com relação a esta condição, e ao mesmo tempo que ela, os indivíduos e as pessoas desempenham agora o papel, não mais de proposições ontológicas, mas de instâncias materiais que efetuam a possibilidade e que determinam na proposição lógica as relações necessárias à existência do condicionado: a relação de designação como relação com o individual (o mundo, o estado de coisas, o agregado, corpos individuados), a relação de manifestação como relação com o pessoal — a forma de possibilidade definindo, de seu lado, a relação de significação. Compreendemos melhor então a complexidade da questão: o que é primeiro da ordem da proposição lógica? Pois, se a significação é primeira como condição ou forma de possibilidade, ela remete, no entanto, à manifestação, na medida em que as classes múltiplas e as propriedades variáveis que definem a significação se fundam sobre a pessoa na ordem ontológica e a manifestação remete à designação na medida em que a pessoa se funda por sua vez sobre o indivíduo.

Muito mais, da gênese lógica à gênese ontológica, não há paralelismo, mas antes uma mudança que comporta todo tipo de desníveis e de misturas. É pois muito simples fazer corresponder o indivíduo e a designação, a pessoa e a manifestação, as classes múltiplas ou propriedades variáveis e a significação. É verdade que a relação de designação não pode se estabelecer senão em um mundo submetido aos diversos aspectos da individuação; mas não é suficiente: a designação exige além da continuidade a posição de uma identidade que depende da ordem manifesta da pessoa — o que traduzimos precedentemente dizendo que a designação pressupõe a manifestação. Inversamente, se a pessoa se manifesta ou se exprime na proposição, não é independentemente dos indivíduos, dos estados de coisas ou dos estados de corpos, que não se contentam em ser designados, mas que formam casos e possibilidades relacionados aos desejos, crenças ou projetos constitutivos da pessoa. Enfim, a significação supõe a formação de um bom senso que se faz com a individuação, como a de um senso comum que encontra sua fonte na pessoa; e ela implica todo um jogo de designação e de manifestação, tanto no poder de afirmar as premissas quanto de destacar a conclusão. Há pois, nós o vimos, uma estrutura extremamente complexa segundo a qual cada uma das três relações da proposição lógica em geral é primeira por sua vez. Esta estrutura no seu conjunto forma a ordenação terciária da linguagem. Precisamente porque ela é produzida pela gênese ontológica e lógica, ela depende do sentido como daquilo que constitui por si mesmo uma organização secundária, muito diferente e diversamente distribuída (assim a distinção entre os dois X, o X do elemento paradoxal informal que falta à sua própria identidade no sentido puro e o X do objeto qualquer que caracteriza somente a forma de identidade produzida no senso comum). Se pois consideramos esta estrutura complexa da ordenação terciária, em que cada relação da proposição deve se apoiar nas outras em uma espécie de circularidade, vemos que o conjunto e cada uma de suas partes podem se desmoronar se perdem esta complementariedade: não somente porque o circuito da proposição lógica pode sempre ser desfeito, assim como se fende um anel, para fazer aparecer o sentido organizado de outra forma, mas também e sobretudo porque o sentido, tendo ele próprio uma fragilidade que pode fazê-lo oscilar em direção ao não-senso, as relações da proposição lógica correm o risco de perder toda medida e a significação, a manifestação, a designação se desmoronarem no abismo indiferen-

DA GÊNESE ESTÁTICA LÓGICA 125

ciado de um sem-fundo que não comporta mais do que a pulsação de um corpo monstruoso. Eis por que, para além da ordenação terciária da proposição e mesmo da organização secundária do sentido, pressentíamos terrível ordem primária onde toda a linguagem involui.

Parece que o sentido, na sua organização de pontos aleatórios e singulares, de problemas e de questões, de séries e de deslocamentos, é duplamente gerador: ele não engendra somente a proposição lógica com suas dimensões determinadas (designação, manifestação, significação), mas também os correlatos objetivos desta proposição que foram primeiramente eles próprios produzidos como proposições ontológicas (o designado, o manifestado, o significado). O desnível ou a mistura entre os dois aspectos da gênese dão conta de um fenômeno como o do *erro,* uma vez que um designado, por exemplo, pode ser fornecido em uma proposição ontológica que não se corresponde com a proposição lógica considerada. Mas o erro é uma noção muito artificial, um conceito filosófico abstrato, porque não afeta senão a verdade de proposições que se supõem já feitas e isoladas. O elemento genético só é descoberto na medida em que as noções de verdadeiro e de falso são transferidas das proposições ao problema que estas proposições estão supostamente encarregadas de resolver e mudam completamente de sentido nesta transferência. Ou antes é a categoria de sentido que substitui a de verdade, quando o verdadeiro e o falso eles próprios qualificam o problema e não mais as proposições que a ele respondem. Deste ponto de vista sabemos que o problema, longe de indicar um estado subjetivo e provisório do conhecimento empírico, remete ao contrário a uma objetividade ideal, a um complexo constitutivo do sentido e que funda ao mesmo tempo o conhecimento e o conhecido, a proposição e seus correlatos. É a relação do problema com suas condições que define o sentido como verdade do problema enquanto tal. Pode acontecer que as condições permaneçam insuficientemente determinadas ou, ao contrário, sejam sobredeterminadas de tal maneira que o problema seja um falso problema. A determinação das condições implica de um lado um espaço de distribuição nômade em que se repartem singularidades (*Topos*); de outro lado, um tempo de decomposição pelo qual este espaço se subdivide em subespaços, cada um sucessivamente definido pela adjunção de novos pontos que asseguram a determinação progressiva e completa do domínio considerado (*Aion*). Há sempre um espaço que condensa e precipita as singularidades, como um tempo que completa progressivamente o acontecimento por fragmentos de acontecimentos futuros e passados. Há pois uma autodeterminação espaço-temporal do problema, no curso da qual o problema avança preenchendo a falta e prevenindo o excesso de suas próprias condições. É aí que o verdadeiro se torna sentido e produtividade. As soluções são precisamente engendradas ao mesmo tempo que o problema *se* determina. Eis aí por que acreditamos tão freqüentemente que a solução não deixa subsistir o problema e lhe dá retrospectivamente o estatuto de um momento subjetivo necessariamente ultrapassado desde que a solução é encontrada. No entanto, é exatamente o contrário. É por um processo próprio que o problema se determina ao mesmo tempo no espaço e no tempo e, determinando-se, determina as soluções nas quais persiste. É a síntese do problema com suas condições que engendra as proposições, suas dimensões e seus correlatos.

O sentido é pois expresso como o problema ao qual as proposições correspondem enquanto indicam respostas particulares, significam os casos de uma solução geral, manifestam atos subjetivos de resolução. Eis por que antes de exprimir o sentido sob uma forma infinitiva ou participial (a neve-ser-branco, o existente-branco da neve), parecia desejável exprimi-lo sob forma interrogativa. É verdade que a forma interrogativa é decalcada numa solução que se supõe possa ser dada ou já dada e que ela é somente o duplo neutralizado de uma resposta supostamente detida por aquele que interroga (de que cor é a neve, que horas são?). Pelo menos ela tem a vantagem de nos colocar na via daquilo que procuramos: o verdadeiro problema, que não se parece com as proposições que subsume, mas que as engendra determinando suas próprias condições e que assinala a ordem individual de permutação das proposições engendradas no quadro das significações gerais e das manifestações pessoais. A interrogação não é senão a sombra do problema projetado ou antes reconstituído a partir das proposições empíricas; mas o problema em si mesmo é a realidade do elemento genético, o *tema* complexo que não se deixa reduzir a nenhuma *tese* de proposição[1]. É uma só e mesma ilusão que, sob um aspecto empírico, decalca o problema nas proposições que lhe servem de "respostas" e que, sob um aspecto filosófico e científico, define o problema pela forma de possibilidade das proposições "correspondentes". Esta forma e possibilidade pode ser lógica ou então geométrica, algébrica, física, transcendental, moral etc. Pouco importa; enquanto definimos o problema por sua "resolu-

---

1. No prefácio da *Fenomenologia*, Hegel mostrou com acerto que a verdade filosófica (ou científica) não consistia em uma proposição como resposta a uma interrogação simples, do tipo "quando César nasceu?" Sobre a diferença entre o problema ou tema e a proposição, cf. Leibniz, *Novos Ensaios*, IV, c.1.

DA GÊNESE ESTÁTICA LÓGICA

bilidade", confundimos o sentido com a significação e não concebemos a condição senão à imagem do condicionado. De fato, são os domínios de resolubilidade que são relativos ao processo de autodeterminação do problema. É a síntese do próprio problema com *suas* próprias condições que constitui alguma coisa de ideal ou de incondicionado, determinando ao mesmo tempo a condição e o condicionado, isto é, o domínio de resolubilidade e as soluções neste domínio, a forma das proposições e sua determinação sob esta forma, a significação como condição de verdade e a proposição como verdade condicional. Jamais o problema se parece às proposições que ele subsume, nem às relações que engendra na proposição: ele *não é* proposicional, embora não exista fora das proposições que o exprimem. Assim não podemos seguir Husserl, quando pretende que a expressão não é senão um duplo e tem forçosamente a mesma "tese" do que aquilo que a recebe. Pois o problemático, então, não é mais do que uma tese proposicional entre outras e a "neutralidade" recai de um outro lado, opondo-se a toda tese em geral, mas somente para representar uma outra maneira de conceber ainda o expresso como o duplo da proposição correspondente: reencontramos a alternativa da consciência segundo Husserl, constituindo o "modelo" e a "sombra" as duas maneiras do duplo[2]. Parece ao contrário que o problema, enquanto tema ou sentido expresso, possui uma neutralidade que lhe pertence essencialmente, mas também que não é nunca modelo nem sombra, nunca o duplo das proposições que o exprimem.

Ele é neutro com relação a todos os modos da proposição. *Animal tantum*... Círculo enquanto círculo somente: nem círculo particular, nem conceito representado em uma equação cujos termos gerais devem ainda receber um valor particular em cada caso, mas sistema diferencial ao qual corresponde uma emissão de singularidades[3]. Que o problema não exista fora das proposições que o exprimem como seu sentido, significa que ele *não é*, falando-se propriamente: ele insiste, subsiste ou persiste nas proposições e se confunde com este extra-ser que encontramos precedentemente. Mas este não-ser não é o ser do negativo, é o ser do problemático, que é preciso escrever (não)-ser ou ?-ser.

---

2. *Idéias*, § 114, § 124.

3. Bordas-Demoulin, no seu belo livro sobre o *Cartesianismo* (1843), mostra bem a diferença entre estas duas expressões da circunferência: $x^2 + y^2 - R^2 = 0$, e $ydy + xdx = 0$. Na primeira, posso sem dúvida atribuir a cada termo valores diversos, mas devo lhes atribuir um em particular para cada caso. No segundo, dy e dx são independentes de todo valor particular e sua relação remete somente às singularidades que definem a tangente trigonométrica do ângulo que a tangente à curva faz com o eixo das abscissas $\left(\dfrac{dx}{dy} = -\dfrac{y}{x} \right)$.

128

LÓGICA DO SENTIDO

O problema é independente do negativo como do afirmativo; nem por isso ele deixa de ter uma positividade que corresponde à sua posição como problema. Da mesma forma, o acontecimento puro acede a esta positividade que ultrapassa a afirmação e a negação, tratando-as ambas como casos de solução para um problema que define qelo que ocorre e pelas singularidades que "põe" ou "depõe". *Evenit...* "Certas proposições são depositivas (*abdicativae*): elas destituem, elas denegam um objeto de alguma coisa. Assim, quando dizemos que o prazer não é um bem, destituímos o prazer da qualidade de bem. Mas os Estóicos estimam que mesmo esta proposição é positiva (*dedicativa*), porque eles dizem: ocorre a certo prazer não ser um bem, o que consiste em pôr o que ocorre a este prazer..." [4].

Somos levados a dissociar as duas noções de duplo e de neutralidade. O sentido é neutro mas não é nunca o duplo das proposições que o exprimem, nem dos estados de coisas aos quais ele ocorre e que são designados pelas proposições. Eis por que enquanto ficamos no circuito da proposição, só podemos inferir indiretamente o que é o sentido; mas, o que ele é diretamente, vimos que não podíamos sabê-lo a não ser quebrando o circuito, em uma operação análoga àquela que fende e desdobra o anel de Moebius. Não podemos conceber a condição à imagem do condicionado; purgar o campo transcendental de toda semelhança permanece a tarefa de uma filosofia que não quer cair nas armadilhas da consciência ou do cogito. Ora, para permanecer fiel a esta exigência, é preciso dispor de um incondicionado como síntese heterogênea da condição em uma figura autônoma, que reúne em si a neutralidade e a potência genética. Todavia, quando falávamos precedentemente de uma neutralidade do sentido e quando pressentíamos esta neutralidade como uma dobra, não era do ponto de vista da gênese, enquanto o sentido dispõe de um poder genético herdado da *quase-causa,* era de um ponto de vista diferente, sendo o sentido primeiro considerado como efeito produzido por causas corporais: efeito de superfície, impassível e estéril. Como manter ao mesmo tempo que o sentido produz mesmo os estados de coisas em que se encarna e que é produzido por estes estados de coisas, ações e paixões dos corpos (imaculada concepção)?

A própria idéia de gênese estática dissipa a contradição. Quando dizemos que os corpos e suas misturas produzem o sentido, não é em virtude de uma individuação que o pressuporia. A individuação nos corpos, a medida nas suas misturas, o jogo das pessoas e dos conceitos nas suas varia-.

---

4. Apuleu, *De l'interprétation* (o par terminológico *abdicativus-dedicativus*).

DA GÊNESE ESTÁTICA LÓGICA

129

ções, toda esta ordenação supõe o sentido e o campo neutro, pré-individual e impessoal em que ele se desdobra. É pois de uma outra maneira que o próprio sentido é produzido pelos corpos. Trata-se desta vez de corpos tomados na sua profundidade indiferenciada, na sua pulsação sem medida. E esta profundidade age de uma maneira original: *por seu poder de organizar superfícies, de se envolver em superfícies*. Esta pulsação age ora pela formação de um mínimo de superfície para um máximo de matéria (assim, a forma esférica), ora pelo acréscimo das superfícies e sua multiplicação segundo diversos procedimentos (estiramento, fragmentação, trituração, secura e umidade, adsorção, musgo, emulsão). É deste ponto de vista que é preciso reler todas as aventuras de Alice: suas diminuições e seus crescimentos, suas obsessões alimentares e enuréticas, seus encontros com as esferas. A superfície não é nem ativa nem passiva, ela é o produto das ações e das paixões dos corpos misturados. Pertence à superfície o sobrevoar seu próprio campo, impassível, indivisível, como estas lâminas finas e contínuas de que fala Plotino, que um líquido impregna e atravessa de uma a outra face [5]. Receptáculo de camadas monomoleculares, ela assegura a continuidade e a coesão lateral das duas camadas sem espessura, interna e externa. Puro efeito, ela é no entanto o lugar de uma quase-causa, pois uma energia superficial, sem ser *da* superfície mesma, é devida *a* toda formação de superfície; e uma tensão superficial fictícia daí decorre, como força que se exerce sobre o plano da superfície, à qual se atribui o trabalho gasto em fazê-la crescer. Teatro para bruscas condensações, fusões, mudanças de estados das camadas expostas, distribuições e remanejamentos de singularidades, a superfície pode crescer indefinidamente, como quando dois líquidos se dissolvem um no outro. Há pois toda uma física das superfícies enquanto efeito das misturas em profundidade, que recolhe sem cessar as variações, as pulsações do universo inteiro e as envolve nestes limites móveis. Mas à física das superfícies corresponde necessariamente uma superfície metafísica. Chamaremos de superfície metafísica (*campo transcendental*) a fronteira que se instaura entre os corpos tomados juntos e nos limites que os envolvem, de um lado e as proposições quaisquer, de outro lado. Esta fronteira, nós o veremos, implica certas propriedades do som com relação à superfície, que tornam possível uma repartição distinta da linguagem e dos corpos, da profundidade corporal e do *continuum* sonoro. De todas estas maneiras a superfície é o campo transcendental ele próprio e o lugar do sentido ou da expressão. O sentido é

5. PLOTINO. II, 7, 1.

130 LÓGICA DO SENTIDO

o que se forma e se desdobra na superfície. Mesmo a fronteira não é uma separação, mas o elemento de uma articulação tal que o sentido se apresenta ao mesmo tempo como o que ocorre aos corpos e o que insiste nas proposições. Também devemos manter que o *sentido é um forro,* e que a *neutralidade do sentido é inseparável de seu estatuto de duplo.* Só que o forro não significa mais uma semelhança evanescente e desencarnada, uma imagem esvaziada de carne, como um sorriso sem gato. Ela se define agora pela produção das superfícies, sua multiplicação e sua consolidação. A dobra é a continuidade do avesso e do direito, a arte de instaurar esta continuidade, de tal maneira que o sentido na superfície se distribui dos dois lados ao mesmo tempo, como expresso subsistindo nas proposições e como acontecimento sobrevindo aos estados de corpos. Quando esta produção abre falência, quando a superfície é dilacerada por explosões e rasgões, os corpos recaem na sua profundidade, tudo recai na pulsação anônima em que as própria palavras não são mais do que afecções do corpo: a ordem primária que murmura sob a organização secundária do sentido. Ao contrário, enquanto a superfície se mantém, não somente o sentido aí se desdobra como efeito, mas participa da quase--causa que aí se acha ligada: ele produz por sua vez a individuação e tudo o que se segue em um processo de determinação dos corpos e de suas misturas medidas, a significação e tudo o que se segue em um processo de determinação das proposições e de suas relações assinaladas — toda a ordenação terciária ou o objeto da gênese estática.

Décima Oitava Série:
Das Três
Imagens de Filósofos

A imagem do filósofo, tanto popular como científica, parece ter sido fixada pelo platonismo: um ser das ascensões que sai da caverna eleva-se e se purifica na medida em que mais se eleva. Neste "psiquismo ascensional", a moral e a filosofia, o ideal ascético e a idéia do pensamento estabeleceram laços muito estreitos. Deles dependem a imagem popular do filósofo nas nuvens, mas também a imagem científica segundo a qual o céu do filósofo é um céu inteligível que nos distrai menos da terra do que compreende sua lei. Mas nos dois casos tudo se passa em altitude (ainda que fosse a altura da pessoa no céu da lei moral). Quando perguntamos "que é orientar-se no pensamento?", aparece que o pensamento pressupõe ele próprio eixos e orientações segundo as quais se desenvolve, que tem uma geografia antes de ter uma história, que traça dimensões antes de construir sistemas. A altura é o Oriente propriamente platônico. A operação do filósofo é então determinada como ascensão, como conversão, isto é, como o movimento de se voltar para o princípio do alto do qual ele procede e de se determinar, de se preencher e de se conhecer graças a uma tal movimentação. Não vamos comparar os filósofos e as doenças, mas há doenças propriamente filosóficas. O idealismo é a doença congênita da filosofia platônica e, com seu cortejo de ascensões e de quedas, a forma maníaco-depressiva da própria filosofia. A mania inspira e guia Platão. A dialética é a fuga das Idéias, a *Ideenflucht;* como Platão diz da Idéia, "ela foge ou ela perece..." E mesmo na morte de Sócrates há algo de um suicídio depressivo.

Nietzsche duvidou desta orientação pelo alto e se perguntou se, longe de representar a realização da filosofia, ela

132 LÓGICA DO SENTIDO

não era, ao contrário, a degenerescência e o desvio começando com Sócrates. Por aí Nietzsche recoloca em questão todo o problema da orientação do pensamento: não é segundo outras dimensões que o ato de pensar se engendra no pensamento e que o pensador se engendra na vida? Nietzsche dispõe de um método que ele inventa: não devemos nos contentar nem com biografia nem com bibliografia, é preciso atingir um ponto secreto em que a mesma coisa é anedota da vida e aforismo do pensamento. É como o sentido que, em uma de suas faces, se atribui a estados da vida e, na outra, insiste nas proposições do pensamento. Há aí dimensões, horas e lugares, zonas glaciais ou tórridas, nunca moderadas, toda a geografia exótica que caracteriza um modo de pensar, mas também um estilo de vida. É possível que Diógenes Laércio, em suas melhores páginas, tivesse um pressentimento deste método: encontrar aforismos vitais que sejam também Anedotas do pensamento — a gesta dos filósofos. Empédocles e o Etna, eis uma anedota filosófica. Ela vale tanto como a morte de Sócrates, mas precisamente opera em uma outra dimensão. O filósofo pré-socrático não sai da caverna, ele estima, ao contrário, que não estamos bastante engajados nela, suficientemente engolidos. O que ele recusa em Teseu é o fio: "Que nos importa vosso caminho que sobe, vosso fio que leva fora, que leva à felicidade e à virtude... Quereis nos salvar com a ajuda deste fio? E nós, nós vos pedimos encarecidamente: enforcai-vos neste fio!" Os pré-socráticos instalaram o pensamento nas cavernas, a vida na profundidade. Eles sondaram a água e o fogo. Eles fizeram filosofia a golpes de martelo, como Empédocles quebrando as estátuas, o martelo do geólogo, do espeleólogo. Em um dilúvio de água e de fogo, o vulcão cospe de volta em Empédocles uma só coisa, sua sandália de chumbo. Às asas da alma platônica opõe-se a sandália de Empédocles, que prova que ele era da terra, sob a terra e autóctone. Ao golpe de asas platônico, o golpe de martelo pré-socrático. À conversão platônica, a subversão pré-socrática. As profundidades encaixadas parecem a Nietzsche a verdadeira orientação da filosofia, a descoberta pré-socrática a retomar em uma filosofia do futuro, com todas as forças de uma vida que é também um pensamento ou de uma linguagem que é também um corpo. "Atrás de toda caverna, há um outra mais profunda, deve haver uma outra mais profunda, um mundo mais vasto, mais estranho, mais rico sob a superfície, um abismo abaixo de todo fundo, além de toda fundação" [1]. No começo, a esquizofrenia: o pré-so-

---

1. É estranho que Bachelard, procurando caracterizar a imaginação nietzschiana, apresente-a como um "psiquismo ascensional" (*L'Air et les Songes*, Cap. V). Não somente Bachelard reduz ao mínimo o papel da terra e da superfície em Nietzsche, mas interpreta a "verticalidade" nietzschiana como sendo antes de tudo altura e ascensão. No entanto, ela é, de preferência,

DAS TRÊS IMAGENS DE FILÓSOFOS 133

cratismo é a esquizofrenia propriamente filosófica, a profundidade absoluta cavada nos corpos e no pensamento e que faz com que Hölderlin, antes de Nietzsche, saiba encontrar Empédocles. Na célebre alternância empedocliana, na complementaridade do ódio e do amor, reencontramos de um lado o corpo de ódio, o corpo-coador e, em pedaços, "cabeças sem pescoço, braços sem ombros, olhos sem testa", de outro lado o corpo glorioso e sem órgãos, "forma de uma só peça", sem membros, sem voz nem sexo. Da mesma forma, Dionísio nos mostra seus dois semblantes, seu corpo aberto e lacerado, sua cabeça impassível e sem órgãos, Dionísio desmembrado, mas também Dionísio impenetrável.

Este reencontro da profundidade, Nietzsche não o tinha feito a não ser conquistando as superfícies. Mas ele não fica na superfície; esta lhe parece antes o que deve ser julgado do ponto de vista renovado do olho das profundidades. Nietzsche se interessa pouco sobre o que se passa depois de Platão, estimando que é necessariamente a seqüência de uma longa decadência. No entanto, conforme ao método mesmo, temos a impressão de que se levanta uma terceira imagem de filósofos. E que é a eles que a palavra de Nietzsche se aplica particularmente: de tanto serem superficiais, como esses gregos eram profundos! [2] Estes terceiros gregos não são mesmo mais completamente gregos. A salvação, eles não a esperam mais da profundidade da terra ou da autoctonia, muito menos do céu e da Idéia, eles a esperam lateralmente do acontecimento, do Leste — onde, como diz Carroll, se levantam todas as boas coisas. Com os Megáricos, os Cínicos e os Estóicos começam um novo filósofo e um novo tipo de anedotas. Que se leiam novamente os mais belos capítulos de Diógenes Laércio, aquele sobre Diógenes o Cínico, aquele sobre Crisipo o Estóico. Vemos aí desenvolver-se um curioso sistema de provocações. De um lado o filósofo come com a última das gulas, ele se empanturra; ele se masturba na praça pública, lamentando que não se possa fazer o mesmo com relação à fome; ele não condena o incesto, com mãe, irmã ou filha; ele tolera o canibalismo e a antropofagia — e, evidentemente, ele é sóbrio e casto no mais alto grau. De outro lado, ele se cala quando lhe colocamos questões ou então responde brandindo o seu bastão, ou ainda, quando lhe colocamos uma questão abstrata e difícil, responde designando um alimento ou mesmo dando

---

profundidade e descida. A ave de rapina não sobe, salvo acidentalmente: ela sobrevoa e "mergulha". É preciso mesmo dizer que a profundidade serve a Nietzsche para denunciar a idéia de altura e o ideal de ascensão; a altura não é mais do que mistificação, um efeito de superfície, que não engana o olho das profundidades e se desfaz sob seu olhar. Cf. a este respeito as observações de Michel Foucault, "Nietzsche, Freud, Marx," em *Nietzsche*, Cahiers de Royaumont, ed. de Minuit, 1967, pp. 186-187.

2. *Nietzsche contre Wagner*, epílogo § 2.

134   LÓGICA DO SENTIDO

uma caixa de alimentos que ele quebra em seguida, sempre
com um golpe de bastão — e no entanto também ele mantém um discurso novo, novo logos animado de paradoxos,
de valores e de significações filosóficas novas. Sentimos
perfeitamente que estas anedotas não são mais platônicas nem
pré-socráticas.

É uma reorientação de todo o pensamento e do que
significa pensar: *não há mais nem profundidade nem altura.*
As zombarias cínicas e estóicas contra Platão são incontá-
veis: trata-se sempre de destituir as Idéias e de mostrar que
o incorporal não está na altura, mas na superfície, que
não é a mais alta causa, mas o efeito superficial por excelência, que ele não é Essência, mas acontecimento. Na outra
frente, mostraremos que a profundidade é uma ilusão digestiva, que completa a ilusão óptica ideal. Com efeito, que
significam esta gula, esta apologia do incesto, esta apologia
do canibalismo? Como este último tema é comum a Crisipo
e a Diógenes o Cínico, Laércio não dá nenhuma explicação
para Crisipo, mas havia proposto uma para Diógenes, particularmente convincente: "Ele não achava tão odioso comer
carne humana, como o fazem povos estrangeiros, dizendo
que, em sã consciência, tudo está em tudo e por toda parte.
Há carne no pão e pão nas ervas; estes corpos e tantos outros
entram em todos os corpos por condutos escondidos e se
evaporam juntos, como o demonstra na sua peça intitulada
Thyestes, se é verdade, todavia, que as tragédias que a ele
se atribuem são mesmo dele..." Esta tese, que vale também
para o incesto, estabelece que na profundidade dos corpos
tudo é mistura; ora, não há regras segundo as quais uma
mistura e não outra pode ser considerada má. Contrariamente ao que acreditava Platão, não há para as misturas uma
medida em altura, combinações de Idéias que permitiriam
definir boas e más misturas. Contrariamente aos pré-socráticos, não há mais medida imanente capaz de fixar a ordem
e a progressão de uma mistura nas profundidades da *Physis;*
toda mistura vale o que valem os corpos que se penetram e
as partes que coexistem. Como o mundo das misturas não
seria o de uma profundidade negra em que tudo é permitido?

Crisipo distinguia duas espécies de misturas: as misturas imperfeitas que alteram os corpos e as misturas perfeitas
que os deixam intactos e os fazem coexistir em todas as
suas partes. Sem dúvida, a unidade das coisas corporais
entre elas define uma mistura perfeita e líquida, em que tudo
é justo no presente cósmico. Mas os corpos tomados na
particularidade de seus presentes limitados não se encontram
diretamente segundo a ordem de sua causalidade, que só
vale para o todo, observadas todas as combinações ao mesmo tempo. Eis por que toda mistura pode ser dita boa ou

DAS TRÊS IMAGENS DE FILÓSOFOS 135

má: boa na ordem do todo, mas imperfeita, má e até mesmo execrável na ordem dos encontros parciais. Como condenar o incesto e o canibalismo, neste domínio em que as paixões são elas próprias corpos que penetram outros corpos e a vontade particular um mal radical? Que se tome o exemplo das tragédias extraordinárias de Sêneca. Nós nos perguntamos qual é a unidade do pensamento estóico com este pensamento trágico que põe em cena pela primeira vez seres consagrados ao mal, prefigurando tão precisamente o teatro elisabetano. Não bastam alguns coros estoicizantes para fazer a unidade. O que é verdadeiramente estóico, aqui, é a descoberta das paixões-corpos e das misturas infernais que organizam ou sofrem, venenos fumegantes, festins pedófagos. A refeição trágica de Thyestes não é somente o assunto perdido de Diógenes, mas o de Sêneca, felizmente conservado. As túnicas envenenadas começam por queimar a pele, devorar a superfície; depois elas atingem ao mais profundo, em um trajeto que vai do corpo perfurado ao corpo despedaçado, *membra discerpta*. Por toda parte na profundidade dos corpos borbulham misturas venenosas, elaboram-se abomináveis necromancias, incestos e alimentações. Procuremos o antídoto ou a contraprova: o herói das tragédias de Sêneca como de todo o pensamento estóico é Hércules. Ora, Hércules se situa sempre com relação aos três reinos: o abismo infernal, a altura celeste e a superfície da terra. Na profundidade ele não encontrou senão espantosas misturas; no céu ele só encontrou o vazio, ou mesmo monstros celestes que duplicavam os infernais. Mas ele é o pacificador e o agrimensor da terra, ele pisa mesmo sobre a superfície das águas. Ele sobe ou volta a descer à superfície por todos os meios; traz para aí o cão dos infernos e o cão celeste, a serpente dos infernos e a serpente do céu. Não mais Dionísio no fundo, ou Apolo lá em cima, mas o Hércules das superfícies, na sua dupla luta contra a profundidade e a altura: todo o pensamento reorientado, nova geografia.

Apresenta-se por vezes o estoicismo como operando para além de Platão uma espécie de retorno ao pré-socratismo, ao mundo heraclitiano, por exemplo. Trata-se antes de uma reavaliação total do mundo pré-socrático interpretando-o conforme uma física das misturas em profundidade, os Cínicos e os Estóicos o abandonam por um lado a todas as desordens locais que se conciliam somente com a Grande mistura, isto é, a unidade das causas entre si. É um mundo do terror e da crueldade, do incesto e da antropofagia. E sem dúvida há uma outra parte: o que, do mundo heraclitiano, pode subir à superfície e vai receber um estatuto completamente novo — o acontecimento na sua diferença de natureza com as causas-corpos, o Aion na sua diferença de natureza com o Cronos devorante. Paralelamente, o platonismo sofre uma reorientação total análoga: ele que pretendia aprofundar ainda mais o mundo pré-socrático, reprimi-lo ainda mais, se vê destituído de sua própria altura e a Idéia recai na superfície como simples efeito incorporal. É a grande descoberta estóica, ao mesmo tempo contra os pré-socráticos e contra Platão: a autonomia da superfície, independentemente da altura e da profundidade, contra a altura e a profundidade; a descoberta dos acontecimentos incorporais, sentidos ou efeitos, que são irredutíveis aos corpos profundos assim como às Idéias altas. Tudo o que acontece e tudo o que se diz acontece e se diz na superfície. Esta não está menos para ser explorada, mais desconhecida, mais ainda talvez que a profundidade e a altura que são não-senso. Pois a fronteira principal é deslocada. Ela não passa mais em altura entre o universal e o particular. Ela não passa mais em profundidade entre a substância e os acidentes. Talvez seja a Antístenes que é preciso glorificar pelo novo traçado: entre as coisas e as proposições mesmas. Entre a coisa tal qual ela é, designada pela proposição e o expresso, que não existe fora da proposição (a substância não é mais do que uma determinação secundária da coisa e o universal, uma determinação secundária do expresso).

A superfície, a cortina, o tapete, o casaco, eis onde o Cínico e o Estóico se instalam e aquilo de que se cercam. O duplo sentido da superfície, a continuidade do avesso e do direito, substituem a altura e a profundidade. Nada atrás da cortina, salvo misturas inomináveis. Nada acima do tapete, salvo o céu vazio. O sentido aparece e atua na superfície, pelo menos se soubermos convenientemente, de maneira a formar letras de poeira ou como um vapor sobre o vidro em que o dedo pode escrever. A filosofia das bastonadas nos Cínicos e nos Estóicos substitui a filosofia das marteladas. O filósofo não é mais o ser das cavernas, nem a alma ou o pássaro de Platão, mas o animal chato das superfícies, o carrapato, o piolho. O símbolo filosófico não é mais a águia de Platão, nem a sandália de chumbo de Empédocles, mas o manto duplo de Antístenes e de Diógenes. O bastão e o manto, como Hércules com seu porrete e sua pele de leão. Como nomear a nova operação filosófica enquanto ela se opõe ao mesmo tempo à conversão platônica e à subversão pré-socrática? Talvez pela palavra perversão, que convém pelo menos ao sistema de provocações deste novo tipo de filósofos, se é verdade que a perversão implica uma estranha arte das superfícies.

Décima Nona Série:
Do Humor

Parece em primeiro lugar que a linguagem não possa encontrar um fundamento suficiente nos estados daquele que se exprime, nem nas coisas sensíveis designadas, mas somente nas Idéias que lhe dão uma possibilidade de verdade, assim como de falsidade. É difícil imaginar, no entanto, por meio de que milagre as proposições participariam às Idéias de uma forma mais segura do que os corpos que falam ou dos corpos de que se fala, a menos que as próprias Idéias não sejam "nomes em si". E os corpos, no outro pólo, poderiam eles melhor fundar a linguagem? Quando os sons se abatem sobre os corpos e se tornam ações e paixões dos corpos misturados, não são mais portadores senão de não-sensos dilacerantes. Denuncia-se, cada uma por sua vez, a impossibilidade de uma linguagem platônica e de uma linguagem pré-socrática, de uma linguagem idealista e de uma linguagem física, de uma linguagem maníaca e de uma linguagem esquizofrênica. Impõe-se a alternativa sem saída: ou nada dizer ou incorporar, comer o que dizemos. Como diz Crisipo, "se dizes a palavra carroça, uma carroça passa por tua boca" e não é nem melhor nem mais cômodo se se tratar da Idéia de carroça.

A linguagem idealista é feita de significações hipostasiadas. Mas, a cada vez que nos interrogam sobre tais significados — "o que é o Belo, o Justo etc., que é o Homem?" —, responderemos designando um corpo, mostrando um objeto imitável ou mesmo consumível, dando-se, caso necessário, um golpe de bastão, o bastão sendo considerado como instrumento de toda designação possível. Ao "bípede sem plumas" como significado do homem segundo Platão, Diógenes o Cínico responde atirando-nos um galo com plumas.

E ao que pergunta sobre "o que é a filosofia", Diógenes responde fazendo passear um arenque na ponta de um cordel: o peixe é o animal mais oral, que coloca o problema da mudez, da consumabilidade, da consoante no elemento molhado, o problema da linguagem. Platão ria daqueles que se contentavam em dar exemplos, em mostrar, em designar ao invés de atingir as Essências: Eu não te pergunto (dizia ele) o que é justo, mas o que é o justo etc. Ora, é fácil fazer com que Platão desça de novo o caminho que ele pretendia nos fazer escalar. A cada vez que nos interroga sobre uma significação, respondemos por uma designação, uma mostração puras. E para persuadir o espectador de que não se trata de simples "exemplo" e que o problema de Platão está mal colocado, imitaremos aquilo que designamos, nós o mimetizaremos, ou então poderemos comê-lo ou quebrar aquilo que mostramos. O importante é fazer tudo isso depressa: encontrar logo alguma coisa a designar, a comer ou a quebrar, que substitui a significação (a Idéia) que nos convidavam a procurar. E isso tanto mais rápido e tanto melhor que não há e não deve haver semelhança entre aquilo que se mostra e o que nos pediam: somente uma relação em dentes de serra, que recusa a falsa dualidade platônica essência-exemplo. Para este exercício, que consiste em substituir as significações por designações, mostrações, consumações e destruições puras, é preciso uma estranha inspiração, é preciso saber "descer" — o humor, contra a ironia socrática ou a técnica da ascensão.

Mas para onde nos precipita semelhante descida? Até ao fundo dos corpos e ao sem-fundo de suas misturas; precisamente porque toda designação se prolonga em consumação, trituração e destruição, sem que se possa deter este movimento, como se o bastão quebrasse tudo o que ele mostra, vemos bem que a linguagem não pode se fundar mais na designação do que na significação. Que as significações nos precipitem em puras designações que as substituem e as destituem, é o absurdo como sem-significação. Mas que as designações se precipitem por sua vez no fundo destruidor e digestivo, é o não-senso das profundidades como subsenso ou *Untersinn*. Qual é então a saída? É preciso que, pelo mesmo movimento graças ao qual a linguagem cai do alto, depois se afunda, sejamos reconduzidos à superfície, lá onde não há mais nada a designar, nem mesmo a significar, mas onde o sentido puro é produzido: produzido na sua relação essencial com um terceiro elemento, desta vez o não-senso da superfície. E, aqui também, o que importa é ir depressa, é a velocidade.

O que é que o sábio encontra na superfície? Os puros acontecimentos tomados na sua verdade eterna, isto é, na

DO HUMOR

substância que os subtende independentemente de sua efetuação espaço-temporal no seio de um estado de coisas. Ou então, o que dá no mesmo, de puras singularidades tomadas no seu elemento aleatório, independentemente dos indivíduos e das pessoas que os encarnam e os efetuam. Esta aventura do humor, esta dupla destituição da altura e da profundidade em proveito da superfície, é primeiro a aventura do sábio estóico. Mas, mais tarde e em um outro contexto, é também aquela do Zen — contra as profundidades bramânicas e as altitudes búdicas. Os célebres problemas-provas, as perguntas-respostas, os *koan,* demonstram o absurdo das significações, mostram o não-senso das designações. O bastão é o universal instrumento, o mestre das questões, o mimo e o consumo são a resposta. Reenviado à superfície o sábio descobre aí os objetos-acontecimentos, todos comunicantes no vazio que constitui sua substância, Aion, em que eles se desenham e se desenvolvem sem jamais preenchê-lo.[1] O acontecimento é a identidade da forma e do vazio. O acontecimento não é o objeto como designado, mas o objeto como expresso ou exprimível, jamais presente, mas sempre já passado e ainda a vir, assim em Mallarmé, valendo por sua própria ausência ou sua abolição, porque esta abolição (*abdicatio*) é precisamente sua *posição no vazio* como Acontecimento puro (*dedicatio*). "Se tu tens um bastão, diz o Zen, eu te dou um, se não o tens, eu te tomo" (ou, como dizia Crisipo: "se não perdestes alguma coisa, vós a tendes; ora, não perdestes cornos, logo tendes cornos"). A negação não exprime mais nada de negativo, mas torna patente somente o exprimível puro com suas duas metades ímpares, das quais, para todo o sempre, uma faz falta à outra, uma vez que ela excede por sua própria falta, assim como a falta por seu excesso, palavra $=$ X para uma coisa $=$ X. Nós o vemos muito bem nas artes do Zen, não somente a arte do desenho onde o pincel dirigido por um punho não apoiado equilibra a forma com o vazio e distribui as singularidades de um puro acontecimento em séries de toques fortuitos e de "linhas cabeludas", mas também as artes do jardim, do buquê e do chá e a do tiro com arco, a da espada, onde o "desabrochar do ferro" surge de uma maravilhosa vacuidade. Através das significações abolidas e das designações perdidas, o vazio é o lugar do sentido ou do acontecimento que se compõem com o seu próprio não-senso, lá onde não há mais lugar a não ser o lugar. O vazio é ele próprio o elemento paradoxal, o não-senso de superfície, o ponto alea-

---

1. Os Estóicos já tinham elaborado uma bela teoria do Vazio, ao mesmo tempo como *extra-ser e insistência.* Se os acontecimentos incorporais são os atributos lógicos dos seres e dos corpos, o vazio é como a substância destes atributos, que difere em natureza da substância corporal ao ponto que não se pode mesmo dizer que o mundo está "no vazio". Cf. Bréhier, *La théorie des incorporels dans l'ancien stoïcisme,* Cap. III.

tório sempre deslocado de onde jorra o acontecimento como sentido. "Não há ciclo do nascimento e da morte ao qual é preciso escapar, nem conhecimento supremo a atingir": o céu vazio recusa ao mesmo tempo os mais altos pensamentos do espírito, os ciclos profundos da natureza. Trata-se menos de atingir ao imediato do que de determinar este lugar em que o imediato se mantém "imediatamente" como não-atingível: a superfície em que se faz o vazio e todo acontecimento com ele, a fronteira como o corte acerado de uma espada ou o fio tenso do arco. Assim pintar sem pintar, não-pensamento, tiro que se torna não-tiro, falar sem falar: em absoluto não o inefável em altura ou profundidade, mas esta fronteira, esta superfície em que a linguagem se torna possível e, ao fazê-lo, não importa mais do que uma comunicação silenciosa imediata, pois que ela não poderia ser dita a não ser ressuscitando todas as significações e designações mediatas abolidas.

Tanto quanto o que torna a linguagem possível, pergunta-se *quem fala*. Várias respostas diversas foram dadas a semelhante pergunta. Chamamos de resposta "clássica" aquela que determina o indivíduo como aquele que fala. O de que ele fala é de preferência determinado como particularidade, e o meio, isto é, a própria linguagem, como generalidade de convenção. Trata-se então, em uma tríplice operação conjugada, de revelar uma forma universal do indivíduo (realidade), ao mesmo tempo em que extraímos uma pura Idéia sobre aquilo de que se fala (necessidade) e que confrontamos a linguagem a um modelo ideal, suposto primitivo, natural ou puramente racional (possibilidade). É precisamente esta operação que anima a ironia socrática como ascensão e lhe dá por tarefas ao mesmo tempo arrancar o indivíduo a sua existência imediata, ultrapassar a particularidade sensível em direção à Idéia e instaurar leis de linguagem conformes ao modelo. Tal é o conjunto "dialético" de uma subjetividade memorante e falante. Todavia, para que a operação seja completa, é preciso que o indivíduo não seja somente ponto de partida e trampolim, mas que ele se reencontre igualmente no fim e que o universal da Idéia seja antes como um meio de troca entre os dois. Este fechamento, este afivelamento da ironia faz falta ainda em Platão ou não aparece a não ser sob as espécies do cômico ou da derrisão, como no confronto Sócrates-Alcibíades. A ironia clássica, ao contrário, adquire este estado perfeito quando chega a determinar não somente o todo da realidade mas o conjunto do possível como individualidade suprema originária. Kant, nós o vimos, desejoso de submeter à crítica o mundo clássico da representação, começa por descrevê-lo com exatidão: "A idéia do conjunto de toda possibilidade

DO HUMOR 141

se purifica até formar um conceito completamente determinado *a priori,* tornando-se assim, por isso mesmo, o conceito de uma série singular"[2]. A ironia clássica age como a instância que assegura a coextensividade do ser e do indivíduo no mundo da representação. Assim, não somente o universal da Idéia, mas o modelo de uma pura linguagem racional em relação às primeiras possíveis, tornam-se meios de comunicação natural entre um Deus supremamente individuado e os indivíduos derivados que ele cria; e é este Deus que torna possível um acesso do indivíduo à forma universal.

Mas, após a crítica kantiana, aparecia uma terceira figura da ironia: a ironia romântica determina aquele que fala como a pessoa e não mais como o indivíduo. Ela se funda na unidade sintética finita da pessoa e não mais na identidade analítica do indivíduo. Ela se define pela coextensividade do Eu e da representação mesma. Há aí muito mais do que uma mudança de palavra (para determinar toda sua importância, seria preciso avaliar por exemplo a diferença entre os *Ensaios* de Montaigne, que se inscrevem já no mundo clássico enquanto exploram mais diversas as figuras da individuação e as *Confissões* de Rousseau, que anunciam o romantismo enquanto são a primeira manifestação de uma pessoa ou de um Eu). Não somente a Idéia universal e a particularidade sensível, mas os dois extremos da individualidade e os mundos correspondendo aos indivíduos tornam-se agora as possibilidades próprias da pessoa. Estas possibilidades continuam a se repartir em originárias e em derivadas, mas a originária não designa mais do que os predicados constantes da pessoa para todos os mundos possíveis (categorias) e o derivado, as variáveis individuais em que a pessoa se encarna nestes diferentes mundos. Segue-se daí uma profunda transformação tanto do universal da Idéia como da forma da subjetividade e do modelo da linguagem enquanto função do possível. A posição da pessoa como classe ilimitada e, no entanto, de um só membro (Eu), tal é a ironia romântica. E não há dúvida de que já há elementos precursores no cogito cartesiano e sobretudo na pessoa leibniziana; mas estes elementos permanecem subordinados às exigências da individuação, enquanto que eles se liberam e se exprimem por si mesmos no romantismo após Kant, invertendo a subordinação. "Esta famosa liberdade poética ilimitada se exprime de uma maneira positiva no fato de que o indivíduo percorreu sob a forma da possibilidade toda uma série de determinações diversas e lhes deu uma existência poética antes de se abismar no nada. A alma que se abandona à ironia parece aquela que atravessa o mundo da doutrina de Pitágoras: ela está sempre em viagem,

2. KANT. *Crítica da Razão Pura.* "Do ideal transcendental".

142 LÓGICA DO SENTIDO

mas não tem mais necessidade de uma tão longa duração...
Como as crianças que sorteiam aquele que paga, o ironista
conta em seus dedos: príncipe encantado ou mendigo etc.
Todas estas encarnações só têm, a seus olhos, o valor de
puras possibilidades; ele pode por isso percorrer a gama,
tão rápido quanto as crianças no seu jogo. Em compensação, o que toma o tempo ao ironista é o cuidado que ele
põe em se paramentar exatamente, conforme ao papel poé-
tico assumido por sua fantasia... Se a realidade dada
perde seu valor para o ironista, não é enquanto é uma realidade ultrapassada que deve deixar o lugar a uma outra
mais autêntica, mas porque o ironista encara o Eu fundamental, para o qual não existe realidade adequada " [3].

O que há de comum a todas as figuras da ironia é que
elas encerram a singularidade nos limites do indivíduo ou
da pessoa. Por esse motivo, a ironia não é vagabunda senão em aparência. Mas, sobretudo, é porque todas estas
figuras estão ameaçadas por um íntimo inimigo que as trabalha de dentro; o fundo indiferenciado, o sem-fundo de que
falávamos precedentemente e que representa o pensamento
trágico, o tom trágico com o qual a ironia mantém as mais
ambivalentes relações. É Dionísio sob Sócrates, mas é também o demônio que estende a Deus assim como as suas
criaturas o espelho em que se dissolve a universal indivídua-
lidade e ainda o caos que desfaz a pessoa. O indivíduo
pronunciava o discurso clássico, a pessoa, o discurso romântico. Mas, sob estes dois discursos e invertendo-os de maneiras diversas é agora o Fundo sem face que fala rosnando.
Vimos que esta linguagem do fundo, a linguagem confundida com a profundidade dos corpos, tinha uma dupla potência, a dos elementos fonéticos explodidos, a dos valores
tônicos inarticulados. É antes a primeira que ameaça e
inverte de dentro o discurso clássico e a segunda, o discurso
romântico. Também devemos em cada caso, para cada tipo
de discurso, distinguir três linguagens. Primeiro uma linguagem real correspondendo à assignação completamente
ordinária daquele que fala (o indivíduo ou a pessoa...). E
depois uma linguagem ideal, que representa o modelo do
discurso em função da forma daquele que o pronuncia (por
exemplo, o modelo divino do *Crátilo* com relação à subjetividade socrática, o modelo racional leibniziano com relação
à individualidade clássica, o modelo evolucionista com relação à pessoa romântica). Enfim, a linguagem esotérica,
que representa em cada caso a subversão, pelo fundo, da
linguagem ideal e a dissolução daquele que detém a linguagem real. Há aliás de cada vez relações internas entre o

---

3. Kierkegaard, "O Conceito de Ironia" (PIERRE MÉNARD, *Kierkegaard, sa vie, son oeuvre*, pp. 57-59).

modelo ideal e sua inversão esotérica, como entre a ironia e o fundo trágico, ao ponto de não sabermos mais de que lado está o máximo de ironia. Eis por que é vão procurar uma fórmula única, um conceito único para todas as linguagens esotéricas: assim para a grande síntese fonética, literal e silábica de Court de Gibelin que fecha o mundo clássico e a grande síntese tônica evolutiva de Jean-Pierre Brisset, que acaba o romantismo (vimos da mesma forma que não havia uniformidade das palavras-valises).

À pergunta: quem fala?, responderemos ora pelo indivíduo, ora pela pessoa, ora pelo fundo que dissolve tanto um como a outra. "O eu do poeta lírico eleva a voz do fundo do abismo do ser, sua subjetividade é pura imaginação"[4]. Mas repercute ainda uma última resposta: aquela que recusa tanto o fundo primitivo indiferenciado como as formas do indivíduo e da pessoa e que recusa tanto sua contradição como sua complementaridade. Não, as singularidades não são aprisionadas em indivíduos e pessoas; e muito menos caímos em um fundo indiferenciado, profundidade sem fundo, quando desfazemos o indivíduo e a pessoa. O que é impessoal e pré-individual são as singularidades, livres e nômades. O que é mais profundo do que todo o fundo é a superfície, a pele. Aqui se forma um novo tipo de linguagem esotérica, que é para si mesma seu próprio modelo e e sua realidade. O tornar-se louco muda de figura quando sobe à superfície, sobre a linha reta do Aion, eternidade; do mesmo modo, o "mim" dissolvido, o Eu fendido, a identidade perdida, quando param de se afundar para liberar, ao contrário, as singularidades de superfície. O não-senso e o sentido acabam com sua relação de oposição dinâmica, para entrar na co-presença de uma gênese estática, como não-senso da superfície e sentido que desliza sobre ela. O trágico e a ironia dão lugar a um novo valor, o humor. Pois se a ironia é a coextensividade do ser com o indivíduo, ou do Eu com a representação, o humor é a do senso e do não-senso; o humor é a arte das superfícies e das dobras, das singularidades nômades e do ponto aleatório sempre deslocado, a arte da gênese estática, o saber-fazer do acontecimento puro ou a "quarta pessoa do singular" — suspendendo-se toda significação, designação e manifestação, abolindo-se toda profundidade e altura.

---

4. NIETZSCHE. *Nascimento da tragédia.* § 5.

Vigésima Série: Sobre o Problema Moral nos Estóicos

Diógenes Laércio conta que os estóicos comparavam a filosofia a um ovo: "A casca é a lógica, a clara é a moral e a gema, bem no centro, é a física". Sentimos perfeitamente que Diógenes racionaliza. É preciso reencontrar o aforismo-anedota, isto é, o *koan*. É preciso imaginar um discípulo colocando uma questão de significação: que é a moral, ó mestre? Então o sábio estóico tira um ovo duro de seu manto dobrado e com seu bastão designa o ovo. (Ou então, tendo tirado o ovo, ele dá um golpe de bastão no discípulo e o discípulo compreende que ele próprio deve responder. O discípulo toma, por sua vez, o bastão, quebra o ovo, de tal maneira que um pouco de clara permanece ligado à gema e um pouco à casca. Ou então o mestre deve fazer ele mesmo tudo; ou o discípulo só terá compreendido ao término de numerosos anos.) Em todo caso, a situação da moral está bem exposta, entre os dois pólos da casca lógica superficial e da gema física profunda. O mestre estóico não é o próprio Humpty Dumpty? E a aventura do discípulo, a aventura de Alice, que consiste em remontar da profundidade dos corpos à superfície das palavras, fazendo a experiência perturbadora de uma ambigüidade da moral, moral dos corpos ou moralidade das palavras (a "moral daquilo que se diz...") — moral da nutrição ou moral da linguagem, moral do comer ou moral do falar, moral da gema ou da casca, moral dos estados de coisas ou moral do sentido.

Pois devemos voltar sobre o que dizíamos há pouco, pelo menos para aí introduzir variantes. Seria ir muito depressa apresentar os Estóicos como recusando a profundidade e não encontrando aí senão misturas infernais corres-

146   LÓGICA DO SENTIDO

pondendo às paixões-corpos e às vontades do mal. O sistema estóico comporta toda uma física, com uma moral desta física. Se é verdade que as paixões e as vontades más são corpos, as boas vontades, as ações virtuosas, as representações verdadeiras, os assentimentos justos são também corpos. Se é verdade que tais ou tais corpos formam misturas abomináveis, canibais e incestuosas, o conjunto dos corpos tomado na sua totalidade forma necessariamente uma mistura perfeita, que não é nada além do que a unidade das causas entre elas ou o presente cósmico, com relação ao qual o próprio mal pode ser tão-só um mal de "conseqüência". Se há corpos-paixões, há também corpos-ações, corpos unificados do grande Cosmos. A moral estóica concerne ao acontecimento; ela consiste em querer o acontecimento como tal, isto é, em querer o que acontece enquanto acontece. Não podemos ainda avaliar o alcance destas fórmulas. Mas, de qualquer maneira, como o acontecimento poderia ser captado e querido sem ser relacionado à causa corporal de onde ele resulta e, através dela, à unidade das causas como *Physis?* É pois a *adivinhação,* aqui, que funda a moral. A interpretação divinatória, com efeito, consiste na relação entre o acontecimento puro (não ainda efetuado) e a profundidade dos corpos, as ações e paixões corporais de onde ele resulta. E podemos dizer precisamente como procede esta interpretação: trata-se sempre de cortar na espessura, de talhar superfícies, de orientá-las, de acrescê-las e de multiplicá-las, para seguir o traçado das linhas e dos cortes que se desenham sobre elas. Assim, dividir o céu em secções e nele distribuir as linhas dos vôos de pássaros, seguir sobre o solo o mapa que traça o focinho de um porco, jogar o fígado para a superfície e observar as linhas e as fissuras. A adivinhação é, no sentido mais geral, a arte das superfícies, das linhas e pontos singulares que nela aparecem; eis por que dois adivinhos não se olham sem se rir, com um riso humorístico. (Seria sem dúvida preciso distribuir duas operações, a produção de uma superfície física para linhas ainda corporais, imagens, impressões ou representações e a tradução destas numa superfície "metafísica" em que não jogam mais do que as linhas incorporais do acontecimento puro, que constitui o sentido interpretado destas imagens.) Mas, certamente, não é por acaso que a moral estóica nunca pôde nem quis se confiar a métodos físicos de adivinhação e se orientou para um outro pólo, se desenvolveu segundo um outro método, lógico. Victor Goldschmidt mostrou muito bem esta dualidade de pólos entre os quais a moral estóica oscila: de um lado tratar-se-ia pois de participar tanto quanto possível de uma visão divina reunindo em profundidade todas as causas físicas entre si na

SOBRE O PROBLEMA MORAL NOS ESTÓICOS 147

unidade de um presente cósmico, para daí tirar a adivinhação dos acontecimentos que resultam. Mas, de outro lado, em compensação, trata-se de querer o acontecimento, qualquer que ele seja, sem nenhuma interpretação, graças a um "uso das representações" que acompanha desde o começo a efetuação do acontecimento mesmo atribuindo-lhe o mais limitado presente [1]. Em um caso, vamos do presente cósmico ao acontecimento ainda não efetuado; no outro caso, do acontecimento puro à sua mais limitada efetuação presente. E, sobretudo, em um caso ligamos o acontecimento a suas causas corporais e a sua unidade física; no outro caso, ligamos o acontecimento a sua quase-causa incorporal, causalidade que ele recolhe e faz ressoar na produção de sua própria efetuação. Este duplo pólo já estava compreendido no paradoxo da dupla causalidade e nos dois caracteres da gênese estática, impassibilidade e produtividade, indiferença e eficácia, imaculada concepção que caracteriza agora o sábio estóico. A insuficiência do primeiro pólo provém, então, do seguinte: que os acontecimentos, sendo efeitos incorporais, diferem em natureza das causas corporais de que eles resultam; que eles têm leis diferentes das que as regem e são determinados somente por sua relação com a quase-causa incorporal. Cícero diz com razão que a passagem do tempo é semelhante ao desenrolar de um cabo (*explicatio*) [2]. Mas, justamente, os acontecimentos não existem sobre a linha reta do cabo desenrolado (Aion), da mesma maneira que as causas na circunferência do cabo enrolado (Cronos).

Em que consiste o uso lógico das representações, esta arte levada ao mais alto ponto por Epíteto e Marco Aurélio? São conhecidas as obscuridades da teoria estóica da representação tal como nos foi legada: o papel e a natureza do assentimento na representação sensível corporal enquanto impressão; a maneira pela qual as representações racionais, que são elas mesmas ainda corporais, decorrem das representações sensíveis; mas, sobretudo, o que constitui o caráter da representação de ser "compreensiva" ou não; enfim, o alcance da diferença entre as representações-corpos ou impressões e os acontecimentos-efeitos incorporais (entre as *representações* e as *expressões*) [3]. São estas duas últimas dificuldades que concernem essencialmente ao nosso assunto, uma vez que as representações sensíveis são designações, as representações racionais significações, mas somente os acontecimentos incorporais constituem o sentido expresso. Esta diferença de natureza entre a expressão e a representação;

---

1. Cf. Victor Goldschmidt, *Le système stoïcien et l'idée de temps*, Vrin, 1953.
2. Cícero. *Da adivinhação*, 56.
3. A respeito da irredutibilidade do exprimível incorporal à representação, mesmo racional, cf. as páginas definitivas de Bréhier, *op. cit.*, pp. 16-19.

148 LÓGICA DO SENTIDO

nós a encontrávamos por toda parte cada vez que marcávamos a especificidade do sentido ou do acontecimento, sua irredutibilidade ao designado como ao significado, sua neutralidade com relação ao particular como ao geral, sua singularidade impessoal e pré-individual. Esta diferença culmina com a oposição do objeto $= X$ como instância identitária da representação no senso comum e da coisa $= X$ como elemento não-identificável da expressão do paradoxo. Mas, ainda que o sentido não seja nunca objeto de representação possível, nem por isso deixa de interferir na representação como o que confere um valor muito especial à relação que ela mantém com seu objeto. Por ela mesma, a representação é abandonada a uma relação somente extrínseca de semelhança ou de similitude. Mas seu caráter interno, pelo qual ela é intrinsecamente "distinta", "adequada" ou "compreensiva", provém da maneira segundo a qual ela compreende, segundo a qual ela envolve uma expressão, embora não possa representá-la. A expressão que difere em natureza da representação não age menos como o que está envolvido (ou não) na representação. Por exemplo, a percepção da morte como estado de coisa e qualidade ou o conceito de mortal como predicado de significação, permanecem extrínsecos (destituídos de sentido) se não compreendem o acontecimento de morrer como o que se efetua em um e se exprime no outro. A representação deve compreender uma expressão que ela não representa, mas sem a qual ela não seria ela mesma "compreensiva", e não teria verdade senão por acaso e de fora. Saber que somos mortais é um saber apodítico, mas vazio e abstrato, que as mortes efetivas e sucessivas não bastam certamente para preencher adequadamente, enquanto não aprendermos o morrer como acontecimento impessoal provido de uma estrutura problemática sempre aberta (onde e quando?). Distinguiu-se freqüentemente dois tipos de saber, um indiferente, que permanece exterior a seu objeto, o outro concreto e que vai buscar seu objeto onde ele estiver. A representação não atinge a este ideal tópico a não ser pela expressão oculta que ela compreende, isto é, pelo acontecimento que ela envolve. Há pois um "uso" da representação, sem o qual a representação permanece privada de vida e de sentido; e Wittgenstein e seus discípulos têm razão em definir o sentido pelo uso. Mas tal uso não se define por uma função da representação com relação ao representado, nem mesmo pela representatividade como forma de possibilidade. Aí como alhures, o funcional se ultrapassa para uma tópica e o uso está na relação da representação a algo de extra-representativo, entidade não representada e somente expressa. Que a representação envolva o acontecimento de uma outra natureza, que ela chegue a envolvê-lo em suas bordas, que

SOBRE O PROBLEMA MORAL NOS ESTÓICOS 149

ela chegue a se estender até este ponto, que ela consiga este forro ou esta barra, eis a operação que define o uso vivo, tal que a representação, quando aí não atinge, fica sendo só letra morta em face de seu representado, estúpida no seio de sua representatividade.

O sábio estóico "se identifica" à quase-causa: ele se instala na superfície, sobre a reta que a atravessa, no ponto aleatório que traça ou percorre esta linha. Ele é, assim, como o arqueiro. Todavia, esta relação com o arqueiro não deve ser compreendida sob a espécie de uma metáfora moral da intenção, como Plutarco a isso nos convida dizendo que o sábio estóico é considerado capaz de tudo fazer, não por atingir o fim, mas por ter feito tudo o que dependia dele para atingi-lo. Uma racionalização dessa natureza implica uma interpretação tardia e hostil ao estoicismo. A relação com o arqueiro está mais próxima do Zen: o arqueiro deve atingir ao ponto em que o visado é também o não-visado, isto é, o próprio atirador e em que a flecha desliza sobre sua linha reta criando seu próprio fim, em que a superfície do alvo é também a reta e o ponto, o atirador, o tiro e o atirado. Tal é a vontade estóica oriental, como *pro-airesis*. Aí o sábio espera o acontecimento. Isto é: ele *compreende o acontecimento puro* na sua verdade eterna, independentemente de sua efetuação espaço-temporal, como ao mesmo tempo eternamente a vir e sempre já passado segundo a linha do Aion. Mas, também e ao mesmo tempo, em um mesmo lance, ele *quer a encarnação,* a efetuação do acontecimento puro incorporal em um estado de coisas e em seu próprio corpo, em sua própria carne: tendo se identificado à quase-causa, o sábio quer "corporalizar" seu efeito incorporal, pois que o efeito herda da causa (Goldschmidt diz muito bem, a propósito de um acontecimento como passear: "O passeio, incorporal enquanto maneira de ser, toma corpo sob o efeito do princípio hegemônico que aí se manifesta"[4]. E isso é verdade tanto de um passeio quanto do ferimento ou do tiro com arco). Como poderia, porém, o sábio ser quase-causa do acontecimento incorporal e por aí querer sua encarnação se o acontecimento já não estivesse em vias de se produzir por e na profundidade das causas corporais? Se a doença não se preparasse no mais profundo dos corpos? A quase-causa não cria, ela "opera" e não quer senão aquilo que acontece. Tanto que é aí que intervém a representação e seu uso: enquanto as causas corporais agem e padecem por uma mistura cósmica, universal, presente que produz o acontecimento incorporal, a quase-causa opera de maneira a dobrar esta causalidade física, ela encarna o acontecimento no mais limitado presente, o mais preciso, o mais instantâ-

---

4. V. Goldschmidt, *op. cit.,* p. 107.

neo, puro instante captado no ponto em que se subdivide em futuro e passado e não mais presente do mundo que reuniria em si o passado e o futuro. O ator fica no instante, enquanto o personagem que ele desempenha espera ou teme no futuro, rememora-se ou se arrepende no passado: é neste sentido que o ator representa. Fazer corresponder o mínimo de tempo desempenhável no instante ao máximo de tempo pensável segundo o Aion. Limitar a efetuação do acontecimento a um presente sem mistura, tornar o instante tanto mais intenso e tenso, tanto mais instantâneo quanto mais ele exprime um futuro e um passado ilimitados, tal é o uso da representação: o mímico, não mais o adivinho. Cessamos de ir do maior presente para um futuro e um passado que se dizem somente de um presente menor, vamos, ao contrário, do futuro e do passado como ilimitados até ao menor presente de um instante puro que não cessa de se subdividir. É assim que o sábio estóico não somente compreende e quer o acontecimento, mas o *representa e por aí o seleciona* e que uma ética do mimo prolonga necessariamente a lógica do sentido. A partir de um acontecimento puro o mimo dirige e duplica a efetuação, ele mede as misturas com a ajuda de um instante sem mistura e os impede de transbordar.

Vigésima Primeira Série: Do Acontecimento

Hesitamos, por vezes, em chamar de estóica uma maneira concreta ou poética de viver, como se o nome de uma doutrina fosse muito livresco, muito abstrato para designar a mais pessoal relação com uma ferida. Mas de onde vêm as doutrinas senão de feridas e de aforismos vitais que são anedotas especulativas com sua carga de provocação exemplar? É preciso chamar Joe Bousquet de estóico. A ferida que ele traz profundamente no seu corpo, ele a apreende na sua verdade eterna como acontecimento puro, no entanto, e tanto mais que. Assim como os acontecimentos se efetuam em nós, e esperam-nos e nos aspiram, eles nos fazem sinal: "Minha ferida existia antes de mim, nasci para encarná-la" [1]. Chegar a esta vontade que nos faz o acontecimento, tornar-se a quase-causa do que se produz em nós, o Operador, produzir as superfícies e as dobras em que o acontecimento se reflete, se reencontra incorporal e manifesta em nós o esplendor neutro que ele possui em si como impessoal e pré-individual, para além do geral e do particular, do coletivo e do privado — cidadão do mundo. "Tudo estava no lugar nos acontecimentos de minha vida antes que eu os fizesse meus; e vivê-los é me ver tentado a me igualar a eles como se eles não devessem ter senão de mim o que eles têm de melhor e de perfeito".

Ou a moral não tem sentido nenhum ou então é isto que ela quer dizer, ela não tem nada além disso a dizer: não ser indigno daquilo que nos acontece. Ao contrário, captar o que acontece como injusto e não merecido (é sempre a

---

1. A respeito da obra de Joe Bousquet, toda ela uma meditação sobre a ferida, o acontecimento e a linguagem, cf. os dois artigos essenciais dos *Cahiers du Sud*, nº 303, 1950; René Nelli, "Joe Bousquet et son double", Ferdinand Alquié, "Joe Bousquet et la morale du langage".

culpa de alguém), eis o que torna nossas chagas repugnantes, o ressentimento em pessoa, o ressentimento contra o acontecimento. Não há outra vontade má. O que é verdadeiramente imoral é toda utilização das noções morais, justo, injusto, mérito, faltas. Que quer dizer então querer o acontecimento? Será que é aceitar a guerra quando ela chega, o ferimento e a morte quando chegam? É muito provável que a resignação seja ainda uma figura do ressentimento, ele que, em verdade, tantas figuras possui. Se querer o acontecimento significa primeiro captar-lhe a verdade eterna, que é como o fogo no qual se alimenta, este querer atinge o ponto em que a guerra é travada contra a guerra, o ferimento, traçado vivo como a cicatriz de todas as feridas, a morte que retorna querida contra todas as mortes. Intuição volitiva ou transmutação. "A meu gosto da morte, diz Bousquet, que era falência da vontade, eu substituirei um desejo de morrer que seja a apoteose da vontade". Deste gosto a este desejo, nada muda de uma certa maneira, salvo uma mudança de vontade, uma espécie de salto no próprio lugar de todo o corpo que troca sua vontade orgânica por uma vontade espiritual, que quer agora não exatamente o que acontece, mas alguma coisa *no* que acontece, alguma coisa a vir de conformidade ao que acontece, segundo as leis de uma obscura conformidade humorística: o Acontecimento. É neste sentido que o *Amor fati* não faz senão um com o combate dos homens livres. Que haja em todo acontecimento minha infelicidade, mas também um esplendor e um brilho que seca a infelicidade e que faz com que, desejado, o acontecimento se efetue em sua ponta mais estreitada, sob o corte de uma operação, tal é o efeito da gênese estática ou da imaculada concepção. O brilho, o esplendor do acontecimento, é o sentido. O acontecimento não é o que acontece (acidente), ele é no que acontece o puro expresso que nos dá sinal e nos espera. Segundo as três determinações precedentes, ele é o que deve ser compreendido, o que deve ser querido, o que deve ser representado no que acontece. Bousquet diz ainda: "Torna-te o homem de tuas infelicidades, aprende a encarnar tua perfeição e teu brilho". Não se pode dizer nada mais, nunca se disse nada mais: tornar-se digno daquilo que nos ocorre, por conseguinte, querer e capturar o acontecimento, tornar-se o filho de seus próprios acontecimentos e por aí renascer, refazer para si mesmo um nascimento, romper com seu nascimento de carne. Filho de seus acontecimentos e não mais de suas obras, pois a própria obra não é produzida senão pelo filho do acontecimento.

O ator não é como um deus, antes seja como um contradeus. Deus e o ator se opõem por sua leitura do tempo.

DO ACONTECIMENTO   153

O que os homens captam como passado ou futuro, o deus o
vive no seu eterno presente. O deus é Cronos: o presente
divino é o círculo inteiro, enquanto que o passado e o futuro
são dimensões relativas a tal ou tal segmento que deixa o
resto fora dele. Ao contrário, o presente do ator é o mais
estreito, o mais cerrado, o mais instantâneo, o mais pontual,
ponto sobre uma linha reta que não cessa de dividir a linha
e de se dividir a si mesmo em passado-futuro. O ator é do
Aion: no lugar do mais profundo, do mais pleno presente,
presente que se espalha e que compreende o futuro e o
passado, eis que surge um passado-futuro ilimitado que se
reflete em um presente vazio não tendo mais espessura que
o espelho. O ator representa, mas o que ele representa é
sempre ainda futuro e já passado, enquanto sua representação é impassível e se divide, se desdobra sem se romper, sem
agir nem padecer. É neste sentido que há um paradoxo do
comediante: ele permanece no instante, para desempenhar
alguma coisa que não pára de se adiantar e de se atrasar,
de esperar e de relembrar. O que ele desempenha não é
nunca um personagem: é um tema (o tema complexo ou
o sentido) constituído pelos componentes do acontecimento,
singularidades comunicantes efetivamente liberadas dos limites dos indivíduos e das pessoas. Toda a sua personalidade,
o ator a mantém em um instante sempre ainda mais divisível, para se abrir ao papel impessoal e pré-individual.
Assim, ele está sempre na situação de desempenhar um papel
que desempenha outros papéis. O papel está na mesma
relação com o ator que o futuro e o passado com o presente
instantâneo que lhes corresponde sobre a linha do Aion. O
ator efetua pois o acontecimento, mas de uma maneira bem
diferente daquela segundo a qual o acontecimento se efetua
na profundidade das coisas. Ou antes, esta efetuação cósmica, física, ele a duplica com uma outra, à sua maneira,
singularmente superficial, tanto mais nítida, cortante e pura
por isso mesmo, que vem delimitar a primeira, dela, libera
uma linha abstrata e não guarda do acontecimento senão o
contorno ou o esplendor: tornar-se o comediante de seus
próprios acontecimentos, *contra-efetuação*.
    Pois a mistura física só está certa ao nível do todo,
no círculo inteiro do presente divino. Mas, para cada parte,
quantas injustiças e ignomínias, quantos processos parasitá-
rios canibais que inspiram também o nosso terror diante do
que nos acontece, nosso ressentimento contra o que acontece.
O humor é inseparável de uma força seletiva: no que acontece (acidente) ele seleciona o acontecimento puro. No
comer ele seleciona o falar. Bousquet assinalava as propriedades do humor-ator: aniquilar os rastros cada vez que
se torna necessário; "erigir entre os homens e as obras seu

154 LÓGICA DO SENTIDO

ser de antes do amargor"; "ligar às pestes, às tiranias, às mais espantosas guerras a chance cômica de ter reinado por nada"; em suma, liberar para cada coisa a "porção imaculada", linguagem e querer, *Amor fati*[2].

Por que todo acontecimento é do tipo da peste, da guerra, do ferimento e da morte? Bastaria apenas dizer que há mais acontecimentos infelizes que felizes? Não, pois que se trata da estrutura dupla de todo acontecimento. Em todo acontecimento existe realmente o momento presente da efetuação, aquele em que o acontecimento se encarna em um estado de coisas, um indivíduo, uma pessoa, aquele que designamos dizendo: eis aí, o momento chegou; e o futuro e o passado do acontecimento não se julgam senão em função deste presente definitivo, do ponto de vista daquele que o encarna. Mas há, de outro lado, o futuro e o passado do acontecimento tomado em si mesmo, que esquiva todo presente, porque ele é livre das limitações de um estado de coisas, sendo impessoal e pré-individual, neutro, nem geral, nem particular, *eventum tantum*...; ou melhor, que não há outro presente além daquele do instante móvel que o representa, sempre desdobrado em passado-futuro, formando o que é preciso chamar a contra-efetuação. Em um caso, é minha vida que parece muito fraca, que escapa em um ponto tornado presente em uma relação assinalável comigo. No outro caso, eu é que sou muito fraco para a vida, é a vida muito grande para mim, jogando por toda parte suas singularidades, sem relação comigo, e sem um momento determinável como presente, salvo com o instante impessoal que se desdobra em ainda-futuro e já-passado. Que esta ambigüidade seja essencialmente a da ferida e da morte, do ferimento mortal, ninguém o mostrou como Maurice Blanchot: a morte é ao mesmo tempo o que está em uma relação extrema ou definitiva comigo e com meu corpo, o que é fundado em mim, mas também o que é sem relação comigo, o incorporal e o infinitivo, o impessoal, o que não é fundado senão em si mesmo. De um lado, a parte do acontecimento que se realiza e se cumpre; do outro lado, "a parte do acontecimento que seu cumprimento não pode realizar". Há pois duas concretizações, que são como a efetuação e a contra-efetuação. É por aí que a morte e seu ferimento não são um acontecimento entre outros. Cada acontecimento é como a morte, duplo e impessoal em seu duplo. "Ela é o abismo do presente, o tempo sem presente com o qual eu não tenho relação, aquilo em direção ao qual não posso me lançar, pois nela *eu* não morro, sou destituído do poder de morrer, nela a *gente* morre, não se cessa e não se acaba mais de morrer"[3].

2. Cf. Joe Bousquet, *Les Capitales*, Le cercle du livre, 1955, p. 103.
3. BLANCHOT, Maurice. *L'Espace littéraire*. Gallimard, 1955. p. 160.

DO ACONTECIMENTO 155

Como este *a gente* difere daquele da banalidade cotidiana. É o *on* das singularidades impessoais e pré-individuais, o *on* do acontecimento puro em que *morre* é como *chove*. O esplendor do *on é* a do acontecimento mesmo ou da quarta pessoa. É por isso que não há acontecimentos privados e outros coletivos; como não há individual e universal, particularidades e generalidades. Tudo é singular e por isso coletivo e privado ao mesmo tempo, particular e geral, nem individual nem universal. Qual guerra não é assunto privado, inversamente qual ferimento não é de guerra e oriundo da sociedade inteira? Que acontecimento privado não tem todas as suas coordenadas, isto é, todas as suas singularidades impessoais sociais? No entanto, há bastante ignomínia em dizer que a guerra concerne a todo mundo; não é verdade, ela não concerne àqueles que dela se servem ou que a servem, criaturas do ressentimento. E há tanta ignomínia em dizer que cada uma tem sua guerra, sua ferida particulares; tampouco é verdade acerca daqueles que coçam a chaga, também criaturas de amargor e de ressentimento. É somente verdadeiro a respeito do homem livre, porque ele captou o próprio acontecimento e porque não o deixa efetuar-se como tal sem nele operar, ator, a contra-efetuação. Só o homem livre pode então compreender todas as violências em uma só violência, todos os acontecimentos mortais em um só Acontecimento que não deixa mais lugar ao acidente e que denuncia e destitui tanto a potência do ressentimento no indivíduo que a da opressão na sociedade. É propagando o ressentimento que o tirado faz aliados, isto é, escravos e servos; só o revolucionário se liberou do ressentimento, pelo qual participamos e aproveitamos sempre de uma ordem opressora. *Mas um só e mesmo Acontecimento?* Mistura que extrai e purifica e mede tudo no instante sem mistura, em lugar de tudo misturar: então, todas as violências e todas as opressões se reúnem neste único acontecimento, que denuncia todas denunciando uma (a mais próxima ou o último estado da questão). "A psicopatologia que reivindica o poeta não é um sinistro pequeno acidente do destino pessoal, um estrago individual. Não foi o caminhão de leite que passou por cima de seu corpo e que o deixou enfermo, foram os cavaleiros dos Cem Negros pogromizando seus ancestrais nos guetos de Vilno... Os golpes que recebeu na cabeça não foi em uma rixa de malandros na rua, mas quando a polícia disparava sobre os manifestantes... Se ele grita como um doido de gênio é que as bombas de Guernica e de Hanói o ensurdeceram..."[4] É

4. Artigo de Claude Roy a propósito do poeta Ginsberg, *Nouvel Observateur*, 1968.

156 LÓGICA DO SENTIDO

no ponto móvel e preciso em que todos os acontecimentos se reúnem assim em um só que se opera a transmutação: o ponto em que a morte se volta contra a morte, em que o morrer é como a destituição da morte, em que a impessoalidade do morrer não marca mais somente o momento em que me perco fora de mim, e a figura que toma a vida mais singular para se substituir a mim [5].

---

5. Cf. Maurice Blanchot, *op. cit.*, p. 155: "Este esforço para elevar a morte a si mesma, para fazer coincidir o ponto em que ela se perde nela e aquele em que me perco fora de mim, não é um simples assunto interior, mas implica uma imensa responsabilidade a respeito das coisas e não é possível senão pela mediação delas...

Vigésima Segunda Série:
Porcelana e Vulcão

"Toda vida é, obviamente, um processo de demolição"[1]. Poucas frases ressoam tanto em nossa cabeça com este ruído de martelo. Poucos textos têm este caráter irremediável de obra-prima e de impor silêncio, de forçar uma aquiescência atemorizada, tanto como a curta novela de Fitzgerald. Toda a obra de Fitzgerald é o desenvolvimento único desta proposição e sobretudo de seu "obviamente". Eis um homem e uma mulher, eis casais (por que casais, a não ser porque já se trata de um movimento, de um processo definido como o da díada?) que têm tudo para serem felizes, como se diz: belos, encantadores, ricos, superficiais e cheios de talento. E depois alguma coisa se passa, fazendo com que eles se quebrem exatamente como um prato ou um copo. Terrível *tête-à-tête* da esquizofrênica e do alcoólatra, a menos que a morte os apanhe a ambos. Será isto a famosa autodestruição? E o que foi que aconteceu exatamente? Eles não tentaram nada de especial que estivesse acima de suas forças; no entanto, despertam como se saíssem de uma *batalha* grande demais para eles, o corpo quebrado, os músculos pisados, a alma morta: "eu tinha o sentimento de estar de pé ao crepúsculo em um campo de tiro abandonado, um fuzil vazio na mão e os alvos abatidos. Nenhum problema para resolver, simplesmente o silêncio e o ruído de minha respiração... Minha imolação de mim mesmo era um rojão sombrio e molhado". Certamente, muitas coisas se passaram tanto no exterior como no interior: a guerra, a bancarrota financeira, um certo envelhecimento, a depressão, a doença, a fuga do

---

1. FITZGERALD, F. S. "A Fissura"(*The Crack Up*). In: *La Fêlure*, trad. fr. Gallimard, 1936, p. 341.

talento. Mas todos estes acidentes ruidosos já produziram os seus efeitos de imediato; e eles não seriam suficientes por si sós se não cavassem, se não aprofundassem algo de uma outra natureza e que, ao contrário, só é revelado por eles à distância e quando já é muito tarde: a fissura silenciosa. "Por que perdemos a paz, o amor, a saúde, um após o outro?" Havia uma fissura silenciosa, imperceptível, na superfície, único Acontecimento de superfície, como suspenso sobre si mesmo, planando sobre si, sobrevoando seu próprio campo. A verdadeira diferença não é entre o interior e o exterior. A fissura não é nem interior nem exterior, ela se acha na fronteira, insensível, incorporal, ideal. Assim, ela tem com o que acontece no exterior e no interior relações complexas de interferência e de cruzamento, junção saltitante, um passo para um, um passo para o outro, em dois ritmos diferentes: tudo o que acontece de ruidoso acontece na borda da fissura e não seria nada sem ela; inversamente, a fissura não prossegue em seu caminho silencioso, não muda de direção segundo linhas de menor resistência, não estende sua teia a não ser sob os golpes daquilo que acontece. Até o momento em que os dois, em que o ruído e o silêncio se esposam estreitamente, continuamente, no desmantelamento e na explosão do fim que significam agora que todo o jogo da fissura se encarnou na profundidade do corpo, ao mesmo tempo em que o trabalho do interior e do exterior lhe distendeu as bordas.

(O que poderíamos responder ao amigo que nos consola: "Por Deus, se eu me fendesse, eu faria explodir o mundo comigo. Vejamos! O mundo não existe a não ser pela maneira segundo a qual o apreendeis, então é muito melhor dizer que não é em vós que se encontra a falha, mas sim no Grande Cañon". Este consolo à americana, por projeção, não é bom para aqueles que sabem que a fissura não era mais interior do que exterior e que sua projeção para o exterior não marca menos a aproximação do fim do que a introjeção mais pura. E se a fissura se torna a do Grande Cañon ou de um rochedo na Sierra Madre, se as imagens cósmicas de ravina, de montanha e de vulcão substituem a porcelana íntima e familiar, o que é que muda e como impedir-nos de experimentar uma insuportável piedade pelas pedras, uma identificação petrificante? Como Lowry faz dizer, por sua vez, o componente de um outro casal, "admitindo-se que ela se tivesse fendido, não teria havido nenhum meio, antes que a desintegração total se tivesse produzido, de salvar-lhe pelo menos as metades separadas?... Oh!, mas por que, por alguma fantástica taumaturgia geológica, não se poderia soldar de novo estes fragmentos? Yvonne desejava ardentemente curar a rocha

PORCELANA E VULCÃO

159

dilacerada... Em um esforço acima de sua natureza de pedra ela se aproximava da outra, se derramava em preces, em lágrimas apaixonadas, oferecia todo o seu perdão: a outra impassível ficava. Tudo isto está muito bem, dizia ela, mas acontece que é por sua culpa e quanto a mim pretendo desintegrar-me a meu bel-prazer" [2].)

Por mais estreita que seja a sua junção, há aí dois elementos, dois processos que diferem em natureza: a fissura que prolonga sua linha reta incorporal e silenciosa na superfície, e os golpes exteriores ou os impulsos internos ruidosos que a fazem desviar, que a aprofundam e a inscrevem ou a efetuam na espessura do corpo. Não são estes os dois aspectos da morte que, ainda há pouco, Blanchot distinguia: a morte como acontecimento, inseparável do passado e do futuro nos quais ela se divide, nunca presente, a morte impessoal que é "a inapreensível, o que eu não posso captar, que não está ligada a mim por nenhuma relação de nenhuma espécie, que não vem nunca, para a qual eu não me dirijo"; e a morte pessoal que acontece e se efetua no mais duro presente, "que tem como extremo horizonte a liberdade de morrer e o poder de se arriscar mortalmente". Podemos citar várias maneiras bastante diversas pelas quais se faz a junção dos dois processos: o suicídio, a loucura, o uso das drogas ou do álcool. Estes dois meios são talvez os mais perfeitos, pelo tempo que eles tomam, ao invés de confundir as duas linhas em um ponto fatal. Mas em todos os casos há alguma coisa de ilusório. Quando Blanchot considera o suicídio como vontade de fazer coincidir os dois semblantes da morte, de prolongar a morte impessoal pelo ato o mais pessoal, ele mostra bem a inevitabilidade desta concordância, desta tentação de concordância, mas ele tenta também definir sua ilusão [3]. Subsiste, com efeito, toda a diferença de natureza entre o que se esposa ou se prolonga estreitamente.

Mas o problema não está aí. Para quem subsiste esta diferença de natureza senão para o pensador abstrato? E como poderia o pensador, em relação a este problema, não ser ridículo? Os dois processos diferem em natureza, certamente. Mas como fazer para que um não prolongue o outro natural e necessariamente? Como o traçado silencioso da fissura incorporal na superfície não se tornaria

2. LOWRY, M. *Acima do vulcão*. Tradução francesa Buchet Chastel, pp. 59-60. E para o que precede cf. Apêndice V.

3. BLANCHOT, M. *Op. cit*. pp. 104-105: "Pelo suicídio, quero matar-me em um momento determinado, ligo a morte a agora: sim, agora, agora. Mas nada mostra mais a ilusão, a loucura deste *eu quero*, pois a morte nunca está presente... O suicídio nisto não é o que acolhe a morte, ele é antes o que gostaria de suprimi-la como futuro, tirar-lhe esta parte de futuro que é como a sua essência... Não podemos *projetar* nos matarmos; preparamo-nos para isso, agimos tendo em vista o gesto último que pertence ainda à categoria normal das coisas a fazer, mas este gesto não é em vista da morte, ele não a olha, ele não a mantém em sua presença..."

também seu aprofundamento na espessura de um corpo ruidoso? Como o corte de superfície não se tornaria uma *Spaltung* profunda e o não-senso de superfície um não-senso das profundidades? Se querer é querer o acontecimento, como não haveríamos de querer também sua plena efetuação em uma mistura corporal e sob esta vontade trágica que preside a todas as ingestões? Se a ordem da superfície é por si mesma fendida, como não haveria ela mesma de se quebrar, como nos impedirmos de precipitar a sua destruição, com o risco de perder todas as vantagens a ela ligadas, a organização da linguagem e a própria vida? Como não haveríamos de chegar a este ponto em que nada mais se pode além de soletrar e gritar, em uma espécie de profundidade esquizofrênica, mas não mais, absolutamente, falar? Se existe a fissura na superfície, como evitar que a vida profunda se transforme em empresa de demolição e se torne tal, "obviamente"? Será possível manter a insistência da fissura incorporal evitando, ao mesmo tempo, fazê-la existir, encarná-la na profundidade do corpo? Mais precisamente, será possível ater-se à contra-efetuação de um acontecimento, simples representação plana do ator ou do dançarino, evitando ao mesmo tempo a plena efetuação que caracteriza a vítima ou verdadeiro paciente? Todas estas questões acusam o ridículo do pensador: sim, sempre, os dois aspectos, os dois processos diferem em natureza. Mas quando Bousquet fala da verdade eterna do ferimento, é em nome de um ferimento pessoal abominável que ele carrega em seu corpo. Quando Fitzgerald ou Lowry falam desta fissura metafísica incorporal, quando nesta encontram, ao mesmo tempo, o lugar e o obstáculo de seu pensamento, a fonte e o estancamento de seu pensamento, o sentido e o não-sentido, é com todos os litros de álcool que eles beberam, que efetuaram a fissura no corpo. Quando Artaud fala da erosão do pensamento como de alguma coisa de essencial e de acidental ao mesmo tempo, radical impotência e, entretanto, autopoder, já o faz partindo do fundo da esquizofrenia. Cada qual arriscava alguma coisa, foi o mais longe neste risco e tira daí um direito imprescritível. Que resta ao pensador abstrato quando dá conselhos de sabedoria e de distinção? Então, falar sempre do fermento *de* Bousquet, do alcoolismo de Fitzgerald e de Lowry, da loucura *de* Nietzsche e *de* Artaud, ficando à margem? Transformar-se no profissional destas conversações? Desejar apenas que aqueles que foram atingidos não se afundem demais? Fazer subscrições e números especiais? Ou então irmos nós mesmos provar um pouco, sermos um pouco alcoólatras, um pouco loucos, um pouco suicidas, um pouco guerrilheiros, apenas o bastante para aumentar a fissura, mas não para

PORCELANA E VULCÃO 161

aprofundá-la irremediavelmente? Para onde quer que nos voltemos, tudo parece triste. Em verdade, como ficar na superfície sem permanecer à margem? Como salvar-se, salvando a superfície e toda a organização de superfície, inclusive a linguagem e a vida? Como atingir esta *política,* esta *guerrilha* completa? (Quantas lições a receber ainda do estoicismo...)

O alcoolismo não aparece como a busca de um prazer, mas de um efeito. Este efeito consiste principalmente nisto: um extraordinário endurecimento do presente. Vive-se em dois tempos simultaneamente, vive-se dois momentos simultaneamente, mas não à maneira proustiana. O outro momento pode remeter a projetos tanto quanto a lembranças da vida sobria; mas nem por isso ele deixa de existir de um modo completamente diferente, profundamente modificado, apreendido neste presente endurecido que o cerca como um tenro botão em uma carne endurecida. Neste centro mole do outro momento, o alcoólatra pode, pois, identificar-se aos objetos de seu amor, "de seu horror e de sua compaixão", enquanto que a dureza vivida e querida do momento presente lhe permite manter à distância a realidade[4]. E o alcoólatra não ama menos esta rigidez que o ganha do que a doçura que ela envolve e encerra. Um dos momentos está no outro, e o presente não se endureceu tanto, não se tetanizou a não ser para investir este ponto de moleza prestes a estourar. Os dois momentos simultâneos se compõem estranhamente: o alcoólatra não vive nada no imperfeito ou no futuro, ele não tem senão um *passado composto.* Mas um passado composto muito especial. De sua embriaguez ele compõe um passado imaginário, como se a doçura do particípio passado viesse se combinar com a dureza do auxiliar presente: eu tenho amado (*j'ai aimé*), eu tenho feito (*j'ai fait*), eu tenho visto (*j'ai vu*) — eis o que exprime a copulação dos dois momentos, a maneira pela qual o alcoólatra experimenta um *no* outro desfrutando de uma onipotência maníaca. Aqui

---

4. FITZGERALD. *Op. cit.,* pp. 353-354: "Eu queria somente a tranqüilidade absoluta para decidir por que dera para me tornar triste diante da tristeza, melancólico diante da melancolia e trágico diante da tragédia; por que me pusera a me identificar aos objetos de meu horror ou de minha compaixão... Uma identificação deste gênero equivale à morte de toda realização. É algo deste gênero que impede os loucos de trabalhar. Lênin não suportava de boa vontade o sofrimento de seu proletariado, nem George Washington de suas tropas, nem Dickens de seus pobres londrinos. E quando Tolstói tentou confundir-se assim com os objetos de sua atenção acabou chegando a uma trapaça e a um malogro..." Este texto é uma notável ilustração das teorias psicanalíticas e notadamente kleinianas sobre os estados maníaco-depressivos. No entanto, como veremos no que se segue, dois pontos constituem problemas nesta teoria: a mania é mais apresentada mais freqüentemente como uma reação ao estado depressivo, quando ela parece, ao contrário, determiná-lo, pelo menos na estrutura alcoólatra; por outro lado, a identificação é mais freqüentemente apresentada como uma reação à perda de objeto, quando ela parece também determinar esta perda, provocá-la e mesmo "desejá-la".

o passado composto não exprime absolutamente uma distância ou um acabamento. O momento presente é o do verbo ter, enquanto que todo o ser é "passado" no outro momento *simultâneo,* no momento da participação, da identificação do particípio. Mas que estranha tensão quase insuportável, este amplexo, esta maneira pela qual o presente envolve e investe, encerra outro momento. O presente se fez círculo de cristal ou de granito, em torno do centro mole, lava, vidro líquido ou pastoso. Entretanto, esta tensão desata-se em proveito de outra coisa ainda. Pois pertence ao passado composto o tornar-se um *j'ai-bu* (eu tenho bebido). O momento presente não é mais o do efeito alcoólico, mas o do efeito do efeito. E agora o outro momento compreende indiferentemente o passado próximo (o momento em que eu bebia), o sistema das identificações imaginárias que este passado próximo encerra e os elementos reais do passado sóbrio mais ou menos distanciado. Assim o endurecimento do presente mudou completamente de sentido; o presente na sua dureza tornou-se sem força e descolorido, não encerra mais nada e põe igualmente à distância todos os aspectos do outro momento. Dir-se-ia que o passado próximo, mas também o passado de identificações que se constituiu nele, e enfim o passado sóbrio que fornecia uma matéria, tudo isto fugiu rapidamente, tudo isto está igualmente longe, mantido à distância por uma expansão generalizada deste presente descolorido, pela nova rigidez deste novo presente em um deserto crescente. Os passados compostos do primeiro efeito são substituídos pelo exclusivo *j'ai-bu* (eu tenho bebido) do segundo efeito, em que o auxiliar presente não exprime mais do que a distância infinita de todo particípio e de toda participação. O endurecimento do presente (eu tenho) está agora em relação com um efeito de fuga do passado "bebido". Tudo culmina em um *has been.* Este efeito de fuga do passado, esta perda do objeto em todos os sentidos, constitui o aspecto depressivo do alcoolismo. E este efeito de fuga é, talvez, o que faz a maior força da obra de Fitzgerald, o que ele exprimiu o mais profundamente.

O curioso é que Fitzgerald não apresenta, ou o faz raramente, seus personagens bebendo ou procurando beber. Fitzgerald não vive o alcoolismo sob a forma da falta e da necessidade: talvez pudor, ou então ele pôde sempre beber, ou então há várias formas de alcoolismo, um voltado para seu passado mesmo o mais próximo. (Lowry ao contrário... Mas, quando o alcoolismo é vivido sob esta forma aguda da necessidade, aparece uma deformação não menos profunda do tempo; desta vez é todo futuro que é

PORCELANA E VULCÃO

163

vivido como um *futuro anterior,* com uma terrível precipitação ainda aqui deste futuro composto, um efeito do efeito
que vai até à morte)[5]. Para os heróis de Fitzgerald, o
alcoolismo é o próprio processo de demolição enquanto
determina o efeito de fuga do passado: não somente do
passado sóbrio de que eles se separaram ("Meu Deus,
bêbado durante dez anos"), mas não menos o passado
próximo em que acabam de beber e o passado fantástico
do primeiro efeito. Tudo se tornou igualmente longínquo e
determina a necessidade de beber de novo, ou antes de ter
de novo bebido, para triunfar deste presente endurecido e
descolorido que subsiste só e significa a morte. É por isso
que o alcoolismo é exemplar. Pois este efeito-álcool, muitos
outros acontecimentos podem produzi-lo à sua maneira: a
perda de dinheiro, a perda de amor, a perda da terra natal,
a perda do sucesso. Eles o produzem independentemente
do álcool e de maneira exterior, mas eles se parecem com a
"saída" do álcool. O dinheiro, por exemplo, Fitzgerald o
vive como um "eu fui rico", que o separa tanto do momento
em que ele não o era ainda quanto do momento em que
ele se tornou rico e das identificações aos "verdadeiros ricos"
às quais ele se entregava então. Consideremos, por exemplo, a grande cena amorosa de Gatsby: no momento em
que ele ama e é amado, Gatsby na sua espantosa sentimen-
talidade se conduz como um homem bêbado. Ele endurece
este presente com todas as suas forças, e quer fazê-lo
encerrar a mais terna identificação, aquela que se faz com
um passado composto em que ele teria sido amado por uma
mesma mulher, absolutamente, exclusivamente e sem partilha (os cinco anos de ausência como os dez anos de embriaguez). É neste cume da identificação — de que Fitzgerald
dizia: ele equivale "à morte de toda realização" — que
Gatsby se quebra como vidro, perde tudo, tanto seu amor
próximo como seu antigo amor e seu amor fantástico. O
que dá ao alcoolismo um valor exemplar, entretanto, entre
todos estes acontecimentos do mesmo tipo, é que o álcool
é ao mesmo tempo o amor e a perda do amor, o dinheiro

---

5. Em Lowry, também o alcoolismo é inseparável das identificações que
torna possível e da falência destas identificações: O romance perdido de
Lowry, em *Ballast to the White Sea,* tinha por tema a identificação e a chance
de uma salvação por identificação: cf. *Choix de Lettres,* Denoël, p. 265 e ss.
Encontraríamos em todo caso no futuro anterior uma precipitação análoga
àquela que vimos para o passado composto.
Em um artigo bem interessante, Gunther Stein analisava os caracteres do
futuro anterior; o futuro prolongado, como o passado composto, deixa de
pertencer ao homem. "A este tempo não convém nem mesmo mais a direção
específica do tempo, o sentido positivo: ele se reduz a alguma coisa que não
será mais futuro, a um Aion irrelevante para o eu; o homem certamente pode
ainda pensar e indicar a existência deste Aion, mas de uma maneira estéril,
sem compreendê-lo e sem realizá-lo... O *eu serei* se converteu doravante em
um *o que será, eu não o serei.* A expressão positiva desta forma é o futuro
anterior: *eu terei sido*" ("Patologia da liberdade, ensaio sobre a não-identifi-
cação", *Recherches Philosophiques,* VI, 1936-1937).

164   LÓGICA DO SENTIDO

e a perda do dinheiro, a terra natal e sua perda. Ele é, ao mesmo tempo, o *objeto, a perda do objeto e a lei desta perda* em processo concertado de demolição ("obviamente").

A questão de saber se a fissura pode evitar encarnar--se, efetuar-se no corpo sob esta ou outra forma, não é evidentemente justificável a partir de regras gerais. A fissura continua sendo apenas uma palavra enquanto o corpo não estiver comprometido e enquanto o fígado e o cérebro, os órgãos, não apresentem estas linhas a partir das quais se prediz o futuro e que profetizam por si mesmas. Se perguntamos por que não bastaria a saúde, por que a fissura é desejável é porque, talvez, nunca pensamos a não ser por ela e sobre suas bordas e que tudo o que foi bom e grande na humanidade entra e sai por ela, em pessoas prontas a se destruir a si mesmas e que é antes a morte do que a saúde que se nos propõem. Haverá uma outra saúde, como um corpo que sobrevive tão longe quanto possível à sua própria cicatriz, como Lowry sonhando em reescrever uma "Fissura" que acabaria bem e jamais renunciando à idéia de uma reconquista vital? É verdade que a fissura não é nada se não compromete o corpo, mas ela não cessa menos de ser e de valer quando confunde sua linha com a outra linha, no interior do corpo. Não se pode dizê-lo de antemão, é preciso arriscar permanecendo o mais tempo possível, não perder de vista a grande saúde. Não se apreende a verdade eterna do acontecimento a não ser que o acontecimento se inscreva também na carne; mas cada vez devemos duplicar esta efetuação dolorosa por uma contra-efetuação que a limita, a representa, a transfigura. É preciso acompanhar-se a si mesmo, primeiro para sobre-viver, mas inclusive quando morremos. A contra-efetuação não é nada, é a do bufão quando ela opera só e pretende valer para o que *teria podido* acontecer. Mas ser o mímico *do que acontece efetivamente,* duplicar a efetuação com uma contra-efetuação, a identificação com uma distância, tal o ator verdadeiro ou o dançarino, é dar à verdade do aconte-cimento a chance única de não se confundir com sua inevi-tável efetuação, à fissura a chance de sobrevoar seu campo de superfície incorporal sem se deter na quebradura de cada corpo e a nós de irmos mais longe do que teríamos acredita-do poder. Tanto quanto o acontecimento puro se aprisiona para sempre na sua efetuação, a contra-efetuação o libera sempre para outras vezes. Não podemos renunciar à espe-rança de que os efeitos da droga ou do álcool (suas "revela-ções") poderão ser revividos e recuperados por si mesmos na superfície do mundo, independentemente do uso das substâncias, se as técnicas de alienação social que o determinam são convertidas em meios de exploração revolucionários. Burroughs escreve sobre este ponto estranhas páginas que dão testemunho desta busca da grande Saúde, nossa maneira de ser piedosos: "Imaginai que tudo o que se pode atingir por vias químicas é acessível por outros caminhos..." Metralhamento da superfície para transmutar o apunhalamento dos corpos, ó psicodelia.

Vigésima Terceira Série: Do Aion

Vimos desde o começo como se opunham duas leituras do tempo, a de Cronos e a de Aion: 1º) De acordo com Cronos, só o presente existe no tempo. Passado, presente e futuro não são três dimensões do tempo; só o presente preenche o tempo, o passado e o futuro são duas dimensões relativas ao presente no tempo. É o mesmo que dizer que o que é futuro ou passado com relação a um certo presente (de uma certa extensão e duração) faz parte de um presente mais vasto, de uma maior extensão ou duração. Há sempre um mais vasto presente que absorve o passado e o futuro. A relatividade do passado e do futuro com relação ao presente provoca pois uma relatividade dos próprios presentes uns com relação aos outros. O deus vive como presente o que é futuro ou passado para mim, que vivo sobre presentes mais limitados. Um encaixamento, um enrolamento de presentes relativos, com Deus por círculo extremo ou envelope exterior, tal é Cronos. Sob inspirações estóicas, Boécio diz que o presente divino *complica* ou compreende futuro e passado [1].

2º) O presente em Cronos é de alguma maneira corporal. O presente é o tempo das misturas ou das incorporações, é o processo da própria incorporação. Temperar, temporalizar, é misturar. O presente mede a ação dos corpos ou das causas. O futuro e o passado são, antes, o que resta de paixão em um corpo. Mas, justamente, a paixão de um corpo remete à ação de um corpo mais poderoso. Assim, o maior presente, o presente divino, é a grande mistura, a unidade das causas corporais entre si. Ele mede a atividade do período cósmico em que tudo é simultâneo:

---

1. BOÉCIO, *Consolação da filosofia* prosa 6.

168 LÓGICA DO SENTIDO

Zeus é tanto Dia, como o A-través ou o que se mistura, o Incorporador [2]. O maior presente não é pois de forma nenhuma ilimitado: pertence ao presente delimitar, ser o limite ou a medida da ação dos corpos, ainda que fosse o maior dos corpos ou a unidade de todas as causas (Cosmos). Mas ele pode ser infinito sem ser ilimitado: circular no sentido de que engloba todo o presente, ele recomeça e mede um novo período cósmico após o precedente, idêntico ao precedente. Ao movimento relativo pelo qual cada presente remete a um presente relativamente mais vasto, é preciso juntar um movimento absoluto próprio ao mais vasto presente, que se contrai e se dilata em profundidade para absorver ou restituir no jogo dos períodos cósmicos os presentes relativos que ele envolve (abraçar-embrasar).

3º) Cronos é o movimento regulado dos presentes vastos e profundos. Mas, justamente, de onde retira ele sua medida? Os corpos que o preenchem têm suficiente unidade, sua mistura suficiente justiça e perfeição, para que o presente disponha assim de um princípio de medida imanente? Talvez ao nível do Zeus cósmico. Mas, e para os corpos ao acaso e para cada mistura parcial? Não há uma perturbação fundamental do presente, isto é, um fundo que derruba e subverte toda medida, um devir-louco das profundidades que se furta ao presente? E este algo de desmedido é somente local e parcial ou então, pouco a pouco, não ganha ele o universo inteiro, fazendo reinar por toda parte sua mistura venenosa, monstruosa, subversão de Zeus ou do próprio Cronos? Não existe já nos estóicos esta dupla atitude face ao mundo, confiança e desconfiança, correspondendo aos dois tipos de mistura, a branca mistura que conserva estendendo, mas também a mistura negra e confusa que altera? E nos *Pensamentos* de Marco Aurélio repercute freqüentemente a alternativa: será esta a boa ou a má mistura? Questão que não encontra sua resposta senão na medida em que os dois termos acabam por ser indiferentes, devendo o estatuto da virtude (isto é, da saúde) ser buscado alhures, em uma outra direção, em um outro elemento — Aion contra Cronos [3].

O devir-louco da profundidade é pois um mau Cronos que se opõe ao presente vivo do bom Cronos. Saturno ruge no fundo de Zeus. O devir puro e desmesurado das qualidades ameaça de dentro a ordem dos corpos qualificados. Os corpos perderam sua medida e não são mais do que si-

---

2. Cf. Diógenes Laércio, VII, 147.

3. MARCO AURÉLIO, *Pensamentos*, XII, 14. E VI, 7: "No alto, embaixo, circularmente, é assim que os elementos se movem. A virtude não segue em seu movimento nenhuma dessas cadências; é alguma coisa de mais divino, sua rota é difícil de compreender, mas enfim ela se adianta e chega ao fim". (Reencontramos aqui a dupla negação, tanto do ciclo como de um conhecimento superior).

mulacros. O passado e o futuro como forças desencadea-das se vingam em um só e mesmo abismo que ameaça o presente e tudo o que existe. Vimos como Platão exprimia este devir, no fim da segunda hipótese do *Parmênides*: poder de esquivar o presente (pois ser presente seria ser e não mais devir). E, no entanto, Platão acrescenta que "esquivar o presente" é o que o devir não pode (pois ele se torna agora e não pode saltar por cima do "agora"). Os dois são verdadeiros: a subversão interna do presente no tempo, o tempo não tem senão o presente para exprimi-la, precisamente porque ela é interna e profunda. A desforra do futuro e do passado sobre o presente, Cronos deve ainda exprimi-la em termos de presente, os únicos termos que ele compreende e que o afetam. É a sua maneira própria de querer morrer. É pois ainda um presente terrificante, desmesurado, que esquiva e subverte o outro, o bom presente. De mistura corporal, Cronos tornou-se corte profundo. É neste sentido que as aventuras do presente se manifestaram em Cronos e conforme aos dois aspectos do presente crônico, movimento absoluto e movimento relativo, presente global e presente parcial: com relação a si mesmo em profundidade, enquanto explode ou se contrai (movimento da esquizofrenia); e com relação a sua extensão mais ou menos vasta, em função de um futuro e de um passado delirantes (movimento da mania depressiva). Cronos quer morrer, mas já não é dar lugar a uma outra leitura do tempo?

1º) Segundo Aion, somente o passado e o futuro insistem ou subsistem no tempo. Em lugar de um presente que absorve o passado e o futuro, um futuro e um passado que dividem a cada instante o presente, que o subdividem ao infinito em passado e futuro, nos dois sentidos ao mesmo tempo. Ou antes, é o instante sem espessura e sem extensão que subdivide cada presente em passado e futuro, em lugar de presentes vastos e espessos que compreendem uns com relação aos outros o futuro e o passado. Que diferença há entre este Aion e o devir-louco das profundidades que derrubava já Cronos no seu próprio domínio? No começo deste estudo, podíamos fingir que os dois se prolongavam estreitamente: opunham-se ambos ao presente corporal e medido, tinham até mesmo poder de esquivar o presente, desenvolviam as mesmas contradições (da qualidade, da quantidade, da relação, da modalidade). Quando muito, havia entre eles uma mudança de orientação: com o ·Aion, o devir-louco das profundidades subia à superfície, os simulacros convertiam-se por sua vez em fantasmas, o corte profundo aparecia como fenda da superfície. Mas aprendemos que esta mudança de orientação, esta conquista da superfície, implicava diferenças radicais sob todos os aspectos. É aproximadamente a diferença entre a segunda e a terceira hipótese do *Parmênides,* a do "agora" e a do "instante". Não é mais o futuro e o passado que subvertem o presente existente, é o instante que perverte o presente em futuro e passado insistentes. A diferença essencial não é mais entre Cronos e Aion simplesmente, mas entre Aion das superfícies e o conjunto de Cronos e do devir-louco das profundidades. Entre os dois devires, da superfície e da profundidade, não podemos nem mesmo dizer mais que há algo em comum, esquivar o presente. Pois se a profundidade esquiva o presente, é com toda a força de um "agora" que opõe *seu* presente tresloucado ao sábio presente da medida; e se a superfície esquiva o presente, é com toda a potência de um "instante", que distingue seu momento de todo presente assinalável sobre o qual cai e recai a divisão. Nada sobe à superfície sem mudar de natureza. Aion não é mais de Zeus nem de Saturno, mas de Hércules. Enquanto Cronos exprimia a ação dos corpos e a criação das qualidades corporais, Aion é o lugar dos acontecimentos incorporais e dos atributos distintos das qualidades. Enquanto Cronos era inseparável dos corpos que o preenchiam como causas e matérias, Aion é povoado de efeitos que o habitam sem nunca preenchê-lo. Enquanto Cronos era limitado e infinito, Aion é ilimitado como o futuro e o passado, mas finito como o instante. Enquanto Cronos era inseparável da circularidade e dos acidentes desta circularidade como bloqueios ou precipitações, explosões, desencaixes, endurecimentos, Aion se estende em linha reta, ilimitada nos dois sentidos. Sempre já passado e eternamente ainda por vir, Aion é a verdade eterna do tempo: pura forma vazia do tempo, que se liberou de seu conteúdo corporal presente e por aí desenrolou seu círculo, se alonga em uma reta, talvez tanto mais perigosa, mais labiríntica, mais tortuosa por esta razão — este outro movimento de que falava Marco Aurélio, aquele que não se faz nem no alto nem embaixo, nem circularmente, mas somente à superfície, o movimento da "virtude"... E se há um querer-morrer também deste lado, é de uma maneira bem diferente.

2º) É este mundo novo, dos efeitos incorporais ou dos efeitos de superfície, que torna a linguagem possível. Pois é ele, como veremos, que tira os sons de seu simples estado de ações e paixões corporais; é ele que distingue a linguagem, que a impede de se confundir com o barulho dos corpos, que a abstrai de suas determinações orais-anais. Os acontecimentos puros fundamentam a linguagem porque eles a esperam tanto quanto eles nos esperam e não têm existência pura, singular, impessoal e pré-individual senão na linguagem que os exprime. É o expresso, na sua independência, que fundamenta a linguagem ou a expressão, isto é, a propriedade metafísica adquirida pelos sons de ter um sentido e secundariamente de significar, de manifestar, de designar, em lugar de pertencer aos corpos como qualidades físicas. Tal é a mais geral operação do sentido: é o sentido que faz existir o que o exprime e, pura insistência, se faz desde então existir no que o exprime. Pertence pois ao Aion, como meio dos efeitos de superfície ou dos acontecimentos, traçar uma fronteira entre as coisas e as proposições: ele a traça com toda sua linha reta e sem esta fronteira os sons se abateriam sobre os corpos, as próprias proposições não seriam "possíveis". A linguagem é tornada possível pela fronteira que a separa das coisas, dos corpos e não menos daqueles que falam. Podemos então retomar o detalhe da organização de superfície tal qual é determinada pelo Aion.

Em primeiro lugar, toda a linha do Aion é percorrida pelo Instante, que não pára de se deslocar sobre ela e faz falta sempre em seu próprio lugar. Platão diz muito bem que o instante é *atopon,* atópico. Ele é a instância paradoxal ou o ponto aleatório, o.não-senso de superfície e a quase-causa, puro momento de abstração cujo papel é, primeiro, dividir e subdividir todo presente nos dois sentidos ao mesmo tempo, em passado-futuro, sobre a linha do Aion. Em segundo lugar, o que o instante extrai assim do presente, como dos indivíduos e das pessoas que ocupam o presente, são as singularidades, os pontos singulares duas vezes projetados, uma vez no futuro, outra no passado, formando sob esta dupla equação os elementos constituintes do acontecimento puro: à maneira de um saco que abandona seus espórios. Mas, em terceiro lugar, a linha reta de dupla direção simultânea traça a fronteira entre os corpos e a linguagem, os estados de coisas e as proposições. A linguagem ou sistema das proposições não existiria sem esta fronteira que a torna possível. Eis pois que a linguagem não cessa de nascer, na direção futura do Aion em que é fundada e como esperada, embora ela deva dizer também o passado, mas justamente o diz como aquele dos estados de coisas que não cessam de aparecer e desaparecer na outra direção. Em suma, a linha reta é agora relacionada a estes dois contornos, que ela separa mas também articula um ao outro como duas séries desenvolvíveis. Ela relaciona a elas ao mesmo tempo o ponto aleatório instantâneo que a percorre e os pontos singulares que aí se distribuem. Há pois duas faces, sempre desiguais em desequilíbrio, uma voltada para os estados de coisas, a outra voltada para as proposições. Mas elas não se deixam reduzir a isso. O acontecimento se relaciona aos estados de coisas, mas como atributo lógico destes estados, completamente diferente de suas qualidades físicas, se bem que ele lhes sobrevenha, neles se encarne ou neles se efetue. O sentido é a mesma coisa que o acontecimento, mas desta vez relacionado às proposições. E ele se relaciona às proposições como seu exprimível ou seu expresso, completamente distinto do que elas significam, do que elas manifestam e do que elas designam e mesmo de suas qualidades sonoras, embora a independência das qualidades sonoras relativamente às coisas ou corpos seja unicamente assegurada pelo conjunto desta organização do sentido-acontecimento. O conjunto da organização nestes três momentos abstratos vai, pois, do ponto à linha reta, da linha reta à superfície: o ponto que traça a linha, a linha que faz fronteira, a superfície que se desenvolve, se desdobra dos dois lados.

3º) Muitos movimentos se cruzam, com seus mecanismos frágeis e delicados: aquele pelo qual os corpos, estados de coisas e misturas tomados em sua profundidade chegam a produzir superfícies ideais ou malogram nesta produção; aquele pelo qual, inversamente, os acontecimentos de superfície se efetuam no presente dos corpos, sob regras complexas, aprisionando primeiro suas singularidades nos limites de mundos, de indivíduos e de pessoas; mas também aquele pelo qual o acontecimento implica algo de excessivo em relação à sua efetuação, algo que revoluciona os mundos, os indivíduos e as pessoas e os devolve à profundidade do fundo que os trabalha e os dissolve. Assim a noção do presente tem vários sentidos: o presente desmesurado, desencaixado, como tempo da profundidade e da subversão; o presente variável e medido como tempo da efetuação; e talvez ainda um outro presente. Como, aliás, haveria uma efetuação comensurável se um terceiro presente não o impedisse a cada instante de cair na subversão e de se confundir com ela? Sem dúvida, pareceria que o Aion não tem em absoluto presente, pois que o instante não cessa nele de dividir em futuro e passado. Mas não é senão uma aparência. O que é excessivo no acontecimento é o que deve ser realizado, se bem que não possa ser realizado ou efetuado sem ruína. Entre os dois presentes de Cronos, o da subversão pelo fundo e o da efetuação nas formas, há um terceiro, deve haver um terceiro pertencendo ao Aion. E, com efeito, o instante como elemento paradoxal ou quase-causa que percorre toda a linha reta deve ser ele próprio representado. É aliás neste sentido que a representação pode envolver em suas bordas uma expressão, ainda que a expressão ela própria seja de uma outra natureza e que o sábio pode se "identificar" à quase-causa, ainda que a quase-causa ela própria faça falta à sua própria identidade. Este presente do Aion, que representa o instante, não é absolutamente como o presente vasto e profundo de Cronos: é o presente sem espessura, o presente do ator, do dançarino ou do mímico, puro "momento" perverso. É o presente da operação pura e não da incorporação. Não é o presente da subversão nem o da efetuação, mas da contra-efetuação, que impede aquele de derrubar este, que impede este de se confundir com aquele e que vem redobrar a dobra.

Vigésima Quarta Série: Da Comunicação dos Acontecimentos

Uma das maiores audácias do pensamento estóico é a ruptura da relação causal: as causas são remetidas em profundidade a uma unidade que lhes é própria, e os efeitos mantêm na superfície relações específicas de um outro tipo. O destino é primeiramente a unidade ou o laço das causas físicas entre si; os efeitos incorporais são evidentemente submetidos ao destino, na medida em que são o efeito destas causas. Mas na medida em que diferem por natureza destas causas, entram uns com os outros em relações de quase-causalidade e em conjunto entram em relação com uma quase-causa ela própria incorporal, que lhes assegura uma independência muito especial, não exatamente com relação ao destino, mas com relação à necessidade que deveria normalmente decorrer do destino. O paradoxo estóico é afirmar o destino, mas negar a necessidade [1]. É que o sábio é livre de duas maneiras, de conformidade com os dois pólos da moral: uma vez porque sua alma pode atingir a interioridade das causas físicas perfeitas, uma outra porque seu espírito pode jogar com relações muito especiais que se estabelecem entre os efeitos em um elemento de pura exterioridade. Dir-se-ia que as causas corporais são inseparáveis de uma forma de interioridade, mas os efeitos incorporais, de uma forma de exterioridade. De um lado, os acontecimentos-efeitos têm realmente com suas causas físicas uma relação de causalidade, mas esta relação não é de necessidade, é de expressão; de outro lado, têm entre si ou com sua quase-causa ideal uma relação que não é mesmo mais de causalidade, mas ainda e somente de expressão.

A questão torna-se: quais são estas relações expressivas dos acontecimentos entre si? Entre acontecimentos parecem

[1] Tema geral do *De Fato* de Cícero.

176
LÓGICA DO SENTIDO

se formar relações extrínsecas de compatibilidade e de incompatibilidade silenciosas, de conjunção e de disjunção, muito difíceis de apreciar. Em virtude de que um acontecimento é compatível ou incompatível com outro? Não podemos nos servir da causalidade, uma vez que se trata de uma relação dos efeitos entre si. E o que faz um destino ao nível dos acontecimentos, o que faz com que um acontecimento repita outro apesar de toda sua diferença, o que faz com que uma vida seja composta de um só e mesmo Acontecimento, apesar de toda a variedade daquilo que lhe ocorre, que seja atravessada por uma só e mesma fissura, que toque uma só e mesma melodia em todos os tons possíveis com todas as palavras possíveis, não são relações de causa e efeito, mas um conjunto de correspondências não-causais, formando um sistema de ecos, de retomadas e de ressonâncias, um sistema de signos, em suma, uma quase-causalidade expressiva, não uma causalidade necessitante. Quando Crisipo reclama a transformação das proposições hipotéticas em conjuntivas e disjuntivas, mostra muito bem a impossibilidade para os acontecimentos de exprimirem suas conjunções e disjunções em termos de causalidade bruta [2].

Será preciso então invocar a identidade e a contradição? Dois acontecimentos seriam incompatíveis porque contraditórios? Mas não é aplicar aos acontecimentos regras que valem somente para os conceitos, os predicados e as classes? Mesmo a respeito da proposição hipotética (se faz dia, está claro), os Estóicos observam que a contradição não pode ser definida em um só nível, mas entre o próprio princípio e a negação da conseqüência (se faz dia, não está claro). Esta diferença de nível na contradição, nós o vimos, faz com que esta resulte sempre de um processo de uma outra natureza. Os acontecimentos não são como os conceitos: é sua contradição suposta (manifestada no conceito) que resulta de sua incompatibilidade e não o inverso. Diz-se, por exemplo, que uma espécie de borboleta não pode ser, ao mesmo tempo, cinzenta e vigorosa: ora os representantes são cinzentos e fracos, ora vigorosos e negros [3]. · Podemos sempre registrar um mecanismo causal físico que explica esta incompatibilidade, por exemplo, um hormônio de que dependeria o predicado cinzento, mas que amoleceria, enfraqueceria a classe correspondente. E podemos sob esta condição causal concluir por uma contradição lógica entre cinzento e vigoroso. Mas se isolamos os acontecimentos puros, vemos que o *acinzentar* não é menos positivo que o *enegrecer*: ele exprime um aumento de segurança (esconder-se, confundir-se com o tronco de árvore), tanto quanto o enegrecer um aumento de

2. *De fato*, 8.
3. Cf. GEORGES CANGULIIEM, *Le Normal et le pathologique*, P.U.F., 1966, p. 90.

DA COMUNICAÇÃO DOS ACONTECIMENTOS

vigor (envigorar). Entre estas duas determinações, cada qual com sua vantagem, há, primeiramente, uma relação de incompatibilidade primeira, evenemencial *, que a causalidade física não faz mais do que inscrever secundariamente na profundidade do corpo e que a contradição lógica não faz mais do que traduzir, em seguida, no conteúdo do conceito. Em suma, as relações dos acontecimentos entre si, do ponto de vista da quase-causalidade ideal ou noemática, exprimem, em primeiro lugar, conseqüências não-causais, compatibilidades ou incompatibilidades alógicas. A força dos Estóicos foi engajar-se nesta via: de acordo com que critérios acontecimentos são *copulata, confatalia* (ou *inconfatalia*), *conjuncta* ou *disjuncta?* Aqui ainda a astrologia foi talvez a primeira grande tentativa por estabelecer uma teoria destas incompatibilidades alógicas e destas correspondências não-causais.

No entanto, parece mesmo, a partir dos textos parciais e decepcionantes que nos restam, que os Estóicos não tenham podido conjurar a dupla tentação de voltar à simples causalidade física ou à contradição lógica. O primeiro teórico das incompatibilidades alógicas, e por isto o primeiro grande teórico do acontecimento, foi Leibniz. Pois o que ele chama de compossível e incompossível não se deixa reduzir ao idêntico e ao contraditório, que regem somente o possível e o impossível. A compossibilidade não supõe nem mesmo a inerência dos predicados em um sujeito individual ou mônada. É o inverso, e somente são determinados como predicados inerentes aqueles que correspondem a acontecimentos em primeiro lugar compossíveis (a mônada de Adão pecador não contém sob forma predicativa senão os acontecimentos futuros e passados compossíveis com o pecado de Adão). Leibniz tem, pois, uma viva consciência da anterioridade e da originalidade do acontecimento com relação ao predicado. A compossibilidade deve ser definida de uma maneira original, a um nível pré-individual, pela convergência das séries que formam as singularidades de acontecimentos estendendo-se sobre linhas ordinárias. A incompossibilidade deve ser definida pela divergência de tais séries: se um outro Sextus diferente daquele que conhecemos é incompossível com nosso mundo é porque ele responderia a uma singularidade cuja série divergiria das séries de nosso mundo obtidas em torno de Adão, de Judas, de Cristo, de Leibniz etc., que conhecemos. Dois acontecimentos são compossíveis quando as séries que se organizam em torno de suas singularidades se prolongam umas às outras em todos as direções, incompossíveis quando as séries divergem na vizinhança das sin-

---

* Conservamos o termo evenemencial em vez de fatual por ser de uso corrente nos estudos filosóficos. (N. do E.)

178 LÓGICA DO SENTIDO

gularidades componentes. A convergência e a divergência são relações completamente originais que cobrem o rico domínio das compatibilidades e incompatibilidades alógicas e com isso formam uma peça essencial da teoria do sentido.

Mas desta regra de incompossibilidade, Leibniz se serve para excluir os acontecimentos uns dos outros: da divergência ou da disjunção, ele faz um uso negativo ou de exclusão. Ora, isto não é justificado senão na medida em que os acontecimentos já são apreendidos sob a hipótese de um Deus que calcula e escolhe, do ponto de vista de sua efetuação em mundos ou indivíduos distintos. Não é, em absoluto, a mesma coisa se considerarmos os acontecimentos puros e o jogo ideal cujo princípio Leibniz não pôde apreender, impedido que estava pelas exigências da teologia. Pois, deste outro ponto de vista, a divergência das séries ou a disjunção dos membros (*membra disjuncta*) cessam de ser regras negativas de exclusão segundo as quais os acontecimentos são incompossíveis, incompatíveis. A divergência, a disjunção são, ao contrário, afirmadas como tais. Mas, o que quer dizer isso, a divergência ou a disjunção como objetos de afirmação? Em regra geral, duas coisas não são simultaneamente afirmadas senão na medida em que sua diferença é negada, suprimida de dentro, mesmo se o nível desta supressão é supostamente incumbido de regulamentar a produção da diferença tanto quanto seu desvanecimento. Sem dúvida, a identidade não é aí a da indiferença, mas é geralmente *pela identidade* que os opostos são afirmados ao mesmo tempo, quer aprofundemos um dos opostos para aí encontrar o outro, quer procedamos a uma síntese dos dois. Falamos, ao contrário, de uma operação a partir da qual duas coisas ou duas determinações são afirmadas *por* sua diferença, isto é, não são objetos de afirmação simultânea senão na medida em que sua diferença é ela própria afirmada, ela própria afirmativa. Não se trata mais, em absoluto, de uma identidade dos contrários, como tal inseparável ainda de um movimento do negativo e da exclusão[4]. Trata-se de uma distância positiva dos diferentes: não mais identificar dois contrários ao mesmo, mas afirmar sua distância como o que os relaciona um ao outro enquanto "diferentes". A idéia de uma distância positiva enquanto distância (e não distância anulada ou vencida) parece-nos o essencial, porque ela permite medir os contrários por sua diferença finita em lugar de igualar a diferença a uma contrariedade desmedida e a contrariedade a uma identidade ela própria infinita. Não é a diferença que deve "ir até" à contradição, como pensa Hegel no seu voto de acolher o negativo, é a contradição que deve

---

4. Sobre o papel da exclusão e da expulsão, cf. Hegel, capítulo sobre a "contradição" na *Lógica*.

DA COMUNICAÇÃO DOS ACONTECIMENTOS 179

revelar a natureza de *sua* diferença seguindo a distância que lhe corresponde. A idéia de distância positiva é topológica e de superfície e exclui toda profundidade ou toda elevação que reuniriam o negativo com a identidade. Nietzsche dá o exemplo de um tal procedimento, que não deve em caso algum ser confundido com não se sabe que identidade dos contrários (como torta de creme da filosofia espiritualista e dolorista), Nietzsche nos exorta a viver a saúde e a doença de tal maneira que a saúde seja um ponto de vista vivo sobre a doença e a doença um ponto de vista vivo sobre a saúde. Fazer da doença uma exploração da saúde, da saúde uma investigação da doença: "Observar enquanto doente conceitos mais sadios, valores mais sãos, depois, inversamente, do alto de uma vida rica, superabundante e segura de si, mergulhar os olhares no trabalho secreto do instinto da decadência, eis a prática à qual eu me adestrei mais longamente, eis o que faz minha experiência particular e em que fui aprovado como mestre, se é que existe alguma matéria em que o seja. Agora sei a arte de inverter as perspectivas..."[5] Não identificamos os contrários, afirmamos toda sua distância, mas como o que os relaciona um ao outro. A saúde afirma a doença quando ela faz de sua distância com a doença um objeto de afirmação. A distância é, na medida de um braço, a afirmação daquilo que ela distancia. Não é precisamente a Grande Saúde (ou a Gaia Ciência), este procedimento que faz da saúde uma avaliação da doença e da doença uma avaliação da saúde? O que permite a Nietzsche fazer a experiência de uma saúde superior, no momento mesmo em que está doente. Inversamente, não é quando está doente que perde a saúde, mas quando não pode mais afirmar a distância, quando não pode mais por sua saúde fazer da doença um ponto de vista sobre a saúde (então, como dizem os Estóicos, o papel terminou, a peça acabou). Ponto de vista não significa um juízo teórico. O "procedimento" é a vida mesma. Já Leibniz nos ensinara que não há pontos de vista sobre as coisas, mas que as coisas, os seres, eram pontos de vista. Só que submetia os pontos de vista a regras exclusivas tais que cada um não se abria sobre os outros senão na medida em que convergiam: os pontos de vista sobre a mesma cidade. Com Nietzsche, ao contrário, o ponto de vista é aberto sobre uma divergência que ele afirma: é uma outra cidade que corresponde a cada ponto de vista, cada ponto de vista é uma outra cidade, as cidades não sendo unidas senão por sua distância e não ressoando senão pela divergência de suas séries, de suas casas e de suas ruas. E sempre uma outra cidade na cidade. Cada termo torna-se um meio de ir até ao fim do outro,

5. NIETZSCHE. *Ecce Homo.* Gallimard, trad. Vialatte, p. 20.

180 LÓGICA DO SENTIDO

seguindo toda sua distância. A perspectiva — o perspectivismo — de Nietzsche é uma arte mais profunda que o ponto de vista de Leibniz; pois a divergência cessa de ser um princípio de exclusão, a disjunção deixa de ser um meio de separação, o incompossível é agora um meio de comunicação.

Não que a disjunção seja reduzida a uma simples conjunção. Distinguem-se três espécies de síntese: a síntese conectiva (se..., então) que recai sobre a construção de uma só série; a síntese conjuntiva(e), como procedimento de construção de séries convergentes; a síntese disjuntiva(ou) que reparte as séries divergentes. Os *conexa,* os *conjuncta,* os *disjuncta.* Mas, justamente, toda a questão é de saber em que condições a disjunção é uma verdadeira síntese e não um procedimento de análise que se contenta em excluir predicados de uma coisa em virtude da identidade do seu conceito (uso negativo, limitativo ou exclusivo da disjunção). A resposta é dada na medida em que a divergência ou o descentramento determinados pela disjunção tornam-se objetos de afirmação como tais. A disjunção não é, em absoluto, reduzida a uma conjunção; ela continua sendo disjunção uma vez que recai e continua recaindo sobre uma divergência enquanto tal. Mas esta divergência é afirmada de modo que o *ou* torna-se ele próprio afirmação pura. Em lugar de um certo número de predicados serem excluídos de uma coisa em virtude da identidade de seu conceito, cada "coisa" se abre ao infinito dos predicados pelos quais ela passa, ao mesmo tempo em que ela perde seu centro, isto é, sua identidade como conceito ou como eu [6]. À exclusão dos predicados se substitui a comunicação dos acontecimentos. Vimos qual era o procedimento desta disjunção sintética afirmativa: consiste na ereção de uma instância paradoxal, ponto aleatório com duas faces ímpares, que percorre as séries divergentes como divergentes e as faz ressoar por sua distância, na sua distância. Assim, o centro *ideal* de convergência é por natureza perpetuamente descentrado, não serve mais senão para afirmar a divergência. Eis por que pareceu que um caminho esotérico, excentrado, abria-se a nós, completamente diferente do caminho ordinário. Pois ordinariamente a disjunção, para se falar com propriedade, não é uma síntese, mas somente uma análise reguladora a serviço das sínteses conjuntivas, pois separa umas das outras as séries não-convergentes; e cada síntese conjuntiva, por sua vez, tende ela própria a se subordinar à síntese de conexão, uma vez que organiza as séries convergentes sobre as quais recai em prolongamento umas das outras sob uma con-

---

6. Sobre as condições pelas quais a disjunção se torna uma síntese afirmativa mudando de princípio, cf. Apêndice III.

DA COMUNICAÇÃO DOS ACONTECIMENTOS 181

dição de continuidade. Ora, já todo o sentido das *palavras esotéricas* era o de voltar atrás: a disjunção tornada síntese introduzia por toda parte suas *ramificações,* tanto que a conjunção *coordenava* já globalmente séries divergentes, heterogêneas e disparatadas e que, no detalhe, a conexão *contraía* já uma multidão de séries divergentes na aparência sucessiva de uma só.

É uma nova razão para distinguir o devir das profundidades e o Aion das superfícies. Pois ambos, à primeira vista, pareciam dissolver a identidade de cada coisa no seio da identidade infinita como identidade dos contrários; e, de todos os pontos de vista, quantidade, qualidade, relação, modalidade, os contrários pareciam se esposar em superfície tanto quanto em profundidade e ter o mesmo sentido não menos que o mesmo infra-sentido. Mas, uma vez mais, tudo muda de natureza elevando-se à superfície. E é preciso distinguir duas maneiras pelas quais a identidade pessoal é perdida, duas maneiras pelas quais a contradição se desenvolve. Em profundidade, é pela identidade infinita que os contrários comunicam e que a identidade de cada um se acha rompida, cindida: tanto que cada termo é ao mesmo tempo o momento e o todo, a parte, a relação e o todo, o eu, o mundo e Deus, o sujeito, a cópula e o predicado. Mas na superfície onde não se desdobram a não ser os acontecimentos infinitivos, as coisas se passam diferentemente: cada um comunica com o outro pelo caráter positivo de sua distância, pelo caráter afirmativo da disjunção, tanto que o eu se confunde com esta própria disjunção que libera para fora dele, que põe fora dele as séries divergentes como tantas singularidades impessoais e pré-individuais. Tal é já a contra-efetuação: distância infinitiva, em lugar de identidade infinita. Tudo se faz por ressonância dos disparates, ponto de vista sobre o ponto de vista, deslocamento da perspectiva, diferenciação da diferença e não por identidade dos contrários. É verdade que a forma do eu assegura ordinariamente a conexão de uma série, a forma do mundo, a convergência das séries prolongáveis e contínuas e que a forma de Deus, como Kant viu muito bem, assegura a disjunção tomada no seu uso exclusivo ou limitativo. Mas, quando a disjunção acede ao princípio que lhe dá um valor sintético e afirmativo nela mesma, o eu, o mundo e Deus conhecem uma morte comum, em proveito das séries divergentes enquanto tais, que transbordam agora de toda exclusão, toda conjunção, toda conexão. É a força de Klossowski ter mostrado como as três formas tinham sua sorte ligada, não por transformação dialética ou identidade dos contrários, mas por dissipação comum na superfície das coisas. Se o eu é o princípio de manifestação com relação à proposição, o mundo é o da designação, Deus, o da significação. Mas o sentido expresso como acontecimento é de uma outra natureza, ele que emana do não-senso como da instância paradoxal sempre deslocada, do centro excêntrico eternamente descentrado, puro signo cuja coerência exclui somente, mas supremamente, a coerência do eu, a do mundo e a de Deus [7]. Esta quase-causa, este não-senso de superfície que percorre o divergente como tal, este ponto aleatório que circula através das singularidades, que as emite como pré-individuais e impessoais, não deixa subsistir, não suporta que subsista Deus como individualidade originária, nem o eu como Pessoa, nem o mundo como elemento do eu e produto de Deus. A divergência das séries afirmadas forma um "caosmos" e não mais um mundo; o ponto aleatório que os percorre forma um contra-eu e não mais um eu; a disjunção posta como síntese troca seu princípio teológico contra um princípio diabólico. Este centro descentrado é que traça entre as séries e para todas as disjunções a impiedosa linha reta do Aion, isto é, a distância em que se alinham os despojos do eu, do mundo e de Deus: grande Cañon do mundo, fenda do eu, desmembramento divino. Assim, há sobre a linha reta um eterno retorno como o mais terrível labirinto de que falava Borges, muito diferente do retorno circular ou monocentrado de Cronos: eterno retorno que não é mais o dos indivíduos, das pessoas e dos mundos, mas o dos acontecimentos puros que o instante deslocado sobre a linha não cessa de dividir em já passados e ainda por vir. Mais nada subsiste além do Acontecimento, o Acontecimento só *Eventum tantum* para todos os contrários, que comunica consigo por sua própria distância, ressoando através de todas suas disjunções.

---

7. Cf. Apêndice III. Klossowski fala deste "pensamento tão perfeitamente coerente que me exclui no instante mesmo em que o penso" ("Esquecimento e anamnese na experiência vivida do eterno retorno do mesmo". *Nietzsche*, Cahiers de Royaumont, ed. de Minuit, p. 234). Cf. também Posfácio às *Leis da hospitalidade*. Klossowski desenvolve nestes textos uma teoria do signo, do sentido e do não-sentido e uma interpretação profundamente original do eterno retorno nietzschiano, concebido como potência excêntrica de afirmar a divergência e a disjunção, que não deixa subsistir a identidade do eu, nem a do mundo, nem a de Deus.

Vigésima Quinta Série:
Da Univocidade

Parece que o nosso problema, no decorrer do caminho, mudou completamente. Perguntávamos qual era a natureza das compatibilidades e das incompatibilidades alógicas entre acontecimentos. Mas, na medida em que a divergência é afirmada, em que a disjunção torna-se síntese positiva, parece que todos os acontecimentos, mesmo contrários, são compatíveis entre si e que se "entre-exprimem". O incompatível não nasce senão com os indivíduos, as pessoas e os mundos em que os acontecimentos se efetuam, mas não entre os próprios acontecimentos ou suas singularidades *acósmicas, impessoais e pré-individuais*. O incompatível não está entre dois acontecimentos, mas entre um acontecimento e o mundo ou o indivíduo que efetuam um outro acontecimento como divergente. Aí existe alguma coisa que não se deixa reduzir a uma contradição lógica entre predicados e que é, no entanto, uma incompatibilidade, mas uma incompatibilidade alógica, como uma incompatibilidade, de "humor" à qual devemos aplicar os critérios originais de Leibniz. A pessoa, tal como a definimos na sua diferença com o indivíduo, pretende manejar com ironia estas incompatibilidades como tais, precisamente porque são alógicas. E, de uma outra maneira, vimos como as palavras-valises exprimiam sentidos todos compatíveis, ramificáveis e ressoantes entre si do ponto de vista do léxico, mas entravam em incompatibilidades com esta ou aquela forma sintática.

O problema é pois saber como o indivíduo poderia ultrapassar sua forma e seu laço sintático com um mundo para atingir à universal comunicação dos acontecimentos, isto é, a afirmação de uma síntese disjuntiva para além não somente das contradições lógicas, mas mesmo das incompatibilidades alógicas. Seria preciso que o indivíduo se apreendesse a si mesmo como acontecimento. E que o acontecimento que se efetua nele fosse por ele apreendido da mesma forma como um outro indivíduo nele enxertado. Então, este acontecimento, ele não o compreenderia, não o desejaria, não o representaria sem compreender e querer também todos os outros acontecimentos como indivíduos, sem representar todos os outros indivíduos como acontecimentos. Cada indivíduo seria como um espelho para a condensação das singularidades, cada mundo uma distância no espelho. Tal é o sentido último da contra-efetuação. Mas, mais ainda, é a descoberta nietzschiana do indivíduo como *caso fortuito,* tal qual é retomada e reencontrada por Klossowski em uma relação essencial com o eterno retorno: assim "as veementes oscilações que revolucionam um indivíduo enquanto só procura seu próprio centro e não vê o círculo de que faz parte, pois se estas oscilações o revolucionam é que cada qual responde a uma individualidade *outra* da que ele acredita ser, do ponto de vista do centro não encontrável; daí, que uma identidade é essencialmente fortuita e que uma série de individualidades deva ser percorrida por cada uma, para que a fortuidade desta ou daquela as torne todas necessárias" [1]. Não elevamos ao infinito qualidades contrárias para afirmar sua identidade; elevamos cada acontecimento à potência do eterno retorno para que o indivíduo, nascido daquilo que ocorre, afirme sua distância de todo outro acontecimento e, afirmando-a, siga-a e espose-a, passando por todos os outros indivíduos implicados pelos outros acontecimentos e dela extraia um único Acontecimento que não é senão ele mesmo de novo ou a universal liberdade. O eterno retorno não é uma teoria das qualidades e de suas transformações circulares, mas dos acontecimentos puros e de sua condensação linear ou superficial. Assim, o eterno retorno guarda um sentido seletivo e permanece ligado a uma incompatibilidade, precisamente aquela que ele apresenta com as formas que impedem sua constituição e seu funcionamento. Contra-efetuando cada acontecimento, o ator-dançarino extrai o acontecimento puro que comunica com todos os outros e se volta sobre si mesmo através de todos os outros, com todos os outros. Ele faz da disjunção uma síntese que afirma o disjunto como tal e faz ressoar cada série na outra, cada uma voltando em si pois que a outra volta nela e voltando para fora de si quando a outra volta em si: explorar todas as distâncias, mas sobre uma mesma linha e correr muito depressa para ficar no mesmo lugar. A borboleta cinza compreende tanto o acontecimento *esconder-se* que, ficando no mesmo lugar colada no tronco da

---

1. Klossowski. "La Période turinoise de Nietzsche". *L'Ephémère*, nº 5.

DA UNIVOCIDADE

árvore, percorre toda a distância com o *envigorar* do negro e faz ressoar o outro acontecimento como indivíduo, mas no seu próprio indivíduo como acontecimento, como caso fortuito. Meu amor é uma exploração da distância, um longo percurso que afirma meu ódio pelo amigo em um outro mundo e em um outro indivíduo e faz ressoar uma na outra as séries bifurcantes e ramificadas — solução do humor, completamente diferente da ironia romântica da pessoa ainda fundada sobre a identidade dos contrários. "Você chega à minha casa, mas em um dos passados possíveis, você é meu inimigo, em outro meu amigo... O tempo bifurca perpetuamente em direção a inumeráveis futuros: em um deles eu sou seu inimigo... O futuro já existe mas eu sou seu amigo... Ele me voltou as costas um momento, eu preparara meu revólver, atirei com um cuidado extremo" [2].

A filosofia se confunde com a ontologia, mas a ontologia se confunde com a univocidade do ser (a analogia foi sempre uma visão teológica, não filosófica, adaptada às formas de Deus, do mundo e do eu). A univocidade do ser não significa que haja um só e mesmo ser: ao contrário, os existentes são múltiplos e diferentes, sempre produzidos por uma síntese disjuntiva, eles próprios disjuntos e divergentes, *membra disjuncta*. A univocidade do ser significa que o ser é Voz, que ele se diz em um só e mesmo "sentido" de tudo aquilo de que se diz. Aquilo de que se diz não é, em absoluto, o mesmo. Mas ele é o mesmo para tudo aquilo de que se diz. Ele ocorre, pois, como um acontecimento único para tudo o que ocorre às coisas mais diversas, *Eventum tantum* para todos os acontecimentos, forma extrema para todas as formas que permanecem disjuntas nela, mas que fazem repercutir e ramificar sua disjunção. A univocidade do ser se confunde com o uso positivo da síntese disjuntiva, a mais alta afirmação: o eterno retorno em pessoa, ou — como o vimos para o jogo ideal — a afirmação do acaso em uma 'vez, o único lançar para todos os lances, um só Ser para todas as formas e vezes, uma só insistência para tudo o que existe, um só fantasma para todos os vivos, uma só voz para todo o rumor e todas as gotas do mar. O erro seria confundir a univocidade do ser enquanto ele se diz, com uma pseudo-univocidade daquilo de que ele se diz. Mas, da mesma forma, se o Ser não se diz sem ocorrer, se o Ser é o único Acontecimento em que todos os acontecimentos comunicam, a univocidade remete ao mesmo tempo ao que ocorre e ao que se diz. A univocidade significa que é a mesma coisa que ocorre e que se diz: o atribuível de todos os corpos ou estados de

2. Borges. *Op. cit.* pp. 130-134.

coisas é o exprimível de todas as proposições. A univocidade significa a identidade do atributo noemático e do expresso lingüístico: acontecimento e sentido. Assim ela não deixa o ser subsistir no vago estado que tinha nas perspectivas da analogia. A univocidade eleva, extrai o ser para melhor distingui-lo daquilo ao que ele acontece e daquilo de que se diz. Ela o arranca aos existentes para referi-lo a eles em uma vez, abatê-lo sobre eles para todas as vezes. Puro dizer e puro acontecimento, a univocidade põe em contato a superfície interior da linguagem (insistência) com a superfície exterior do ser (extra-ser). O ser unívoco insiste na linguagem e sobrevém às coisas; ele mede a relação interior da linguagem com a relação exterior do ser. Nem ativo, nem passivo, o ser unívoco é neutro. Ele é, ele próprio, *extra-ser,* isto é, este mínimo de ser comum ao real, ao possível e ao impossível. Posição no vazio de todos os acontecimentos em um, expressão no não-senso de todos os sentidos em um, o ser unívoco é a pura forma do Aion, a forma da exterioridade que relaciona as coisas e as proposições [3]. Em suma, a univocidade do ser tem três determinações: um só acontecimento para todos; um só e mesmo *aliquid* para o que se passa e o que se diz; um só e mesmo ser para o impossível, o possível e o real.

---

3. Sobre a importância do "tempo vazio" na elaboração do acontecimento, cf. B. Groethuysen, "De quelques aspects du temps" (*Recherches philosophiques,* V, 1935-1936): "Todo acontecimento está, por assim dizer, no tempo em que não se passa nada" e há uma permanência do tempo vazio através de tudo o que se passa. O interesse profundo do livro de Joe Bousquet *Les Capitales* estava já em colocar o problema da linguagem em função da univocidade do ser, a partir de uma meditação sobre Duns Escoto.

Vigésima Sexta Série:
Da Linguagem

São os acontecimentos que tornam a linguagem possível. Mas tornar possível não significa fazer começar. Começamos sempre na ordem da palavra, mas não na da linguagem, em que tudo deve ser dado simultaneamente, em um golpe único. Há sempre alguém que começa a falar; aquele que fala é o manifestante; aquilo de que se fala é o designado; o que se diz são as significações. O acontecimento não é nada disto: ele não fala mais do que dele se fala ou do que se o diz. E, no entanto, ele pertence de tal forma à linguagem, habita-a tanto que não existe fora das proposições que o exprimem. Mas ele não se confunde com elas, o expresso não se confunde com a expressão. Não lhe preexiste, mas lhe pré-insiste, assim, lhe dá fundamento e condição. Tornar a linguagem possível significa isto: fazer com que os sons não se confundam com as qualidades sonoras das coisas, com o burburinho dos corpos, com suas ações e paixões. O que torna a linguagem possível é o que separa os sons dos corpos e os organiza em proposições, torna-os livres para a função expressiva. É sempre uma boca que fala; mas o som cessou de ser o ruído de um corpo que come, pura oralidade, para tornar-se a manifestação de um sujeito que se exprime. É sempre dos corpos e de suas misturas que falamos, mas os sons cessaram de ser qualidades atinentes a estes corpos para entrar com eles em uma nova relação, a de designação e exprimir este poder de falar e de ser falado. Ora, a designação e a manifestação não fundam a linguagem, elas não se tornam possíveis senão com ela. Elas supõem a expressão. A expressão se funda no acontecimento como entidade do exprimível ou do expresso. O que torna a linguagem possível é o acontecimento, enquanto não se confunde, nem com a proposição que o exprime, nem com o estado daquele que a pronuncia, nem com o estado de coisas designado pela proposição. E, em verdade, tudo isso não seria senão barulho sem o acontecimento e barulho indistinto. Pois não somente o acontecimento torna possível e separa o que torna possível, mas distingue naquilo que torna possível (cf. a tríplice distinção na proposição da designação, dà manifestação e da significação).

Como o acontecimento torna a linguagem possível? Vimos qual era sua essência, puro efeito de superfície, impassível incorporal. O acontecimento resulta dos corpos, de suas misturas, de suas ações e paixões. Mas difere em natureza daquilo de que resulta. Assim ele se atribui aos corpos, aos estados de coisas, mas não como uma qualidade física: somente como um *atributo* muito especial, dialético ou antes noemático, incorporal. Este atributo não existe fora da proposição que o exprime. Mas difere em natureza de sua expressão. Assim ele existe na proposição, mas não como um nome de corpo ou de qualidade, nem como um sujeito ou predicado: somente como o exprimível ou o expresso da proposição, envolvido em um *verbo*. É a mesma entidade que é acontecimento sobrevindo aos estados de coisas e sentido insistindo na proposição. Então, na medida em que o acontecimento incorporal se constitui e constitui a superfície, ele faz subir a esta superfície os termos de sua dupla referência: os corpos aos quais remete como atributo noemático, as proposições às quais remete como exprimível. E estes termos, ele os organiza como duas séries que separa, uma vez que é por e nesta separação que ele se distingue dos corpos de que resulta e das proposições que torna possíveis. Esta separação, esta linha fronteiriça entre as coisas e as proposições (comer-falar) passa também no "tornado possível", isto é, nas proposições mesmas, entre os nomes e os verbos ou antes entre as designações e as expressões, as designações remetendo sempre a corpos ou objetos consumíveis de direito, as expressões a sentidos exprimíveis. Mas a linha fronteiriça não operaria esta separação das séries na superfície se não articulasse enfim o que separa, uma vez que opera de um lado e de outro por uma só e mesma potência incorporal, aqui definida como sobrevindo aos estados de coisas e lá como insistindo nas proposições. (É por isso que a própria linguagem não tem senão uma potência, embora tenha várias dimensões). A linha fronteiriça faz pois convergir as séries divergentes; mas assim ela não suprime nem corrige sua divergência. Pois as faz convergir não nelas mesmas, o que seria impossível, mas em torno de um elemento paradoxal, ponto que percorre a linha ou circula através das séries, centro sempre deslocado

DA LINGUAGEM

que não constitui um círculo de convergência senão para o que diverge enquanto tal (potência de afirmar a disjunção). Este elemento, este ponto é a quase-causa à qual os efeitos de superfície se prendem, enquanto precisamente diferem em natureza de suas causas corporais. É este ponto que é expresso na linguagem pelas palavras esotéricas de diversos tipos, assegurando ao mesmo tempo a separação, a coordenação e a ramificação das séries. Assim toda a organização da linguagem apresenta as três figuras da *superfície* metafísica ou transcendental, da *linha* incorporal abstrata e do *ponto* descentrado: os efeitos de superfície ou acontecimentos; na superfície, a linha do sentido imanente ao acontecimento; sobre a linha, o ponto do não-sentido, não-sentido da superfície co-presente ao sentido.

Os dois grandes sistemas antigos, epicurismo e estoicismo, tentaram designar nas coisas o que torna a linguagem possível. Mas o fizeram de maneira muito diferente. Pois, para fundamentar não somente a liberdade, mas a linguagem e seu emprego, os Epicuristas elaboraram um modelo que era a *declinação* do átomo, os Estóicos, ao contrário, a *conjugação* dos acontecimentos. Não é, pois, surpreendente que o modelo epicurista privilegie os nomes e os adjetivos, os nomes sendo como átomos ou corpos lingüísticos que se compõem por sua declinação e os adjetivos, qualidades destes compostos. Mas o modelo estóico compreende a linguagem a partir de termos "mais nobres": os verbos e sua conjugação, em função dos laços entre acontecimentos incorporais. A questão de saber o que é primeiro na linguagem, nomes ou verbos, não pode ser resolvida segundo a máxima geral "no começo há a ação" e na medida em que fazemos do verbo o representante da ação primeira e da raiz o primeiro estado do verbo. Pois não é verdade que o verbo represente uma ação; ele exprime um acontecimento, o que é completamente diferente. E nem a linguagem se desenvolve a partir de raízes primeiras; ela se organiza em torno de elementos formadores que determinam o seu todo. Mas se a linguagem não se forma progressivamente segundo a sucessão de um tempo exterior, não acreditaremos, por isso, que sua totalidade seja homogênea. É verdade que os "fonemas" asseguram toda distinção lingüística possível nos "morfemas" e os "semantemas", mas, inversamente, são as unidades significantes e morfológicas que determinam nas distinções fonemáticas aquelas que são pertinentes para uma língua considerada. O todo não pode pois ser descrito por um movimento simples, mas por um movimento de ida e de volta, de ação e de reação lingüísticas, que representa o círculo da proposição [1]. E, se

1. Sobre este processo de volta ou de reação e a temporalidade interna que implica, cf. a obra de Gustave Guillaume (e a análise que dela faz E.

190   LÓGICA DO SENTIDO

a ação fônica forma um espaço aberto da linguagem, a reação semântica forma um tempo interior sem o qual o espaço não seria determinado em conformidade com tal ou tal língua. Ora, independentemente dos elementos e apenas do ponto de vista do movimento, os nomes e sua declinação encarnam a ação, enquanto que os verbos e sua conjugação encarnam a reação. O verbo não é uma imagem da ação exterior, mas um processo de reação interior à linguagem. Eis por que, na sua idéia mais geral, ele envolve a temporalidade interna da língua. É ele que constitui o anel da proposição fazendo voltar a significação sobre a designação e o semantema sobre o fonema. Mas da mesma forma é dele que inferimos o que o anel esconde ou enrola, o que o anel revela uma vez fendido e desdobrado, desenrolado, estendido em linha reta: o sentido ou o acontecimento como expresso da proposição.

O verbo tem dois pólos: o presente, que marca sua relação com um estado de coisas designável em função de um tempo físico de sucessão; o infinitivo, que marca sua relação com o sentido ou o acontecimento em função do tempo interno que envolve. O verbo inteiro oscila entre o "modo" infinitivo que representa o círculo desdobrado da proposição inteira e o "tempo" presente, que fecha, ao contrário, o círculo sobre um designado da proposição. Entre os dois, o verbo dobra toda sua conjugação em conformidade com as relações da designação, da manifestação e da significação — o conjunto dos tempos, das pessoas e dos modos. O infinitivo puro é o Aion, a linha reta, a forma vazia ou a distância; ele não comporta nenhuma distinção de momentos, mas não cessa de se dividir formalmente na dupla direção simultânea do passado e do futuro. O infinitivo não implica um tempo interior à língua sem exprimir o sentido ou o acontecimento, isto é, o conjunto dos problemas que a língua se coloca. Ele põe a interioridade da linguagem em contacto com a exterioridade do ser. Assim, herda da comunicação dos acontecimentos entre si; e a univocidade se transmite do ser à linguagem, da exterioridade do ser à interioridade da linguagem. A equivocidade é sempre a dos nomes. O Verbo é a univocidade da linguagem, sob a forma de um infinitivo não determinado, sem pessoa, sem presente, sem diversidade de vozes. Assim a própria poesia. Exprimindo na linguagem todos os acontecimentos em um, o verbo infinitivo exprime o acontecimento da linguagem, a linguagem como sendo ela própria um acontecimento único que se confunde agora com o que a torna possível.

Ortigues em *Le Discours et le symbole*, Aubier, 1962). Guillaume tira daí uma concepção original do infinitivo nas "Épocas e níveis temporais no sistema da conjugação francesa", *Cahiers de linguistique structurale*, nº 4, Université de Laval.

Vigésima Sétima Série:
Da Oralidade

A linguagem é tornada possível pelo que a distingue. O que separa os sons e os corpos, faz dos sons os elementos para uma linguagem. O que separa falar e comer torna a palavra possível, o que separa as proposições e as coisas torna as proposições possíveis. O que torna possível é a superfície e o que se passa na superfície: o acontecimento como expresso. O expresso torna possível a expressão. Mas, então, encontramo-nos diante de uma última tarefa: retraçar a história que libera os sons, torna-os independentes dos corpos. Não se trata mais de uma gênese estática que iria do acontecimento suposto à sua efetuação em estados de coisas e à sua expressão em proposições. Trata-se de uma gênese dinâmica que vai diretamente dos estados de coisas aos acontecimentos, das misturas às linhas puras, *da profundidade à produção das superfícies,* e que não deve nada implicar da outra gênese. Pois, do ponto de vista da outra gênese, nós nos dávamos, de direito, comer e falar como duas séries já separadas na superfície, separadas e articuladas pelo acontecimento que resultava de uma e a ela se referia como atributo noemático e que tornava a outra possível e a ela se referia como sentido exprimível. Mas como falar se destaca efetivamente de comer ou como a superfície ela própria é produzida, como o acontecimento incorporal resulta dos estados de corpos, é outra questão. Quando se diz que o som se torna independente, pretende-se dizer que deixa de ser uma qualidade específica atinente aos corpos, ruído ou grito, para designar agora qualidades, manifestar corpos, significar sujeitos e predicados. Justamente, o som não toma um valor convencional na designação — e um valor costumeiro na manifestação, um valor artificial na significação — senão porque leva sua indepen-

192 LÓGICA DO SENTIDO

dência à superfície de uma mais alta instância: a expressividade. Sob todos os aspectos a distinção profundidade-superfície é primeira relativamente à natureza-convenção, natureza-costume, natureza-artifício.

Ora, a história das profundidades começa pelo mais terrível: teatro do terror de que Mélanie Klein fez o inesquecível quadro e em que o recém-nascido, desde o primeiro ano de vida é ao mesmo tempo cena, ator e drama. A oralidade, a boca e o seio, são primeiramente profundidades sem fundo. O seio e todo o corpo da mãe não são somente divididos em um bom e um mau objeto, mas esvaziados agressivamente, retalhados, esmigalhados, feitos em pedaços alimentares. A introjeção destes objetos parciais no corpo do recém-nascido é acompanhada de uma projeção de agressividade sobre estes objetos internos e de uma re-projeção destes objetos no corpo materno: assim, os pedaços introjetados são também como substâncias venenosas e persecutórias, explosivas e tóxicas, que ameaçam de dentro o corpo da criança e não cessam de se reconstituir no corpo da mãe. De onde a necessidade de uma re-introjeção perpétua. Todo o sistema da introjeção e da projeção é uma comunicação dos corpos em profundidade, pela profundidade. E a oralidade se prolonga naturalmente em um canibalismo e uma analidade em que os objetos parciais são excrementos capazes de fazer explodir tanto o corpo da mãe quanto o corpo da criança, os pedaços de um sendo sempre perseguidores do outro e o perseguidor sempre perseguido nesta mistura abominável que constitui a Paixão do recém-nascido. Os corpos explodem e fazem explodir, neste sistema da boca-ânus ou do alimento-excremento, a universal cloaca[1]. Este mundo dos objetos parciais internos, introjetados e projetados, alimentares e excrementiais, nós o chamamos mundo dos *simulacros*. Mélanie Klein o descreve como posição paranóide-esquizóide da criança. A isto sucede uma posição depressiva que marca um duplo progresso, uma vez que a criança se esforça por reconstituir um objeto completo no modo do *bom* e por se identificar ela própria a este bom objeto, por conquistar assim uma identidade correspondente, pronta neste novo drama a partilhar as ameaças e os sofrimentos, todas as paixões que o bom objeto sofreu. A "identificação" depressiva, com sua confirmação do superego e sua formação do ego, toma aqui o lugar da "introjeção-projeção" paranóide e esquizóide. Tudo se prepara enfim para o acesso a uma posição sexual marcada por Édipo, através de novos perigos, em que as pulsões libidinosas tendem a se destacar das

---

1. Cf. Mélanie Klein, *La Psychanalyse des enfants*, 1932, trad. Boulanger, P.U.F.: por exemplo, a belíssima descrição à p. 159.

DA ORALIDADE   193

pulsões destruidoras e a investir por "simbolização" dos
objetos, interesses e atividades organizadas cada vez melhor.
As observações que propomos concernindo certos deta-
lhes do esquema kleiniano tem somente como objetivo destacar "orientações". Pois todo o tema das posições implica
bem a idéia de orientações da vida psíquica e de pontos
cardeais, de organizações desta vida segundo coordenadas e
dimensões variáveis ou cambiantes, toda uma geografia, toda
uma geometria das dimensões vivas. Aparece primeiro que
a posição paranóide-esquizóide confunde-se com o desenvolvimento de uma profundidade oral-anal, profundidade sem
fundo. Tudo começa pelo abismo. Mas, a este respeito,
neste domínio dos objetos parciais e dos pedaços que povoam
a profundidade, não estamos seguros de que o "bom objeto"
(o bom seio) possa ser considerado como introjetado
tal como o mau. Mélanie Klein mostra ela própria
que a cisão do objeto em bom e mau na introjeção duplica-
-se por um despedaçamento ao qual o bom objeto não
resiste, uma vez que não estamos nunca seguros de que
não esconda um mau pedaço. Bem mais, é mau por princípio, isto é, a perseguir e perseguidor, tudo o que é pedaço;
só o íntegro, o completo é bom; mas, precisamente, a
introjeção não deixa subsistir o íntegro[2]. Eis por que, de
um lado, o equilíbrio próprio à posição esquizóide, de outro
lado sua relação com a posição depressiva ulterior não
parecem poder resultar da introjeção de um bom objeto
como tal e devem ser revisados. O que a posição esquizóide opõe aos maus objetos parciais introjetados e projetados, tóxicos e excremenciais, orais e anais, não é um bom
objeto mesmo parcial, é antes um organismo sem partes,
um corpo sem órgãos, sem boca e sem ânus, tendo renun-
ciado a toda introjeção ou projeção e completo graças a
isso. É aqui que se forma a tensão do Id e do ego. O
que se opõe são duas profundidades, a profundidade vazia
em que giram e explodem pedaços e a profundidade plena
— duas misturas, uma de fragmentos duros e sólidos, que
altera; a outra líquida, fluida e perfeita, sem partes nem
alteração, porque tem a propriedade de fundir e de soldar
(todos os ossos em um bloco de sangue). Não parece
neste sentido que o tema uretral possa ser posto no mesmo
plano que o tema anal; pois, se os excrementos são sempre
órgãos e pedaços, ora temidos como substâncias tóxicas, ora
utilizados como armas para esmigalhar ainda outros pedaços,
a urina, ao contrário, dá testemunho de um princípio molhado capaz de ligar todos os pedaços e de superar o esmiga-
lhamento na profundidade plena de um corpo agora sem

---

2. Cf. as observações de Mélanie Klein neste sentido e suas referências
à tese de W. Fairbain segundo a qual "no começo só o objeto mau é interna-
lizado" (mas M. Klein recusa esta tese); *Développements de la psychanalyse*,
1952, trad. Baranger, P.U.F., pp. 277-279.

194 LÓGICA DO SENTIDO

órgãos [3]. E ao supor que o esquizofrênico, com toda a linguagem adquirida, regressa até esta posição esquizóide, não nos espantamos de reencontrar na linguagem esquizofrênica a dualidade e a complementaridade das palavras-paixões, pedaços excremenciais explodidos e palavras-ações, blocos soldados por um princípio de água ou de fogo. Então, tudo se passa em profundidade, sob o domínio do sentido, entre dois não-sentidos do ruído puro, o não-sentido do corpo e da palavra explodidos, o não-sentido do bloco de corpos ou de palavras inarticuladas — o "isto não tem sentido" como processo positivo dos dois lados. A mesma dualidade de pólos complementares se reencontra na esquizofrenia entre as reiterações e as perseverações, por exemplo, entre os trincamentos de maxilares e as catatonias, umas testemunhando dos objetos internos e do corpo que despedaçam e que os despedaçam ao mesmo tempo, os outros manifestando pelo corpo sem órgãos.

Se o bom objeto não é como tal introjetado, parece-nos, é porque desde o começo pertence a uma outra dimensão. É ele que tem uma outra "posição". O bom objeto está em altura, ele se mantém em altura e não se deixa cair, sem mudar de natureza. Por altura não se deve entender uma profundidade invertida, mas uma dimensão original que se distingue pela natureza do objeto que a ocupa como da instância que a percorre. O superego não começa com os primeiros objetos introjetados, como diz Mélanie Klein, mas com este bom objeto que permanece em altura. Freud insistiu freqüentemente sobre a importância desta translação do profundo em alto, que marca entre o Id e o superego toda uma mudança de orientação e uma reorganização fundamental da vida psíquica. Enquanto a profundidade tem uma tensão interna determinada pelas categorias dinâmicas de continente-conteúdo, vazio-pleno, gordo-magro etc., a tensão própria à altura é a da verticalidade, da diferença dos tamanhos, do grande e do pequeno. Por oposição aos objetos parciais introjetados, que não exprimem a agressividade da criança sem exprimir também uma agressividade contra ela e que são maus, perigosos por isso mesmo, o bom objeto como tal é um objeto

---

3. Mélanie Klein não estabelece diferença de natureza entre o sadismo anal e o sadismo uretral e mantém seu princípio segundo o qual "o inconsciente não estabelece distinção entre as diversas substâncias dos corpos ". Mais geralmente, pareceu-nos que a teoria psicanalítica da esquizofrenia tinha tendência a negligenciar a importância e o dinamismo do tema *corpo sem órgãos*. Nós o vimos precedentemente para Mme Pankow. Mas é ainda mais claro em Mélanie Klein (cf. por exemplo, *Développements de la psychanalyse* em que um sonho de cegueira e de roupa abotoada até o pescoço é interpretado como um simples signo de fechamento, sem que o tema do corpo sem órgãos nele seja destacado). Com efeito, o corpo sem órgãos e a especificidade líquida estão ligados no sentido de que o princípio molhado assegura a soldadura dos pedaços em um bloco, ainda que fosse um "bloco de mar'.

completo. Se manifesta a mais viva crueldade tanto quanto amor e proteção, não é sob um aspecto parcial e dividido, mas enquanto objeto bom e completo, cujas manifestações emanam de uma alta unidade superior. Em verdade, o bom objeto tomou sobre si os dois pólos esquizóides, o dos objetos parciais de que extrai a força e o do corpo sem órgãos de que extrai a forma, isto é, a completude ou a integridade. Ele mantém pois relações complexas com o Id como reservatório de objetos parciais (introjetados e projetados em um corpo despedaçado) e com o ego (como corpo completo sem órgãos). *Enquanto é o princípio da posição depressiva,* o bom objeto não sucede à posição esquizóide, mas se forma na corrente desta posição, com empréstimos, bloqueios e impulsos que dão testemunho de uma constante comunicação entre os dois. No limite, sem dúvida, o esquizóide pode reforçar a tensão de sua própria posição para se fechar às revelações da altura ou da verticalidade. Mas, de qualquer maneira, o bom objeto da altura mantém uma luta com os objetos parciais, cujo ganho é a força em um afrontamento violento das duas dimensões. O corpo da criança é como uma fossa cheia de animais selvagens introjetados que se esforçam por tragar no ar o bom objeto, o qual por sua vez se comporta diante deles como uma ave de rapina sem piedade. Nesta situação, o ego se identifica de um lado ao próprio bom objeto, mode-la-se a partir dele em um modelo de amor, participa ao mesmo tempo de sua potência e de seu ódio contra os objetos internos, mas também de seus ferimentos, de seu sofrimento sob o golpe destes maus objetos [4]. E, de outro lado, ele se identifica a estes maus objetos parciais que se esforçam por agarrar o bom objeto, ele lhes dá ajuda, aliança e mesmo piedade. Tal é o turbilhão Id-ego-super-rego, em que cada qual recebe tantos golpes quantos distribui e que determina a posição maníaco-depressiva. Com relação ao ego, o bom objeto enquanto superego exerce todo o seu ódio na medida em que o ego é aliado dos objetos introjetados. Mas lhe dá ajuda e amor, na medida em que o ego passa para seu lado e tenta a ele se identificar.

Que o amor e o ódio não remetam a objetos parciais, mas exprimam a unidade do bom objeto completo, isto se deve compreender em virtude da "posição" deste objeto, de sua transcendência em altura. Para além de amar ou odiar, ajudar ou bater, há "furtar-se", "retirar-se" na altura. O bom objeto é por natureza um objeto perdido: isto é, ele

---

4. A divisão ferido-indene não se confunde com parcial-completo, mas se aplica ao bom objeto completo da posição depressiva: cf. Mélanie Klein, *Développements de la psychanalyse*, p. 201. Não nos espantaremos de que o superego seja "bom" e, no entanto, cruel e também vulnerável etc.; Freud falava já de um superego bom e consolador em relação com o humor, acrescentando que nos faltava muito a aprender sobre a essência do superego.

não se mostra e não aparece desde a primeira vez senão como já perdido, *tendo sido perdido*. Está aí sua eminente unidade. É enquanto perdido que dá seu amor àquele que não pode encontrá-lo pela primeira vez a não ser como "reencontrado" (o ego que se identifica com ele) e seu ódio àquele que o agride como algo de "descoberto", mas enquanto já presente — o ego tomando o partido dos objetos internos. Sobrevindo no decorrer da posição esquizóide, o bom objeto se põe como preexistente, preexistente desde sempre, nesta outra dimensão que interfere agora com a profundidade. Eis por que, mais alto do que o movimento pelo qual dá amor e golpes, há a essência pela qual, na qual, ele se retira e nos frustra. Ele se retira sob seus ferimentos, mas também no seu amor e em seu ódio. Ele não dá seu amor senão como devolvido, como perdoando, não dá *seu* ódio senão como lembrando ameaças e advertências que não tiveram lugar. É pois a partir da frustração que o bom objeto, como objeto perdido, distribui o amor e o ódio. Se odeia é enquanto bom objeto, não menos quanto ama. Se ama o ego que se identifica a ele, se odeia o ego que se identifica aos objetos parciais, retira-se mais ainda, frustra o ego que hesita entre os dois e que suspeita de um duplo jogo. A frustração, de acordo com a qual a primeira vez não pode ser senão uma segunda vez, é a fonte comum do amor e do ódio. O bom objeto é cruel (crueldade do superego) na medida em que reúne todos estes momentos em um amor e um ódio dados do alto, com uma instância que se desvia e que não apresenta seus dons senão como *re*distribuídos. Após o pré-socratismo esquizofrênico vem, pois, o platonismo depressivo: o Bem não é apreendido senão como objeto de uma reminiscência, descoberto como essencialmente velado; o Um não dá senão o que não tem porque é superior ao que dá, retirado na sua altura; e da Idéia, Platão diz: "ela foge ou perece" — ela perece sob o golpe dos objetos internos, mas foge com relação ao ego, pois que ela o precede, retirando-se à medida que avança e não lhe deixando senão um pouco de amor ou de ódio. Tais são, nós o vimos, todas as características do passado composto depressivo.

A posição maníaco-depressiva determinada pelo bom objeto apresenta, pois, todas as espécies de características novas, ao mesmo tempo em que se insere na posição paranóide-esquizóide. Este não é mais o mundo profundo dos simulacros, mas o do *ídolo* em altura. Não são mais mecanismos de introjeção e projeção, mas o da identificação. Não é mais a mesma *Spaltung* ou divisão do ego. A divisão esquizofrênica está entre os objetos internos explosivos, introjetados e projetados, ou antes, o corpo despedaçado por estes objetos *e* o corpo sem órgãos e sem mecanismos denunciando a projeção como a introjeção. A divisão depressiva está entre os dois pólos da identificação, a identificação do ego aos objetos internos e sua identificação ao objeto das alturas. Na posição esquizofrênica, "parcial" qualifica objetos internos e opõe-se a "completo" que qualifica o corpo sem órgãos reagindo contra estes objetos e o despedaçamento a que o submetem. Na posição depressiva, "completo" qualifica agora o objeto e subsume não somente indene e ferido, mas presente e ausente, como o duplo movimento pelo qual este objeto mais alto dá para fora de si e se retira em si mesmo. É por isso que a experiência da frustração, do bom objeto que se retira em si ou que está essencialmente perdido, pertence à posição depressiva. Com a posição esquizóide, tudo é agressividade exercida ou sofrida nos mecanismos de introjeção e de projeção, *tudo é paixão e ação* na relação tensa das partes despedaçadas e do corpo sem órgãos, tudo é comunicação dos corpos em profundidade, ataque e defesa. Não há lugar para a privação, para a situação frustrante. Esta aparece no curso da posição esquizóide, mas emana da outra posição. Eis por que a posição depressiva prepara-nos para alguma coisa que não é *nem ação nem paixão,* mas o impassível retraimento. Eis por que também a posição maníaco-depressiva pareceu-nos ter uma crueldade que se distingue da agressividade paranóide-esquizóide. A crueldade implica todos estes momentos de um amor e de um ódio dados do alto, por um bom objeto, mas objeto perdido que se retira e não faz senão dar de novo o que dá. O masoquismo pertence à posição depressiva não somente nos sofrimentos que suporta, mas naqueles que gosta de distribuir por identificação à crueldade do bom objeto como tal — enquanto que o sadismo depende da posição esquizóide, não somente nos sofrimentos que inflige, mas nos que se faz infligir por projeção e interiorização de agressividade. De um outro ponto de vista, vimos como o alcoolismo convinha à posição depressiva, desempenhando ao mesmo tempo o papel do mais alto objeto, de sua perda e da lei desta perda no passado composto, substituindo enfim o princípio molhado da esquizofrenia nos seus presentes trágicos.

Então aparece a primeira etapa da gênese dinâmica. A profundidade é ruidosa: os estalos, os estalidos, os rangidos, crepitações, explosões, os ruídos explodidos dos objetos internos, mas também os gritos-sopros inarticulados do corpo sem órgãos que lhes correspondem, tudo isto forma um sistema sonoro testemunhando da voracidade oral-anal. E este sistema esquizóide é inseparável da terrível predição: falar será talhado em comer e em defecar, a linguagem será talhada na merda, a linguagem e sua univocidade...

198   LÓGICA DO SENTIDO

(Artaud fala do "cocô do ser e de sua linguagem"). Mas, precisamente, o que assegura o primeiro esboço desta escultura, a primeira etapa de uma formação da linguagem, é o bom objeto da posição depressiva em altura. Pois é ele que, de todos os ruídos da profundidade, extrai uma Voz. Se consideramos os caracteres do bom objeto, de não poder ser apreendido senão como perdido, de aparecer pela primeira vez como já presente etc., parece que estes caracteres se reúnem necessariamente em uma voz que fala e que vem do alto [5]. Freud insistia na origem acústica do superego. Para a criança, a primeira aproximação da linguagem consiste realmente em apreendê-la como o modelo daquilo que se põe como preexistente, como remetendo a todo o domínio daquilo que já se acha aí, voz familiar que carrega a tradição, em que já se trata da criança sob a espécie de seu nome e em que ela deve se inserir antes mesmo de compreender. De uma certa maneira, esta voz dispõe mesmo de todas as dimensões da linguagem organizada: pois designa o bom objeto como tal ou, ao contrário, os objetos introjetados; significa alguma coisa, a saber, todos os conceitos e classes que estruturam o domínio da preexistência; e manifesta as variações emocionais da pessoa completa (voz que ama e dá segurança, que ataca e repreende, que se lamenta por estar ferida, ou que se retira e se cala). Mas a voz apresenta assim as dimensões de uma linguagem organizada sem poder tornar apreensível ainda o princípio de organização segundo o qual ela seria, ela própria, uma linguagem. Assim, ficamos fora do sentido e longe dele, desta vez em um *pré-sentido* das alturas: a voz não dispõe ainda da univocidade que dela faria uma linguagem e, não tendo unidade senão por sua eminência, permanece engastalhada na equivocidade de suas designações, na analogia de suas significações, na ambivalência de suas manifestações. Pois, em verdade, como ela designa o objeto perdido, não se sabe o que ela designa; não se sabe o que ela significa, uma vez que significa a ordem das preexistências; não se sabe o que ela manifesta, uma vez que manifesta o retirar-se em seu princípio ou o silêncio. Ela é ao mesmo tempo o objeto, a lei da perda e a perda. Ela é realmente a voz de Deus como superego, aquela que proíbe sem que saibamos o que é proibido, pois que não a apreenderemos senão pela sanção. Tal é o paradoxo da voz (que marca, ao mesmo tempo, a insuficiência de todas as teorias da analogia e da equivocidade): ela tem as dimensões de uma linguagem sem ter a sua condição, ela espera o *acontecimento* que fará dela uma

---

5. Robert Pujol observa, na terminologia de Lacan: "O objeto perdido não pode mais ser senão significado e não mais reencontrado..." ("Approche théorique du fantasme", *La Psychanalyse*, nº 8, 1964, p. 15).

DA ORALIDADE

linguagem. Ela deixou de ser um ruído, mas não é ainda uma linguagem. Pelo menos podemos medir o progresso do vocal sobre o oral, ou a originalidade desta voz depressiva com relação ao sistema sonoro esquizóide. A voz não se opõe menos aos ruídos quando ela os faz calar do que quando geme ela própria sob sua agressão ou faz silêncio. A passagem do ruído à voz, nós a revivemos constantemente em sonho; os observadores notaram muito bem como os ruídos chegando ao dormente se organizam em voz prestes a acordá-lo [6]. Somos esquizofrênicos dormindo, mas maníaco-depressivos aproximando-nos do despertar. Quando o esquizóide se defende contra a posição depressiva, quando o esquizofrênico regressa aquém, é que a voz não ameaça menos o corpo completo graças ao qual ele age do que os objetos internos de que padece. Como no caso do esquizofrênico estudante de línguas, a voz materna deve urgentemente ser decomposta em ruídos fonéticos literais e recomposta em blocos inarticulados. Não fazem senão um os roubos do corpo, do pensamento e da palavra que experimenta o esquizofrênico em seu enfrentamento da posição depressiva. Não é preciso perguntar se os ecos, constrangimentos e roubos são primeiros ou somente segundos com relação a fenômenos automáticos. É um falso problema, pois o que é roubado ao esquizofrênico não é a voz, é, ao contrário, pela voz do alto, todo o sistema sonoro *pré-vocal* de que tinha sabido fazer seu "autômato espiritual".

---

6. Cf. Bergson, *L'Energie spirituelle*, P.U.F., pp. 101-102.

Vigésima Oitava Série:
Da Sexualidade

Parcial tem dois sentidos: designa primeiro o estado dos objetos introjetados e o estado correspondente das pulsões que se prendem a estes objetos. Mas designa, por outro lado, zonas eletivas do corpo e o estado das pulsões que nelas encontram uma "fonte". Estas têm um objeto que pode, mesmo ele, muito bem ser parcial: o seio ou o dedo para a zona oral, os excrementos para a zona anal. Os dois sentidos, entretanto, não se confundem. Observou-se freqüentemente que as duas noções psicanalíticas de estágio e de zona não coincidiam. Um estágio caracteriza-se por um tipo de atividade que assimila a si outras atividades e realiza deste ou daquele modo uma mistura das pulsões — assim, a absorção no primeiro estágio oral, que assimila também o ânus ou então a excreção no estágio anal que o prolonga e que recupera também a boca. Ao contrário, as zonas representam um certo isolamento de um território, das atividades que o investem e das pulsões que nele encontram agora uma fonte distinta. O objeto parcial de um estágio é posto em pedaços pelas atividades às quais é submetido; o objeto parcial de uma zona é, antes, separado de um conjunto pelo território que ocupa e que o limita. Sem dúvida, a organização das zonas e a dos estágios se faz mais ou menos ao mesmo tempo, uma vez que todas as posições se elaboram no primeiro ano da vida, cada qual se encavalando sobre a que a precede e intervindo no seu curso. Mas a diferença essencial é esta: as zonas são *dados de superfície* e sua organização implica a constituição, a descoberta ou o investimento de uma terceira dimensão que não é mais a profundidade nem a altura. Poder-se-ia dizer que o objeto de uma zona é "projetado", mas projeção não significa mais um mecanismo das profun-

202 LÓGICA DO SENTIDO

didades e indica agora uma operação de superfície, sobre uma superfície.

Conforme à teoria freudiana das zonas erógenas e de sua relação com a perversão, define-se, pois, uma terceira posição, sexual-perversa, que funda sua autonomia na dimensão que lhe é própria (a perversão sexual como distinta da ascensão ou conversão depressiva e da subversão esquizofrênica). As zonas erógenas são recortadas na superfície do corpo, em torno de orifícios marcados por mucosas. Quando se observa que os órgãos internos podem se tornar também zonas erógenas, parece que é somente sob a condição da topologia espontânea do corpo segundo a qual, como dizia Simondon a propósito das membranas, "todo o conteúdo do espaço interior está topologicamente em contacto com o conteúdo do espaço exterior nos limites do ser vivo"[1]. Não basta nem mesmo dizer que as zonas erógenas são recortadas na superfície. Esta não lhes preexiste. Com efeito, cada zona é a formação dinâmica de um espaço de superfície em torno de uma singularidade constituída pelo orifício e prolongável em todas as direções até à vizinhança de uma outra zona dependendo de uma outra singularidade. Nosso corpo sexuado é primeiro um traje de Arlequim. Cada zona erógena é pois inseparável: de um ou vários pontos singulares; de um desenvolvimento serial definido em torno da singularidade; de uma pulsão investindo este território; de um objeto parcial "projetado" sobre o território como objeto de satisfação (*imagem*); de um observador ou de um eu ligado ao território e experimentando a satisfação; de um modo de concordância com as outras zonas. A superfície no seu conjunto é o produto desta concordância e veremos como ela coloca problemas específicos. Mas, justamente, porque o conjunto da superfície não preexiste, a sexualidade sob seu primeiro aspecto (pré-genital) deve ser definida como uma verdadeira produção das superfícies parciais e o auto-erotismo que lhe corresponde deve ser caracterizado pelo objeto de satisfação projetado sobre a superfície e pelo pequeno eu narcísico que o contempla e com ele se regala.

Como se faz esta produção, como se forma esta posição sexual? É preciso evidentemente procurar seu princípio nas posições precedentes e notadamente na reação da posição depressiva sobre a posição esquizóide. A altura, com efeito, tem um estranho poder de reação sobre a profundidade. Parece que, do ponto de vista da altura, a profundidade gira, orienta-se de uma nova maneira e se estende: vista do alto pela ave de rapina ela não é mais do que uma dobra mais ou menos facilmente desdobrável ou então

---

1. SIMONDON, Gilbert. *Op. cit.* p. 263.

um orifício local envolvido, cercado de superfície. Sem dúvida, a fixação ou a regressão à posição esquizóide implica uma resistência à posição depressiva tal que a superfície não poderá se formar: cada zona é então perfurada por mil orifícios que a anulam ou, ao contrário, o corpo sem órgãos se fecha sobre uma profundidade plena sem limites e sem exterioridade. Mais ainda, a posição depressiva não constitui, certamente, ela própria, uma superfície; ela precipita, antes, no orifício o imprudente que perto dele se aventurasse, como vemos no caso de Nietzsche que não descobre a superfície do alto, de seis mil pés de altura senão para ser engolido pelo orifício subsistente (cf. os episódios de aparência maníaco-depressiva antes da crise de demência de Nietzsche). Resta que a altura torna possível uma constituição das superfícies parciais, como os campos coloridos se desdobram sob a asa do avião — e que o superego, apesar de toda sua crueldade, não deixa de ter complacência para com a organização sexual das zonas superficiais, na medida em que pode supor que as pulsões libidinosas *aí se separam das pulsões destruidoras das profundidades* [2].

Certamente, as pulsões sexuais ou libidinosas já estavam trabalhando nas profundidades. Mas o importante é saber qual era o estado de sua mistura, de um lado com as pulsões de conservação, de outro com as pulsões de morte. Ora, em profundidade, as pulsões de conservação que constituem o sistema alimentar (absorção e mesmo excreção) têm de fato objetos reais e metas mas, em razão da impotência do recém-nascido, não dispõem de meios para satisfazer ou possuir o objeto real. Eis por que o que podemos chamar de pulsões sexuais se modela estreitamente sobre as pulsões de conservação, não nasce senão por ocasião destas, substituindo aos objetos fora de alcance objetos parciais introjetados e projetados: há estrita complementaridade das pulsões sexuais e dos simulacros. Mas então a destruição não designa um certo caráter da relação com o objeto real formado, ela qualifica todo o modo de formação do objeto parcial interno (os pedaços) e a totalidade da relação com ele, pois que ele é ao mesmo tempo destruído e destruidor e serve para destruir o ego tanto quanto o outro, a tal ponto que destruir-ser destruído ocupa toda a sensibilidade interna. É neste sentido que as três pulsões se misturam em profundidade, em tais condições

2. É um tema constante na obra de Mélanie Klein: o superego reserva *primeiro* sua repressão não às pulsões libidinosas, mas somente às pulsões destruidoras que as acompanham (cf., por exemplo, *La Psychanalyse des enfants*, pp. 148-149). Eis por que a angústia e a culpabilidade não nascem das pulsões libidinosas, mesmo incestuosas, mas primeiramente das pulsões destruidoras e de sua repressão: "Não seriam as tendências incestuosas que desencadeariam primeiramente o sentimento de culpabilidade; o temor do incesto resultaria ele próprio, em definitivo, das pulsões destruidoras associadas de maneira permanente aos primeiros desejos incestuosos".

204   LÓGICA DO SENTIDO

que a conservação fornece antes a pulsão, a sexualidade, o objeto substitutivo e a destruição, a relação inteira reversível. Mas precisamente, como a conservação é, no fundo, ameaçada por este sistema em que ela entra, comer tornando-se ser comido, vemos todo o sistema se deslocar; e a morte se recupera como pulsão no corpo sem órgãos, ao mesmo tempo que este corpo morto se conserva e se alimenta eternamente e se faz sexualmente nascer de si mesmo. O mundo da profundidade oral-anal-uretral é o de uma mistura móvel, que podemos verdadeiramente chamar sem fundo, e que dá testemunho de uma subversão perpétua.

Quando ligamos a sexualidade à constituição das superfícies ou das zonas, queremos pois dizer que as pulsões libidinosas encontram a ocasião de uma dupla liberação, ao menos aparente, que se exprime precisamente no auto-erotismo. De um lado elas se destacam do modelo alimentar das pulsões de conservação, pois que elas encontram nas zonas erógenas novas fontes e novos objetos nas imagens projetadas sobre estas zonas: assim o ato de chupar que se distingue da sucção. Por outro lado, elas se liberam do constrangimento das pulsões destruidoras na medida em que se engajam no trabalho produtivo das superfícies e nas novas relações com estes novos objetos peliculares. É por isso que, ainda uma vez, é tão importante distinguir por exemplo o estágio oral das profundidades e a zona oral da superfície; o objeto parcial interno, introjetado e projetado (simulacro) e o objeto de superfície projetado sobre uma zona segundo um mecanismo diferente (imagem): dependendo a subversão das profundidades e a perversão inseparável das superfícies [3]. Devemos pois, considerar a libido

---

3. O primeiro ponto — as pulsões sexuais se liberam das pulsões de conservação ou de alimentação — é bem marcado por J. Laplanche e J. B. Pontalis: *Vocabulaire de la psychanalyse*, P.U.F., 1967, p. 43 (e "Fantasma originário, fantasmas das origens, origem do fantasma", *Temps Modernes*, nº 215, 1964, pp. 1866-1867). Mas não basta definir esta liberação dizendo que as pulsões de conservação têm um objeto exterior e que as pulsões sexuais abandonam este objeto em proveito de uma espécie de "pronominal". Com efeito, as pulsões sexuais liberadas têm realmente ainda um objeto projetado em superfície: assim, o dedo chupado como projeção do seio (no limite, projeção de uma zona erógena sobre outra). O que Laplanche e Pontalis reconhecem perfeitamente. Mas, sobretudo, as pulsões sexuais, na medida em que esposavam as pulsões alimentares em profundidade, tinham já objetos particulares distintos do objeto destas pulsões: os objetos parciais internos. O que é preciso separar é pois dois estados das pulsões sexuais, duas espécies de objetos para estas pulsões, dois mecanismos de projeção. E o que deve ser criticado é uma noção como a de objeto alucinatório, que se aplica indistintamente ao objeto interno, ao objeto perdido, ao objeto de superfície.

De onde a importância de outro ponto — as pulsões sexuais se liberam das pulsões destruidoras. Mélanie Klein insiste nisso constantemente. Há em toda a escola de M. Klein uma tentativa justificada de desculpar a sexualidade e de liberá-la das pulsões destruidoras às quais não está ligada senão em profundidade. É neste sentido que a noção de crime sexual é discutida por Paula Heimann em *Développements de la psychanalyse*, p. 308. É bem verdade que a sexualidade é perversa, mas a perversão se define antes de tudo pelo papel das zonas erógenas parciais e de superfície. O "crime sexual" pertence a um outro domínio, em que a sexualidade não atua senão em mistura de profundidade com as pulsões destruidoras (subversão de preferência a perversão). Em todo caso não se deve confundir dois tipos de regressão bastante diferentes sob o tema muito geral de um retorno ao "pré-genital":

DA SEXUALIDADE

205

duplamente liberada como uma verdadeira *energia super-ficial*. Não podemos acreditar todavia que as outras pulsões tenham desaparecido e que elas não continuem seu trabalho em profundidade ou sobretudo que não encontrem uma posição original no novo sistema.

Aí ainda devemos fazer intervir o conjunto da posição sexual, com seus elementos sucessivos, mas que se enca-valam tão bem uns nos outros que o precedente não é determinado senão por seu enfrentamento com o seguinte ou sua prefiguração do seguinte. As zonas ou superfícies erógenas pré-genitais não são separáveis do problema de sua concordância. Ora, é certo que este acordo se opera de várias maneiras: por contigüidade, na medida em que a série que se desenvolve sobre uma é prolongada em uma outra série; à distância, na medida em que uma zona pode ser redobrada ou projetada sobre outra e fornecer a imagem de que a outra se satisfaz; e sobretudo indiretamente, no estágio do espelho de Lacan. Resta que a função de inte-gração direta e global ou de concordância geral é normal-mente atribuída à zona genital. É ela que deve ligar todas as outras zonas parciais, graças ao falo. Ora, a este res-peito, o falo não desempenha o papel de um órgão mas o de imagem particular projetada sobre esta zona privilegiada, tanto para a menina como para o menino. É que o órgão do pênis já tem toda uma história ligada às posições esqui-zóide e depressiva. Como todo órgão, o pênis conhece a aventura das profundidades em que é feito em pedaços, posto no corpo da mãe e no corpo da criança, agredido e agressor, assimilado a um pedaço de alimento venenoso, a um excremento explosivo; e ele não conhece menos a aven-tura da altura onde, como órgão completo e bom, dá amor e sanção, retirando-se ao mesmo tempo para formar a pessoa inteira ou o órgão correspondente à voz, isto é, o ídolo combinado dos dois pais. (Paralelamente, o coito parental, primeiro interpretado como puro ruído, furor e agressão, torna-se uma voz organizada, mesmo e inclusive em sua potência de calar-se e de frustrar a criança). É de todos estes pontos de vista que Mélanie Klein mostra que as posições esquizóide e depressiva fornecem os elemen-tos precoces do complexo de Édipo; *isto é,* que a passagem do mau pênis para um bom é a condição indispensável para o acesso ao complexo de Édipo em seu sentido estrito, à organização genital e aos novos problemas correspon-dentes [4]. Estes novos problemas, nós sabemos em que

por exemplo, a regressão a um estágio oral das profundidades e a regressão à zona oral de superfície.

4. Sobre o mau e o bom pênis, cf. Mélanie Klein, por exemplo, *La Psychanalyse des enfants,* pp. 233, 265. M. Klein assinala com ênfase que o complexo de Édipo implica a posição preliminar de um "bom pênis", tanto como a liberação das pulsões libidinosas com relação às pulsões destrutivas:

206   LÓGICA DO SENTIDO

consistem: organizar superfícies e operar sua concordância. Justamente, como as superfícies implicam uma liberação das pulsões sexuais relativamente às pulsões alimentares e às pulsões destruidoras, a criança pode acreditar que deixa aos pais o alimento e a potência e, em compensação, esperar que o pênis, como *órgão bom e completo,* virá se pôr e se projetar sobre sua própria zona genital, tornar-se o falo que "duplica" seu próprio órgão e lhe permite ter relações sexuais com a mãe sem ofender o pai.

Pois é isto que é essencial: a precaução e a modéstia da reivindicação edipiana, no ponto de partida. O falo, como imagem projetada sobre a zona genital não é de forma nenhuma um instrumento agressivo de penetração e de dilaceramento. Ao contrário, é um instrumento de superfície, destinado a *reparar* os ferimentos que as pulsões destruidoras, os maus objetos internos e o pênis das profundidades fizeram suportar ao corpo materno e a tranqüilizar o bom objeto, a convencê-lo a não se desviar (os processos de "reparação" sobre os quais insiste Mélanie Klein nos parecem, neste sentido, pertencer à constituição de uma superfície ela mesma reparadora). A angústia e a culpabilidade não derivam do desejo edipiano de incesto; elas se formaram bem antes, uma com a agressividade esquizóide, a outra com a frustração depressiva. O desejo edipiano seria antes de natureza a conjurá-las. *Édipo é um herói pacificador do tipo hercúleo.* É o ciclo tebano. Édipo conjurou a potência infernal das profundidades, conjurou a potência celeste das alturas e reivindica somente um terceiro império, a superfície, nada além da superfície — de onde sua convicção de não ser faltoso e a certeza em que estava de ter tudo organizado para escapar à predição. Este ponto, que deveria ser desenvolvido pela interpretação do conjunto do mito, encontra uma confirmação na natureza própria do falo: este não deve se introduzir, mas, tal como a relha do arado se destina à tênue camada fértil da terra, ele traça *uma linha na superfície.* Esta linha, emanada da zona genital, é a que liga todas as zonas erógenas entre si, logo assegura sua emenda ou sua dobra e faz de todas as superfícies parciais uma só e mesma superfície sobre o corpo da criança. Bem mais, ela é tida como devendo refazer uma superfície para o corpo da própria mãe e fazer voltar o pai

---

"É somente quando um jovem acredita fortemente na bondade do órgão genital masculino, o de seu pai como o seu próprio, que ele pode se permitir sentir seus desejos genitais relativamente a sua mãe..., ele pode fazer face ao ódio e à rivalidade que faz nascer nele o complexo de Édipo" (*Essais de Psychanalyse,* trad. M. Derrida, Payot, p. 415). O que não quer dizer, nós o veremos, que a posição sexual e a situação edipiana não comportem suas angústias e seus perigos novos; assim, um medo específico da castração. E se é verdade que, nos estágios precoces de Édipo, o superego dirige antes de tudo sua severidade contra as pulsões destruidoras, "a defesa contra as pulsões libidinosas faz sua aparição nas últimas fases" (*La Psychanalyse des enfants,* pp. 148-149).

DA SEXUALIDADE

retirado. É nesta fase fálica edipiana que uma nítida cisão dos dois pais se opera, a mãe assumindo o aspecto de um corpo ferido por reparar e o pai, de um bom objeto a fazer voltar; mas, sobretudo, é aí que a criança persegue sobre seu próprio corpo a constituição de uma superfície e a integração das zonas, graças ao privilégio bem fundado da zona genital.

Vigésima Nona Série: As Boas Intenções são Forçosamente Punidas

É preciso, pois, imaginar Édipo não somente inocente, mas pleno de zelo e de boas intenções: Hércules segundo, que vai conhecer uma experiência dolorosa semelhante. Mas por que suas boas intenções parecem se voltar contra ele? Primeiramente, em razão da delicadeza do empreendimento, a fragilidade própria das superfícies. Nunca estamos seguros de que as pulsões destruidoras, continuando a agir sob as pulsões sexuais, não dirijam seu trabalho. O falo como imagem na superfície corre o risco, a cada instante, de ser recuperado pelo pênis da profundidade ou o da altura; e assim de ser castrado como falo, uma vez que o pênis da profundidade é ele próprio devorante, castrante e o da altura é frustrante. Há, pois, uma dupla ameaça de castração por regressão pré-edipiana (castração-devoração, castração-privação). E a linha traçada pelo falo corre o risco de se precipitar na profunda *Spaltung;* e o incesto, de voltar ao estado de um estripamento que seria tanto o da mãe como o da criança, a uma mistura canibalesca em que o comedor é também comido. Em suma, a posição esquizóide e mesmo a posição depressiva, a angústia de uma e a culpabilidade da outra, não cessam de ameaçar o complexo de Édipo; como diz Mélanie Klein, a angústia e a culpabilidade não nascem do empreendimento incestuoso, elas, antes, o impedem de se formar e o comprometem constantemente.

Contudo, esta primeira resposta não é suficiente. Pois a constituição das superfícies não tem menos por princípio e intenção separar as pulsões sexuais das pulsões destruidoras em profundidade e reencontra, a este respeito, uma complacência certa da parte do superego ou do bom objeto das alturas. Os perigos do empreendimento edipiano devem, pois, também provir de uma evolução interna; bem mais, os riscos de confusão, de mistura corporal, invocados pela primeira resposta não adquirem todo o seu sentido senão em função destes novos perigos secretados pelo próprio empreendimento edipiano. Em suma, este engendra necessariamente uma nova angústia que lhe é própria, uma nova culpabilidade, uma nova castração que não se reduz às duas precedentes — e à qual somente convém o nome de "complexo de castração" em relação com Édipo. A constituição das superfícies é o mais inocente, mas inocente não significa sem perversidade. É preciso acreditar que o superego abandona sua benevolência primeira, *por exemplo* no momento de Édipo, quando passamos da organização das superfícies parciais pré-genitais à sua integração ou concordância genital sob o signo do falo. Por quê?

A superfície tem uma importância decisiva no desenvolvimento do ego; Freud o mostra bem, quando diz que o sistema percepção-consciência está localizado na membrana que se forma na superfície da bola protoplásmica [1]. O ego, como termo do "narcisismo primário", jaz primeiramente em profundidade, na própria bola ou no corpo sem órgãos. Mas ele não pode conquistar uma independência senão no "auto-erotismo" com as superfícies parciais e todos os pequenos "ego" que as habitam. Então, a verdadeira provação do ego está no problema da concordância, logo de *sua própria* concordância, quando a libido como energia superficial o investe em um "narcisismo secundário". E, há pouco o pressentíamos, esta concordância fálica das superfícies e do próprio ego na superfície, acompanha-se de operações qualificadas de edipianas: é isto que é preciso analisar. A criança recebe o falo como uma imagem projetada pelo bom pênis ideal sobre a zona genital de seu corpo. Este dom (superinvestimento narcísico de órgão), ela o recebe como a condição pela qual pode operar a integração de todas as suas outras zonas. Mas eis que não realiza este trabalho de produção da superfície sem introduzir, alhures, mudanças muito importantes. Primeiramente, ela talha o ídolo doador ou o bom objeto da altura. Os pais se achavam combinados precedentemente, segundo fórmulas bem destacadas por Mélanie Klein: o corpo materno das profundidades compreendia uma multiplicidade de pênis como objetos parciais internos; e sobretudo, o bom objeto da altura era, ao mesmo tempo, pênis e seio como órgão completo, mãe provida de um pênis e pai provido de um seio. Agora, acreditamos nós, a separação se faz assim: das duas disjunções subsumidas pelo bom objeto, indene-

---

1. Cf. Freud, *Para além do princípio de prazer*, Cap. 4. Todo este capítulo é essencial para uma teoria biopsíquica das superfícies.

AS BOAS INTENÇÕES SÃO FORÇOSAMENTE PUNIDAS 211

-ferido, presente-ausente, a criança começa por extrair o negativo e dele se serve para qualificar uma *imagem* de mãe e uma *imagem* de pai. De um lado, identifica a mãe ao corpo ferido como primeira dimensão do bom objeto completo (corpo ferido que não se deve confundir com o corpo explodido e despedaçado da profundidade); e, por outro lado, identifica o pai com a última dimensão, o bom objeto como retirado na sua altura. E o corpo ferido da mãe, a criança pretende repará-lo com seu falo reparador, torná-lo indene, pretende refazer para este corpo uma superfície, ao mesmo tempo em que faz uma superfície para seu próprio corpo. E o objeto retirado, ela pretende fazê-lo voltar e torná-lo presente, com seu falo evocador.

Cada qual, no inconsciente, é o filho de divorciados, que sonha em reparar a mãe e fazer vir o pai, tirá-lo de seu esconderijo: tal nos parece a base daquilo que Freud chamava de "romance familiar", que ligava ao complexo de Édipo. Jamais a criança teve melhores intenções na sua confiança narcísica, jamais sentir-se-á tão boa e, longe de lançar-se em um empreendimento angustiante e culpável, jamais nesta posição acreditou-se tão próxima de conjurar a angústia ou a culpabilidade das posições precedentes. É verdade que ela toma o lugar do pai e a mãe como objeto do seu desejo incestuoso. Mas a relação de incesto como a de procuração não implica aqui a violência: nenhum estripamento nem usurpação, mas ao contrário uma relação de superfície, um processo de reparação e de evocação em que o falo opera uma dobra na superfície. Não enegrecemos, não endurecemos o complexo de Édipo senão negligenciando o horror dos estágios precedentes em que o pior se passou e esquecendo que a situação edipiana não é atingida a não ser na medida em que as pulsões libidinosas puderam se destacar das pulsões destruidoras. Quando Freud observa que o homem normal não é somente mais imoral do que crê, mas mais moral do que suspeita, isto é verdade antes de tudo com relação ao complexo de Édipo. Édipo é uma tragédia, mas é o caso de se dizer que se deve imaginar o herói trágico alegre e inocente e partindo com o pé direito. O incesto com a mãe por reparação, a substituição do pai por evocação, não são somente boas intenções (pois é com o complexo de Édipo que nasce a intenção, noção moral por excelência). A título de intenções, são os prolongamentos inseparáveis da atividade a mais inocente aparentemente, aquela que consiste para a criança em se fazer uma superfície de conjunto de todas as suas superfícies parciais, utilizando o falo projetado pelo bom pênis a partir do alto e fazendo beneficiar-se as imagens parentais desta projeção. Édipo é hercúleo, porque ele também, pacificador, quer constituir para si mesmo um

212 LÓGICA DO SENTIDO

reinado de seu porte, reinado das superfícies e da terra. Ele acreditou conjurar os monstros da profundidade e fazer suas aliadas as potências do alto. E, inseparável de seu empreendimento, há reparar a mãe e fazer vir o pai: o verdadeiro complexo de Édipo.

Mas por que tudo acaba tão mal? Por que a nova angústia e a nova culpabilidade como produzidas? Por que é que já Hércules encontrava em Juno uma madrasta cheia de ódio, resistindo a toda oferta de reparação e em Zeus um pai cada vez mais retirado, esquivando-se cada vez mais após ter favorecido? Dir-se-ia que a empresa das superfícies (a boa intenção, o reinado da terra) não encontra somente um inimigo esperado, vindo das profundidades infernais que se tratava de vencer, mas também um inimigo inesperado, o da altura, o qual, contudo, tornava a empresa possível e não pode mais caucioná-la. O superego como bom objeto se põe a condenar as pulsões libidinosas nelas mesmas. Com efeito, no seu desejo de incesto-reparação, Édipo viu. O que ele viu (a cisão uma vez feita) e que ele não devia ver é que o corpo ferido da mãe não o é somente pelos pênis internos que contém, mas enquanto carecendo de pênis em sua superfície, como corpo castrado. O falo enquanto imagem projetada, que dava uma força nova ao pênis da criança, designa, ao contrário, uma falta na mãe. Ora, esta descoberta ameaça essencialmente a criança; pois ela significa (do outro lado da cisão) que o pênis é a propriedade do pai e que, ao pretender fazer com que ele volte, ao pretender torná-lo presente, a criança trai a essência paterna que consistia no retraimento e que não podia ser encontrada a não ser como reencontrada, reencontrada *na ausência* e no esquecimento, mas jamais dada numa simples presença de "coisa" que dissiparia o esquecimento [2]. Torna-se, pois, verdadeiro, neste momento, que desejando reparar a mãe a criança castrou-a e estripou-a e, querendo fazer vir o pai, a criança traiu-o, matou-o, transformou-o em cadáver. A castração, a morte por castração, torna-se então o destino da criança, refletida pela mãe nesta angústia que a criança sente agora, infligida pelo pai nesta culpabilidade que suporta agora como signo de vingança. Toda a história começava pelo falo como imagem projetada sobre a zona genital e que dava ao pênis da criança a força de empreender. Mas tudo parece terminar com a imagem que se dissipa e que provoca o desaparecimento do pênis da criança. A "perversidade" é o percurso das superfícies e eis que se revela algo de falso neste percurso. A linha que o falo traçava na superfície, através de todas as super-

---

2. Todas as grandes interpretações de Édipo integram necessariamente elementos tomados de empréstimo das posições precedentes, esquizóide e depressiva: assim, a insistência de Hölderlin no retraimento ou no desvio remete a uma posição pré-edipina.

AS BOAS INTENÇÕES SÃO FORÇOSAMENTE PUNIDAS 213

fícies parciais, não é mais do que o traçado da castração em que o falo se dissipa ele próprio e o pênis com ele. Esta castração, que merece com exclusividade o nome específico de "complexo", distingue-se em princípio das duas outras castrações, a da profundidade por devoração-absorção, a da altura por privação-frustração. É uma castração por a*d*sorção, fenômeno de superfície: assim, os venenos superficiais, os venenos da túnica e da pele que queimam Hércules, assim os venenos sobre imagens ainda que apenas contempladas, como estas camadas venenosas sobre um espelho ou sobre um quadro, que inspiram o teatro elisabetano. Mas, justamente, é em virtude de sua especificidade que esta castração reencontra as duas outras e que, fenômeno da superfície, parece marcar seu malogro ou a doença, o bolor prematuro, a maneira pela qual a superfície apodrece prematuramente, cuja linha na superfície reencontra a profunda *Spaltung* e o incesto das superfícies a mistura canibalesca em profundidade — conforme à primeira razão que invocávamos há pouco.

Contudo, a história não se detém aí. O isolamento, com Édipo, da categoria ética de intenção é de uma importância positiva considerável. À primeira vista, só há negativo na boa intenção que acaba mal: a ação querida é como negada, suprimida pelo que é realmente feito; e da mesma forma a ação realmente feita é *denegada* por aquele que a fez e que recusa sua responsabilidade (não fui eu, eu não quis isto, "matei sem saber"). Mas seria um erro pensar a boa intenção e sua perversidade essencial no quadro de uma simples oposição de duas ações determinadas, a que é querida e a que é feita. De um lado, com efeito, a ação querida é uma imagem de ação, uma ação projetada; e não falamos de um projeto psicológico da vontade, mas do que o torna possível, isto é, de um mecanismo de projeção ligado às superfícies físicas. É neste sentido que podemos compreender Édipo como a tragédia da Aparência. Longe de ser uma instância das profundidades, a intenção é o fenômeno de conjunto da superfície, o fenômeno que corresponde adequadamente à concordância das superfícies físicas. A noção mesma de Imagem, após ter designado o objeto superficial de uma zona parcial, depois o falo projetado sobre a zona genital, depois as imagens parentais peliculares saídas de uma cisão, designa enfim a ação em geral, que concerne à superfície, não tal ação particular, mas toda ação que se estende em superfície e que pode habitá-la (reparar e evocar, reparar a superfície e fazer vir à superfície). Mas, de outro lado, a ação efetivamente feita não é uma ação determinada que se oporia à outra, nem uma paixão que seria o contragolpe da ação projetada. É alguma coisa que acontece, que representa por sua vez tudo o que pode acontecer, ou melhor ainda alguma coisa que resulta necessariamente das ações e das paixões, mas que é de uma outra natureza, nem ação nem paixão em si mesma: acontecimento, puro acontecimento, *Eventum tantum* (matar o pai e castrar a mãe, ser castrado e morrer). É o mesmo que dizer que a ação feita não é menos que a outra projetada sobre uma superfície. Só que se trata de uma outra superfície, metafísica ou transcendental. Dir-se--ia que a ação inteira projetou-se sobre uma dupla tela, uma constituída pela superfície sexual e física, a outra por uma superfície já metafísica ou "cerebral". Em suma, a intenção como categoria edipiana não opõe em absoluto uma ação determinada a uma outra, tal ação querida a tal ação feita. Ao contrário, ela toma o conjunto de toda ação possível e o divide em dois, projeta-o sobre duas telas e determina cada lado conforme às exigências necessárias de cada tela: de um lado, toda a imagem da ação sobre uma superfície física, em que a ação mesma aparece como querida e se encontra determinada sob as espécies da reparação e da evocação; de outro lado, todo o resultado da ação sobre uma superfície metafísica, em que a ação mesma aparece como produzida e não querida, determinada sob as espécies do assassínio e da castração. O célebre mecanismo de "denegação" (não foi o que eu quis...), com toda sua importância para a formação do *pensamento,* deve então ser interpretado como exprimindo a passagem de uma superfície à outra.

E vamos ainda muito depressa. É evidente que o assassínio e a castração que resultam da ação concernem aos corpos, que não constituem por si mesmos uma superfície metafísica e nem mesmo lhe pertencem. No entanto, estão no caminho, uma vez lembrado que se trata de um longo caminho balizado de etapas. Com efeito, com a "ferida narcísica", isto é, quando a linha fálica se transforma em traçado da castração, a libido que investia na superfície o ego do narcisismo secundário conhece, por sua vez, uma transmutação particularmente importante: aquela que Freud chama *dessexualização,* a energia dessexualizada parecendo--lhe ao mesmo tempo alimentar o instinto de morte e condicionar o mecanismo do pensamento. Devemos, pois, atribuir aos temas da morte e da castração um duplo valor: aquele que tem na perseveração ou na liquidação do complexo de Édipo e na organização da sexualidade genital definitiva, tanto sobre sua superfície própria quanto nas suas relações com as dimensões precedentes (posições esquizóide e depressiva); mas, igualmente, o valor que eles tomam como origem da energia dessexualizada e a maneira original pela qual esta energia os reinveste sobre sua nova superfície metafísica ou de pensamento puro. Este segundo processo — independente do outro em uma certa medida, pois que não é diretamente proporcional ao êxito ou ao malogro da liquidação de Édipo — corresponde no seu primeiro aspecto ao que chamamos de *sublimação*, e no seu segundo aspecto ao que chamamos de *simbolização*. Devemos, pois, admitir que as metamorfoses não se detêm com a transformação da linha fálica em traçado de castração sobre a superfície física ou corporal e que o traçado da castração corresponde, ele próprio, a uma fissura sobre uma outra superfície metafísica incorporal que opera sua transmutação. Esta mudança coloca todo tipo de problemas relativos à energia dessexualizada que forma a nova superfície, aos mecanismos mesmos da sublimação e da simbolização, ao destino do ego neste novo plano, enfim, ao duplo pertencer do assassínio ou da castração ao antigo e ao novo sistema [3]. Esta fissura do pensamento na superfície incorporal, nela reconhecemos a linha pura do Aion ou o instinto de morte sob sua forma especulativa. Mas, justamente, é preciso tomar ao pé da letra a idéia freudiana de que o instinto de morte é caso de especulação. Ao mesmo tempo, lembraremos que esta última metamorfose incorre nos mesmos perigos que as outras e talvez de uma maneira ainda mais aguda: a fenda corre singularmente o risco de quebrar a superfície de que ela é, no entanto, inseparável, de ir se juntar ao simples traçado da castração na outra superfície ou, pior ainda, de mergulhar na *Spaltung* das profundidades ou das alturas, levando todos os destroços de superfície nesta debandada generalizada em que o fim reencontra o ponto de partida e o instinto de morte as pulsões destruidoras sem fundo — segundo a confusão que vimos precedentemente entre as duas figuras da morte: ponto central de obscuridade que não cessa de colocar o problema das relações do pensamento com a esquizofrenia e a depressão, com a *Spaltung* psicótica em geral e também a castração neurótica, "pois toda vida, bem entendido, é um processo de demolição", inclusive a vida especulativa.

---

3. A teoria da energia dessexualizada é esboçada por Freud em *O Ego e o Id*, capítulo 4. Divergimos da exposição freudiana em dois pontos. De um lado, Freud exprime-se freqüentemente como se a libido narcísica implicasse como tal uma dessexualização da energia. O que não pode ser mantido na medida em que o eu fálico do narcisismo secundário dispõe ainda de relações objetais como as imagens dos pais (reparar, fazer vir); então, a dessexualização não pode se produzir senão com o complexo de castração definido na sua especificidade. De outro lado, Freud chama "neutra" esta energia dessexualizada; ele entende com isso que ela é deslocável e suscetível de passar de Eros a Tânatos. Mas, se é verdade que ela não se contenta em se juntar a Tânatos ou instinto de morte, se é verdade que ela o constitui pelo menos sob a figura especulativa que ele toma na superfície, "neutra" deve ter um outro sentido, que veremos nos parágrafos seguintes.

Trigésima Série:
Do Fantasma

O fantasma tem três características principais. 1º) Ele não representa uma ação nem uma paixão, mas um resultado de ação e de paixão, isto é, um puro acontecimento. A questão: tais acontecimentos são reais ou imaginários? não está bem colocada. A distinção não é entre o imaginário e o real, mas entre o acontecimento como tal e o estado de coisas corporal que o provoca ou no qual se efetua. Os acontecimentos são efeitos (assim, o "efeito" castração, o "efeito" assassínio do pai...). Mas, precisamente, enquanto efeitos eles devem ser ligados a causas não somente endógenas, mas exógenas, estados de coisas efetivos, ações realmente empreendidas, paixões e contemplações realmente efetuadas. Eis por que Freud tem razão de manter os direitos da realidade na produção dos fantasmas, no momento mesmo em que reconhece estes como produtos que ultrapassam a realidade [1]. Seria completamente deplorável esquecer ou fingir esquecer que as crianças observam realmente o corpo da mãe, do pai e o coito parental, que são realmente o objeto de empreendimentos de sedução por parte do adulto, que sofrem ameaças de castração precisas e detalhadas etc. Não são também os assassínios de pais, os incestos, os envenenamentos e estripamentos que faltam na história pública e privada. Resta que os fantasmas, no momento em que são efeitos e porque são efeitos, diferem em natureza de suas causas reais. Falamos das causas endógenas (constituição hereditária, herança filogenética, evolução interna da sexualidade, ações e paixões introjetadas) não menos que causas exógenas. É que o fantasma, à maneira do acontecimento que representa, é um "atributo noemático" que se distingue não somente dos estados de

---

1. Cf. Freud, *Cinq Psychanalyses* — L'Homme aux loups, 5.

coisas e de suas qualidades, mas do vivido psicológico e dos conceitos lógicos. Ele pertence como tal a uma superfície ideal sobre a qual é produzido como efeito e que transcende o interior e o exterior, pois que ela tem como propriedade topológica o fato de colocar em contacto "seu" lado interior e "seu" lado exterior para desdobrá-los em um só lado. Eis por que o fantasma-acontecimento é submetido à dupla causalidade, remetendo de um lado às causas externas e internas de que resulta em profundidade, mas de outro lado à quase-causa que o "opera" na superfície e o faz comunicar com todos os outros acontecimentos-fantasmas. Em duas ocasiões vimos como o lugar estava preparado para tais efeitos diferindo em natureza daquilo de que resultam: uma primeira vez desde a posição depressiva, quando a causa se retira em altura e deixa o campo livre ao desenvolvimento de uma superfície a vir; depois na situação edipiana, quando a intenção deixa o campo livre para um resultado de uma outra natureza, em que o falo desempenha o papel de quase-causa.

Nem ativos nem passivos, nem internos nem externos, nem imaginários nem reais, os fantasmas têm realmente a impassibilidade e a idealidade do acontecimento. Diante desta impassibilidade, eles nos inspiram uma espera insuportável, a espera daquilo que vai resultar, daquilo que já se acha em vias e não acaba mais de resultar. E de que nos fala a psicanálise com a grande trindade, assassínio-incesto-castração, devoração-estripamento-adsorção — senão de acontecimentos puros? Todos os acontecimentos em Um, como no ferimento? *Totem e Tabu* é a grande teoria do acontecimento e a psicanálise em geral a ciência dos acontecimentos: com a condição de não se tratar o acontecimento como alguma coisa de que é preciso procurar e isolar o sentido, pois que o acontecimento é o próprio sentido, na medida em que se isola ou se distingue dos estados de coisas que o produzem e em que se efetua. Sobre os estados de coisas è sua profundidade, suas misturas, suas ações e paixões, a psicanálise lança a mais viva luz; mas para chegar à emergência daquilo que daí resulta, o acontecimento de uma outra natureza, como efeito de superfície. Assim, qualquer que seja a importância das posições precedentes ou a necessidade de ligar sempre o acontecimento a suas causas, a psicanálise tem razão de lembrar o papel de Édipo como "complexo nuclear" — fórmula da mesma importância que o "núcleo noemático" de Husserl. Pois é com Édipo que o acontecimento se destaca de suas causas em profundidade, se estende na superfície e se prende a sua quase-causa do ponto de vista de uma gênese dinâmica. Crime perfeito, verdade eterna, esplendor real do acontecimento, dos quais cada qual comunica com todos os outros nas variantes de um só e mesmo fantasma: distinto de sua efetuação como das causas que o produzem, fazendo valer esta eterna parte de excesso com relação a estas causas, esta parte de inacabado com relação a suas efetuações, sobrevoando seu próprio campo, fazendo-nos filhos dele mesmo. E se é bem nesta parte que a efetuação não pode se cumprir, nem a causa produzir, que o acontecimento reside por inteiro, é aí também que ele se oferece à contra-efetuação e que reside nossa mais alta liberdade, pela qual nós o desenvolvemos e o levamos a seu termo, à sua transmutação e tornamo-nos senhores, enfim, das efetuações e das causas. Como ciência dos acontecimentos puros, a psicanálise é também uma arte das contra-efetuações, sublimações e simbolizações.

2º) A segunda característica do fantasma é sua situação com relação ao eu, ou antes a situação do eu no próprio fantasma. É bem verdade que o fantasma encontra seu ponto de partida (ou seu autor) no eu fálico do narcisismo secundário. Mas se o fantasma tem a propriedade de se voltar sobre seu autor, qual é o lugar do eu no fantasma, levando-se em conta o desenrolar ou o desenvolvimento que dele são inseparáveis? Laplanche e Pontalis colocaram, particularmente, este problema em condições tais que recusam de antemão toda resposta fácil: embora o eu possa aparecer no fantasma a tal ou tal momento como atuante, como sofrendo uma ação, como terceiro observante, ele não é nem ativo, nem passivo e não se deixa, em nenhum momento, fixar a um lugar, ainda que reversível. O fantasma originário "caracterizar-se-ia por uma ausência de subjetivação paralela à presença do sujeito na cena"; "toda repartição do sujeito e do objeto se acha abolida", "o sujeito não visa o objeto ou seu signo, ele figura a si mesmo tomado na seqüência de imagens..., é representado participando da cena sem que, nas formas mais próximas do fantasma originário, um lugar possa lhe ser atribuído". Estas observações têm duas vantagens: de um lado, elas sublinham que o fantasma não é representação de ação nem de paixão, mas pertence a um outro domínio; de outro lado, mostram que, se o eu aí se dissipa, não pode ser em virtude de alguma identidade dos contrários, de uma inversão em que o ativo tornar-se-ia passivo — como isto acontece no devir das profundidades e na identidade infinita que ele implica [2].

---

2. Cf. J. Laplanche e J. B. Pontalis, "Fantasme originaire, fantasme des origines, origine du fantasme", *op. cit.*, pp. 1861-1868: "Um pai seduz a filha, tal seria por exemplo a formulação resumida do fantasma da sedução. A marca do processo primário não é aqui a ausência de organização, como se costuma dizer, mas este caráter particular da estrutura: ela é um cenário com entradas múltiplas, no qual nada diz que o sujeito encontrará de uma só vez seu lugar no termo *filha*; podemos vê-lo fixar-se em *pai* ou mesmo em *seduz*". É isto, aliás, o essencial da crítica que Laplanche e Pontalis dirigem à tese de Susan Isaacs ("Natureza e função do fantasma", em *Développements de la Psychanalyse*"): esta, modelando o fantasma sobre a pulsão,

LÓGICA DO SENTIDO

Todavia, não podemos seguir esses autores quando procuram este além do ativo e do passivo em um modelo do pronominal que faz ainda apelo ao eu e se relaciona mesmo explicitamente a um aquém auto-erótico. O valor do pronominal — punir-se em lugar de punir ou de ser punido, ou melhor ainda, ver a si mesmo ao invés de ver e de ser visto — é realmente atestado por Freud, mas não parece ultrapassar o ponto de vista de uma identidade dos contrários, seja por aprofundamento de um deles, seja por síntese dos dois. Que Freud tenha ficado preso a um tal ponto de vista "hegeliano" não é duvidoso, como se vê no domínio da linguagem a propósito de uma tese sobre as *palavras primitivas* providas de um sentido contraditório [3]. Em verdade, o ultrapassamento do ativo e do passivo e a dissolução do eu que lhe corresponde, não se fazem na direção de uma subjetividade infinita ou refletida. O que está além do ativo e do passivo não é pronominal, mas o resultado — resultado de ações e paixões, o efeito de superfície ou o acontecimento. O que aparece no fantasma é o movimento pelo qual o eu se abre à superfície e libera as singularidades acósmicas, impessoais e pré-individuais que aprisionava. Ao pé da letra, ele as abandona como espórios e explode neste deslastre. É preciso interpretar a expressão "energia neutra" neste sentido: *neutro* significa então pré--individual e impessoal, mas não qualifica o estado de uma energia que viria juntar-se a um sem-fundo, remete, ao contrário, às singularidades liberadas do eu pelo ferimento narcísico. Esta neutralidade, isto é, este movimento pelo qual singularidades são emitidas ou antes restituídas por um eu que se dissolve ou se adsorve na superfície, pertence essencialmente ao fantasma: assim em "Uma criança apanha" (ou ainda "Um pai seduz a filha", segundo o exemplo invocado por Laplanche e Pontalis). Então, a individualidade do eu se confunde com o acontecimento do próprio fantasma; desde que o acontecimento representado no fantasma seja apreendido como um outro indivíduo ou antes como uma série de outros indivíduos pelos quais passa

dá ao sujeito um lugar determinado ativo, mesmo se o ativo vira passivo e inversamente. Ao que eles objetam: "Basta reconhecer no fantasma de incorporação a equivalência de comer e ser comido? Enquanto é mantida a idéia de um lugar do sujeito, mesmo se este pode aí ser apassivado, estamos na estrutura do fantasma mais fundamental?"

3. Sobre o laço da inversão dos contrários e do retorno contra si e sobre o valor do pronominal a este respeito, cf. Freud, "As pulsões e seus destinos", em *Métapsychologie*.

O texto de Freud sobre *os sentidos opostos nas palavras primitivas* foi criticado por Emile Benveniste ("Remarques sur la fonction du langage dans la découverte freudienne". *Problèmes de Linguistique générale*). Benveniste mostra que uma língua pode muito bem não comportar tal ou tal categoria, mas não lhe dar uma expressão contraditória. (Todavia, ao ler Benveniste, tem-se a impressão de que uma língua se confunde necessariamente com puros processos de racionalização; a linguagem não implica, no entanto, procedimentos paradoxais com relação a sua organização manifesta, embora estes procedimentos não se deixem de forma nenhuma reduzir à identificação dos contrários?)

DO FANTASMA   221

o eu dissolvido. O fantasma é, assim, inseparável dos lances de dados ou dos casos fortuitos que coloca em cena. E as célebres *transformações gramaticais* (como as do presidente Schreber, ou as do sadismo ou do voyeurismo marcam cada vez assumpções de singularidades repartidas em disjunções, todas as comunicantes no acontecimento para cada caso, todos os acontecimentos comunicando em um como os lances de dado em um mesmo lançar. Reencontramos aqui a ilustração de um princípio da distância positiva, com as singularidades que a escalonam e de um uso afirmativo da síntese disjuntiva (e não síntese de contradição).

3º) Não é um acaso se o desenvolvimento inerente ao fantasma se exprime em um jogo de transformações gramaticais. O fantasma-acontecimento se distingue do estado de coisas correspondente, real ou possível; o fantasma representa o acontecimento segundo sua essência, isto é, como um atributo noemático distinto das ações, paixões e qualidades do estado de coisas. Mas o fantasma representa também o outro aspecto, não menos essencial, segundo o qual o acontecimento é o exprimível de uma proposição (o que Freud marca dizendo que o material fantasmático, por exemplo, na representação do coito parental, está em afinidade com as "imagens verbais"). Aí ainda, não é que o fantasma seja dito ou significado; o acontecimento apresenta tantas diferenças com as proposições que o exprimem quanto com o estado de coisas ao qual sobrevém. Resta que não existe fora de uma proposição pelo menos possível, mesmo se esta proposição tem todos os caracteres de um paradoxo ou de um não-senso; e que ele insiste em um elemento particular da proposição. Este elemento é o *verbo* e o verbo no infinitivo. O fantasma é inseparável do verbo infinitivo e dá testemunho assim do acontecimento puro. Mas, em virtude da relação e do contacto complexos entre a expressão e o expresso, entre a interioridade do exprimente e a exterioridade do expresso, entre o verbo tal como aparece na linguagem e tal como subsiste no ser, devemos conceber um infinitivo que não é tomado ainda no jogo das determinações gramaticais, independente não somente de toda pessoa, mas de todo tempo, de todo modo e de toda voz (ativa, passiva ou reflexiva): infinitivo neutro para o puro acontecimento, Distância, Aion, que representa o extraproposicional de todas as proposições possíveis ou o conjunto dos problemas e questões ontológicas que correspondem com a linguagem. É a partir deste infinitivo puro não determinado que se faz o engendramento das vozes, dos modos, dos tempos e das pessoas, cada um dos termos engendrados nas disjunções representando no seio do fantasma uma combinação variável de pontos singulares e construindo em torno destas singularidades um caso de solução para o problema especificado — problema do nascimento, da diferença dos sexos, da morte... Luce Irigaray, em um breve artigo, após ter marcado a relação essencial do fantasma com o verbo infinitivo, analisa exemplos de uma tal gênese: um infinitivo sendo determinado em um fantasma (assim "viver", "absorver", "dar") ela pergunta qual o tipo de conexão sujeito-objeto, o tipo de conjunção ativo-passivo, o tipo de disjunção afirmação-negação, o tipo de temporalização de que cada um destes verbos é capaz ("viver", por exemplo, tem um sujeito, mas que não é agente e não tem objeto diferenciado). Ela pode, pois, classificar estes verbos em uma ordem que vai do menos determinado ao mais determinado, como se um infinitivo geral supostamente puro se especificasse progressivamente a partir da diferenciação das relações formais gramaticais[4]. É assim que o Aion se povoa de acontecimentos ao nível das singularidades distribuídas por sobre sua linha infinitiva. Tentamos mostrar de uma maneira análoga que o verbo ia de um infinitivo puro, aberto sobre uma questão como tal, a um indicativo presente fechado sobre uma designação de estado de coisas ou casos de solução: um, abrindo e desdobrando o anel da proposição, o outro fechando-o e entre os dois todas as vocalizações, as modalizações, as temporalizações, as personalizações, com as transformações próprias a cada caso segundo um "perspectivismo" gramatical generalizado.

Mas, então, uma tarefa mais simples se impõe, a de determinar o ponto de nascimento do fantasma e a partir daí sua relação real com a linguagem. Esta questão é nominal ou terminológica na medida em que concerne ao emprego da palavra fantasma. Mas ela empenha outras coisas também, pois que fixa este emprego com relação a tal momento considerado capaz de torná-lo necessário no curso da gênese dinâmica. Por exemplo, Susan Isaacs, em seguida a Mélanie Klein, emprega já a palavra fantasma para indicar a relação com os objetos internos introjetados e projetados na posição esquizóide, em um momento em que as pulsões sexuais estão vinculadas às alimentares; é então forçoso que os fantasmas não tenham com a linguagem senão uma relação indireta e tardia e que, quando são posteriormente verbalizados, isto ocorra sob as espécies de formas gramaticais já feitas[5]. Laplanche e Pontalis fundam o fantasma com o auto-erotismo e o ligam ao momento em que as pulsões sexuais se destacam do modelo alimentar e

---

4. IRIGARAY, Luce. Du Fantasme et du Verbe. *L'Arc*, n⁰ 4, 1968. Uma tal tentativa deve evidentemente apoiar-se numa gênese lingüística das relações gramaticais no verbo (voz, modo, tempo, pessoa). Como exemplos de tais gêneses, lembraremos a de Gustave Guillaume (*Époques et niveaux temporels dans le système de la conjugaison française*) e a de Damourette e Pichon (*Essai de grammaire française*, t. V). Pichon, ele próprio, sublinhava a importância de tais estudos para a patologia.
5. ISAACS, Susan. Nature et fonction du phantasme. *Développements de la psychanalyse* p. 85 e s.

DO FANTASMA 223

abandonam "todo objeto natural" (de onde a importância
que atribuem ao pronominal e o sentido que dão às transformações gramaticais como tais na posição não-localizável
do sujeito). Mélanie Klein, enfim, faz uma observação
importante, apesar de seu uso muito extensivo da palavra
fantasma: ocorre a ela freqüentemente dizer que o simbolismo está na base de todo fantasma e que o desenvolvimento da vida fantasmática é impedido pela persistência das
posições esquizóide e depressiva. Precisamente, parece-nos
que o fantasma, propriamente falando, não encontra sua
origem senão no eu do narcisismo secundário, *com* o ferimento narcísico, com a neutralização, a simbolização e a
sublimação que se seguem. Neste sentido não é somente
inseparável das transformações gramaticais, mas do infinitivo
neutro, como matéria ideal destas transformações. O fantasma é um fenômeno de superfície, muito mais um fenômeno que se forma em um certo momento no desenvolvimento das superfícies. Eis por que preferimos a palavra
simulacro para designar os objetos das profundidades (que
já não são mais "objetos naturais"), assim como o devir
que lhes corresponde e as inversões que os caracterizam.
Ídolo, para designar o objeto das alturas e suas aventuras.
Imagem, para designar o que concerne às superfícies parciais
corporais, inclusive o problema inicial de sua concordância
fálica (a boa intenção).

Trigésima Primeira Série:
Do Pensamento

Insistiu-se freqüentemente sobre a extrema mobilidade do fantasma, sua capacidade de "passagem", um pouco como os envelopes e as emanações epicurianas que percorrem a atmosfera com agilidade. A esta capacidade se ligam dois traços fundamentais: de um lado, que ele franqueie tão facilmente a distância entre sistemas psíquicos, indo da consciência ao inconsciente e inversamente, do sonho noturno ao devaneio diurno, do interior ao exterior e inversamente, como se pertencesse a uma superfície que domina e articula o inconsciente e o consciente, a uma linha que reúne e distribui sobre duas faces o interior e o exterior; de outro lado, que se volte tão bem sobre sua própria origem e que, como "fantasma originário", integre tão bem a origem do fantasma (isto é, uma questão, a origem do nascimento, da sexualidade, da diferença dos sexos, da morte...)[1]. É que ele é inseparável de um deslocamento, de um desenrolar, de um desenvolvimento ño qual arrasta sua própria origem; e nosso problema precedente; "onde começa o fantasma, propriamente falando", implica já o outro problema, "em que direção vai o fantasma, para onde carrega seu começo". Nada é finalizado como o fantasma, nada *se* finaliza tanto.

O começo do fantasma, tentamos determiná-lo como sendo o ferimento narcísico ou o traçado da castração. Com efeito, conforme à natureza do acontecimento, é aí que aparece um *resultado* da ação completamente diferente da própria ação. A intenção (edipiana) era reparar, fazer vir e colocar em acordo suas próprias superfícies físicas; mas tudo isso pertencia ainda ao domínio das Imagens, com a

---

1. Cf. Laplanche e Pontalis, "Fantasme originaire..." p. 1853; *Vocabulaire de la Psychanalyse*, pp. 158-159.

226   LÓGICA DO SENTIDO

libido narcísica e o falo como projeção de superfície. O resultado é castrar a mãe e ser castrado, matar o pai e ser morto, com transformação da linha fálica em traçado da castração e dissipação correspondente de todas as imagens (a mãe-mundo, o pai-deus, o eu-falo). Mas se fazemos, assim, começar o fantasma a partir de um tal resultado, é claro que este exige para se desenvolver uma superfície de um outro tipo que a superfície corporal em que as imagens se desenvolviam segundo sua lei própria (das zonas parciais à concordância genital). O resultado não se desenvolverá senão sobre uma segunda tela; logo, o começo do fantasma não terá seqüência senão alhures. O traçado da castração não constitui, não desenha por si mesmo este alhures ou esta outra superfície: ele concerne sempre apenas à superfície física do corpo e não parece desqualificá-la senão em proveito das profundidades e das alturas que conjurava. É o mesmo que dizer que o começo está verdadeiramente no vazio, suspenso no vazio. Ele é *without*. A situação paradoxal do começo, aqui, é que ele é em si mesmo um resultado, de um lado, e de outro, permanece exterior ao que faz começar. Esta situação seria sem saída se a castração não mudasse ao mesmo tempo a libido narcísica em energia dessexualizada. É esta energia neutra ou dessexualizada que constitui a segunda tela, superfície cerebral ou metafísica em que o fantasma vai se desenvolver, re-começar de um começo que o acompanha agora a cada passo, correr até sua própria finalidade, representar os acontecimentos puros que são como um só e mesmo Resultado no segundo grau.

Há, pois, um salto. O traçado da castração como sulco mortal torna-se esta fenda do pensamento, que marca sem dúvida a impotência em pensar, mas também a linha e o ponto a partir dos quais o pensamento investe sua nova superfície. E, precisamente porque a castração está como entre as duas superfícies, ela não sofre esta transmutação sem carregar também a metade a que pertence, sem abaixar de alguma forma ou projetar toda a superfície corporal da sexualidade sobre a superfície metafísica do pensamento. A fórmula do fantasma é: do casal sexuado ao pensamento por intermédio de uma castração. Se é verdade que o pensador das profundidades é celibatário e o pensador depressivo sonha com núpcias perdidas, o pensador das superfícies é casado ou pensa o "problema" do casal. Ninguém tanto como Klossowski soube destacar este encaminhamento do fantasma, porque é o de toda sua obra. Em termos bizarros em aparência, Klossowski diz que seu problema é saber como um casal pode se "projetar" independentemente de crianças, como podemos passar do casal ao *pensamento erigido em casal* em uma comédia mental, da diferença sexual à diferença de intensidade constitutiva do pensamento, intensidade primeira que marca para o pensamento o ponto zero de sua energia, mas a partir do qual também ela investe a nova superfície[2]. Sempre extrair o pensamento de um casal, pela castração, para operar uma espécie de acasalamento, do pensamento pela fenda. E o casal de Klossowski, Roberte-Octave, tem seu correspondente de uma outra maneira no casal de Lowry e no casal último de Fitzgerald, a esquizofrênica e o alcoólatra. É que não apenas o conjunto da superfície sexual, partes e todo, é levado a se projetar sobre a superfície metafísica de pensamento, mas também a profundidade e seus objetos, a altura e seus fenômenos. O fantasma ·se volta sobre seu começo que lhe permanecia exterior (castração); mas como este começo ele próprio resulta, ele se volta também para aquilo de que o começo resulta (sexualidade das superfícies corporais); enfim, cada vez mais ele se volta sobre a origem absoluta de onde tudo procede (as profundidades). Dir-se-ia agora que tudo, sexualidade, oralidade, analidade, recebe uma nova forma sobre a nova superfície, que não recupera e não integra somente as imagens, mas mesmo os ídolos, mesmo os simulacros.

Mas que significa recuperar, integrar? Chamávamos de sublimação a operação pela qual o traçado da castração torna-se linha do pensamento, logo também a operação pela qual a superfície sexual e o resto se projetam na superfície do pensamento. Chamávamos de simbolização a operação pela qual o pensamento reinveste com sua própria energia tudo o que acontece e se projeta sobre sua superfície. O símbolo não é evidentemente menos irredutível que o simbolizado, a sublimação não é menos irredutível que o sublimado. Há muito tempo que não há nada de estranho em uma relação suposta entre o ferimento da castração e a fenda constitutiva do pensamento; entre a sexualidade e o pensamento como tal. Nada de estranho (nem de triste) nos caminhos obsessivos pelos quais passa um pensador. Não se trata de causalidade, mas de geografia e de topologia. Isto não quer dizer que o pensamento pensa na sexualidade, nem o pensador no casamento. É o pensamento que é a metamorfose do sexo, o pensador a metamorfose do casal. Do casal ao pensamento, mas o pensamento reinveste o casal como díade e acasalamento. Da castração ao pensamento, mas o pensamento reinveste a castração como fissura cerebral, linha abstrata. Precisamente, o fantasma vai do figurativo ao abstrato: ele começa pelo figurativo, mas deve prosseguir no abstrato. O fantasma é o processo de constituição do incorporal, a

---

2. KLOSSOWSKI, Pierre. Prefácio e Posfácio às *Lois de l'hospitalité*, *op. cit.*

máquina para extrair um pouco de pensamento, repartir uma diferença de potencial nas bordas da fissura, para polarizar o campo cerebral. Ao mesmo tempo em que se volta sobre seu começo exterior (a castração mortal), ele não cessa de recomeçar seu começo interior (o movimento da dessexualização). É nisso que o fantasma tem a propriedade de colocar em contacto o exterior e o interior e de reuni-los em um só lado. Eis por que é o lugar do eterno retorno. Ele não cessa de mimetizar o nascimento de um pensamento, de recomeçar a dessexualização, a sublimação, a simbolização tomadas ao vivo, operando este nascimento. E, sem este recomeço intrínseco, ele não integraria seu outro começo. E, sem este recomeço intrínseco, ele não integraria seu outro começo, extrínseco. O risco evidentemente é o de que o fantasma recaia sobre o mais pobre pensamento, puerilidade e retorno insistente de um devaneio diurno "sobre" a sexualidade, cada vez que perde seu impulso e malogra no salto, isto é, cada vez que recai no entre-duas superfícies. Mas o caminho de glória do fantasma é aquele que Proust indicava, da questão "esposarei Albertina?" ao problema da obra de arte por fazer — operar o acasalamento especulativo a partir de um casal sexuado, refazer o caminho da criação divina. Por que a glória? Em que consiste a metamorfose quando o pensamento investe (ou reinveste) de sua energia dessexualizada, o que se projeta sobre sua superfície? É que ele o faz, então, sob as espécies do Acontecimento: com esta parte do acontecimento que é preciso chamar de inefetuável, precisamente porque é pensamento, não pode ser realizado a não ser por ele e não se realiza senão nele. Então elevam-se agressões e voracidades que ultrapassam tudo o que se passava no fundo dos corpos; desejos, amores, acasalamentos e copulações, intenções que ultrapassam tudo o que acontecia na superfície dos corpos; e impotências e mortes que ultrapassam tudo o que podia sobrevir. Esplendor incorporal do acontecimento como entidade que se dirige ao pensamento e que somente ele pode investir, Extra-ser.

Fizemos como se fosse possível falar de acontecimento assim que um resultado se destacava, se distinguia das ações e paixões de que resultava, dos corpos em que se efetuava. Isto não é exato: é preciso esperar pela segunda tela, a superfície metafísica. Antes não há senão simulacros, ídolos, imagens, mas não fantasmas como representações de acontecimentos. Os acontecimentos puros são resultados, mas resultados de segundo grau. É verdade que o fantasma reintegra, retoma tudo na retomada de seu próprio movimento. Mas tudo mudou. Não que os alimentos se tenham tornado alimentos espirituais, as copulações gestos

DO PENSAMENTO 229

do espírito. Mas cada vez se destacou um verbo orgulhoso e brilhante, distinto das coisas e dos corpos, dos estados de coisas e de suas qualidades, de suas ações e de suas paixões: como o *verdejar* distinto da árvore e de seu verde, um *comer* (ser comido) distinto dos alimentos e de suas qualidades consumíveis, *um acasalar-se* distinto dos corpos e de seus sexos — verdades eternas. Em suma, a metamorfose é o isolamento da entidade não existente para cada estado de coisas, o infinitivo para cada corpo e qualidade, cada sujeito e predicado, cada ação e paixão. A metamorfose (sublimação e simbolização) consiste para cada coisa no isolamento de um *aliquid* que é ao mesmo tempo o seu *atributo noemático* e o *exprimível noético*, eterna verdade, sentido que sobrevoa e plana por cima dos corpos. É aí somente que morrer e matar, castrar e ser castrado, reparar e fazer vir, ferir e retirar, devorar e ser devorado, introjetar e projetar, tornam-se acontecimentos puros, sobre a superfície metafísica que os transforma, onde seu infinitivo se extrai. E todos os acontecimentos, todos os verbos, todos estes exprimíveis-atributos comunicam em um nesta extração, para uma mesma linguagem que os exprime, sob um mesmo "ser" em que são pensados. E, do mesmo modo como o fantasma retoma tudo neste novo plano do acontecimento puro, nesta parte simbólica e sublimada do inefetuável, ele retira também desta parte a força para dirigir a efetuação, para duplicá-la, para conduzir a sua contra--efetuação concreta. Pois o acontecimento não se inscreve *bem* na carne, nos corpos, com a vontade e a liberdade que convêm ao paciente pensador senão em virtude da parte incorporal que contém o seu segredo, isto é, o princípio, a verdade e finalidade, a quase-causa.

A castração tem pois uma situação muito particular entre aquilo de que resulta e o que faz começar. Mas não é somente a castração que está no vazio, entre a superfície corporal da sexualidade e a superfície metafísica do pensamento. Da mesma forma é toda a superfície sexual que é intermediária entre a profundidade física e a superfície metafísica. Em uma direção a sexualidade pode tudo abater: a castração reage sobre a superfície sexual de onde ela resulta e à qual pertence ainda por seu traçado; ela quebra esta superfície, fá-la alcançar os pedaços da profundidade, bem mais, impede toda sublimação bem sucedida, todo desenvolvimento da superfície metafísica e faz com que a fissura incorporal se efetue no mais profundo dos corpos, se confunda com a *Spaltung* das profundidades e que o pensamento se desmorone em seu ponto de impotência, na sua linha de erosão. Mas na outra direção a sexualidade pode tudo projetar: a castração prefigura a superfície metafísica que faz começar e à qual ela pertence já pela energia dessexualizada que desprende; ela projeta não somente a dimensão sexual, mas as outras dimensões da profundidade e da altura sobre esta nova superfície em que se inscrevem as formas de sua metamorfose. A primeira direção deve ser determinada como a da psicose, a segunda como a da sublimação bem sucedida; e entre as duas toda a neurose, no caráter ambíguo de Édipo e da castração. O mesmo se dá com a morte: o eu narcísico olha-a de dois lados, segundo as duas figuras descritas por Blanchot — a morte pessoal e presente, que dilacera e "contradiz" o eu, abandona-o às *pulsões destruidoras* das profundidades tanto quanto aos golpes do exterior; mas também a morte impessoal e infinitiva, que "distancia" o eu, fá-lo largar as singularidades que retinha, eleva-o ao *instinto de morte* sobre a outra superfície em que "se" morre, em que não se cessa e não se acaba mais de morrer. Toda a vida biopsíquica é uma questão de dimensões, de projeções, de eixos, de rotações, de dobras. Em que sentido, em qual sentido iremos? De que lado tudo vai pender, dobrar-se ou desdobrar-se? Já sobre a superfície sexual as zonas erógenas do corpo entram em combate, combate que a zona genital deveria arbitrar, pacificar. Mas ela é em si mesma o lugar de passagem de um mais vasto combate, na escala das espécies e da humanidade inteira: o da boca e do cérebro. A boca, não somente como uma zona oral superficial, mas como o órgão das profundidades, como boca-ânus cloaca introjetando e projetando todos os pedaços; o cérebro não somente como órgão corporal, mas como indutor de uma outra superfície invisível, incorporal, metafísica onde todos os acontecimentos se inscrevem e simbolizam[3]. É entre esta boca e este cérebro que tudo se passa, hesita e se orienta. Somente a vitória do cérebro, se ela se produz, libera a boca para falar, libera-a dos alimentos excremenciais e das vozes retiradas e a nutre uma vez com todas as palavras possíveis.

3. Edmond Perrier é que, em uma perspectiva evolucionista, fazia uma teoria bastante bela sobre o "conflito entre a boca e o cérebro"; mostrava como o desenvolvimento do sistema nervoso nos vertebrados leva a extremidade cerebral a tomar o lugar que a boca ocupa nos vermes anelados. Ele elaborava o conceito de *atitude* para dar conta destas orientações, destas mudanças de posição e de dimensão. Servia-se de um método herdado de Geoffroy Saint-Hilaire, o das dobras ideais, que combinava de maneira complexa o espaço e o tempo. Cf. "L'Origine des embranchements du règne animal", *Scientia*, maio de 1918. A teoria biológica do cérebro sempre levou em conta seu caráter essencialmente superficial (origem ectodérmica, natureza e função de superfície). Freud recorda-o e daí tira grande partido em *Além do Princípio de prazer*, Cap. 4. As pesquisas modernas insistem sobre a relação das áreas e projeção corticais com um espaço topológico: "A projeção converte de fato um espaço euclidiano em espaço topológico, tanto que o córtex não pode ser representado adequadamente de maneira euclidiana. A rigor, não deveríamos falar de projeção para o córtex, embora haja no sentido geométrico do termo projeção para pequenas regiões; deveríamos dizer: conversão do espaço euclidiano em espaço topológico", um sistema mediato de relações restituindo as estruturas euclidianas (Simondon, *op. cit.*, p. 262). É neste sentido que falamos de uma conversão da superfície física em superfície metafísica, ou de uma indução desta por aquela. Podemos então identificar superfície cerebral e superfície metafísica; trata-se menos de materializar a superfície metafísica do que seguir a projeção, a conversão, a indução do próprio cérebro.

Trigésima Segunda Série: Sobre as Diferentes Espécies de Séries

Mélanie Klein observa que entre os sintomas e as sublimações deve haver uma série intermediária que corresponda aos casos de *sublimação menos bem sucedida*. Mas é toda a sexualidade que, já de si mesma, é uma sublimação "menos bem sucedida": ela é intermediária entre os sintomas de profundidade corporal e as sublimações de superfície incorporal e se organiza em séries precisamente neste estado de intermediário, sobre sua própria superfície intermediária. A própria profundidade não se organiza em séries; o despedaçamento de seus objetos disto a impede no vazio, tanto quanto a plenitude indiferenciada do corpo que ela opõe aos objetos em pedaços. De um lado, ela apresenta blocos de coexistência, corpos sem órgãos ou palavras sem articulação; de outro, seqüências de objetos parciais que não são ligados entre si a não ser pela comum propriedade de serem destacáveis e despedaçáveis, introjetáveis e projetáveis, de explodir e de fazer explodir (assim, a célebre seqüência seio-alimentos-excrementos-pênis-criança). Estes dois aspectos, seqüência e bloco, representam as formas que tomam respectivamente o deslocamento e a condensação em profundidade na posição esquizóide. É com a sexualidade, isto é, com o isolamento das pulsões sexuais, que começa a série, porque a forma serial é uma organização de superfície.

Ora, nos diferentes momentos da sexualidade que consideramos precedentemente, devemos distinguir espécies de séries bastante diferentes. Em primeiro lugar, as zonas erógenas na sexualidade pré-genital: cada uma se organiza em uma série, que converge em torno de uma singularidade representada o mais freqüentemente pelo orifício envolvido de mucosa. A forma serial é fundada na zona erógena de superfície na medida em que esta se define pela extensão de uma singularidade ou, o que dá no mesmo, pela repartição de uma diferença de potencial ou de intensidade, com *maximum* e *minimum* (a série se detém em torno dos pontos que dependem de uma outra). A forma serial sobre as zonas erógenas é, pois, igualmente fundada numa matemática dos pontos singulares ou numa física das quantidades intensivas. Mas é ainda de uma outra maneira que cada zona erógena traz uma série: desta vez trata-se da série de imagens projetadas sobre a zona, isto é, objetos suscetíveis de assegurar à zona uma satisfação auto-erótica. Seja, por exemplo, os objetos a chupar ou imagens da zona oral: cada qual, por conta própria, faz-se coextensivo a toda a extensão da superfície parcial e percorre, explora seu orifício e seu campo de intensidade, do *maximum* ao *minimum* e inversamente; eles se organizam em série segundo a maneira pela qual se tornam assim coextensivos (por exemplo, o bombom cuja superfície é multiplicada por mordidas e o *chewing-gun* por estiramento), mas também segundo sua origem, isto é, segundo o conjunto de que são extraídos (outra região do corpo, pessoa exterior, objeto exterior ou reprodução de objeto, brinquedo etc.) e segundo seu grau de distanciamento com relação aos objetos primitivos das pulsões alimentares e destruidoras de que as pulsões sexuais acabam de se desprender[1]. Em todos estes sentidos, uma série ligada a uma zona erógena parece ter uma forma simples, ser *homogênea,* dar lugar a uma síntese de *sucessão* que pode se *contrair* como tal e de qualquer maneira constitui uma simples *conexão*. Mas, em segundo lugar, é claro que o problema da concórdia fálica das zonas erógenas vem complicar a forma serial: sem dúvida, as séries se prolongam umas às outras e convergem em torno do falo como imagem sobre a zona genital. Esta zona genital tem ela própria sua série. Mas não é separável de uma forma complexa que subsume agora séries *heterogêneas,* uma condição de *continuidade* ou de *convergência* tendo substituído a homogeneidade; ela dá lugar a uma síntese de *coexistência e de coordenação* e constitui uma *conjunção* das séries subsumidas.

Em terceiro lugar, sabemos que a concordância fálica das superfícies é acompanhada necessariamente por empreendimentos edipianos que se referem, por sua vez, a imagens parentais. Ora, no desenvolvimento próprio a Édipo, estas imagens entram, por sua conta, em uma ou várias séries — uma série heterogênea com termos alternantes, pai e mãe

---

1. O objeto pode ser aparentemente o mesmo: por exemplo, o seio. Ele pode parecer também o mesmo para zonas diferentes, por exemplo, o. dedo. Todavia, não confudiremos nunca o seio como objeto parcial interno (sucção) e como Imagem de superfície (o ato de chupar); nem o dedo como imagem projetada sobre a zona oral ou sobre a zona anal etc.

SOBRE AS DIFERENTES ESPÉCIES DE SÉRIES 233

ou duas séries coexistentes, materna e paterna: assim, mãe ferida, reparada, castrada, castrante; pai retirado, evocado, morto, matando. Mais ainda, esta ou estas séries edipianas entram em relação com as séries pré-genitais, com as imagens que correspondiam a estas últimas e mesmo com os conjuntos e as pessoas de que estas imagens eram extraídas. É, aliás, nesta relação entre imagens de origem diferente, edipianas e pré-genitais, que se elaboram as condições de uma "escolha de objeto" exterior. Nunca seria demasiado insistir sobre a importância deste novo momento ou relação, pois que anima a teoria freudiana do acontecimento, ou antes, das duas séries de acontecimentos: esta teoria consiste primeiro em mostrar que um *traumatismo* supõe pelo menos a existência de dois acontecimentos independentes, separados no tempo, um infantil e o outro pós-pubertário, entre os quais se produz uma espécie de ressonância. Sob uma segunda forma, os dois acontecimentos são antes apresentados como duas séries, uma pré-genital, a outra edipiana e sua ressonância como o processo do *fantasma* [2]. Na terminologia que empregamos trata-se, pois, não de acontecimentos, propriamente falando, mas de duas séries de imagens independentes, destacando-se o Acontecimento apenas por sua ressonância no fantasma. E se a primeira série não implica uma "compreensão" do acontecimento em questão, é porque se constrói segundo a lei das zonas parciais pré-genitais e que só o fantasma enquanto faz ressoar as duas séries juntamente atinge a uma tal compreensão, não sendo o acontecimento a compreender diferente da própria ressonância (deste ponto de vista ele não se confunde com nenhuma das duas séries). Em todo caso, o essencial está na ressonância das duas séries independentes, temporalmente disjuntas.

Achamo-nos aqui diante de uma terceira figura da forma serial. Pois as séries consideradas agora são bem heterogêneas, mas não respondem mais em absoluto às condições de continuidade e de convergência que asseguravam sua conjunção. De um lado elas são divergentes e não ressoam senão sob esta condição; de outro, elas constituem disjunções ramificadas e dão lugar a uma síntese disjuntiva. A razão deve ser buscada nas duas extremidades desta forma serial. Com efeito, ela põe em jogo imagens; mas, qualquer que seja a heterogeneidade das

---

2. Observar-se-á já o emprego por Freud da palavra "série", seja a propósito de sua apresentação do complexo de Édipo completo, com quatro elementos (*O Ego e o Id*, Cap. 3); seja a propósito de sua teoria da escolha de objeto (as "séries sexuais", em *Três ensaios sobre a teoria da sexualidade*, III).

Sobre a concepção dos dois acontecimentos ou das duas séries reportar-nos-emos aos comentários de Laplanche e Pontalis, "Fantasme originaire...", pp. 1839-1842, 1848-1849. É essencial que a primeira cena, a cena pré-genital (por exemplo, no Homem dos Lobos, a observação do coito com um ano e meio) não seja compreendida como tal. Pois como dizem Laplanche e Pontalis, a primeira cena e as imagens pré-genitais correspondentes são fragmentadas "na série dos momentos de passagem ao auto-erotismo".

234 LÓGICA DO SENTIDO

imagens, desde as imagens pré-genitais das zonas parciais até às imagens parentais de Édipo, vimos que a origem comum está no ídolo, ou no bom objeto perdido, retirado em altura: é ele primeiramente que torna possível uma conversão da profundidade em superfícies parciais, um desprendimento destas superfícies e das imagens que as habitam; mas é ele também, como bom pênis, que projeta o falo a título de imagem sobre a zona genital; é ele enfim que fornece a matéria ou a qualidade das imagens parentais edipianas. Poder-se-ia pois dizer, pelo menos, que as séries consideradas aqui convergem para o bom objeto das alturas. No entanto, não é nada disso: o bom objeto (ídolo) não age senão como perdido, retirado nesta altura que constitui a sua dimensão própria. E, sob este prisma, em todas as ocasiões, ele não age senão como fonte de disjunções, emissão ou lançamento de alternativas, tendo ele próprio carregado no seu retirar-se o segredo da unidade superior eminente. É já desta maneira que se define: ferido-indene, presente-ausente; e é neste sentido que, desde a posição maníaco-depressiva, impõe ao ego uma alternativa, modelar--se sobre ele ou identificar-se aos maus objetos. Mas, mais ainda, quando torna possível um desdobramento das zonas parciais, ele não as funda senão como disjuntas e separadas — a tal ponto que elas não encontrarão sua convergência senão com o falo. E quando ele determina as imagens parentais, é dissociando de novo seus próprios aspectos, distribuindo-os em alternativas que fornecem os termos alternantes da série edipiana, repartindo-os em imagens de mãe (ferida e a tornar indene) e imagem de pai (retirado e a tornar presente). Não restaria pois mais do que o falo como instância de convergência e de coordenação; mas ele próprio se compromete com as dissociações edipianas. E, sobretudo, vemos muito bem que ele se furta a seu papel se nós nos reportamos à outra extremidade da cadeia, não mais à origem das imagens, mas à sua dissipação comum por ocasião da evolução de Édipo.

Pois, na sua evolução e na linha que traça, o falo não cessa de marcar um excesso e uma falta, de oscilar entre os dois e mesmo de ser os dois ao mesmo tempo. Ele é essencialmente um excesso, que se projeta sobre a zona genital da criança da qual vem duplicar o pênis e ao qual inspira o empreendmiento edipiano. Mas é essencialmente falta ou privação quando designa, no coração do empreendimento, a ausência de pênis na mãe. E é com relação a si mesmo que é privação e excesso, *quando a linha fálica se confunde com o traçado da castração* e que a imagem excessiva não designa mais do que sua própria falta, carregando o pênis da criança. Não há por que insistir sobre os caracteres do falo tais como foram destacados por Lacan

SOBRE AS DIFERENTES ESPÉCIES DE SÉRIES 235

em textos célebres. É ele o elemento paradoxal ou o objeto = X, faltando sempre a seu próprio equilíbrio, excesso e falta ao mesmo tempo, jamais igual, faltando à sua própria semelhança, à sua própria identidade, à sua própria origem, ao seu próprio *lugar*, sempre deslocado com relação a si mesmo: significante flutuando e significado flutuado, lugar sem ocupante e ocupante sem lugar, casa vazia (que constitui da mesma forma um excesso por este vazio) e objeto supranumerário (que constitui da mesma forma uma falta por este número a mais). É ele que faz ressoar as duas séries, que chamávamos há pouco pré-genital e edipiana, mas que devem também receber outras qualificações, sendo dito que através de todas as suas qualificações possíveis uma é determinada como significada, a outra como significante [3]. É ele, o não-senso de superfície, duas vezes não-senso como vimos, que distribui o sentido às duas séries, repartindo-o como *sobrevindo* a uma e como *insistindo* na outra (é pois forçoso que a primeira série não implique ainda uma compreensão daquilo que está em questão).

Mas todo o problema é: de que maneira o falo como objeto = X, isto é, como agente da castração, faz ressoar as séries? Não se trata mais de uma convergência e de uma continuidade, como quando considerávamos as séries pré-genitais nelas mesmas enquanto o falo ainda intacto colocava-as de acordo em torno da zona genital. Agora o pré-genital forma uma série, com uma pré-compreensão de imagens parentais infantis; a série edipiana é uma outra série, com outras imagens parentais formadas diferentemente. As duas são descontínuas e divergentes. O falo não assegura mais, em absoluto, um papel de convergência, mas, ao contrário, enquanto excesso-falta, um papel de ressonância para séries divergentes enquanto tais. Pois, por mais semelhantes que sejam as duas séries, não é, em absoluto, *por* sua semelhança que elas ressoam, mas ao contrário *por* sua diferença, sendo a diferença a cada vez regulada pelo deslocamento relativo dos termos e este deslo-

---

3. As duas séries podem ser bastante variáveis, mas são sempre descontínuas. E, sobretudo, a série pré-genital põe em jogo não somente as zonas erógenas parciais e suas imagens, mas imagens parentais pré-edipianas fabricadas de maneira completamente diferente do que o serão mais tarde e fragmentadas segundo as zonas. Esta série implica, pois, necessariamente, adultos com relação à criança, sem que a criança possa "compreender" de que é que se trata (*série parental*). Na segunda série, ao contrário, é a criança ou o jovem que se conduz como um adulto (*série filial*). Por exemplo, na análise que Lacan faz do "Homem dos ratos" há a série do pai que comoveu a criança muito cedo e faz parte da lenda familiar (dívida-amigo-mulher rica-mulher pobre) e a série nos mesmos termos disfarçados e deslocados que o sujeito reencontra mais tarde por conta própria (a dívida desempenhando o papel de objeto = X, fazendo ressoar as duas séries). Cf. Jacques Lacan, *Le Mythe individuel du névrosé*, C.D.U. Seja um outro exemplo: na *Recherche* de Proust, o herói passa por uma série de experiências amorosas com sua mãe, de um tipo pré-genital; depois, uma outra série com Albertina; mas a série pré-genital colocava já em jogo, num modo misterioso não-compreensivo ou pré-compreensivo, o modelo adulto do amor de Swann por Odete (o tema comum de *la Prisonnière* indicando o objeto = X).

camento sendo regulado pelo deslocamento absoluto do objeto = X nas duas séries. O fantasma não é outra coisa, pelo menos em seu ponto de começo: a ressonância interna entre as duas séries sexuais independentes, na medida em que esta ressonância prepara o surgimento do acontecimento e anuncia a sua compreensão. Eis por que, na sua terceira espécie, a forma serial se apresenta sob uma forma irredutível às precedentes: síntese *disjuntiva* de séries heterogêneas, pois que as séries heterogêneas são agora divergentes; mas da mesma forma *uso positivo e afirmativo* (não mais negativo e limitativo) da disjunção, pois que as séries divergentes *ressoam* enquanto tais; e *ramificação* continuada destas séries, em função do objeto = X que não cessa de se deslocar e de percorrê-las [4]. Se consideramos o conjunto das três espécies seriais, síntese conectiva sobre uma só série, síntese conjuntiva de convergência, síntese disjuntiva de ressonância, vemos que a terceira se revela ser a verdade e a destinação das outras, na medida em que a disjunção atinge seu uso positivo afirmativo; a conjunção das zonas deixa ver então a divergência já presente nas séries que coordenava globalmente e a conexão de uma zona a multiplicidade de detalhe que continha já na série que homogeiniza aparentemente.

A teoria de uma origem sexual da linguagem (Sperber) é bem conhecida. Mas mais precisamente devemos considerar a posição sexual enquanto intermediária e enquanto produz sob seus diferentes aspectos (zonas erógenas, estágio fálico, complexo de castração) os diversos tipos de séries: qual sua incidência, qual a incidência delas sobre a gênese dinâmica e a evolução dos sons? Mais ainda, um certo estado da linguagem não é ele próprio suposto pela organização serial? Tínhamos visto que a primeira etapa da gênese, da posição esquizóide à posição depressiva, ia dos ruídos à voz: dos ruídos como qualidades, ações e paixões dos corpos em profundidade à voz como instância das alturas, retirada nesta altura, exprimindo-se em nome daquilo que preexiste ou antes colocando-se como preexistente. E certamente a criança desperta para uma linguagem que não pode aprender ainda como linguagem, mas somente como voz, rumor familiar que já fala dela. Este fator é de uma importância considerável para a avaliação do fato seguinte: que, nas séries da sexualidade, alguma coisa começa por ser captada, pressentida antes de ser compreendida; pois esta pré-compreensão se relaciona ao que se encontra já presente. Perguntamos então o que na linguagem corresponde à segunda etapa da gênese dinâmica, o que funda os diferentes aspectos

---

4. Ao contrário, na origem da corrente, quando as disjunções não são relacionadas senão ao bom objeto da posição depressiva, a síntese disjuntiva tem somente um uso limitativo e negativo.

SOBRE AS DIFERENTES ESPÉCIES DE SÉRIES 237

da posição sexual — e não é menos fundado por eles. Embora os trabalhos de Lacan tenham um alcance muito mais vasto,. tendo renovado completamente o problema geral das relações sexualidade-linguagem, comportam também indicações aplicáveis à complexidade desta segunda etapa — indicações seguidas e desenvolvidas de maneira original por alguns de seus discípulos. Se a criança se depara com uma linguagem preexistente que não pode ainda compreender, talvez, inversamente, apreenda o que não sabemos mais apreender em nossa linguagem possuída: as relações fonemáticas, as relações diferenciais de fonemas[5]. Observou-se freqüentemente a extrema sensibilidade da criança às distinções fonemáticas da língua materna e sua indiferença a variações por vezes mais consideráveis pertencendo a um outro sistema. É, aliás, isso que dá a cada sistema uma forma circular e um movimento retroativo de direito, os fonemas não dependendo menos dos morfemas e semantemas que o inverso. É justamente isso que a criança extrai da voz, no desfecho da posição depressiva: uma aprendizagem dos elementos formadores antes de toda compreensão das unidades lingüísticas formadas. No fluxo contínuo da voz que vem do alto a criança recorta os elementos de diferentes ordens arriscando-se a dar-lhes uma função ainda pré-lingüística em relação ao conjunto e aos diferentes aspectos da posição sexual.

Embora os três elementos estejam em jogo circularmente, é tentador fazer corresponder cada um a um aspecto da posição sexual, como se a roda se detivesse três vezes de maneira diferente. Mas em que medida podemos ligar assim os fonemas com as zonas erógenas, os morfemas com o estágio fálico, os semantemas com a evolução de Édipo e o complexo de castração? Quanto ao primeiro ponto, o livro recente Serge Leclaire, *Psychanalyser,* propõe uma tese extremamente interessante: uma zona erógena (isto é, um movimento libidinoso do corpo enquanto ocorre à superfície distinguindo-se das pulsões de conservação e de destruição) seria essencialmente marcada por uma "letra" que, ao mesmo tempo, traçaria seu limite e subsumiria as imagens ou objetos de satisfação. O que é preciso entender aqui por "letra" não supõe nenhum domínio da linguagem, ainda menos a posse da escrita: trata-se de uma diferença fonemática em relação com a diferença de intensidade que caracteriza a zona erógena. Todavia, o exemplo preciso invocado por Leclaire, o do V no "Homem dos lobos", não parece ir

---

5. Cf. Robert Pujol, "Approche théorique du fantasme" (*La Psychanalyse,* nº 8, p. 20): a unidade de base, o fonema, enquanto funciona em relação com um outro fonema "escapa ao adulto na medida em que seu entendimento é doravante atento ao sentido que se destila da sonoridade e não mais à própria sonoridade.   Afirmamos que o sujeito *infans* não o ouve com um mesmo ouvido e que só é sensível à oposição fonemática da corrente significante..."

238 LÓGICA DO SENTIDO

neste sentido: com efeito, o V neste exemplo marca antes um movimento muito geral de abertura, comum a várias zonas (abrir os olhos, as orelhas, a boca) e conota várias cenas dramáticas de preferência a objetos de satisfação [6]. Será preciso então compreender que um fonema sendo, ele próprio, um *feixe de traços distintivos* ou de relações diferenciais, cada zona seria antes análoga a um destes traços que a determinaria em relação a outra zona? Haveria por conseguinte matéria para um novo brasão do corpo fundado sobre a fonologia; a zona oral gozaria necessariamente de um privilégio essencial, na medida em que a criança faria uma aprendizagem ativa dos fonemas, ao mesmo tempo em que os extrairia da voz.

Resta que a zona oral não perseguiria sua liberação, seu progresso na aquisição da linguagem senão na medida em que se produzissem uma integração global das zonas ou então uma colocação em seqüência dos feixes, uma entrada dos fonemas em elementos mais complexos — o que os lingüistas chamam por vezes "concatenação de entidades sucessivas". Reencontramos aqui o segundo ponto e com ele o problema da concordância fálica como segundo aspecto da posição sexual. É neste sentido que Leclaire define a superfície do corpo inteiro como conjunto ou seqüência de letras assegurando a imagem do falo sua convergência e sua continuidade. Achamo-nos então em um domínio novo: não se trata, em absoluto, de uma simples adição dos fonemas precedentes, mas da construção das primeiras *palavras esotéricas,* que integram os fonemas em uma síntese conjuntiva de séries heterogêneas, convergentes e contínuas — assim, em um exemplo analisado por Leclaire, o nome secreto que a criança dá a si mesma, "Poord'jeli". Parece-nos realmente, neste nível, que a palavra esotérica desempenha não o papel de um fonema ou elemento de articulação, mas o de um morfema ou elemento de construção gramatical representado pelo caráter conjuntivo. Ele remete ao falo como instância de concordância. É somente em seguida que uma tal palavra esotérica adquire um outro valor, uma outra função: a conjunção formando ela própria uma série de conjunto, esta série entra em relação de ressonância com uma outra série, divergente e independente ("bonito corpo de Lili"). A nova série corresponde ao terceiro aspecto da posição sexual, com o desenvolvimento de Édipo, o complexo de castração e a transformação concomitante do falo tornado objeto $=$ X. Então e somente então a palavra esotérica torna-se ela própria *palavra-valise* enquanto opera uma síntese disjuntiva das duas séries (a pré-genital e a edipiana, a do nome próprio do sujeito e a de Lili), faz ressoar as duas séries

6. LECLAIRE, Serge. *Psychanalyser.* Le Seuil, 1968, sobretudo pp. 90-95.

SOBRE AS DIFERENTES ESPÉCIES DE SÉRIES

239

divergentes como tais e ramifica-as [7]. A palavra esotérica inteira desempenha agora o papel de um semantema, conforme à tese de Lacan segundo a qual o falo de Édipo e da castração é um significante que não anima a série correspondente sem sobrevir à série precedente, onde ele circula também pois que "condiciona os efeitos de significado por sua presença de significante". Vamos por conseguinte da letra fonemática à palavra esotérica como morfema, depois deste à palavra-valise como semantema.

Da posição esquizóide de profundidade à posição depressiva de altura, passava-se dos ruídos à voz. Mas, com a posição sexual de superfície, passa-se da voz à palavra. É que a organização da superfície física sexual tem três momentos que produzem três tipos de sínteses ou de séries: zonas erógenas e sínteses conectivas recaindo sobre uma série homogênea; concordância fálica das zonas e síntese conjuntiva recaindo sobre séries heterogêneas, mas convergentes e contínuas; evolução de Édipo, transformação da linha fálica em traçado da castração e síntese disjuntiva recaindo sobre séries divergentes e ressoantes. Ora, estas séries ou estes momentos condicionam os três elementos formadores da linguagem, tanto quanto são condicionados por eles em uma reação circular, fonemas, morfemas e semantemas. E, no entanto, ainda não há linguagem, estamos ainda em um domínio pré-lingüístico. É que estes elementos não se organizam em unidades lingüísticas formadas que poderiam designar coisas, manifestar pessoas e significar conceitos [8]. É por isso mesmo que estes elementos não têm outra referência além da sexual, como se a criança aprendesse a falar sobre seu próprio corpo, os fonemas remetendo às zonas erógenas, os morfemas ao falo de concordância, os semantemas ao falo de castração. Esta referência não se deve interpretar como uma designação (os fonemas não

---

7. Sobre a palavra "Poord'jeli", seu primeiro aspecto ou a primeira série que subsume, cf. S. Leclaire, *op. cit.*, pp. 112-115. Sobre o segundo aspecto ou a segunda série, pp. 151-153. Leclaire insiste, com razão, sobre a necessidade de considerar antes o primeiro aspecto por si mesmo, sem aí colocar já o sentido que só aparecerá com o segundo. Ele lembra a este respeito uma regra lacaniana essencial, que é a de não nos apressarmos em eliminar o não-senso em uma mistura das séries que se pretenderia prematuramente significativa. Aliás, as distinções a fazer são de vários domínios: não somente entre as séries de superfície da sexualidade, mas entre uma série de superfície e uma seqüência de profundidade. Por exemplo, os fonemas ligados às zonas erógenas e as palavras complexas ligadas a sua concordância poderiam ser confundidos respectivamente com os valores literais da palavra explodida e com os valores tônicos da palavra-bloco na esquizofrenia (letras-órgãos e palavra inarticulada). Contudo, não há aí senão uma longínqua correspondência entre uma organização de superfície e a ordem de profundidade que ela conjura, entre o não-sentido e superfície e o infra-sentido. O próprio Leclaire dá em um outro texto um exemplo deste gênero: seja um barulho oral das profundidades do tipo "kroc"; é muito diferente da representação verbal "croque". Esta faz parte, necessariamente, de uma série de superfície ligada à zona oral e associável a outras séries, enquanto que aquele se insere em uma seqüência esquizóide do tipo "croque, trotte, crotte..." (Cf. "Note sur l'objet de la psychanalyse", *Cahiers pour l'analyse*, nº 2, p. 165).

8. A voz do alto, ao contrário, dispõe de designações, manifestações, e significações, mas sem elementos formadores, distribuídos e perdidos na simples entonação.

240   LÓGICA DO SENTIDO

"designam" zonas erógenas), como uma manifestação, nem
como uma significação: trata-se de um complexo "condi-
cionante-condicionado", trata-se de um efeito de superfície, sob seu duplo aspecto sonoro e sexual ou, se preferi-
rem, ressonância e espelho. A este nível a palavra começa:
*ela começa quando os elementos formadores da linguagem
são extraídos à superfície, do curso da voz que vem do alto.*
É o paradoxo da palavra remeter, de um lado, à linguagem
como a alguma coisa de retirado que preexiste na voz do
alto e de outro remeter à linguagem como alguma coisa que
deve resultar, mas que não ocorrerá senão com as unidades
formadas. A palavra não é nunca igual a uma linguagem.
Ela espera ainda o resultado, isto é, o acontecimento, que
tornará a formação efetiva. Ela domina os elementos formadores, mas *em branco* e a história que conta, a história
sexual, não é nada além dela mesma ou sua própria dobra.
Assim, não estamos ainda no domínio do sentido. O barulho
da profundidade era um infra-sentido, um subsentido, *Untersinn*; a voz da altura era um pré-sentido. E agora poderíamos acreditar, com a organização da superfície, que o
não-senso atingiu este ponto em que se torna sentido, em
que toma um sentido: o falo como objeto $= X$ não é precisamente este não-senso de superfície que distribui o sentido às séries que percorre, ramifica e faz ressoar e de que
determina uma como significante e a outra como significada? Mas repercute em nós o conselho, a regra do método:
não nos precipitarmos em reduzir o não-senso, em confe-
rir-lhe um sentido. Ele guardaria seu segredo e a maneira
real segundo a qual produz o sentido. A organização da
superfície física não é ainda sentido; ela é, ou antes, ela será
co-sentido. Isto é: quando o sentido for produzido sobre
uma outra superfície haverá *também* este sentido. De acordo
com o dualismo freudiano, a sexualidade é o que é também
— e por toda parte e durante todo o tempo. Não há nada
cujo sentido não seja *também* sexual, segundo a lei da dupla
superfície. Convém ainda esperar por este resultado que
não acaba, esta outra superfície, para que a sexualidade se
faça seu concomitante, co-sentido do sentido e que possamos
dizer "por toda parte", "em todos os tempos", "verdade
eterna".

Trigésima Terceira Série: Das Aventuras de Alice

Os três tipos de palavras esotéricas que encontramos em Lewis Carroll correspondem às três espécies de séries: "o impronunciável monossílabo" que opera a síntese conectiva de uma série; o *phlizz* ou o *snark* que assegura a convergência de duas séries e opera sua síntese conjuntiva; depois a palavra-valise, o *jabberwock*, palavra $=$ X de que descobrimos que já atuava nas duas outras e que opera a síntese disjuntiva de séries divergentes, fazendo-as ressoar e ramificar como tais. Mas, quais as aventuras sob esta organização?

Alice tem três partes marcadas pelas mudanças de lugares. A primeira (Caps. 1-3) banha inteira no elemento esquizóide da profundidade, a partir da queda interminável de Alice. Tudo é alimento, excremento, simulacro, objeto parcial interno, mistura venenosa. A própria Alice é um destes objetos quando é pequena; grande, ela se identifica a seus receptáculos. Insistiu-se freqüentemente sobre o caráter oral, anal, uretral desta parte. Mas a segunda (4-7) parece mostrar realmente uma mudança de orientação. Sem dúvida, ainda há e com uma potência renovada o tema da casa preenchida por Alice, em que ela impede o coelho de entrar e da qual expulsa violentamente o lagarto (seqüência esquizóide criança-pênis-excremento). Mas observamos consideráveis modificações: primeiramente, é enquanto grande demais que Alice desempenha agora o papel de objeto interno. Mais ainda, crescer e diminuir não se processam mais em relação a um terceiro termo em profundidade (a chave a ser atingida e a porta a ser atravessada na primeira parte), mas atuam por si mesmos ao ar livre, um com relação ao outro, isto é, em altura. Que haja uma

242 · LÓGICA DO SENTIDO

mudança, Carroll tomou o cuidado de indicá-lo, uma vez que agora é beber que faz crescer e comer que diminui (era o inverso na primeira parte). E, sobretudo, fazer crescer ou fazer diminuir estão reunidos em um mesmo objeto, o cogumelo que funda a alternativa sobre sua própria circularidade (Cap. 5). Evidentemente, esta impressão não é confirmada a não ser que o cogumelo ambíguo dê lugar a um bom objeto, explicitamente apresentado como objeto das alturas. Não basta, a este respeito, a lagarta que se instala, contudo, no topo do cogumelo. Precisamente, o gato de Chester desempenha este papel: ele é o bom objeto, o bom pênis, o ídolo ou a voz das alturas. Ele encarna as disjunções desta nova posição: indene ou ferido, já que apresenta ora seu corpo inteiro, ora sua cabeça decapitada; presente ou ausente, já que desaparece deixando apenas o seu sorriso ou se forma a partir deste sorriso de bom objeto (complacência provisória no que diz respeito à liberação das pulsões sexuais). Em sua essência, o gato é aquele que se retira, se desvia. E a nova alternativa ou disjunção que impõe a Alice, conforme a esta essência, aparece duas vezes: primeiro, ser criança ou porco, como na cozinha da duquesa; em seguida, como o arganaz adormecido que está entre a lebre e o chapeleiro, isto é, entre o animal dos terreiros e o artesão das cabeças, ou tomar o partido dos objetos internos ou identificar-se ao bom objeto das alturas — em suma, escolher entre a profundidade e a altura [1]. A terceira parte de Alice (8-12) muda ainda de elemento: tendo brevemente reencontrado o primeiro lugar, ela passa em um jardim de superfície habitado por cartas sem espessura, figuras planas. É como se Alice se tivesse suficientemente identificado ao gato, que ela declara seu amigo, a ponto de ver a antiga profundidade se desdobrar e os animais que o povoavam se tornarem escravos ou instrumentos inofensivos. É sobre esta superfície que ela distribui suas imagens de pai e de

---

1. O gato está presente nos dois casos, já que aparece, pela primeira vez, na cozinha da duquesa, e, em seguida, aconselha Alice a ir ver a lebre "ou" o chapeleiro. A posição do gato de Chester em cima da árvore ou no céu, todas as suas características, inclusive os terrificantes, identificam-no ao superego como "bom" objeto das alturas (ídolo): "Ele parece ter um bom caráter, pensou Alice: contudo, possuía longas unhas e muitos dentes e ela julgou que seria melhor tratá-lo com respeito". O tema da instância das alturas que se furta ou se retira, mas também que combate e captura os objetos internos, é constante em Carroll: encontrá-lo-emos com toda sua crueldade nos poemas e narrativas em que intervém a pesca com linha, to angle em inglês. (Cf. por exemplo o poema The Two Brothers, em que o irmão mais jovem serve de isca). E sobretudo em Sílvia e Bruno, o bom pai retirado no reinado das fadas, escondido atrás da voz do cachorro, é essencial: seria preciso um longo comentário desta obra-prima, que também coloca em jogo o tema das duas superfícies, a superfície comum e a superfície maravilhosa ou feérica. Enfim, em toda a obra de Carroll, o poema trágico The Three Voices tem uma importância particular: a primeira "voz" é a de uma mulher dura e barulhenta que faz um quadro terrorista do alimento; a segunda voz continua terrível, mas tem todas as características da boa Voz do alto que faz balbuciar e gaguejar o herói; a terceira é uma voz edipiana de culpabilidade, que canta o terror do resultado apesar da pureza das intenções ("And when at Eve the unpitying sun Smiled grimly on the solemm fun, Alack, he sighed, what have I done?").

mãe no curso de um processo: "Disseram-me que a tínheis visto, a Ela — e que falastes a Ele'... Mas Alice pressente os perigos do novo elemento: a maneira pela qual suas boas intenções correm o risco de produzir abomináveis resultados e cujo falo representado pela Rainha corre o risco de acabar em castração ("que lhe cortem a cabeça! berrou a rainha"). A superfície se rompe: "o pacote de cartas voou, depois recaiu sobre Alice".

Dir-se-ia que *Do outro lado do espelho* recomeça a mesma história ou a mesma tentativa, mas deslocada, suprimindo o primeiro momento, desenvolvendo muito o teceiro. Ao invés do gato de Chester ser a boa voz para Alice, é Alice a boa voz para seus gatos reais, voz repreensiva, amorosa e retirada. E, de sua altura, Alice apreende o espelho como superfície pura, continuidade do fora e do dentro, do em cima e do embaixo, do direito e do avesso, onde o *Jabberwocky* se estende nos dois sentidos ao mesmo tempo. Após ter se comportado ainda, brevemente, como bom objeto ou voz retirada, diante das peças de xadrez (com todos os caracteres terrificantes deste objeto ou desta voz), a própria Alice entra no jogo: ela pertence à superfície do tabuleiro, que tomou o lugar do espelho e se lança agora no empreendimento de tornar-se rainha. Os quadriláteros do tabuleiro a serem atravessados representam, evidentemente, as zonas erógenas e tornar-se rainha remete ao falo como instância de concordância. Torna-se logo aparente que o problema correspondente deixou de ser o da voz única e retirada para se tornar o das palavras múltiplas: que se deve pagar, quanto é preciso pagar para poder falar? perguntam-se mais ou menos todos os capítulos, a palavra remetendo ora a uma só série (como o nome próprio de tal forma contraído que dele não nos lembramos mais), ora a duas séries convergentes (como Tweedledum e Tweedledee, tão convergentes e contínuas que não as distinguimos mais), ora a séries divergentes e ramificadas (como Humpty Dumpty, senhor dos semantemas e pagador das palavras, fazendo-as ramificar e ressoar tão bem que não as compreendemos mais, que não distinguimos mais seu direito e seu avesso). Mas, nesta organização simultânea das palavras e das superfícies, o perigo já indicado em *Alice* precisa-se e desenvolve-se. Aqui de novo Alice distribuiu suas imagens parentais ao longo da superfície: a rainha branca, mãe chorosa e ferida, o rei vermelho, pai retirado, adormecido desde o Capítulo 4. Mas, através de toda a profundidade e a altura, é a rainha vermelha que chega, falo convertido na instância de castração. De novo é a debandada final, desta vez rematada voluntariamente pela própria Alice. "Atenção!... alguma coisa vai ocorrer!", mas o quê? — regressão às profundidades orais-anais, a tal ponto que tudo recomeçaria, ou então

244 LÓGICA DO SENTIDO

desprendimento de uma outra superfície, gloriosa e neutralizada?

O diagnóstico psicanalítico freqüentemente formulado sobre Lewis Carroll é: impossibilidade de enfrentar a situação edipiana, fuga diante do pai e renúncia à mãe, projeção sobre a garotinha ao mesmo tempo como identificada ao falo e como privada de pênis, regressão oral-anal que a isso se segue. Todavia, tais diagnósticos têm muito pouco interesse e sabe-se muito bem que não é assim que a psicanálise e a obra de arte (ou a obra literário-especulativa) podem estabelecer seu encontro. Não é, certamente, tratando, através da obra, o autor como um doente possível ou real, mesmo se lhe atribuímos o benefício da sublimação. Não é, certamente, "fazendo a psicanálise" da obra. Pois os autores, se são grandes, estão mais próximos de ser médico do que doente. Queremos dizer que eles próprios são admiráveis diagnosticistas, admiráveis sintomatologistas. Há sempre muita arte em um agrupamento de sintomas, em um *quadro* em que tal sintoma é dissociado de um outro, aproximado de um outro ainda e forma a nova figura de uma perturbação ou de uma doença. Os clínicos que sabem renovar um quadro sintomatológico fazem uma obra artística; inversamente, os artistas são clínicos, não de seu próprio caso, nem mesmo de um caso em geral, mas clínicos da civilização. Não podemos seguir aqueles que pensam que Sade não tem nada de essencial a dizer sobre o sadismo ou Masoch sobre o masoquismo. Mais ainda, parece que uma avaliação de sintoma não pode ser feita a não ser através de um *romance*. Não é por acaso que o neurótico fabrica um "romance familiar" e que o complexo de Édipo deve ser encontrado nos meandros deste romance. Com o gênio de Freud, não é o complexo que nos ensina sobre Édipo e Hamlet, mas Édipo e Hamlet que nos ensinam sobre o complexo. Objetar-se-á que não há necessidade do artista e que o doente basta para fazer, ele próprio, o romance e o médico para avaliá-lo. Mas isto seria negligenciar a especificidade do artista, ao mesmo tempo como doente e médico da civilização: a diferença entre seu romance como obra de arte e o romance do neurótico. É que o neurótico não pode nunca senão efetuar os termos e a história de seu romance: os sintomas são esta efetuação mesma e o romance não tem outro sentido. Ao contrário, extrair dos sintomas a parte inefetuável do acontecimento puro — como diz Blanchot, elevar o visível ao invisível —, levar ações e paixões quotidianas como comer, cagar, amar, falar, morrer até o seu atributo noemático, Acontecimento puro correspondente, passar da superfície física onde atuam os sintomas e se decidem as efetuações para a superfície metafísica em que se desenha, desempenha o acontecimento puro, passar da causa dos sintomas à quase-

DAS AVENTURAS DE ALICE 245

causa da obra, — é o objeto do romance como obra de arte e o que o distingue do romance familial [2]. Em outros termos, o caráter positivo, altamente afirmativo, da dessexualização, consiste nisto: *que o investimento especulativo substitua a regressão psíquica.* O que não impede que o investimento especulativo recaia sobre um objeto sexual, já que deste destaca o acontecimento e coloca o objeto como concomitante do acontecimento correspondente: o que é uma garotinha? — e toda uma obra não para responder a esta questão, mas para evocar e compor o único acontecimento que disso faz uma questão. O artista não é somente o doente e o médico da civilização, é também o seu pervertido.

Sobre este processo da dessexualização, sobre este salto de uma superfície para outra, não dissemos quase nada. É só em Lewis Carroll que aparece sua potência: a força mesma com a qual as séries de base (aquelas que subsumem as palavras esotéricas) são dessexualizadas, em proveito de comer-falar; e, no entanto, também a força com a qual é mantido o objeto sexual, a garotinha. O mistério está de fato neste salto, nesta passagem de uma superfície à outra e o que se torna a primeira, sobrevoada pela segunda. Do tabuleiro físico ao diagrama lógico. Ou então da superfície sensível à placa ultra-sensível: é neste salto que Carroll, grande fotógrafo, experimenta um prazer que podemos supor perverso e que declara inocentemente (como ele diz a Amélia em uma "irresistível excitação...: Vir a vós por um negativo... Amélia, tu és minha").

---

2. Gostaríamos de citar um exemplo que nos parece importante para um problema tão obscuro. Ch. Lasègue é um psiquiatra que, em 1877, "isola" o exibicionismo (e cria a palavra); com isto, ele faz obra de clínico, de sintomatologista: cf. *Études médicales*, t. I, pp. 692-700. Ora, quando se trata de apresentar sua descoberta em um breve artigo, ele não começa por citar casos de exibicionismo manifesto. Começa pelo caso de um homem que se coloca diariamente na passagem de uma mulher e a segue por toda parte sem uma só palavra, sem um gesto ("seu papel se limita a fazer função de sombra"...). Lasègue começa pois por fazer compreender implicitamente ao leitor que este homem se identifica inteiramente a um pênis; e é somente em seguida que ele cita casos manifestos. O procedimento de Lasègue é artístico: ele começa por um *romance*. Sem dúvida, o romance é primeiramente feito pelo sujeito; mas seria preciso um clínico-artista para reconhecê-lo. Não é senão um romance neurótico porque o sujeito se contenta em encarnar um objeto parcial que ele efetua em toda sua pessoa. Qual é, pois, a diferença entre esse romance vivido, neurótico e "familial" e o romance como obra de arte? O sintoma é sempre tomado em um romance, mas este determina sua *efetuação*, ora, ao contrário, isola seu *acontecimento* que contra-efetua em personagens fictícios (o importante não é o caráter fictício dos personagens, mas o que explica a ficção, a saber, a natureza do acontecimento puro e o mecanismo da contra-efetuação). Por exemplo, Sade ou Masoch fazem o romance-obra de arte daquilo que os sádicos ou os masoquistas fazem como neurótico e "familial", mesmo que o escrevam.

Trigésima Quarta Série: Da Ordem Primária e da Organização Secundária

Se é verdade que o fantasma é construído sobre duas séries sexuais divergentes, pelo menos, se ele se confunde com sua *ressonância,* daí não resulta menos que as duas séries de base (com o objeto $= X$ que as percorre e as faz ressoar) constituem somente o começo extrínseco do fantasma. Chamemos de começo intrínseco a própria ressonância. O fantasma se desenvolve na medida em que a ressonância induz um *movimento* forçado que ultrapassa e varre as séries de base. O fantasma tem uma estrutura pendular: as séries de base percorridas pelo movimento do objeto $= X$; a ressonância; o movimento forçado de amplitude maior que o primeiro movimento. O primeiro movimento, nós o vimos, é o de Eros que opera sobre a superfície física intermediária, a superfície sexual, o lugar destacado das pulsões sexuais. Mas o movimento forçado que representa a dessexualização é Tânatos ou a "compulsão", operando entre dois extremos que são a profundidade original e a superfície metafísica, as pulsões destruidoras canibais das profundidades e o instinto de morte especulativo. Sabemos que o maior perigo deste movimento forçado é a confusão dos extremos ou antes a perda de todas as coisas na profundidade sem fundo, ao preço de uma debandada generalizada das superfícies. Mas, inversamente, a maior sorte do movimento forçado é, para além da superfície metafísica, a constituição de uma superfície metafísica de grande amplitude em que se projetam mesmo os objetos devorantes-devorados da profundidade: tanto que podemos então chamar de instinto de morte o conjunto do movimento forçado e superfície metafísica sua amplitude inteira. Em todo caso, o movimento forçado não se estabelece entre as séries sexuais de base, mas entre duas novas séries infinitamente mais amplas, comer, de um lado e pensar, de outro, a segunda correndo sempre o risco de se afundar na primeira, mas a primeira correndo o risco, ao contrário, de projetar-se sobre a segunda [1]. Quatro séries e dois movimentos são necessários ao fantasma. O movimento de ressonância das duas séries sexuais induz um movimento forçado que ultrapassa a base e os limites da vida, afundando-se no abismo dos corpos, mas também abrindo-se sobre uma superfície mental, fazendo nascer assim as duas novas séries entre as quais se trava toda a luta que tentamos descrever precedentemente.

O que é que ocorre se a superfície mental ou metafísica leva a melhor neste movimento pendular? Inscreve-se então o verbo sobre esta superfície, isto é, o acontecimento glorioso que não se confunde com um estado de coisas, mas simboliza com ele — o atributo noemático brilhante que não se confunde com uma qualidade, mas sublima-a —, o orgulhoso Resultado que não se confunde com uma ação ou paixão, mas delas extrai uma verdade eterna — o que Carroll chama Impenetrabilidade ou também *Radiancy*. É o verbo na sua univocidade que conjuga devorar e pensar, comer e pensar, comer que ele projeta sobre a superfície metafísica e pensar que nela desenha. E porque comer não é mais uma ação, nem ser comido uma paixão, mas somente o atributo noemático que lhes corresponde no verbo, a boca fica como que liberada para o pensamento que a preenche com todas as palavras possíveis. O verbo é, pois, *falar,* que significa *comer-pensar* na superfície metafísica e que faz com que o acontecimento sobrevenha às coisas consumíveis como o exprimível da linguagem e que o sentido insista na linguagem como a expressão do pensamento. *Pensar* significa, pois, da mesma forma *comer-falar,* comer como "resultado", falar como "tornado possível". É aí que termina a luta da boca e do cérebro: esta luta pela independência dos sons, nós a vimos prosseguir a partir dos ruídos alimentares excremenciais que ocupavam a boca-ânus em profundidade; depois, com o isolamento de uma voz em altura; depois, com a primeira formação das superfícies e das palavras. Mas falar, no sentido completo da palavra, supõe o verbo e passa pelo verbo, que projeta a boca sobre a superfície metafísica e a preenche com os acontecimentos ideais desta superfície: o verbo é a "representação verbal" inteira e o mais alto poder afirmativo da disjunção (univocidade para o que diverge). Contudo, o verbo é silencioso; e é preciso levar ao pé da letra a idéia de que Eros é sonoro e o instinto de morte, silêncio. Mas é nele, no verbo, que se faz a organização secundária da qual decorre toda a ordenação da linguagem.

---

1. A profundidade não é constituída em si mesma em série, mas é nas condições do fantasma que ela se eleva à forma serial. Sobre esta estrutura do fantasma, cf. Apêndice I.

DA ORDEM PRIMÁRIA E DA ORGANIZAÇÃO SECUNDÁRIA 249

O não-senso então é como o ponto zero do pensamento, o ponto aleatório da energia dessexualizada, Instinto pontual da morte; o Aion ou a forma vazia, Infinitivo puro, é a linha traçada por este ponto, fissura cerebral nos limites da qual aparece o acontecimento; e o acontecimento tomado na univocidade deste infinitivo se distribui às duas séries de amplitude que constituem a superfície metafísica. O Acontecimento se refere a uma como atributo noemático, à outra como sentido noético, tanto que as duas séries, comer-falar formam o disjunto para uma síntese afirmativa ou a equivocidade daquilo que é para um Ser ele mesmo unívoco, em um ser unívoco. É todo este sistema ponto-linha-superfície que representa a organização do sentido com o não-senso: o sentido sobrevindo aos estados de coisas e insistindo nas proposições, variando seu puro infinitivo unívoco segundo a série dos estados de coisas que sublima e do qual resulta e a série das proposições que simboliza e torna possível. Como sai daí a ordenação da linguagem em suas unidades formadas — isto é, com designações e seus preenchimentos por coisas, manifestações e suas efetuações por pessoas, significações e suas realizações por conceitos —, nós o vimos, era precisamente o objeto da gênese estática. Mas, para chegar até aí, era preciso passar por todas as etapas da gênese dinâmica. Pois a voz só nos dava designações, manifestações e significações vazias, puras intenções suspensas na tonalidade; as primeiras palavras não nos davam mais do que elementos formadores, sem chegar até às unidades formadas. Para que houvesse linguagem e pleno uso da palavra conforme às três dimensões da linguagem, era preciso passar pelo verbo e seu silêncio, por toda a organização do sentido e do não-sentido sobre a superfície metafísica, última etapa da gênese dinâmica.

Ora, é certo que, assim como a superfície física é uma preparação da superfície metafísica, a organização sexual é uma pré-figuração da organização da linguagem. O falo desempenha um grande papel nas etapas do conflito boca-cérebro, a sexualidade mesma é intermediária entre comer-falar e, ao mesmo tempo em que as pulsões sexuais se destacam das pulsões alimentares destruidoras, elas inspiram as primeiras palavras feitas de fonemas, morfemas e semantemas. A organização sexual já nos apresenta todo um sistema ponto-linha-superfície; e o falo como objeto $= X$ e palavra $= X$ tem o papel do não-sentido distribuindo o sentido às duas séries sexuais de base, pré-genital e edipiana. Contudo, todo este domínio intermediário parece neutralizado pelo movimento da dessexualização, como as séries de base no fantasma pelas séries de amplitude. É que os fonemas, morfemas e semantemas em sua relação originária com a sexualidade não formam ainda de maneira nenhuma unidades de designação, de manifestação ou de significação. A sexualidade não é nem designada, nem manifestada, nem significada por eles; ela é, antes, assim como a superfície que eles forram e eles são como o forro que edifica a superfície. Trata-se de um duplo efeito de superfície, avesso e direito, precedendo qualquer relação entre estados de coisas e proposições. Eis por que quando uma outra superfície se desenvolve com outros efeitos que fundam, enfim, as designações, as manifestações e as significações sob o título de unidades lingüísticas ordenadas,. os elementos como os fonemas, os morfemas e os semantemas parecem retomados neste novo plano, mas parecem perder toda sua ressonância sexual, esta parece reprimida ou neutralizada e as séries de base varridas pelas novas séries de amplitude. Tanto que a sexualidade não existe mais senão como alusão, vapor ou poeira que dá testemunho de um caminho pelo qual a linguagem passou, mas que não cessa de jogar fora, de apagar como uma dentre tantas lembranças de infância, extremamente incômodas.

É ainda mais complicado, todavia. Pois, se é verdade que o fantasma não se contenta em oscilar entre o extremo da profundidade alimentar e o outro extremo representado pela superfície metafísica, se ele se esforça por projetar sobre esta superfície metafísica o acontecimento que' corresponde aos ,alimentos, como não desprenderia *também* os acontecimentos da sexualidade? Não somente "também", mas de uma maneira toda particular. Pois, nós o vimos, o fantasma não recomeça eternamente seu movimento intrínseco de dessexualização sem se voltar sobre seu começo sexual extrínseco. Este é um paradoxo de que não encontramos equivalente nos outros casos de projeção sobre a superfície metafísica: uma energia dessexualizada investe ou reinveste um objeto de interesse sexual enquanto tal — e se ressexualiza assim de um novo modo. Tal é o mecanismo mais geral da perversão, com a condição de distingui-la como arte de superfície e a subversão como técnica da profundidade. Assim como observava Paula Heimann, a maioria dos crimes "sexuais" são inadequadamente chamados de perversos; devem ser postos na conta da subversão das profundidades em que as pulsões sexuais estão ainda estreitamente intricadas com as pulsões devoradoras e destruidoras. Mas a perversão como dimensão de superfície ligada às zonas erógenas, ao falo de concordância e de castração, à relação da superfície física e da superfície metafísica, coloca somente o problema do investimento de um objeto sexual por uma energia dessexualizada como tal. A perversão é uma estrutura de superfície que se exprime como tal, sem se efetuar necessariamente em comportamentos criminosos de natureza subversiva; crimes podem sem dúvida daí decorrer mas por regressão da

DA ORDEM PRIMÁRIA E DA ORGANIZAÇÃO SECUNDÁRIA 251

perversão à subversão. O problema da perversão é bem atestado pelo mecanismo essencial que lhe corresponde, o da *Verleugnung*. Pois se trata, na *Verleugnung,* de manter a imagem do falo, apesar da ausência de pênis na mulher, esta operação supõe uma dessexualização como conseqüência da castração, mas também um reinvestimento do objeto sexual enquanto sexual pela energia dessexualizada: eis por que a *Verleugnung* não consiste em uma alucinação, mas em um saber esotérico [2]. Assim Carroll, perverso sem crime, perverso não-subversivo, gago e canhoto, serve-se da energia dessexualizada do aparelho fotográfico como de um olho espantosamente especulativo para investir o objeto sexual por excelência, a menina-falo.

Tomado nas malhas do sistema da linguagem, há pois um co-sistema da sexualidade que imita o sentido, o não-sentido e sua organização: simulacro para um fantasma. Mais ainda, através de tudo o que a linguagem designará, manifestará, significará, haverá uma história sexual que não será jamais designada, manifestada nem significada por si mesma, mas que coexistirá em todas as operações da linguagem, recordando o pertencer sexual dos elementos lingüísticos formadores. É este estatuto da sexualidade que explica a repressão. Não basta dizer que o conceito de repressão em geral é tópico: ele é topológico; a repressão é a de uma dimensão por outra. É assim que a altura, isto é, o superego de que vimos a precocidade de formação, reprime a profundidade em que as pulsões sexuais estão tão estreitamente ligadas com as pulsões destruidoras. É mesmo sobre este laço ou sobre os objetos internos que o representam que recai a repressão dita primária. A repressão significa então que a profundidade é como que recoberta pela nova dimensão e que a pulsão assume uma nova figura em conformidade com a instância repressora, pelo menos no começo (aqui isolamento das pulsões sexuais relativamente às pulsões destruidoras e piedosas intenções de Édipo). Que a superfície, por sua vez, seja objeto de uma repressão dita secundária e, por conseguinte, não seja de forma nenhuma idêntica à consciência, explica-se de uma maneira complexa: segundo a hipótese de Freud primeiro, o jogo das duas séries distintas forma realmente uma condição essencial da repressão da sexualidade e do caráter retroativo desta repressão. Porém, mais ainda, mesmo quando ela não põe em jogo senão uma série parcial homogênea ou uma série global contínua, a sexualidade não dispõe das condições que tornariam possível sua manutenção na consciência (a saber, a possibilidade de ser designada, manifestada e significada pelos elementos lingüísticos que lhe correspondem). A

2. É bem em termos do "saber" que Lacan e alguns de seus discípulos colocam o problema da perversão: cf. a coletânea *Le Désir et la Perversion,* Seuil, 1967. Cf. Apêndice IV.

252 LÓGICA DO SENTIDO

terceira razão deve ser procurada do lado da superfície metafísica, na maneira pela qual esta reprime precisamente a superfície sexual ao mesmo tempo em que impõe à energia de pulsão a nova figura da dessexualização. Que a superfície metafísica, por sua vez, não seja de forma nenhuma idêntica a uma consciência não tem nada de espantoso se consideramos que as séries de amplitude que a caracterizam ultrapassam essencialmente o que pode ser consciente e formam um campo transcendental impessoal e pré-individual. Finalmente, a consciência ou antes o pré-consciente não tem outro campo além daquele das designações, manifestações e significações possíveis, isto é, a ordenação da linguagem que decorre de tudo o que precede; mas o jogo do sentido e do não-senso e os efeitos de superfície tanto sobre a superfície metafísica como sobre a superfície física não pertencem à consciência mais do que as ações e paixões da mais recôndita profundidade. O retorno do reprimido faz-se segundo o mecanismo geral da regressão: há regressão desde que uma dimensão se abate sobre outra. Sem dúvida, os mecanismos de regressão são muito diferentes segundo os acidentes próprios a esta ou aquela dimensão, por exemplo, a queda da altura ou os orifícios da superfície. Mas o essencial está na ameaça que a profundidade faz pesar sobre todas as outras dimensões; assim, ela é o lugar da repressão primitiva e das "fixações" como termos últimos das regressões. Em regra geral há uma diferença de natureza entre as zonas de superfície e os estágios de profundidade; por conseguinte, entre uma regressão à zona anal erógena, por exemplo, e uma regressão ao estágio anal como estágio digestivo-destruidor. Mas os pontos de fixação, que são como faróis atraindo os processos regressivos, esforçam-se sempre por obter que a regressão ela própria regresse, mudando de natureza ao mudar de dimensão até que alcance a profundidade dos estágios em que todas as dimensões se abismam. Resta uma última distinção entre a regressão como movimento pelo qual uma dimensão se abate sobre as precedentes e este outro movimento pelo qual uma dimensão reinveste a precedente ao seu próprio modo. Ao lado da repressão e do retorno do reprimido é preciso dar lugar a estes processos complexos pelos quais um elemento característico de uma certa dimensão recebe como tal um investimento de energia completamente diferente correspondendo à outra dimensão: por exemplo, as condutas de subversão criminosas não são separáveis de uma operação da voz do alto, que reinveste o processo destrutivo de profundidade como se fosse um dever para sempre *fixado* e o ordena a título do superego ou do bom objeto (assim, na história de lorde Arthur Savile) [3].

---

3. Freud mostrava a existência de crimes inspirados pelo superego — mas não é forçosamente, ao que nos parece, por intermédio de um sentimento de culpabilidade preliminar ao crime.

DA ORDEM PRIMÁRIA E DA ORGANIZAÇÃO SECUNDÁRIA 253

As condutas de perversão não são também separáveis de um movimento da superfície metafísica que, ao invés de reprimir a sexualidade, serve-se da energia dessexualizada para investir um elemento sexual enquanto tal e *fixá-lo* com uma insustentável atenção (segundo sentido da fixação).

O conjunto das superfícies constitui a organização dita secundária. Esta se define, pois, muito bem pela "representação verbal". E se a representação verbal deve ser distinguida estritamente da "representação de objeto" é porque ela concerne a um acontecimento incorporal e não a um corpo, uma ação, paixão ou qualidade de corpo. A representação verbal é esta ˜representação da qual vimos que envolvia uma expressão. Ela é composta de um expresso e de um exprimente e se conforma segundo a torção de um no outro: ela representa o acontecimento como expresso, faz com que ele exista nos elementos da linguagem e, inversamente, confere a estes um valor expressivo, uma função de "representantes" que não possuíam por si mesmos. Toda a ordenação da linguagem daí decorrerá, com seu código de determinações terciárias fundadas por sua vez em representações "objetais" (designação, manifestação, significação; indivíduo, pessoa, conceito; mundo, ego e Deus). Mas, o que conta aqui é a organização preliminar, fundadora ou poética: este jogo das superfícies em que se desdobra somente um campo acósmico, impessoal, pré-individual, este exercício do não-senso e do sentido, este desdobramento de séries que precedem os produtos elaborados da gênese *estática*. Do ordenamento terciário é preciso, pois, remontar até à organização secundária; depois remontar até à ordem primária, segundo a exigência *dinâmica*. Seja a tábua das categorias da gênese em relação com os momentos da linguagem: paixão-ação (ruído), possessão-privação (voz), intenção-resultado (palavra). A organização secundária (verbo ou representação verbal) resulta ela própria deste longo percurso, surge quando o acontecimento soube elevar o resultado a uma segunda potência e o verbo dar às palavras elementares o valor expressivo de que elas ainda estavam destituídas. Mas todo o percurso, todo o caminho é escalonado pela ordem primária. Na ordem primária as palavras são diretamente ações ou paixões do corpo, ou então vozes retiradas. São possessões demoníacas ou então privações divinas. As obscenidades e as injúrias dão uma idéia, por regressão, deste caos em que se combinam respectivamente a profundidade sem fundo e a altura ilimitada; pois, por mais íntima que seja sua ligação, a palavra obscena figura antes a ação direta de um corpo sobre um outro que sofre a paixão, enquanto que a injúria ao mesmo tempo persegue aquele que se retira, retira-lhe toda voz, é ela

254 LÓGICA DO SENTIDO

própria uma voz que se retira[4]. A estreita combinação das duas, das palavras obscenas e injuriosas, testemunha valores propriamente satíricos da linguagem; chamamos de *satírico* o processo pelo qual a regressão ela própria regride, isto é, não é nunca uma regressão sexual em superfície sem ser também uma regressão alimentar digestiva em profundidade, que não se detém senão na cloaca e não persegue a voz retirada senão descobrindo seu solo excremencial que ela deixa, assim, atrás de si. Fazendo ele mesmo mil ruídos e retirando ele próprio sua voz, o poeta satírico, o grande Pré-socrático em um só e mesmo movimento do mundo, persegue Deus com injúrias e chafurda no excremento. A sátira é uma arte prodigiosa das regressões.

Contudo, a altura prepara para a linguagem novos valores, em que ela afirma sua independência, sua diferença radical da profundidade. A *ironia* aparece cada vez que a linguagem se desdobra segundo relações de eminência, de equivocidade, de analogia. Estes três grandes conceitos da tradição são a fonte de onde todas as figuras da retórica decorrem. Assim, a ironia encontrará uma aplicação natural na ordenação terciária da linguagem, com a analogia das significações, a equivocidade das designações, a eminência daquele que se manifesta — e todo o jogo comparado do ego, do mundo e de Deus na relação do ser e do indivíduo, da representação e da pessoa, que constitui as formas clássica e romântica da ironia. Mas, já no processo primário, a voz do alto libera valores propriamente irônicos; ela se retira por trás de sua eminente unidade, faz valer a equivocidade de seu tom e a analogia de seus objetos, em suma, ela dispõe de todas as dimensões de uma linguagem antes de dispor do princípio de organização correspondente. Assim, há uma forma primordial de ironia platônica, reerguendo a altura, destacando-a da profundidade, reprimindo e combatendo a sátira e os satíricos, colocando precisamente toda sua "ironia" em perguntar se por acaso haveria uma Idéia da lama, do pêlo, da sujeira ou do excremento... E, contudo, o que faz calar a ironia não é um retorno reforçado dos valores satíricos, assim como um tornar a subir da profundidade sem fundo. Aliás, nada volta a subir salvo a superfície; é preciso ainda que haja uma superfície. Quando a altura, com efeito, torna possível uma constituição das superfícies, com o desprendimento correspondente das pulsões sexuais, acreditamos que alguma coisa sobrevém, capaz de vencer a ironia em seu próprio terreno, isto é, no terreno mesmo da

---

4. Com efeito, aquele que injuria reclama a expulsão de sua vítima, proíbe-lhe de responder, mas também se retira fingindo o máximo de desgosto. Tudo isto dá testemunho do fato da injúria pertencer à posição maníaco-depressiva (frustração), enquanto que a obscenidade remete à posição esquizóide excremencial (ação-paixão alucinadas). A união íntima da injúria e da obscenidade não se explica, pois somente, como o crê Ferenczi, pela repressão dos objetos de prazer infantil que dariam "sob a forma de palavrões e maldições", mas pela fusão direta das duas posições fundamentais.

DA ORDEM PRIMÁRIA E DA ORGANIZAÇÃO SECUNDÁRIA 255

equivocidade, da eminência e da analogia: como se houvesse uma eminência a mais, um equívoco excessivo, uma analogia supranumerária que, ao invés de se acrescentarem às outras, asseguram, ao contrário, seu fechamento. Um equívoco tal que não pode mais haver um outro "depois"; tal é o sentido da fórmula: *há também a sexualidade*. É o mesmo que acontece com estes personagens de Dostoiévski, que empregam toda sua voz para dizer: há também isto, observai caro senhor e ainda isto e ainda aquilo, caro senhor... Mas, com a sexualidade chega-se a um *ainda* que fecha todos os ainda, a um equívoco que torna impossível a perseguição de equivocidades ou a continuação de analogias ulteriores. Eis por que, ao mesmo tempo em que a sexualidade se desdobra sobre a superfície física, ela nos faz passar da voz à fala e enfeixa todas as palavras em um conjunto esotérico, em uma história sexual que não será designada, manifestada nem significada por elas, mas que lhes será estritamente coextensiva e consubstancial. O que representam então as palavras, todos os elementos formadores da língua que não existem senão em relação e reação uns com os outros, fonemas, morfemas, semantemas, não formam sua totalidade senão do ponto de vista desta história imanente idêntica a eles mesmos. Há, pois, um equívoco a mais para a voz, com relação à voz: um equívoco que fecha a equivocidade e torna a linguagem madura para algo de diferente. Este algo de diferente é o que vem da *outra* superfície, dessexualizada, da superfície metafísica, quando passamos, enfim, da palavra ao verbo, quando compomos um verbo único no puro infinitivo com todas as palavras reunidas. Este algo de diferente é a revelação do unívoco, o advento da Univocidade, isto é, o Acontecimento que comunica a univocidade do ser à linguagem.

A univocidade do sentido apreende a linguagem em seu sistema completo, exprimente total para o único expresso, o acontecimento. Assim, os valores de humor se distinguem dos da ironia: o *humor* é a arte das superfícies, da relação complexa entre as duas superfícies. A partir de um equívoco a mais, o humor constrói toda a univocidade. A partir do equívoco propriamente sexual que fecha toda equivocidade, o humor isola um Unívoco dessexualizado, univocidade especulativa do ser e da linguagem; toda a organização secundária, em uma palavra [5]. É preciso imaginar um outro

---

5. Não podemos seguir aqui a tese de Jacques Lacan, pelo menos tal como a conhecemos relatada por Laplanche e Leclaire em "L'Inconscient", (*Temps modernes*, julho de 1961, p. 111 e ss.). De acordo com esta tese, a ordem primária da linguagem definir-se-ia por um deslizamento perpétuo do significante sobre o significado, supondo-se um único sentido para cada palavra e remeter às outras palavras por meio de uma série de equivalentes que este sentido lhe abre. Ao contrário, desde que uma palavra tem vários sentidos que se organizam segundo a lei da metáfora, ela se torna estável de uma certa maneira, ao mesmo tempo em que a linguagem escapa ao processo primário e funda o processo secundário. É pois a univocidade que

256 LÓGICA DO SENTIDO

estóico, um outro Zen, um outro Carroll: com uma mão masturbando-se, em um gesto excessivo, com a outra escrevendo sobre a areia palavras mágicas do acontecimento puro abertas ao unívoco, *Mind — I believe — is Essence — Ent — Abstract — that is — an Accident — which we — that is to say — I meant —,* fazendo assim passar a energia da sexualidade ao assexual puro, não cessando, contudo, de perguntar, "o que é uma garotinha?", pronto para substituir a esta questão o problema de uma obra de arte por fazer, que unicamente responderá a ela. Assim, Bloom na praia... Sem dúvida, a equivocidade, a analogia, a eminência retomarão seus direitos com a ordenação terciária, nas designações, significações, manifestações da linguagem quotidiana submetidas às regras do bom senso e do senso comum. Considerando então o perpétuo entrelaçamento que constitui a lógica do sentido, aparece que esta ordenação final retoma a voz do alto do· processo primário, mas que a organização secundária em superfície retoma alguma coisa dos ruídos mais profundos, blocos e elementos para a Univocidade do sentido, em suma, instante para uma poesia sem figuras. E que pode a obra de arte a não ser retomar sempre o caminho que vai dos ruídos à voz, da voz à palavra, da palavra ao verbo, construir esta *Musik für ein Haus,* para aí encontrar sempre a independência dos sons e aí fixar esta fulguração do unívoco, acontecimento recoberto depressa demais pela banalidade quotidiana ou, ao contrário, pelos sofrimentos da loucura.

---

definiria o primário e a equivocidade a possibilidade do secundário (p. 112). Mas a univocidade é considerada aqui como a da *palavra,* não como a do Ser que se diz em um só mesmo sentido para todas as coisas, nem igualmente da linguagem que o diz. Supomos que o unívoco é a palavra, prontos para concluir que tal palavra não existe, não tendo nenhuma estabilidade e sendo uma "ficção". Parece-nos, ao contrário, que a equivocidade caracteriza propriamente a voz no processo primário; e se há uma relação essencial entre a sexualidade e a equivocidade é sob a forma deste limite ao equívoco, desta totalização que vai tornar possível o unívoco como verdadeiro caráter da organização secundária inconsciente.

APÊNDICES

I. Simulacro e Filosofia Antiga

APENDICES

1. Platão e o Simulacro

Que significa "reversão do platonismo"? Nietzsche assim define a tarefa de sua filosofia ou, mais geralmente, a tarefa da filosofia do futuro. Parece que a fórmula quer dizer: a abolição do mundo das essências e do mundo das aparências. Tal projeto, todavia, não seria próprio a Nietzsche. A dupla recusa das essências e das aparências remonta a Hegel e, melhor ainda, a Kant. É duvidoso que Nietzsche pretenda dizer a mesma coisa. Bem mais, tal fórmula — "reversão" — tem o inconveniente de ser abstrata; ela deixa na sombra a motivação do platonismo. Reverter o platonismo deve significar, ao contrário, tornar manifesta à luz do dia esta motivação, "encurralar" esta motivação — assim como Platão encurrala o sofista.

Em termos muito gerais, o motivo da teoria das Idéias deve ser buscado do lado de uma vontade de selecionar, de filtrar. Trata-se de fazer a diferença. Distinguir a "coisa" mesma e suas imagens, o original e a cópia, o modelo e o simulacro. Mas estas expressões todas serão equivalentes? O projeto platônico só aparece verdadeiramente quando nos reportamos ao método da divisão. Pois este método não é um procedimento dialético entre outros. Ele reúne toda a potência da dialética, para fundi-la com uma outra potência e representa, assim, todo o sistema. Dir-se-ia primeiro que ele consiste em dividir um gênero em espécies contrárias para subsumir a coisa buscada sob a a espécie adequada: assim, o processo da especificação continuada na busca de uma definição da pesca. Mas este é somente o aspecto superficial da divisão, seu aspecto irônico. Se tomássemos a sério este aspecto, a objeção de Aristóteles procederia plenamente: a divisão seria um mau silogismo, ilegítimo, pois que faltaria um termo médio capaz, por exemplo, de nos fazer concluir que a pesca está do lado das artes de aquisição e de aquisição por captura etc.

O objetivo real deve ser buscado alhures. No *Político,* chegamos a uma primeira definição: o político é o pastor dos homens. Mas toda espécie de rivais surge, o médico, o comerciante, o trabalhador, para dizer: "O pastor dos homens sou eu". No *Fedro* trata-se de definir o delírio e precisamente de distinguir o delírio bem fundado ou o verdadeiro amor. ·Aí também muitos pretendentes surgem para dizer: "O Inspirado, o amante, sou eu". O objetivo da divisão não é, pois, em absoluto, dividir um gênero em espécies, mas, mais profundamente, selecionar linhagens: distinguir os pretendentes, distinguir o puro e o impuro, o autêntico e o inautêntico. De onde a metáfora constante, que aproxima a divisão da prova de ouro. O platonismo é a *Odisséia* filosófica; a dialética platônica não é uma dialética da contradição nem da contrariedade, mas uma dialética da rivalidade (*amphisbetesis*), uma dialética dos rivais ou dos pretendentes. A essência da divisão não aparece em largura, na determinação das espécies de um gênero, mas em profundidade, na seleção da linhagem. Filtrar as pretensões, distinguir o verdadeiro pretendente dos falsos.

Para realizar este objetivo, Platão procede uma vez mais com ironia. Pois, quando a divisão chega a esta verdadeira tarefa seletiva, tudo se passa como se ela renunciasse em cumpri-la e se deixasse substituir por um mito. Assim, no *Fedro,* o mito da circulação das almas parece interromper o esforço da divisão; da mesma forma, no *Político,* o mito dos tempos arcaicos. Tal é a segunda armadilha da divisão, sua segunda ironia, esta escapada, esta aparência de escapada ou de renúncia. Pois na realidade, o mito não interrompe nada; ele é, ao contrário, elemento integrante da própria divisão. É próprio da divisão ultrapassar a dualidade entre o mito e a dialética e reunir em si a potência dialética e a potência mítica. O mito, com sua estrutura sempre circular, é realmente a narrativa de uma fundação. É ele que permite erigir um modelo segundo o qual os diferentes pretendentes poderão ser julgados. O que deve ser fundado, com efeito, é sempre uma pretensão. É o pretendente que faz apelo a um fundamento e cuja pretensão se acha bem fundada ou mal fundada, não fundada. Assim, no *Fedro,* o mito da circulação expõe o que as almas puderam ver das Idéias antes da encarnação: por isso mesmo nos dá um critério seletivo segundo o qual o delírio bem fundado ou o amor verdadeiro pertence às almas que viram muito e que têm muitas lembranças adormecidas, mas ressuscitáveis — as almas sensuais, de fraca memória e de vista curta, são, ao contrário, denunciadas como falsos pretendentes. O mesmo ocorre no *Político*: o

APÊNDICES 261

mito circular mostra que a definição do político como "pastor dos homens" não convém literalmente senão ao deus arcaico; mas um critério de seleção daí se destaca, de acordo com o qual os diferentes homens da Cidade participam desigualmente do modelo mítico. Em suma, uma participação eletiva responde ao problema do método seletivo.

Participar é, na melhor das hipóteses, ter em segundo lugar. De onde a célebre tríade neoplatônica: o imparticipável, o participado, o participante. Dir-se-ia também: o fundamento, o objeto da pretensão, o pretendente; o pai, a filha e o noivo. O fundamento é o que possui alguma coisa em primeiro lugar, mas que lhe dá a participar, que lhe dá ao pretendente, possuidor em segundo lugar, na medida em que soube passar pela prova do fundamento. O participado é o que o imparticipável possui em primeiro lugar. O imparticipável dá a participar, ele dá o participado aos participantes: a justiça, a qualidade de justo, os justos. E é preciso distinguir, sem dúvida, todo um conjunto de graus, toda uma hierarquia, nesta participação eletiva: não haveria um possuidor em terceiro lugar, em quarto etc., até o infinito de uma degradação, até àquele que não possui mais do que um simulacro, uma miragem, ele próprio miragem e simulacro? O *Político* distingue em detalhe: o verdadeiro político ou o pretendente bem fundado, depois parentes, auxiliares, escravos, até aos simulacros e contrafacções. A maldição pesa sobre estes últimos; eles encarnam a má potência do falso pretendente.

Assim, o mito constrói o modelo imanente ou o fundamento-prova de acordo com o qual os pretendentes devem ser julgados e sua pretensão medida. E é sob esta condição que a divisão prossegue e atinge seu fim, que é não a especificação do conceito mas a autenticação da Idéia, não a determinação da espécie, mas a seleção da linhagem. Como explicar, contudo, que, dos três grandes textos sobre a divisão, o *Fedro,* o *Político* e o *Sofista,* não apresente este último nenhum mito fundador? A razão disso é simples. É que, no *Sofista,* o método de divisão é paradoxalmente empregado não para avaliar os justos pretendentes, mas ao contrário para encurralar o falso pretendente como tal, para definir o ser (ou antes o não-ser) do simulacro. O próprio sofista é o ser do simulacro, o sátiro ou centauro, o Proteu que se imiscui e se insinua por toda parte. Mas, neste sentido, é possível que o fim do *Sofista* contenha a mais extraordinária aventura do platonismo: à força de buscar do lado do simulacro e de se debruçar sobre seu abismo, Platão, no clarão de um instante, descobre que não é simplesmente uma falsa cópia, mas que põe em questão as próprias noções de cópia... e de modelo. A definição final do sofista nos

262 LÓGICA DO SENTIDO

leva a um ponto em que não mais podemos distingui-lo do próprio Sócrates: o ironista operando, em conversas privadas, por meio de argumentos breves. Não seria necessário mesmo levar a ironia até aí? E também que tivesse sido Platão o primeiro a indicar esta direção da reversão do platonismo?

Partiríamos de uma primeira determinação do motivo platônico: distinguir a essência e a aparência, o inteligível e o sensível, a Idéia e a imagem, o original e a cópia, o modelo e o simulacro. Mas já vemos que estas expressões não são equivalentes. A distinção se desloca entre duas espécies de imagens. As *cópias* são possuidoras em segundo lugar, pretendentes bem fundados, garantidos pela semelhança; os *simulacros* são como os falsos pretendentes, construídos a partir de uma dissimilitude, implicando uma perversão, um desvio essenciais. É neste sentido que Platão divide em dois o domínio das imagens-ídolos: de um lado, as *cópias-ícones,* de outro os *simulacros-fantasmas* [1]. Podemos então definir melhor o conjunto da motivação platônica: trata-se de selecionar os pretendentes, distinguindo as boas e as más cópias ou antes as cópias sempre bem fundadas e os simulacros sempre submersos na dessemelhança. Trata-se de assegurar o triunfo das cópias sobre os simulacros, de recalcar os simulacros, de mantê-los encadeados no fundo, de impedi-los de subir à superfície e de se "insinuar" por toda parte.

A grande dualidade manifesta, a Idéia e a imagem, não está aí senão com este objetivo: assegurar a distinção latente entre as duas espécies de imagens, dar um critério concreto. Pois, se as cópias ou ícones são boas imagens e bem fundadas, é porque são dotadas de semelhança. Mas a semelhança não deve ser entendida como uma relação exterior: ela vai menos de uma coisa a outra do que de uma coisa a uma Idéia, uma vez que é a Idéia que compreende as relações e proporções constitutivas da essência interna. Interior e espiritual, a semelhança é a medida de uma pretensão: a cópia não parece verdadeiramente a alguma coisa senão na medida em que parece à Idéia da coisa. O pretendente não é conforme ao objeto senão na medida em que se modela (interiormente e espiritualmente) sobre a Idéia. Ele não merece a qualidade (por exemplo, a qualidade de justo) senão na medida em que se funda sobre a essência (a justiça). Em suma, é a identidade superior da Idéia que funda a boa pretensão das cópias e funda-a sobre uma semelhança interna ou derivada. Consideremos agora a outra espécie de imagens, os simulacros: aquilo a que pretendem, o objeto, a qualidade etc., pretendem-no por baixo do pano, graças a uma agressão, de uma insinuação, de uma subver-

---

1. *Sofista,* 236b, 264c.

APÊNDICES 263

são, "contra o pai" e sem passar pela Idéia[2]. Pretensão não fundada, que recobre uma dessemelhança assim como um desequilíbrio interno.

Se dizemos do simulacro que é uma cópia de cópia, um ícone infinitamente degradado, uma semelhança infinitamente afrouxada, passamos à margem do essencial: a diferença de natureza entre simulacro e cópia, o aspecto pelo qual formam as duas metades de uma divisão. A cópia é uma imagem dotada de semelhança, o simulacro, uma imagem sem semelhança. O catecismo, tão inspirado no platonismo, familiarizou-nos com esta noção: Deus fez o homem à sua imagem e semelhança, mas, pelo pecado, o homem perdeu a semelhança embora conservasse a imagem. Tornamo-nos simulacros, perdemos a existência moral para entrarmos na existência estética. A observação do catecismo tem a vantagem de enfatizar o caráter demoníaco do simulacro. Sem dúvida, ele produz ainda um *efeito* de semelhança; mas é um efeito de conjunto, exterior, e produzido por meios completamente diferentes daqueles que se acham em ação no modelo. O simulacro é construído sobre uma disparidade, sobre uma diferença, ele interioriza uma dissimilitude. Eis por que não podemos nem mesmo defini-lo com relação ao modelo que se impõe às cópias, modelo do Mesmo do qual deriva a semelhança das cópias. Se o simulacro tem ainda um modelo, trata-se de um outro modelo, um modelo do Outro de onde decorre uma dessemelhança interiorizada[3].

Seja a grande trindade platônica: o usuário, o produtor, o imitador. Se o usuário está no alto da hierarquia é porque julga sobre fins e dispõe de um verdadeiro *saber* que é o do modelo ou da Idéia. A cópia poderia ser chamada de imitação na medida em que reproduz o modelo; contudo, como esta imitação é noética, espiritual e interior, ela é uma verdadeira produção que se regula em função das relações e proporções constitutivas da essência. Há sempre uma operação produtiva na boa cópia e, para corresponder a esta operação, uma *opinião justa* ou até mesmo um saber. Vemos, pois, que a imitação é determinada a tomar um sentido pejorativo na medida em que não consegue passar de uma simulação, que não se aplica senão ao simulacro e designa o efeito de semelhança somente exterior

2. Analisando a relação entre a escritura e o logos, Jacques Derrida reencontra realmente esta figura do platonismo: o pai do logos, o próprio logos, a escritura. A escritura é um simulacro, um falso pretendente, na medida em que pretende se apoderar do logos por violência e por ardil ou mesmo suplantá-lo sem passar pelo pai. Cf. "La Pharmacie de Platon", *Tel Quel*, nº 32, p. 12 e s. e nº 33, p. 38 e s. A mesma figura se encontra ainda no *Político*: o Bem como pai da lei, a lei ela própria, as constituições. As boas constituições são cópias; mas se tornam simulacros assim que violam ou usurpam a lei, esquivando-se ao Bem.
3. O Outro, com efeito, não é somente uma deficiência que afeta as imagens; ele próprio aparece como um modelo possível, que se opõe ao bom modelo do Mesmo: cf. *Teeteto* 176e, *Timeu* 28b.

264   LÓGICA DO SENTIDO

e improdutivo, obtido por ardil ou subversão. Lá não existe mais nem mesmo opinião justa, mas uma espécie de refrega irônica que faz as vezes de modo de conhecimento, uma arte da refrega exterior ao saber e à opinião [4]. Platão precisa o modo como este efeito improdutivo é obtido: o simulacro implica grandes dimensões, profundidades e distâncias que o observador não pode dominar. É porque não as domina que ele experimenta uma impressão de semelhança. O simulacro inclui em si o ponto de vista diferencial; o observador faz parte do próprio simulacro, que se transforma e se deforma com seu ponto de vista [5]. Em suma, há no simulacro um devir-louco, um devir ilimitado como o do *Filebo* em que "o mais e o menos vão sempre à frente", um devir sempre outro, um devir subversivo das profundidades, hábil a esquivar o igual, o limite, o Mesmo ou o Semelhante: sempre mais e menos ao mesmo tempo, mas nunca igual. Impor um limite a este devir, ordená-lo ao mesmo, torná-lo semelhante — e, para a parte que permaneceria rebelde, recalcá-la o mais profundo possível, encerrá-la numa caverna no fundo do Oceano: tal é o objetivo do platonismo em sua vontade de fazer triunfar os ícones sobre os simulacros.

O platonismo funda assim todo o domínio que a filosofia reconhecerá como seu: o domínio da representação preenchido pelas cópias-ícones e definido não em uma relação extrínseca a um objeto, mas numa relação intrínseca ao modelo ou fundamento. O modelo platônico é o Mesmo: no sentido em que Platão diz que a Justiça não é nada além de justa, a Coragem, corajosa etc. — a determinação abstrata do fundamento como aquilo que possui em primeiro lugar. A cópia platônica é o Semelhante: o pretendente que recebe em segundo lugar. À identidade pura do modelo ou do original corresponde a similitude exemplar, à pura semelhança da cópia corresponde a similitude dita imitativa. Não se pode dizer, contudo, que o platonismo desenvolve ainda esta potência da representação por si mesma: ele se contenta em balizar o seu domínio, isto é, em fundá-lo, selecioná-lo, excluir dele tudo o que viria embaralhar seus limites. Mas o desdobrar da representação como bem fundada e limitada, como representação finita, é antes o objeto de Aristóteles: a representação percorre e cobre todo o domínio que vai dos mais altos gêneros às menores espécies e o método de divisão toma então seu procedimento tradi-

---

4. Cf. *República*, X, 602a e *Sofista*, 268a.
5. X. Audouard mostrou muito bem este aspecto: os simulacros "são construções que incluem o ângulo do observador, para que a ilusão se produza do ponto mesmo em que o observador se encontra... Não é na realidade o estatuto do não-ser que é enfatizado, mas este pequeno desvio, da imagem real, que se prende ao ponto de vista ocupado pelo observador e que constitui a possibilidade de construir o simulacro, obra do sofista" ("Le Simulacre", *Cahiers pour l'analyse*, nº 3).

APÊNDICES

265

cional de especificação que não tinha em Platão. Podemos designar um terceiro momento quando, sob a influência do Cristianismo, não se procura mais somente fundar a representação, torná-la possível, nem especificá-la ou determiná-la como finita, mas *torná-la infinita,* fazer valer para ela uma pretensão sobre o ilimitado, fazê-la conquistar o infinitamente grande assim como o infinitamente pequeno, abrindo-a sobre o Ser além dos gêneros maiores e sobre o singular aquém das menores espécies.

Leibniz e Hegel marcaram com seu gênio esta tentativa. Contudo, se ainda assim não saímos do elemento da representação é porque permanece a dupla exigência do Mesmo e do Semelhante. Simplesmente, o Mesmo encontrou um princípio incondicionado capaz de fazê-lo reinar no ilimitado: a razão suficiente; e o Semelhante encontrou uma condição capaz de aplicá-lo ao ilimitado: a convergência ou a continuidade. Com efeito, uma noção tão rica como a de *compossibilidade,* de Leibniz, significa que, sendo as mônadas assimiladas a pontos singulares, cada série que converge em torno de um destes pontos se prolonga em outras séries convergindo em torno de outros pontos; um outro mundo começa na vizinhança dos pontos que fariam divergir as séries obtidas. Vemos pois como Leibniz *exclui* a divergência distribuindo-a em "incompossíveis" e conservando o máximo de convergência ou de continuidade como critério do melhor mundo possível, isto é, do mundo real. (Leibniz apresenta os outros mundos como "pretendentes" menos bem fundados.) Da mesma forma, para Hegel, mostrou-se recentemente até que ponto os círculos da dialética giravam em torno de um só centro, repousavam num só centro [6]. Monocentragem dos círculos ou convergência das séries, a filosofia não deixa o elemento da representação quando parte à conquista do infinito. Sua embriaguez é fingida. Ela persegue sempre a mesma tarefa, Iconologia e adapta-a às exigências especulativas do Cristianismo (o infinitamente pequeno e o infinitamente grande). E sempre a seleção dos pretendentes, a exclusão do excêntrico e do divergente, em nome de uma finalidade superior, de uma realidade essencial ou mesmo de um sentido da história.

A estética sofre de uma dualidade dilacerante. Designa de um lado a teoria da sensibilidade como forma da experiência possível; de outro, a teoria da arte como reflexão da experiência real. Para que os dois sentidos se juntem é preciso que as próprias condições da experiência em geral se tornem condições da experiência real; a obra de arte,

---

6. Louis Althusser escreve a propósito de Hegel: "Círculo de círculos, a consciência só tem um único centro que a determina: seriam precisos círculos tendo um outro centro do que ela, círculos descentrados, para que ela fosse afetada em seu centro por sua eficácia, em suma, que sua essência fosse sobredeterminada por eles..." (*Pour Marx,* ed. Maspéro, p. 101.)

266   LÓGICA DO SENTIDO

de seu lado, aparece então realmente como experimentação. Sabe-se por exemplo que certos procedimentos literários (as outras artes têm equivalentes) permitem contar várias histórias ao mesmo tempo. Não há dúvida de que é este o caráter essencial da obra de arte moderna. Não se trata de forma nenhuma de pontos de vista diferentes sobre uma história que se supõe ser a mesma; pois os pontos de vista permanecem submetidos a uma regra de convergência. Trata-se, ao contrário, de histórias diferentes e divergentes, como se uma paisagem absolutamente distinta correspondesse a cada ponto de vista. Há realmente uma unidade das séries divergentes enquanto divergentes, mas é um caos sempre excentrado que se confunde ele próprio com a Grande Obra. Este caos informal, a grande letra de *Finnegan's wake* não é qualquer caos: é potência de afirmação, potência de afirmar todas as séries heterogêneas, ele "complica" em si todas as séries (de onde o interesse que Joyce tem por Bruno, como teórico da *complicatio*). Entre estas séries de base se produz uma espécie de *ressonância interna;* esta ressonância induz um *movimento forçado,* que transborda das próprias séries. Todos estes caracteres são os do simulacro, quando rompe suas cadeias e sobe à superfície: afirma então sua potência de fantasma, sua potência recalcada. Lembramo-nos de que Freud já mostrava como o fantasma resulta de duas séries pelo menos, uma infantil e a outra pós-pubertária. A carga afetiva ligada ao fantasma explica-se pela ressonância interna da qual os simulacros são portadores e a impressão de morte, de ruptura ou de desmembramento da vida explica-se pela amplitude do movimento forçado que as arrasta. Reúnem-se assim as condições da experiência real e as estruturas da obra de arte: divergência das séries, descentramento dos círculos, constituição do caos que os compreende, ressonância interna e movimento de amplitude, agressão dos simulacros [7].

Tais sistemas, constituídos pela colocação em comunicação de elementos díspares ou de séries heterogêneas, são bastante ordinários em um sentido. São sistemas sinal-signo. O sinal é uma estrutura em que se repartem diferenças de potencial e que assegura a comunicação dos díspares; o signo é o que fulgura entre os dois níveis da orla, entre as duas séries comunicantes. Parece realmente que todos os fenômenos respondem a estas condições na medida em que encontram sua razão em uma dissimetria, em uma diferença, uma desigualdade constitutivas: todos os sistemas físicos são sinais, todas as qualidades são signos.

---

7. Sobre a obra de arte moderna e notadamente Joyce, cf. Umberto Eco, *A Obra aberta.* No prefácio de seu romance *Cosmos,* Gombrowicz faz observações profundas sobre a constituição das séries divergentes, sobre a maneira pela qual ressoam e se comunicam no seio de um caos.

APÊNDICES 267

É verdade, todavia, que as séries que os bordejam permanecem exteriores; por isso mesmo, também as condições de sua reprodução permanecem exteriores aos fenômenos. Para falar de simulacro, é preciso que as séries heterogêneas sejam realmente interiorizadas no sistema, compreendidas ou complicadas no caos, é preciso que sua diferença seja *incluída*. Sem dúvida, há sempre uma semelhança entre séries que ressoam. Mas o problema não está aí, está antes no estatuto, na posição desta semelhança. Consideremos as duas fórmulas: "só o que se parece difere", "somente as diferenças se parecem". Trata-se de duas leituras do mundo, na medida em que uma nos convida a pensar a diferença a partir de uma similitude ou de uma identidade preliminar, enquanto a outra nos convida ao contrário a pensar a similitude e mesmo a identidade como o produto de uma disparidade de fundo. A primeira define exatamente o mundo das cópias ou das representações; coloca o mundo como ícone. A segunda, contra a primeira, define o mundo dos simulacros. Ela coloca o próprio mundo como fantasma. Ora, do ponto de vista desta segunda fórmula, importa pouco que a disparidade original, sobre a qual o simulacro é construído, seja grande ou pequena; ocorre que as séries de base não tenham senão uma pequena diferença. Basta, contudo, que a disparidade constituinte seja julgada nela mesma, não se prejulgue a partir de nenhuma identidade preliminar e que tenha o *dispars* como unidade de medida e de comunicação. Então a semelhança não pode ser pensada senão como o produto desta diferença interna. Importa pouco que o sistema seja de grande semelhança externa e pequena diferença interna, ou o contrário, a partir do momento em que a semelhança é produzida sobre a curva e que a diferença, pequena ou grande, ocupe o centro do sistema assim descentrado.

Reverter o platonismo significa então: fazer subir os simulacros, afirmar seus direitos entre os ícones ou as cópias. O problema não concerne mais à distinção Essência-Aparência, ou Modelo-cópia. Esta distinção opera no mundo da representação; trata-se de introduzir a subversão neste mundo, "crepúsculo dos ídolos". O simulacro não é uma cópia degradada, ele encerra uma potência positiva que nega tanto o *original como a cópia, tanto o modelo como a reprodução*. Pelo menos das duas séries divergentes interiorizadas no simulacro, nenhuma pode ser designada como o original, nenhuma como a cópia [8]. Não basta nem mesmo invocar um modelo do Outro, pois nenhum modelo resiste

---

8. Cf. Blanchot, "Le Rire des dieux", *La Nouvelle revue française*, julho de 1965: "um universo em que a imagem deixa de ser segunda com relação ao modelo, em que a impostura pretende à verdade, em que, enfim, não há mais original, mas uma eterna cintilação em que se dispersa, no clarão do desvio e do retorno, a ausência de origem" (p. 103).

LÓGICA DO SENTIDO

268

à vertigem do simulacro. Não há mais ponto de vista privilegiado do que objeto comum a todos os pontos de vista. Não há mais hierarquia possível: nem segundo, nem terceiro... A semelhança subsiste, mas é produzida como o efeito exterior do simulacro, na medida em que se constrói sobre as séries divergentes e faz com que ressoem. A identidade subsiste, mas é produzida como a lei que complica todas as séries, faz com que todas voltem em cada uma no curso do movimento forçado. Na reversão do platonismo, é a semelhança que se diz da diferença interiorizada, e a identidade do Diferente como potência primeira. O mesmo e o semelhante não têm mais por essência senão ser *simulados,* isto é, exprimir o funcionamento do simulacro. Não há mais seleção possível. A obra não-hierarquizada é um condensado de coexistências, um simultâneo de acontecimentos. É o triunfo do falso pretendente. Ele simula tanto o pai como o pretendente e a noiva numa superposição de máscaras. Mas o falso pretendente não pode ser dito falso com relação a um modelo suposto de verdade, muito menos que a simulação não pode ser dita uma aparência, uma ilusão. A simulação é o próprio fantasma, isto é, o efeito do funcionamento do simulacro enquanto maquinaria, máquina dionisíaca. Trata-se do falso como potência, *Pseudos,* no sentido em que Nietzsche diz: a mais alta potência do falso. Subindo à superfície, o simulacro faz cair sob a potência do falso (fantasma) o Mesmo e o Semelhante, o modelo e a cópia. Ele torna impossível a ordem das participações, como a fixidez da distribuição e a determinação da hierarquia. Instaura o mundo das distribuições nômades e das anarquias coroadas. Longe de ser um novo fundamento, engole todo fundamento, assegura um universal desabamento (*effondrement*), mas como acontecimento positivo e alegre, como *effondement*: "Atrás de cada caverna uma outra que se abre, mais profunda ainda e abaixo de cada superfície, um mundo subterrâneo mais vasto, mais estrangeiro, mais rico e sob todos os fundos, sob todas as fundações, um subsolo mais profundo ainda" [9]. Como poderia Sócrates se reconhecer nestas cavernas que não são mais a sua? Com que fio, uma vez que o fio se perdeu? Como sairia daí e como poderia ainda ser distinguido do sofista?

Que o Mesmo e o Semelhante sejam simulados não significa que sejam aparências e ilusões. A simulação designa a potência para produzir um *efeito.* Mas não é somente no sentido causal, uma vez que a causalidade continuaria completamente hipotética e indeterminada sem a intervenção de outras significações. É no sentido de "signo", saído de um processo de sinalização; e é no sentido

---

9. *Para além do bem e do mal,* § 289.

APÊNDICES

de "costume" ou antes de máscara, exprimindo um processo de disfarce em que, atrás de cada máscara, aparece outra ainda... A simulação assim compreendida não é separável do eterno retorno; pois é no eterno retorno que se decidem a reversão dos ícones ou a subversão do mundo representativo. Aí, tudo se passa como se um conteúdo latente se opusesse ao conteúdo manifesto. O conteúdo manifesto do eterno retorno pode ser determinado conforme ao platonismo em geral: ele representa então a maneira pela qual o caos é organizado sob a ação do demiurgo e sobre o modelo da Idéia que lhe impõe o mesmo e o semelhante. O eterno retorno, neste sentido, é o devir-louco controlado, monocentrado, determinado a copiar o eterno. E é desta maneira que ele aparece no mito fundador. Ele instaura a cópia na imagem, subordina a imagem à semelhança. Mas, longe de representar a verdade do eterno retorno, este conteúdo manifesto marca antes sua utilização e sua sobrevivência mítica em uma ideologia que não o suporta mais e que perdeu o seu segredo. É justo lembrar quanto a alma grega em geral e o platonismo em particular repugnam ao eterno retorno tomado em sua significação latente [10]. É preciso dar razão a Nietzsche quando trata o eterno retorno como sua própria idéia vertiginosa, que não se alimenta senão em fontes dionisíacas esotéricas, ignoradas ou recalcadas pelo platonismo. Certamente, as raras exposições que Nietzsche faz a respeito ficam no conteúdo manifesto: o eterno retorno como o Mesmo que faz voltar o Semelhante. Mas como não ver a desproporção entre esta trivial verdade natural, que não ultrapassa uma ordem generalizada das estações e a emoção de Zaratustra? Bem mais, a exposição manifesta não existe senão para ser refutada secamente por Zaratustra: uma vez para o anão, uma outra a seus animais, Zaratustra reprova-a por transformar em vacuidade algo que é singularmente profundo, em uma "cantilena" o que é de uma música diferente, em simplicidade circular o que é diferentemente tortuoso. No eterno retorno, é preciso passar pelo conteúdo manifesto, mas somente para atingir ao conteúdo latente situado mil pés abaixo (caverna por trás de toda caverna...) Então, o que parecia a Platão não ser mais do que um efeito estéril revela em si a inalterabilidade das máscaras, a impassibilidade dos signos.

O segredo do eterno retorno é que não exprime de forma nenhuma uma ordem que se opõe ao caos e que o submete. Ao contrário, ele não é nada além do que o caos, potência de afirmar o caos. Há um ponto no qual Joyce

10. Sobre a reticência dos gregos e notadamente Platão com relação ao eterno retorno, cf. Charles Múgler, *Deux thèmes de la cosmologie grecque*, ed. Klincksieck, 1953.

270   LÓGICA DO SENTIDO

é nietzschiano: quando mostra que o *vicus of recirculation* não pode afetar e fazer girar um *"caosmos"*. À coerência da representação, o eterno retorno substitui outra coisa, sua própria cao-errância. É que, entre o eterno retorno e o simulacro, há um laço tão profundo, que um não pode ser compreendido senão pelo outro. O que retorna são as séries divergentes enquanto divergentes, isto é, cada qual enquanto desloca sua diferença com todas as outras e todas enquanto complicam sua diferença no caos sem começo nem fim. O círculo do eterno retorno é um círculo sempre excêntrico para um centro sempre descentrado. Klossowski tem razão de dizer do eterno retorno que é "um simulacro de doutrina": ele é realmente o Ser, mas somente quando o "ente" é simulacro [11]. O simulacro funciona de tal maneira que uma semelhança é retrojetada necessariamente sobre suas séries de bases, e uma identidade necessariamente projetada sobre o movimento forçado. O eterno retorno é, pois, efetivamente o Mesmo e o Semelhante, mas enquanto simulados, produzidos pela simulação, pelo funcionamento do simulacro (vontade de potência). É neste sentido que ele subverte a representação, que destrói os ícones: ele não pressupõe o Mesmo e o Semelhante, mas, ao contrário, constitui o único Mesmo daquilo que difere, a única semelhança do desemparelhado. Ele é o fantasma único para todos os simulacros (o ser para todos os entes). É potência para afirmar a divergência e o descentramento. Faz deles o objeto de uma afirmação superior. É sob a potência do falso pretendente que ele faz passar e repassar o que é. Assim, não faz retornar *tudo*. É ainda seletivo, faz a diferença, mas não à maneira de Platão. O que seleciona são todos os procedimentos que se opõem à seleção. O que exclui, o que *não faz* retornar, é o que pressupõe o Mesmo e o Semelhante, o que pretende corrigir a divergência, recentrar os círculos ou ordenar o caos, dar um modelo e fazer uma cópia. Por mais longa que seja sua história, o platonismo não ocorre senão uma só vez e Sócrates cai sob o cutelo. Pois o Mesmo e o Semelhante tornam-se simples ilusões, precisamente a partir do momento em que deixam de ser simulados.

Definimos a modernidade pela potência do simulacro. Cabe à filosofia não ser moderna a qualquer preço, muito menos intemporal, mas destacar da modernidade algo que Nietzsche designava como *o intempestivo,* que pertence à modernidade, mas também que deve ser voltada contra ela — "em favor, eu o espero, de um tempo por vir". Não é nos grandes bosques nem nas veredas que a filosofia se

_____
11. KLOSSOWSKI, Pierre. *Un si funeste désir.* Gallimard, p. 226. E pp. 216-218, em que Klossowski comenta as palavras da Gaia Ciência, § 361: "O prazer da simulação, explodindo como potência, recalcando o assim chamado caráter, submergindo-o por vezes até extingui-lo..."

APÊNDICES

271

elabora, mas nas cidades e nas ruas, inclusive no que há de mais *factício* nelas. O intempestivo se estabelece com relação ao mais longínguo passado, na reversão do platonismo, com relação ao presente, no simulacro concebido como o ponto desta modernidade crítica, com relação ao futuro no fantasma do eterno retorno como crença do futuro. O factício e o simulacro não são a mesma coisa. Até mesmo se opõem. O factício é sempre uma cópia de cópia, que deve ser *levada até ao ponto em que muda de natureza e se reverte em simulacro* (momento da *Pop'Art*). O factício e o simulacro se opõem no coração da modernidade, no ponto em que esta acerta todas as suas contas, assim como se opõem dois modos de destruição: os dois niilismos. Pois há uma grande diferença entre destruir para conservar e perpetuar a ordem restabelecida das representações, dos modelos e das cópias e destruir os modelos e as cópias para instaurar o caos que cria, que faz marchar os simulacros e levantar um fantasma — a mais inocente de todas as destruições, a do platonismo.

2. Lucrécio e o Simulacro

Depois de Epicuro, Lucrécio soube determinar o objeto especulativo e prático da filosofia como "naturalismo". A importância de Lucrécio em filosofia está ligada a essa dupla determinação.

Os produtos da Natureza não são separáveis de uma diversidade que lhes é essencial. Mas pensar o diverso como diverso é uma tarefa difícil em que, segundo Lucrécio, todas as filosofias precedentes fracassaram [1]. Em nosso mundo a diversidade natural aparece sob três aspectos que se recortam: a diversidade das espécies, a diversidade dos indivíduos que são membros de uma mesma espécie, a diversidade das partes que compõem um indivíduo. A especificidade, a individualidade e a heterogeneidade. Não há mundo que não se manifeste na variedade de suas partes, de seus lugares, de suas margens e das espécies que os povoa. Não há indivíduo que seja absolutamente idêntico a outro indivíduo; não há bezerro que não seja reconhecível para sua mãe, nem conchas ou grãos de trigo que sejam indiscerníveis. Nem há corpo que seja composto de partes homogêneas; nem uma erva, nem um curso d'água que não impliquem uma diversidade de matéria, uma heterogeneidade de elementos, onde cada espécie animal, por sua vez, não possa encontrar o alimento que lhe convém. Infere-se daí a diversidade dos próprios mundos sob estes três pontos de vista: os mundos são inumeráveis, freqüentemente de espécies diferentes, às vezes semelhantes, sempre compostos de elementos heterogêneos.

---

1. Em toda a parte crítica do Livro I, Lucrécio reclama sem cessar uma razão do diverso. Os diferentes aspectos da diversidade são descritos no Livro II, 342-376, 581-588, 661-681, 1052-1066.

274

LÓGICA DO SENTIDO

Com que direito esta inferência? A Natureza deve ser pensada como o princípio do diverso e da sua produção. Mas um princípio de produção do diverso só tem sentido desde que *não* reúna seus próprios elementos num todo. Não se verá nessa exigência um círculo, como se Epicuro e Lucrécio quisessem apenas dizer que o princípio do diverso deveria ser ele mesmo diverso. A tese epicuriana é bem diversa: a Natureza como produção do diverso não pode ser senão uma soma infinita, isto é, uma soma que não totaliza seus próprios elementos. Não há combinação capaz de abranger todos os elementos da Natureza ao mesmo tempo, não há mundo único ou universo total. *Physis* não é uma determinação do Uno, do Ser ou do Todo. A Natureza não é coletiva, mas distributiva; as leis da Natureza (*foedera naturai,* por oposição às pretensas *foedera fati*) distribuem partes que não se totalizam. A Natureza não é atributiva, mas conjuntiva: ela se exprime em "e" e não em "é". Isto *e* aquilo: alternâncias e entrelaçamentos, semelhanças e diferenças, atrações e distrações, nuanças e arrebatamentos. A Natureza é capa de Arlequim toda feita de cheios e vazios; cheios e vazio, seres e não-ser, cada um dos dois se apresentando como ilimitado e ao mesmo tempo limitando o outro. Adição de indivisíveis, ora semelhantes ora diferentes, a Natureza é bem mais uma soma, mas não um todo. Com Epicuro e Lucrécio começam os verdadeiros atos de nobreza do pluralismo em filosofia. Não veremos mais contradição entre o hino à Natureza-Vênus e o pluralismo essencial a esta filosofia da Natureza. A Natureza é precisamente a potência, mas potência em nome da qual as coisas existem *uma a uma,* sem possibilidade de se reunirem *todas de uma vez,* nem de se unificar numa combinação que lhe fosse adequada ou se exprimisse inteira *de uma só vez.* O que Lucrécio censura aos predecessores de Epicuro é terem acreditado no Ser, no Uno e no Todo. Estes conceitos são as manias do espírito, as formas especulativas da crença no *fatum,* as formas teológicas de uma falsa filosofia.

Os predecessores de Epicuro identificaram o princípio ao Uno ou ao Todo. Mas o que é um, senão tal objeto perecível e corruptível que se considera arbitrariamente isolado de todo outro? E o que é que forma um todo, senão tal combinação finita, cheia de buracos, que, arbitrariamente, se acredita que reúne todos os elementos da soma? Nos dois casos o diverso e sua produção não são compreendidos. Não se engendra o diverso a partir do Uno senão supondo que não importa o que possa nascer de não importa o que, e portanto, qualquer coisa do nada. Não se engendra o diverso a partir do todo senão supondo que os elementos que formam esse todo são contrários capazes

APÊNDICES 275

de se transformar uns nos outros: outra forma de dizer que uma coisa produz uma outra mudando de natureza, e que qualquer coisa nasce do nada. Porque os filósofos antinaturalistas não quiseram levar em conta o vazio, o vazio se apoderou de tudo. Seu Ser, seu Uno, seu Todo são sempre artificiais e não naturais, sempre corruptíveis, evaporados, porosos, inconsistentes e quebradiços. Eles prefeririam dizer: "o ser é nada", a reconhecer: há seres *e* há o vazio, há seres simples no vazio e vazio nos seres compostos[2]. À diversidade do diverso os filósofos substituíram a identidade ou o contraditório, muitas vezes os dois ao mesmo tempo. Nem identidade nem contradição, mas semelhanças e diferenças, composições e decomposições, "conexões, densidades, choques, encontros, movimentos graças aos quais se forma toda coisa"[3]. Coordenações *e* disjunções, tal é a Natureza das coisas.

O naturalismo necessita de um princípio de causalidade fortemente estruturado que dê conta da produção do diverso, mas que o faça como composição, combinações diversas e não totalizáveis entre elementos da Natureza.

1º) O átomo é aquilo que deve ser pensado, aquilo que não pode ser senão pensado. O átomo é para o pensamento o que o objeto sensível é para os sentidos: o objeto que se destina essencialmente ao pensamento, objeto que se dá ao pensar, da mesma forma como o objeto sensível se dá aos sentidos. O átomo é a realidade absoluta daquilo que é pensado, como o objeto sensível, a realidade absoluta daquilo que é percebido. Que o átomo não seja sensível e nem o possa ser, que ele seja essencialmente oculto, é o efeito de sua própria natureza e não da imperfeição de nossa sensibilidade. Em primeiro lugar, o método epicuriano é um método de analogia: o objeto sensível é dotado de partes sensíveis, mas há um mínimo sensível que representa a menor parte do objeto; da mesma forma, o átomo é dotado de partes pensadas, mas há um mínimo pensado que representa a menor parte do átomo. O átomo indivisível é formado de *minima* pensados, como o objeto divisível é composto de *minima* sensíveis[4]. Em segundo lugar, o método epicuriano é um método de passagem ou de transição: guiado pela analogia, se passará do sensível ao pensado e do pensado ao sensível por transições, *paulatim,* à medida que o sensível se decompõe e se compõe. Passa-se do análogo noético ao análogo sensível, e inversamente, por uma série de graus concebidos e estabelecidos a partir de um procedimento de exaustão.

2. Cf. Livro I, a crítica de Heráclito, Empédocles e Anaxágoras sobre o nada que ronda essas concepções pré-epicurianas, cf. I, 657-669, 753-762.
3. I, 633-634.
4. I, 599-634, 749-752.

2º) A soma dos átomos é infinita, justamente porque eles são elementos que não se totalizam. Mas essa soma não seria infinita se o vazio também não o fosse. O vazio e o cheio se entrelaçam e se distribuem de tal forma que a soma do vazio e dos átomos, por sua vez, é ela mesma infinita. Esse terceiro infinito exprime a correlação fundamental entre os átomos e o vazio. O alto e o baixo no vazio resultam da correlação do próprio vazio com os átomos; o peso dos átomos (movimento de cima para baixo) resulta da correlação dos átomos com o vazio.

3º) Os átomos se encontram na queda, não em virtude de sua diferença de peso, mas em virtude do *clinamen*. O *clinamen* é a razão do encontro ou da relação de um átomo com outro. O *clinamen* está fundamentalmente ligado à teoria epicuriana do tempo, peça essencial do sistema. No vazio, todos os átomos caem com velocidade igual: um átomo não é mais ou menos rápido em função de seu peso mas em função de outros átomos que retardam mais ou menos sua queda. No vazio, a velocidade do átomo é igual ao seu movimento *numa direção única num mínimo de tempo contínuo*. Esse mínimo exprime a menor duração possível durante a qual um átomo se move numa dada direção, antes de poder tomar outra direção sob o choque de um outro átomo. Há pois um mínimo de tempo, não menos que um mínimo de matéria ou de átomo. De acordo com a natureza do átomo, esse mínimo de tempo contínuo remete à apreensão do pensamento. Ele exprime o pensamento mais rápido e mais curto: o átomo se move "tão rápido quanto o pensamento" [5]. Mas, desde então, devemos conceber uma direção originária de cada átomo, como uma síntese que dá ao movimento do átomo sua primeira direção, sem a qual não haveria choque. Esta síntese se faz necessariamente num tempo menor que o mínimo de tempo contínuo. Tal é o *clinamen*. O *clinamen* ou declinação não tem nada a ver com um movimento oblíquo que viria por acaso modificar uma queda vertical [6]. Ele está presente todo o tempo: ele não é um movimento secundário, nem uma determinação secundária do movimento que se produziria num momento qualquer, num lugar qualquer. O *clinamen* é a determinação original da direção do movimento do átomo. É uma espécie de *conatus*: um diferencial da matéria, e por isso mesmo um diferencial do pensamento, de acordo com o método da exaustão. Daí o sentido dos termos que o qualificam: *incertus* não significa indeterminado, mas não designável; *paulum, incerto tempore, intervallo minimo* significam "em um tempo menor que o mínimo de tempo contínuo pensável".

5. Cf. Epicuro, *Carta a Heródoto*, 61-62 (sobre o mínimo de tempo contínuo).
6. II, 243-250.

APÊNDICES 277

4º) É por isso que o *clinamen* não manifesta nenhuma contingência, nenhuma indeterminação. Ele manifesta, ao contrário, coisa bem diversa: a *lex atomi,* isto é, a pluralidade irredutível das causas ou das séries causais, a impossibilidade de reunir as causas em um todo. Com efeito, o *clinamen* é a determinação do encontro entre séries causais, cada série causal sendo constituída pelo movimento de um átomo e conservando no encontro toda sua independência. Nas famosas discussões que opõem os Epicuristas aos Estóicos, o problema não recai diretamente sobre contingência e necessidade, mas sobre causalidade e destino. Os Epicuristas, como os Estóicos, afirmam a causalidade (nenhum movimento sem causa); mas os Estóicos querem ainda afirmar o destino, isto é, a unidade das causas "entre si". Ao que os Epicuristas objetam que não se afirma o destino sem introduzir a necessidade, isto é, o encadeamento absoluto dos efeitos uns com os outros. É verdade que os Estóicos retrucam que eles absolutamente não introduzem a necessidade, mas que os Epicuristas por sua vez não podem recusar a unidade das causas sem cair na contingência e no acaso [7]. O verdadeiro problema é: há uma unidade das causas *entre si?* o pensamento da Natureza deve reunir as causas em um todo? A grande diferença entre os Epicuristas e os Estóicos é que eles não operam a mesma cisão da relação causal. Os Estóicos afirmam uma diferença de natureza entre as causas corporais e seus efeitos incorporais, se bem que os efeitos remetam aos efeitos, e formem uma *conjugação,* enquanto que as causas remetem às causas e formam uma *unidade.* Os Epicuristas, ao contrário, afirmam a independência ou a *pluralidade* das séries causais materiais, em virtude de uma *declinação* que afeta cada uma; e é somente nesse sentido objetivo que o *clinamen* pode ser dito acaso.

5º) Os átomos têm grandezas e figuras diversas. Mas o átomo não pode ter uma grandeza qualquer, pois atingiria e ultrapassaria o mínimo sensível. Os átomos não podem também ter uma infinidade de figuras, pois toda diversidade de figura implica seja uma permutação dos *minima* de átomos, seja uma multiplicação desses *minima* que não poderia ser levada ao infinito sem que o átomo, mais uma vez, não se tornasse ele mesmo sensível [8]. Os contornos e as figuras dos átomos não sendo em número infinito, há então uma infinidade de átomos do mesmo contorno e de mesma figura.

6º) Um átomo qualquer que se encontre com outro qualquer não se combina com ele: os átomos, de outra maneira, formariam uma combinação infinita. O choque, na ver-

7. Um dos temas principais do *De Fato* de Cícero.
8. II, 483-499.

278   LÓGICA DO SENTIDO

dade, é tanto repulsivo quanto combinatório. Os átomos
se combinam na medida em que suas figuras o permitem.
Suas combinações se desfazem sob o impacto de outros
átomos que quebram o enlace, perdendo seus elementos que
aderem a outros compostos. Se se diz que os átomos são
"germes específicos" ou "sementes", é porque qualquer
átomo não entra em composição com qualquer outro.

7º) Toda combinação sendo finita, há uma infinidade de
combinações. Mas nenhuma combinação é formada de
uma única especie de átomos. Os átomos são pois germes
específicos num segundo sentido: eles constituem a heterogeneidade do diverso consigo mesmo num mesmo corpo.
O que não impede que, num corpo, os diferentes átomos
tendam, em virtude de seu peso, a se distribuir segundo sua
figura: em nosso mundo os átomos de mesma figura se
agrupam formando vastos compostos. Nosso mundo distribui seus elementos de tal forma que os da terra ocupam
o centro, "exprimindo", fora deles, os que vão formar o
mar, o ar, o éter (*magna res*) [9]. A filosofia da Natureza
nos diz: heterogeneidade do diverso consigo, *e também*
semelhança do diverso consigo.

8º) Potência do diverso e de sua produção, mas também
potência de reprodução do diverso. É importante ver como
essa segunda potência decorre da primeira. A semelhança
decorre do diverso enquanto tal e da sua diversidade. Não
há mundo nem corpo que não percam elementos, a cada
instante, e que não encontrem outros de mesma figura.
Não há mundo nem corpo que não tenham eles próprios
seus semelhantes no espaço e no tempo. É que a produção
de qualquer composto supõe que os diferentes elementos
capazes de o formar sejam eles mesmos em número infinito;
eles não teriam nenhuma chance de se encontrar se cada
um deles, no vazio, fosse o único de sua espécie ou limitado
em número. Mas, como cada um deles tem uma infinidade
de semelhantes, eles não produzem um composto sem que
seus semelhantes não tenham a mesma chance de renovar
as partes dele e mesmo de reproduzir um composto semelhante [10]. Este argumento das chances vale sobretudo para
os mundos. Com razão mais forte ainda, os corpos intra-
mundanos dispõem de um princípio de reprodução. Eles
nascem, com efeito, nos meios já compostos, onde cada um
reúne um máximo de elementos de mesma figura: a terra,
o mar, o ar, o éter, as *magnae res,* os grandes esteios que
constituem nosso mundo e se prendem uns aos outros por
transições insensíveis. Um determinado corpo tem seu lugar
num desses conjuntos [11]. Como esse corpo não cessa de

9. V, 449-454.
10. II, 541-568.
11. V, 128-131.

APÊNDICES

perder elementos da sua composição, o conjunto em que ele se banha lhe fornece outros novos, seja por via direta, seja através de uma ordem determinada, a partir de outros conjuntos com os quais se comunica. Mais ainda: um corpo terá seus semelhantes em outros lugares, no elemento que o produz e o alimenta [12]. É por isso que Lucrécio reconhece um último aspecto do princípio de causalidade: um corpo não nasce apenas de determinados elementos, que são como sementes que o produzem, mas também num determinado meio, que é como uma mãe apta a reproduzi-lo. A heterogeneidade do diverso forma uma espécie de vitalismo dos germes, mas a semelhança do próprio diverso, uma espécie de panteísmo das mães [13].

A física é o naturalismo do ponto de vista especulativo. O essencial da física está na teoria do infinito, e dos *minima* temporais e espaciais. Os dois primeiros livros de Lucrécio são conformes a esse objeto fundamental da física: *determinar o que é verdadeiramente infinito e o que não o é,* distinguir o verdadeiro infinito e o falso. O que é verdadeiramente infinito é a soma dos átomos, o vazio, a soma dos átomos e do vazio, o número de átomos de mesma figura e mesmo contorno, o número de combinações e os mundos semelhantes ou diferentes do nosso. O que não é infinito são as partes do corpo e do átomo, os contornos e figuras do átomo, e sobretudo toda combinação mundana ou intramundana. Ora, é de se observar que, nessa determinação do verdadeiro e do falso infinito, a física opera de maneira apodítica; e é aí, também, que ela revela sua subordinação com relação à prática ou à ética. (Ao contrário, se a física procede hipoteticamente, como para explicar um fenômeno finito, ela pouco contribui para a ética [14].) Devemos então perguntar por que a determinação apodítica do verdadeiro e do falso infinito, especulativamente, é o meio necessário da ética ou da prática.

O fim ou objeto da prática é o prazer. Ora, a prática, nesse sentido, nos recomenda apenas todos os meios de suprimir e de evitar a dor. Mas nossos prazeres têm obstáculos mais fortes que as próprias dores: os fantasmas, as superstições, os terrores, o medo de morrer, tudo o que forma a inquietação da alma [15]. O quadro da humanidade é um quadro da 'humanidade inquieta, aterrorizada mais que dolorida (mesmo a peste se define não apenas pelas dores que transmite, mas pela inquietação generalizada que institui). É a inquietação da alma que multiplica a dor;

12. II, 1068: *"cum locus est praesto."*
13. I, 168. E II, 708: *seminibus certis certa genetrice.*
14. Cf. Epicuro, *Carta a Heródoto,* 79.
15. A introdução do Livro II é construída sobre esta oposição: para evitar a dor tanto quanto é possível, bastam poucas coisas — mas para vencer a perturbação da alma é preciso uma arte mais profunda.

280   LÓGICA DO SENTIDO

é ela que a torna invencível, mas sua origem é outra e bem mais profunda. Ela se compõe de dois elementos: uma ilusão vinda do corpo, ilusão de uma capacidade infinita de prazeres; depois uma segunda ilusão projetada na alma, ilusão de uma duração infinita da própria alma, que nos entrega indefesos à idéia de uma infinidade de dores possíveis depois da morte[16]. As duas ilusões se encadeiam: o medo dos castigos infinitos é a sanção natural dos desejos ilimitados. É sobre esta terra que se deve procurar Sísifo e Títios; "é aqui embaixo que a vida dos tolos se torna um verdadeiro inferno"[17]. Epicuro chega mesmo a dizer que, se a injustiça é um mal, se a cupidez, a ambição, mesmo o deboche são maus, é porque eles nos entregam à idéia de uma punição que pode sobrevir a todo instante[18]. Estar entregue indefeso à inquietação da alma é justamente a condição do homem ou o produto da dupla ilusão: "Hoje não há nenhum meio, nenhuma forma de resistir, pois são as penas eternas que é preciso temer na morte"[19]. É por isso que para Lucrécio, como para Spinoza mais tarde, o homem religioso tem dois aspectos: avidez e angústia, cupidez e culpabilidade, complexo estranho, gerador de crimes. A inquietação da alma é pois feita do medo de morrer quando não estamos ainda mortos, mas também do medo de não estarmos ainda mortos quando já o estivermos. Todo o problema é o do princípio dessa intranqüilidade ou dessas duas ilusões.

É aí que intervém uma teoria epicuriana muito bonita e difícil. Dos próprios corpos ou dos compostos atômicos emanam constantemente elementos particularmente sutis, fluidos e tênues. Esses compostos de segundo grau são de dois tipos: ou eles emanam da profundeza do corpo, ou se desprendem da superfície (peles, túnicas ou tecidos, envelopes, cascas, aquilo que Lucrécio chama de simulacros e Epicuro, de ídolos). Conforme atingem o *animus* e a *anima,* produzem qualidades sensíveis. Os sons, os odores, os sabores, os calores, remetem sobretudo às emissões de profundidade, enquanto que as determinações visuais, formas e cores remetem aos simulacros de superfície. Na verdade é ainda mais complicado, pois cada sentido parece combinar informações de profundidade e de superfície; as emissões profundas passam pela superfície, e os envelopes superficiais ao se desprenderem do objeto são convertidos por camadas anteriormente enterradas. Por exemplo, os ruídos das profundezas tornam-se vozes quando encontram em certas superfícies perfuradas (boca) condições para sua articulação.

---

16. Lucrécio insiste tanto sobre um como sobre o outro desses aspectos: I, 110-119; III, 41-73; III, 978-1023; VI, 12-16. Sobre a capacidade infinita de prazeres, cf. Epicuro, *Pensamentos,* 20.
17. III, 1023.
18. Epicuro, *Pensamentos,* 7, 10, 34, 35.
19. I, 110-111.

APÊNDICES   281

Inversamente, os simulacros de superfície somente emitem as cores e as formas sob a luz que, ela, vem das profundezas. Em todo caso as emissões e simulacros não são evidentemente tomados como compostos de átomos, mas como qualidades apreendidas à distância sobre e no objeto; a distância é dada pelo fluxo de ar que atravessa o órgão dos sentidos e por aquele que as emissões e simulacros abrem diante de si[20]. É por isso que o objeto é sempre percebido tal qual ele deve ser percebido, em função do estado dos simulacros e emissões, da distância que eles têm a vencer, dos obstáculos que encontram, das deformações que sofrem ou dos choques de que são alvo: ao fim de um longo percurso os envelopes visuais não nos colhem com o mesmo vigor, as vozes perdem sua distinção. Mas sempre subsiste a propriedade de serem referidas a um objeto; e, no caso do tato, o único sentido que apreende o objeto sem intermediário, o dado de superfície é referido à profundidade e aquilo que se apreende sobre o objeto é percebido como residindo em seu fundo[21].

De onde provém esse vínculo com o objeto, do qual entretanto as emissões e simulacros se desfazem? Acreditamos que seu estatuto, na filosofia de Epicuro, não seja separável da teoria do tempo. Seu caráter essencial, com efeito, é a rapidez com a qual eles atravessam o espaço. É por isso que Epicuro emprega para o simulacro a mesma fórmula que para o átomo (embora não no mesmo sentido): ele vai "tão rápido quanto o pensamento". É que, em virtude da analogia, há um *mínimo de tempo sensível* não menos que um mínimo de tempo pensável. Ora, da mesma forma como a declinação do átomo se faz num tempo menor que o tempo pensável, embora ela já esteja lá no menor tempo que se possa pensar, assim também a emissão dos simulacros se faz num tempo menor que o mínimo de tempo sensível, embora eles já estejam no menor tempo que se possa sentir, e nos pareçam estar ainda no objeto quando nos atingem. "No momento percebido como único se dissimula um grande número de momentos cuja existência a razão descobre, de tal forma que a todo momento, em todos os lugares, todo tipo de simulacros se encontra a nosso alcance[22]." O simulacro é pois insensível, somente é sensível *a imagem* que leva a qualidade, e que é feita da sucessão muito rápida, da somatória de muitos simulacros idênticos. O que dizemos da rapidez de formação dos simulacros é ainda verdade para as emanações da profundidade, mas em menor medida: os simulacros são mais rápidos que as emanações, como se houvesse com relação

20. IV, 245-260.
21. IV, 265-270.
22. IV, 794-798.

282 LÓGICA DO SENTIDO

ao tempo sensível diferenciais de diversas ordens [23]. Vemos então sobre que se baseia a originalidade do método epicuriano, onde se combinam os recursos da analogia e da gradação. É a teoria do tempo, e seu caráter "exaustivo", que asseguram a unidade dos dois aspectos do método. Pois há um mínimo de tempo sensível tanto quanto um mínimo de tempo pensável, e um tempo menor que o mínimo nos dois casos. Mas, simultaneamente, os tempos análogos ou as determinações análogas do tempo se organizam numa gradação, gradação que nos faz passar do pensável ao sensível e vice-versa: 1º) tempo menor que o mínimo de tempo pensável (*incertum tempus* efetuado pelo *clinamen*); 2º) mínimo de tempo contínuo pensável (rapidez do átomo numa mesma direção); 3º) tempo menor que o mínimo de tempo sensível (*punctum temporis,* ocupado pelo *simulacro*); 4º) mínimo de tempo contínuo sensível (ao qual corresponde *a imagem* que assegura a percepção do objeto)[24].

Há uma terceira espécie, distinta tanto das emanações saídas da profundeza como das simulações desprendidas da superfície das coisas. São os fantasmas, que gozam de grande independência com relação aos objetos e de uma extrema mobilidade, de extrema inconstância nas imagens que formam (uma vez que não são renovados por constantes emissões do objeto). Parece pois que a imagem, aqui, tem o lugar do próprio objeto. Dessa nova espécie de simulacros há três variedades principais: teológica, onírica, erótica. Os fantasmas teológicos são feitos de simulacros que se cruzam espontaneamente no céu, onde desenham imensas imagens de nuvem, altas montanhas e figuras de gigantes[25]. É que, de qualquer forma, os simulacros se encontram em tôda parte; não cessamos de nos banhar neles, de sermos atingidos por eles como por fluxos de ondas. Então acontece que, muito longe dos objetos dos quais emanam, com os quais perderam toda relação direta, eles formam essas grandes figuras autônomas. Sua independência os torna tanto mais cambiáveis; dir-se-ia que eles dançam, que falam, que modificam seu tom e gestos ao infinito. Tanto isso é verdade, como lembrara Hume, que na origem da crença nos deuses não há a permanência, mas antes o capricho e a variabilidade das paixões[26]. O

---

23. Os simulacros visuais têm dois privilégios com relação às emanações profundas: justamente porque se desprendem da superfície, não modificam sua ordem nem sua figura, e por isso são representativos; por outro lado, eles vão mais rápido pois encontram menos obstáculos. Cf. IV, 67-71, 199-209.
24. A analogia dessa gradação aparece claramente quando Epicuro diz dos simulacros, *como dos átomos,* que eles vão "tão rápido quanto o pensamento" (*Carta a Heródoto,* 48); e quando Lucrécio aplica à rapidez dos simulacros as mesmas expressões que para a rapidez dos átomos no vazio (IV, 206-208 e II, 162-164).
25. IV, 130-142.
26. V, 1169 e s. A bem dizer, Lucrécio faz intervir dois elementos coexistentes, a mobilidade do fantasma e a permanência da ordem celeste.

segundo gênero de fantasmas é constituído por simulacros particularmente sutis e delgados, provenientes de objetos diversos, aptos a se dissolver, condensar e dissipar, rápidos e tênues demais para se oferecerem à vista, mas capazes de fornecer ao *animus* visões que lhe são próprias: centauros, cérberos e assombrações, ou ainda todas as imagens que correspondem ao desejo, ou ainda e sobretudo as imagens de sonho. Não que o desejo seja aqui criador, mas ele torna o espírito atento, e o faz selecionar entre todos os fantasmas sutis que nos banham aqueles que mais convém; e com maior razão o espírito, recolhido e submerso quando o corpo dorme, se abre a esses fantasmas [27]. Quanto ao terceiro gênero, os fantasmas eróticos, ele também é constituído por simulacros emitidos por objetos muito diversos, aptos a se condensar ("a mulher que acreditamos ter em nossos braços aparece subitamente transformada em homem"). E sem dúvida a imagem constituída por esses simulacros está ligada ao objeto de amor real; mas, diferentemente do que acontece com as outras necessidades, o objeto não pode ser absorvido nem possuído, somente a imagem inspira e ressuscita o desejo, miragem que não assinala mais uma realidade consistente: "de um rosto bonito ou de uma bela tez, nada se oferece ao gozo do corpo, exceto simulacros tênues, miserável esperança levada pelo vento" [28].

O tempo se manifesta com relação ao movimento. É por isso que falamos de um tempo do pensamento com relação ao movimento do átomo no vazio, e de um tempo sensível com relação à imagem móvel que percebemos, ou que nos fazem perceber as qualidades dos compostos atômicos. E falamos de um tempo ainda menor o mínimo de tempo pensável, com relação ao *clinamen* como determinação do movimento do átomo; e de um tempo menor que o mínimo de tempo sensível, com relação aos simulacros como componentes da imagem (para esses componentes há até ordens diferenciais de rapidez, sendo as emanações profundas menos rápidas que os simulacros de superfície, e estes menos rápidos que a terceira espécie). Talvez o movimento em todos estes sentidos seja constitutivo dos "acontecimentos" (*eventa,* aquilo que Epicuro chama *sintomas*) por oposição aos atributos ou propriedades (*conjuncta*), de tal forma que o tempo deve ser dito o acontecimento dos acontecimentos, o "sintoma dos sintomas" que se depreende do movimento [29]. Pois os atributos são

27. IV, 722 e s., 962 e s.
28. IV, 1094-1096.
29. Cf. Sextus Empiricus, *ADV. Math.*, X, 219. A teoria do acontecimento tal como a encontramos no texto de Epicuro (*Carta a Heródoto*, 68-73) e na de Lucrécio (I, 440-482) é ao mesmo tempo rica e obscura, muito breve. Somente o vazio sendo incorporal, o acontecimento não tem um

as propriedades que não podem ser abstraídas ou separadas do corpo: assim a forma, a dimensão ou o peso do átomo; ou ainda as qualidades de um composto que exprimem a disposição atômica sem a qual deixa de ser o que é (calor do fogo, fluidez da água). Mas o acontecimento exprime antes aquilo que se dá e que se vai sem destruir a natureza da coisa, portanto um grau de movimento compatível com sua ordem: assim os movimentos dos compostos e de seus simulacros, ou os movimentos e colisões de cada átomo; e se o nascimento e a morte, a composição e decomposição são acontecimentos, é em função de elementos de uma ordem inferior à dos compostos, e cuja existência é compatível com a variação dos movimentos numa passagem ao limite dos tempos correspondentes.

Podemos então responder à questão do falso infinito. Os simulacros não são percebidos em si, mas somente sua somatória num mínimo de tempo sensível (imagem). Não obstante, da mesma forma que o movimento do átomo num mínimo de tempo contínuo pensável prova a declinação, que se faz entretanto num tempo menor que esse mínimo, a imagem prova a sucessão e a somatória dos simulacros que se fazem num tempo menor que o mínimo de tempo contínuo sensível. E, da mesma forma que o *clinamen* inspira ao pensamento falsas concepções da liberdade, os simulacros inspiram à sensibilidade um falso sentimento da vontade e do desejo. Em virtude de sua rapidez que os faz ser e agir abaixo do mínimo sensível, *os simulacros produzem a miragem de um falso infinito nas imagens que formam,* e fazem nascer a dupla ilusão de uma capacidade infinita de prazeres e de uma possibilidade infinita de tormentos, essa mistura de avidez e de angústia, de cupidez e culpabilidade tão característica do homem religioso. É particularmente na terceira espécie, a mais rápida, a dos fantasmas, que se assiste ao desenvolvimento da ilusão e dos *mitos* que a acompanham. Numa mistura de teologia, de erotismo e de onirismo, o desejo amoroso não possui senão simulacros que lhe fazem conhecer o amargor e o tormento até mesmo em seu prazer que ele deseja infinito; e nossa crença nos deuses repousa em simulacros que nos parecem dançar, modificar seus gestos, lançar vozes que nos prometem penas eternas, em suma, representar o infinito.

Como impedir a ilusão senão pela distinção rigorosa do verdadeiro infinito e a justa apreciação dos tempos

estatuto de incorporal propriamente falando; sem dúvida existe uma relação essencial com o simulacro, e em última instância com o movimento do átomo (471-477). O que permite aos Estóicos dar ao acontecimento um estatuto bem determinado é seu seccionamento da causalidade, a partir da qual os efeitos diferem em natureza das causas; isso já não ocorre com os Epicuristas, que seccionam a relação causal segundo séries que conservam uma homogeneidade da causa e do efeito.

APÊNDICES 285

encaixados uns nos outros, com as passagens de limite que eles implicam? Tal é o sentido do Naturalismo. Então os próprios fantasmas tornam-se objetos de prazer, inclusive no efeito que produzem e que aparece enfim tal como é: um efeito de rapidez e de leveza, que se vincula à interferência exterior de objetos muito diversos, como um condensado de sucessões e de simultaneidades. O falso infinito é o princípio da inquietação da alma. O objeto especulativo e o objeto prático da filosofia como Naturalismo, a ciência e o prazer, coincidem sobre . este ponto: trata-se sempre de denunciar a ilusão, o falso infinito, o infinito da religião e todos o mitos teológicos-eróticos-oníricos em que se exprime. A quem pergunta: "para que serve a filosofia?", é preciso responder: que outro interesse tem senão o de levantar a imagem de um homem livre, de denunciar todas as forças que têm necessidade do mito e da inquietação de alma para afirmar sua potência? A Natureza não se opõe ao costume, pois há costumes naturais. A Natureza não se opõe à convenção: que o direito dependa de convenções não exclui a existência de um direito natural, isto é, de uma função natural do direito que mede a ilegitimidade dos desejos à perturbação de alma de que se fazem acompanhar. A Natureza não se opõe à invenção, não sendo as invenções senão descobertas da própria Natureza. Mas a Natureza se opõe ao mito. Ao descrever a história da humanidade, Lucrécio nos apresenta uma espécie de lei de compensação: a infelicidade do homem não provém de seus costumes, de suas convenções, de suas invenções, nem de sua indústria, mas da parte de mito que aí se mistura e do falso infinito que introduz em seus sentimentos como em suas obras. Às origens da linguagem, à descoberta do fogo e dos primeiros metais se juntam a realeza, a riqueza e a propriedade, míticas em seu princípio; às convenções do direito e da justiça, a crença nos deuses; ao uso do bronze e do ferro, o desenvolvimento das guerras; às invenções da arte e da indústria, o luxo e o frenesi. Os acontecimentos que fazem a infelicidade da humanidade não são separáveis dos mitos que os tornam possíveis. Distinguir no homem o que provém do mito e o que provém da Natureza, e, na própria Natureza, distinguir o que é verdadeiramente infinito e o que não o é: tal é o objeto prático e especulativo do Naturalismo. O primeiro filósofo é naturalista: ele discorre sob a natureza, em lugar de discorrer sobre os deuses. Tem o mérito de não introduzir na filosofia novos mitos que retirariam à Natureza toda sua positividade. Os deuses ativos são o mito da religião, como o destino o mito de uma falsa filosofia, e o Ser, o Um, o Todo, o mito de uma falsa filosofia toda impregnada de teologia.

286 LÓGICA DO SENTIDO

Jamais se levou tão longe a empresa de "desmistificar". O mito é sempre a expressão do falso infinito e da inquietação da alma. Uma das constantes mais profundas do Naturalismo é denunciar tudo que é tristeza, tudo que é causa de tristeza, tudo que tem necessidade da tristeza para afirmar seu poder [30]. De Lucrécio a Nietzsche, o mesmo fim é buscado e atingido. O Naturalismo faz do pensamento uma afirmação, da sensibilidade uma afirmação. Ele ataca os prestígios do negativo, ele destitui o negativo de toda potência, ele nega ao espírito do negativo o direito de falar em filosofia. É o espírito do negativo que fazia do sensível uma aparência, é ainda ele que reunia o inteligível em um Um ou em um Todo. Mas esse Todo, esse Um, não eram senão um nada do pensamento, como essa aparência um nada da sensação. O Naturalismo, segundo Lucrécio, é o pensamento de uma soma infinita onde todos os elementos não se compõem ao mesmo tempo, mas, inversamente também, a sensação de compostos finitos que não se somam como tais uns com os outros. Dessas duas formas o múltiplo é afirmado. O múltiplo enquanto múltiplo é objeto de afirmação, como o diverso enquanto diverso objeto de alegria. O infinito é a determinação inteligível absoluta (perfeição) de uma soma que não compõe seus elementos em um todo; mas o próprio finito é a determinação sensível absoluta (perfeição) de tudo aquilo que é composto. A pura positividade do finito é o objeto dos sentidos; a positividade do verdadeiro infinito, o objeto do pensamento. Nenhuma oposição entre esses dois pontos de vista, mas uma correlação. Lucrécio fixou por muito tempo as implicações do Naturalismo: a positividade da Natureza, o Naturalismo como filosofia da afirmação, o pluralismo ligado à afirmação múltipla, o sensualismo ligado à alegria do diverso, a crítica prática de todas as mistificações.

---

30. Não se pode evidentemente considerar a descrição trágica da peste como o final do poema. Ela coincide excessivamente com a lenda da loucura e do suicídio, que os cristãos propagaram para mostrar o triste fim pessoal de um Epicurista. Por outro lado, pode ser que Lucrécio estivesse louco ao fim de sua vida. Mas é igualmente vão invocar dados supostos da vida para concluir do poema ou tratá-lo como um conjunto de sintomas de onde se concluiria do caso "pessoal" do autor (psicanálise de araque). Certamente não é assim que se apresenta o problema das relações da psicanálise e da arte — cf. 33.ª série.

II. Fantasma e Literatura Moderna

3. Klossowski ou os Corpos-Linguagem

A obra de Klossowski é construída sobre um admirável paralelismo do corpo e da linguagem, ou antes, sobre uma reflexão de um no outro. O raciocínio é a operação da linguagem, mas a pantomima é a operação do corpo. Por motivos ainda a determinar, Klossowski concebe o raciocínio como sendo de essência teológica e tendo a forma do silogismo disjuntivo. No outro pólo, a pantomima do corpo é essencialmente perversa e tem a forma de uma articulação disjuntiva. Dispomos de um fio condutor para melhor compreender este ponto de partida. Por exemplo, os biologistas nos ensinam que o desenvolvimento do corpo procede em cascata: um membro é determinado como pata antes de sê-lo como pata direita etc. Dir-se-ia que o corpo animal hesita ou procede por dilemas. Da mesma forma, o raciocínio vai por cascatas, hesita e bifurca em cada nível. O corpo é um silogismo disjuntivo; a linguagem é um ovo em vias de diferenciação. O corpo oculta, encerra uma linguagem escondida; a linguagem forma um corpo glorioso. A mais abstrata das argumentações é uma mímica; mas a pantomima dos corpos é um encadeamento de silogismos. Não se sabe mais se é a pantomima que raciocina ou o raciocínio que faz mímica.

De uma certa maneira, nossa época descobre a perversão. Ela não tem necessidade de descrever comportamentos, de compor narrativas abomináveis. Sade precisava disso, mas há um legado de Sade. Procuramos antes a "estrutura", isto é, a forma que pode ser preenchida por estas descrições e narrativas (uma vez que ela as torna possíveis), mas não tem necessidade de sê-lo para ser dita perversa. O que chamamos de perverso é precisamente esta potencialidade de hesitação objetiva no corpo, esta

290   LÓGICA DO SENTIDO

pata que não é nem direita nem esquerda, esta determinação por cascata, esta diferenciação que jamais suprime o indiferenciado que nela se divide, esta suspensão que marca cada momento da diferença, esta imobilização que marca cada momento da queda. Gombrowicz pode intitular de *A Pornografia* um romance perverso que não comporta nenhuma narrativa obscena e que mostra somente jovens corpos suspensos que hesitam e que caem, em um movimento coagulado. Em Klossowski, cuja técnica é outra, descrições sexuais aparecem, com uma grande força, mas para "preencher" a hesitação dos corpos e distribuí-la nas partes do silogismo disjuntivo. A presença de tais descrições assume então uma função lingüística: não se trata de falar dos corpos tais como são antes da linguagem ou fora da linguagem, mas, ao contrário, de formar com as palavras um "corpo glorioso" para os puros espíritos. Não há obsceno em si, diz Klossowski; isto é, o obsceno não é a intrusão do corpo na linguagem, mas sua comum reflexão e o ato de linguagem que fabrica um corpo para o espírito, o ato pelo qual a linguagem assim se ultrapassa a si mesma, refletindo um corpo. "Não há nada de mais verbal do que os excessos da carne... A descrição reiterada do ato carnal não somente dá conta da transgressão, ela própria é uma transgressão da linguagem pela linguagem" [1].

De uma outra maneira, nossa época descobre a teologia. Não temos mais necessidade de acreditar em Deus. Procuramos, antes, a "estrutura", isto é, a forma que pode ser preenchida pelas crenças, mas que não tem necessidade, de modo algum, de sê-lo para ser chamada de teológica. A teologia é agora a ciência das entidades não existentes, a maneira segundo a qual estas entidades, divinas ou antidivinas, Cristo ou anticristo, animam a linguagem e formam para ela este corpo glorioso que se divide em disjunções. Realiza-se a predição de Nietzsche sobre o laço entre Deus e a gramática; mas desta vez o laço é reconhecido, querido, atuado, mimetizado, "hesitado", desenvolvido em todos os sentidos da disjunção, posta a serviço do anticristo, Dionísio crucificado. Se a perversão é a potencialidade própria ao corpo, a equivocidade o é à teologia; elas se refletem uma na outra; se uma é a pantomima por excelência, a outra é o raciocínio por excelência.

De onde o caráter admirável da obra de Klossowski: a unidade da teologia e da pornografia, neste sentido bem particular. O que é preciso chamar de pornologia superior. E é esta sua maneira de superar a metafísica: a argumentação mímica e a pantomima silogística, o dilema no corpo e a disjunção no silogismo. As violentações de Roberte

---

1. *Un si funeste désir.* Gallimard, 1963. pp. 126-127.

APÊNDICES

291

escandem os raciocínios e as alternativas; inversamente, os silogismos e os dilemas se refletem nas posturas e nas ambigüidades do corpo [2]. O laço do raciocínio e da descrição sempre foi o problema lógico mais alto, sua forma mais nobre. É o que vemos ocorrer com os lógicos, incapazes de pôr fim a este problema, talvez por o colocarem em condições muito gerais. As condições duras, cortantes, são aquelas em que a descrição concerne à perversão dos corpos em patologia (a cascata orgânica disjuntiva) e em que o raciocínio concerne à equivocidade da linguagem em teologia (o silogismo espiritual disjuntivo). O problema da relação raciocínio-descrição recebera em Sade uma primeira solução, da maior importância teórica e técnica, filosófica e literária. Klossowski abre vias completamente novas porque coloca as condições de nossa concepção moderna tanto da perversão como da teologia ou antiteologia. Tudo começa com este brasão, esta reflexão do corpo e da linguagem.

O paralelismo se apresenta, em primeiro lugar, entre ver e falar. Já no romance de Des Forêts, que colocava em cena um tagarela-*voyeur,* ver designava uma operação ou uma contemplação muito especial: pura visão dos reflexos que multiplicam o que refletem e que conferem ao *voyeur* uma participação mais intensa do que se ele experimentasse estas paixões, cujo duplo ou cuja reflexão sobre os semblantes de outrem ele agora persegue. Assim também em Klossowski, quando Octave instaura a lei de hospitalidade de acordo com a qual "dá" sua mulher Roberte aos convidados. Trata-se, para ele, de multiplicar a essência de Roberte, de criar tantos simulacros e reflexos de Roberte quanto o número de personagens que com ela entrem em relação e de inspirar a Roberte uma espécie de emulação de seus próprios duplos, graças aos quais Octave-*voyeur* possui e conhece melhor a mulher, mais do que se a guardasse, simplificada, para si mesmo. "Era preciso que Roberte tomasse gosto por si mesma, que tivesse curiosidade de se reencontrar naquela que eu elaborava com seus próprios elementos e que pouco a pouco ela quisesse, por uma espécie de emulação com seu próprio duplo, ultrapassar até mesmo os aspectos que se esboçavam em meu espírito: importava pois que ela fosse constantemente cercada por jovens à procura de facilidades, homens disponíveis" [3]. Assim é a posse visual: só se possui bem aquilo que já é possuído. Não somente possuído por um outro,

---

2. No *Bain de Diane* (Pauvert ed., 1956), o silogismo disjuntivo torna-se um método geral de interpretação do mito e de reconstituição do corporal no mito.

3. *La Révocation de l'Édit de Nantes,* ed. de Minuit, 1954, p. 59. Este livro forma, com *Roberte ce soir* (ed. de Minuit, 1953) e *Le Souffleur* (Pauvert ed., 1960), uma trilogia que foi reeditada sob o título de *Les Lois de l'hospitalité* (Gallimard, 1965).

292 LÓGICA DO SENTIDO

pois o outro aqui não é mais do que um disfarce e, no limite, não tem existência. Mas possuído por um morto, possuído pelos espíritos. Não se possui bem a não ser aquilo que é expropriado, posto fora de si, desdobrado, refletido sob o olhar, multiplicado pelos espíritos possessivos. Eis por que a Roberte do *Souffleur* é o objeto de um problema importante: poderá haver "um mesmo morto para duas viúvas"? Possuir é, pois, dar a possuir e *ver* este dado, vê-lo multiplicar-se no dom. "Semelhante colocação em comum de um ser caro mas vivo não deixa de ter uma certa analogia com o olhar consagrado de um artista"[4] (relembraríamos um estranho tema do roubo e do dom na peça de Joyce *Os exilados*).

Se a função da vista consiste em dobrar, desdobrar, multiplicar, a do ouvido consiste em ressoar, fazer ressoar. Toda a obra de Klossowski tende para um objetivo único: assegurar a perda da identidade pessoal, dissolver o eu, é o esplêndido troféu que os personagens de Klossowski trazem de uma longa viagem nos confins da loucura. Mas, justamente, a dissolução do eu deixa de ser uma determinação patológica para se tornar a mais alta potência, rica em promessas positivas e salutares. E o eu só é "dissoluto" porque primeiro foi dissolvido: não somente o eu que é olhado, que perde sua identidade sob o olhar, mas aquele que olha e que se põe assim fora de si, que se multiplica em seu olhar. Octave enuncia seu projeto perverso acerca de Roberte: "Levá-la a prever quando seria vista..., incitá-la a destacar seus gestos deste sentimento de si sem nunca se perder de vista..., fazê-la atribuí-los a seu reflexo até ao ponto dela se mimetizar de alguma forma a si mesma..."[5] Mas ele também sabe muito bem que à força de olhar ele acaba por perder a própria identidade, coloca-se fora de si, multiplica-se no olhar tanto quanto o outro sob o olhar — e que é este o conteúdo mais profundo da idéia do Mal. Aparece então a relação essencial, a cumplicidade da vista com a palavra. Pois que conduta manter, diante destes duplos, simulacros ou reflexos, a não ser falar? Aquilo que só pode ser visto ou o que só pode ser ouvido, o que não é nunca confirmado por um outro órgão, o que é o Objeto de um esquecimento na memória, de um Inimaginável na imaginação, de um Impensável no pensamento, — que fazer de tudo isso a não ser falar a respeito? A própria linguagem é o duplo último que exprime todos os duplos, o mais alto simulacro.

Freud elaborava casais ativo-passivo, no modo do voyeurismo e do exibicionismo. Este esquema não pode satisfazer Klossowski, segundo o qual a palavra é a única

4. *La Révocation*, p. 48.
5. *La Révocation*, p. 58.

APÊNDICES

293

atividade capaz de corresponder com a passividade da vista, a única ação correspondendo com a paixão da vista. A palavra é nossa conduta ativa com respeito aos reflexos, ecos e duplos, tanto para recolhê-los como para suscitá-los. Se a vista é perversa, a palavra também o é. Pois, evidentemente, não se trata, como faria uma criança, de falar *aos* duplos e *aos* simulacros. Trata-se de falar deles. A quem? Aqui, ainda, aos espíritos. Quando "nomeamos" ou "designamos" algo ou alguém, com a condição de fazê-lo com a precisão e sobretudo com o estilo necessários, também o "denunciamos": apagamos o nome ou antes fazemos surgir sob o nome a multiplicidade do denominado, desdobramos, refletimos a coisa, damos muitas coisas a ver sob a mesma palavra, assim como ver dá, em um olhar, muitas coisas a falar. Não falamos nunca alguém, falamos *de* alguém a uma potência apta a refleti-lo e a duplicá-lo; por isso mesmo não o nomeamos sem denunciá-lo a um espírito como estranho espelho. Octave diz, no seu esplêndido orgulho: Eu não falei a Roberte, não a "nomeei" um espírito; ao contrário, nomeei Roberte ao espírito e assim a "denunciei", para que o espírito revele o que esconde, para que libere, enfim, o que reúne sob seu nome [6]. Ora a vista induz a palavra e ora a palavra conduz a vista. Mas sempre há a multiplicação e a reflexão daquilo que é visto e o que é falado e também daquele que vê e que fala: aquele que fala participa da grande dissolução dos eu, e mesmo comanda-a ou provoca-a. Michel Foucault escreveu sobre Klossowski um belo artigo, em que analisava o jogo dos duplos e dos simulacros, da vista e da linguagem; ele aí designava as categorias klossowskianas da visão: simulacro, similitude, simulação [7]. Corréspondem a elas as categorias de linguagem: evocação, provocação, revogação. Assim como a vista duplica o que vê e multiplica o vidente, a linguagem denuncia o que diz e multiplica o falante (por exemplo, a multiplicidade das vozes superpostas no *Souffleur*).

Que os corpos falam, já o sabemos há bastante tempo. Mas Klossowski designa um ponto que é quase o centro em que a linguagem se forma. Latinista, ele evoca Quintiliano: o corpo é capaz de gestos que dão a entender o contrário daquilo que indicam. Tais gestos são o equivalente daquilo que chamamos, na linguagem, *solecismos* [8]. Por exemplo, um braço repele o agressor enquanto o outro espera e parece acolhê-lo. Ou então uma mesma mão repele, mas não pode fazê-lo sem oferecer sua palma. E o jogo dos dedos, uns retos, outros dobrados. Octave tem

6. *Roberte*, p. 31 (este capítulo chama-se "A Denúncia").
7. FOUCAULT, Michel. La Prose d'Actéon. *Nouvelle revue française*, março de 1964.
8. *La Révocation*, pp. 11-12.

pois uma coleção de quadros secretos, do pintor imaginário Tonnerre, próximo ao mesmo tempo a Ingres, Chasseriau e Courbet, que sabe que a pintura está no solecismo dos corpos, assim como no gesto ambíguo de Lucrécia. Estas descrições imaginárias são como brilhantes estereotipias que dão ritmo a *La Révocation*. E nos seus desenhos reais, painéis de uma grande beleza, Klossowski deixa propositadamente indeterminado o órgão sexual, livre para sobredeterminar a mão como órgão dos solecismos. Mas, precisamente, qual é a positividade da mão, de seu gesto ambíguo de seu "gesto em suspenso"? Tal gesto é a encarnação de uma potência que é também interior à linguagem: o dilema, a disjunção, o silogismo disjuntivo. A propósito do quadro representando Lucrécia, Octave escreve: "Se ela cede, evidentemente trai; se não cede, passará por ter traído, visto que, morta por seu agressor, será, por acréscimo, caluniada. Vemo-la ceder por ter resolvido se suprimir desde que tivesse propalado sua derrota? Ou então primeiro ela resolveu ceder, com a condição de desaparecer em seguida, tendo falado? Não há dúvida de que ela só cede porque reflete: se não refletisse, matar-se-ia ou far-se-ia matar imediatamente. Ora, ao refletir-se em seu projeto de morte, ela se lança nos braços de Tarquínio e, como o insinua Santo Agostinho, levada talvez por sua própria cobiça, pune-se em seguida por esta confusão, por este solecismo; o que significa sucumbir ao temor da desonra, como diz Ovídio. Ela sucumbe, diria eu, à sua própria cobiça que se cinde em duas: a cobiça de seu próprio pudor deixa de lado o pudor para se descobrir carnal" [9]. Eis que, em sua identidade, o dilema em cascata e o gesto em suspenso representam tanto a determinação do corpo como o movimento da linguagem. Mas que o elemento comum seja a *reflexão* indica-nos ainda outra coisa.

O corpo é linguagem porque é essencialmente "flexão". Na reflexão, a flexão corporal se acha como desdobrada, cindida, oposta a si, refletida sobre si; ela aparece enfim por si mesma, liberada de tudo o que a esconde ordinariamente. Em uma grande cena da *Révocation,* mergulhando suas longas mãos no tabernáculo, Roberte sente que elas são agarradas por duas longas mãos muito parecidas com as suas... Em *Le Souffleur,* as duas Roberte se batem, cruzam suas mãos e entrelaçam seus dedos, enquanto um convidado "assopra"'. Separem-na! E *Roberte ce soir* termina com um gesto de Roberte oferecendo um "molho de chaves a Victor que toca com os dedos nele, mas nunca o apanha": cena em suspenso, verdadeira cascata conge-

---

9. *La Révocation*, pp. 28-29.

APÊNDICES 295

lada, que reflete todos os dilemas e todos os silogismos de que Roberte, durante sua violentação, foi atacada pelos "espíritos". Mas se o corpo é flexão, a linguagem também o é. E é preciso uma reflexão das palavras, uma reflexão nas palavras para que apareça enfim liberada de tudo o que a recobre, de tudo o que lhe esconde o caráter flexional da língua. Na sua admirável tradução da *Eneida,* Klossowski ilumina este ponto: a busca estilística deve fazer jorrar a imagem a partir de uma reflexão refletida em duas palavras, oposta a si, refletida sobre si nas palavras. Tal é a potência positiva de um "solecismo" superior, força da poesia constituída no choque e na copulação das palavras. Se a linguagem *imita* os corpos, não o faz pela onomatopéia, mas pela flexão. E se os corpos imitam a linguagem, não o é pelos órgãos, mas pelas flexões. Assim, há toda uma pantomima interior à linguagem, como há um discurso, uma narrativa interior ao corpo. Se os gestos falam é primeiro porque as palavras mimetizam os gestos: "O poema épico de Virgílio é, com efeito, um teatro em que são as palavras que mimetizam os gestos e o estado de alma dos personagens... São as palavras que tomam uma atitude, não os corpos; que se tecem, não os vestimentos; que cintilam, não as armaduras..." [10] E haveria muito a dizer sobre a sintaxe de Klossowski, feita ela própria de cascatas e de suspensões, de flexões refletidas. Na flexão há esta dupla "transgressão" de que fala Klossowski: da linguagem pela carne e da carne pela linguagem [11]. Ele soube tirar daí um estilo, uma mimética, ao mesmo tempo uma língua e um corpo particulares.

Qual o papel destas cenas em suspensão? Trata-se menos de captar nelas uma perseveração, uma continuação, do que apreendê-las em si mesmas como o objeto de uma repetição fundamental: "A vida reiterando-se para se retomar em sua queda, como retendo seu sopro numa apreensão instantânea de sua origem; mas a reiteração da vida por si mesma ficaria desesperada sem o simulacro do artista que, reproduzindo este espetáculo, chega ele mesmo a livrar-se da reiteração" [12]. Estranho tema de uma repetição que salva e que salva em primeiro lugar da própria repetição. É verdade que a Psicanálise nos ensinou que nossa doença era a repetição, mas também que nos curávamos pela repetição. *Le Souffleur* é precisamente a narrativa de uma salvação, de uma "cura". Esta cura, contudo, deve-se menos aos cuidados do inquietante doutor Ygdrasil do que aos exercícios de teatro, a repetição (ensaio) teatral. Mas o que deve ser o ensaio no teatro para ser salvador? A

10. Introdução à tradução da *Eneida.*
11. *Un si funeste désir,* p. 126.
12. *La Révocation,* p. 15.

296   LÓGICA DO SENTIDO

Roberte do *Souffleur* atua em *Roberte ce soir*; e ela se
desdobra em duas Roberte. Ora, se ela repete com demasiada exatidão, se atua com excesso de naturalidade, a
repetição não alcança seu objetivo e o mesmo se dá se ela
atua mal e reproduz com imperícia. Novo dilema insolúvel?
Ou não será preciso, talvez, imaginar duas espécies de
repetição: um falso e um verdadeiro, um desesperado e um
salutar, um aprisionador e outro libertador, um que teria a
exatidão como critério contraditório e o outro dependendo
de outros critérios?

Um tema percorre toda a obra de Klossowski: a
oposição da troca e da verdadeira repetição. Pois a troca
implica somente a semelhança, ainda que extrema. É ela
que tem por critério a exatidão, com a equivalência dos
produtos trocados; é ela que forma a falsa repetição, aquela
de que todos nós adoecemos. A verdadeira repetição, ao
contrário, aparece como uma conduta singular que mante-
mos com relação ao que não pode ser trocado, nem substituído: assim, o poema que repetimos, impedidos que
estamos de mudar-lhe uma só palavra. Não se trata mais
de uma equivalência entre coisas semelhantes, não se trata
nem mesmo de uma identidade do Mesmo. A verdadeira
repetição se dirige a algo de singular, que não pode ser
trocado e a algo de diferente, sem "identidade". Ao invés
de trocar o semelhante e de identificar o Mesmo, *ela autentifica o diferente*. Eis como a oposição se desenvolve em
Klossowski: Théodore herói do *Souffleur,* retoma as "leis
da hospitalidade" de Octave, que consistem em multiplicar
Roberte, *dando-a* a convidados, a hóspedes. Ora, nesta
retomada, Théodore se choca com uma estranha concor-
rência; o palácio de Longchamp é uma instituição de Estado,
em que cada esposa deve ser "declarada", segundo regras
fiscais e normas de equivalência, contribuir para a colocação
em comum das mulheres e dos homens [13]. Mas, justamente, na instituição de Longchamp, Théodore vê ao mesmo
tempo a caricatura e o contrário das leis de hospitalidade.
De nada adianta o doutor Ygdrasil dizer a ele: "O senhor
se mantém firme no propósito de dar, sem nenhuma retri-
buição, sem nada receber de volta. Mas o senhor não
pode viver sem se submeter à lei universal da troca... A
prática da hospitalidade, tal como o senhor a concebe, não
poderia ser unilateral. Como toda hospitalidade, esta também, e esta em particular, exige a reciprocidade absoluta
para ser viável e é este o passo que o senhor não quer
dar: a colocação em comum das mulheres pelos homens
e dos homens pelas mulheres. É preciso agora ir até o
fim, consentir em trocar Roberte com outras mulheres,
aceitar ser infiel a Roberte como o senhor se obstina a

---

13. *Le Souffleur*, p. 51 e s., p. 71 e s.

APÊNDICES 297

querer que ela o seja" [14]. Théodore fica surdo, ele sabe que a verdadeira repetição está no dom, em uma economia do dom que se opõe à economia mercantil da troca (... homenagem a Georges Bataille). Que o hóspede e sua reflexão, nos dois sentidos da palavra, se oponham ao palácio. E que, no hóspede e no dom, a repetição surja como a mais alta potência do que não pode ser objeto de troca: "a esposa, prostituída pelo esposo, nem por isso deixa de ser a esposa, bem não cambiável do esposo" [15].

Como Théodore se cura — já que estava doente e já que se trata de sua cura — ao término de uma viagem até à beira da loucura? Precisamente, ele esteve doente enquanto o risco de uma troca veio comprometer e corroer sua tentativa de uma repetição pura. Roberte e a mulher de K não se trocavam a tal ponto que nunca se soube quem era uma e quem era a outra, até mesmo na luta em que elas cruzavam suas mãos? E o próprio K não se trocaria com Théodore, para lhe tomar tudo e desviar as leis da hospitalidade? Quando Théodore (ou K ?) se cura é porque ele compreende que a repetição não está em uma extrema semelhança, que ela não está na exatidão daquilo que é trocado, que não está nem mesmo em uma reprodução do idêntico. Nem identidade do Mesmo nem equivalência do semelhante, a repetição está na intensidade do Diferente. Não há duas mulheres que se parecem e que se fazem passar por Roberte; não há tampouco dois seres em Roberte, na mesma mulher. Mas Roberte designa em si mesma uma "intensidade", compreende em si uma diferença, uma desigualdade, cujo próprio é retornar ou ser repetida. Em suma, o duplo, o reflexo, o simulacro, abre--se enfim para entregar seu segredo: a repetição não supõe o Mesmo ou o Semelhante, não faz deles preliminares, é ela, ao contrário, que produz o único "mesmo" daquilo que difere e a única semelhança do diferente. K convalescente (ou Théodore?) é o eco do Zaratustra convalescente de Nietzsche. Todas as "designações" se desmoronam e são "denunciadas", para dar lugar ao sistema pleno das intensidades. Já o casal Octave-Roberte remete a uma pura diferença de intensidade no pensamento; os nomes de Octave e de Roberte deixaram de designar coisas para exprimir intensidades puras, elevações e quedas [16].

Tal é a relação entre as cenas congeladas e a repetição. Uma "queda", uma "diferença", uma "suspensão" refletem--se na *reprise,* na repetição. Neste sentido, o corpo se

14. *Le Souffleur,* pp. 211, 212, 218.
15. *Le Souffleur,* p. 214.
16. Cf. Posfácio às *Lois de l'hospitalité:* "Um nome, Roberte, foi uma designação já específica de intensidade primeira"; assim, o casal e também a epiderme e a luva não designam coisas, mas exprimem intensidades (pp. 334-336)

reflete na linguagem: o próprio à linguagem é retomar em si a cena fixa e fazer dela um acontecimento do espírito, ou antes, um acontecimento dos "espíritos". É na linguagem, no seio da linguagem, que o espírito apreende o corpo, os gestos do corpo, como o objeto de uma repetição fundamental. É a diferença que dá a ver e que multiplica os corpos; mas é a repetição que dá a falar e que autentifica o múltiplo, que dele faz acontecimento espiritual. Klossowski diz: "Em Sade, a linguagem não chega a se esgotar, intolerável a si mesma, após ter se encarniçado dias inteiros sobre a mesma vítima... Não pode haver transgressão no ato carnal se não é vivido como um acontecimento espiritual; mas para apreender seu objeto, é preciso procurar e reproduzir o acontecimento numa descrição reiterada do ato carnal"[17]. Finalmente, o que é um Pornógrafo? É o repetidor, é o iterador. E que o literato seja essencialmente iterador deve nos ilustrar sobre a relação da linguagem com o corpo, sobre o limite e a transgressão mútuos que cada qual encontra no outro. No romance de Gombrowicz, *La Pornographie,* lembramo-nos de que as cenas supremas são também congeladas: papéis que o herói (ou os heróis?) *voyeur*-falador-literato, homem de teatro, impõe a dois jovens; cenas que só assumem sua perversidade pela indiferença dos jovens um ao outro; mas cenas que culminam com um movimento de queda, uma diferença de nível, retomada em uma repetição da linguagem e da visão; cenas de possessão, falando propriamente, pois que os jovens são possuídos em espírito, destinados e denunciados pelo *voyeur*-falador. "Não, não, decididamente, toda a cena não teria apresentado um caráter tão escandaloso, se não fosse tão incompatível com seu ritmo natural, tão congelada, imóvel, estranha... Suas mãos, acima de suas cabeças, tocaram-se involuntariamente. E, no mesmo instante, foram reconduzidas para baixo, com violência. Durante algum tempo ambos contemplaram com atenção as suas mãos entrelaçadas. E bruscamente caíram; não se sabia bem qual dos dois havia feito o outro cair, a ponto de se acreditar que suas mãos os derrubaram[18]. É bom que dois autores tão novos, tão importantes, tão diferentes também, encontrem-se no que tange ao tema do corpo-linguagem e da pornografia-repetição, do pornógrafo-repetidor, do literato-iterador.

Qual é o dilema? Em que consiste o silogismo disjuntivo que o exprime? O corpo é linguagem. Mas ele pode ocultar a palavra que é, pode encobri-la. O corpo pode desejar e deseja geralmente o silêncio a respeito de suas obras. Então, recalcada pelo corpo, mas também proje-

---

17. *Un si funeste désir,* pp. 126-127.
18. GOMBROWICZ, W. *La Pornographie.* Julliard ed., pp. 147 e 157.

APÊNDICES

tada, delegada, alienada, a palavra torna-se o discurso de uma bela alma, que fala das leis e das virtudes e que silencia sobre o corpo. É claro, neste caso, que a própria palavra é por assim dizer pura, mas que o silêncio sobre o qual repousa é impuro. Calando-se, ao mesmo tempo encobrindo e delegando sua palavra, o corpo nos abandona às imaginações silenciosas. Roberte, na grande cena de violentação pelo Colosso e pelo Corcunda (isto é, por espíritos que marcam neles mesmos uma diferença de nível como última realidade), ouve-se dizer: "Que fareis de nós e que vamos fazer de vossa carne? Poupá-la-emos porque é ainda capaz de falar ou então vamos tratá-la como se devesse guardar silêncio para sempre?... Como (vosso corpo) seria tão delicioso senão em virtude da palavra que oculta?" [19] E Octave a Roberte: "Não tendes senão um corpo para encobrir vossa palavra" [20]. Com efeito, Roberte é presidente da comissão de censura; ela fala das virtudes e das leis; ela não deixa de ter austeridade, não matou a "bela alma" que está nela.... Suas palavras são puras mas seu silêncio, impuro. Pois, graças a este silêncio, ela imita os espíritos; ela os provoca, pois provoca sua agressão, eles agem sobre seu corpo em seu corpo, sob a forma de "pensamentos indesejáveis", ao mesmo tempo colossais e anões. Tal é o primeiro termo do dilema: *ou* Roberte se cala, mas provoca a agressão dos espíritos, seu silêncio é tão menos puro quanto mais o é sua palavra...

Ou então, é preciso uma linguagem impura, obscena, ímpia, para que o silêncio seja puro e a linguagem, pura linguagem que repousa neste silêncio. "Falai e desaparecemos", dizem os espíritos a Roberte [21]. Klossowski pretenderá dizer apenas que falar evita pensamentos sobre coisas vis? Não: da mesma forma como a linguagem pura que faz um silêncio impuro é uma *provocação* do espírito pelo corpo, a linguagem impura que faz o silêncio puro é uma *revogação* do corpo pelo espírito. Como dizem os heróis de Sade, não são os corpos presentes que excitam o libertino, mas a grande idéia do que não está presente; e em Sade, "a pornografia é uma forma de luta do espírito contra a carne". Mais precisamente, o que é que é revogado no corpo? Klossowski responde que é a integridade do corpo; e que, por isso, a identidade da pessoa acha-se como suspensa, volatilizada. Sem dúvida, esta resposta é bastante complexa. Ela basta, contudo, para nos fazer pressentir que o dilema corpo-linguagem se estabelece de fato entre duas relações do corpo e da linguagem. A "linguagem pura — silêncio impuro" designa uma certa

19. *Roberte*, pp. 73 e 85.
20. *Roberte*, p. 133.
21. *Roberte*, p. 85. E sobre esse movimento do puro e do impuro, cf. *Un si funeste désir*, pp. 123-125.

300   LÓGICA DO SENTIDO

relação, em que a linguagem reúne a identidade de uma
pessoa e a integridade de um corpo em um eu responsável,
mas faz silêncio sobre todas as forças que dissolvem este
eu. Ou então a própria linguagem torna-se uma destas
forças, encarrega-se com todas estas forças e faz aceder o
corpo desintegrado, o eu dissolvido, a um silêncio que é
o da inocência: eis o outro termo do dilema, "linguagem
impura — silêncio puro". Se preferem, a alternativa está
entre duas purezas, a falsa e a verdadeira, a da responsabilidade e a da inocência, a da Memória e a do Esquecimento. Colocando o problema no plano lingüístico, *Le
Baphomet* diz: *ou* nos lembramos das palavras, mas seu
sentido permanece obscuro; *ou então* o sentido aparece,
quando desaparece a memória das palavras.

Mais profundamente, a natureza do dilema é teológica.
Octave é professor de Teologia. Todo o *Le Baphomet* é
um romance de Teologia, que opõe o sistema de Deus e o
sistema do Anticristo como os dois termos de uma disjunção
fundamental [22]. A ordem da criação divina, com efeito,
prende-se aos corpos, está suspensa aos corpos. Na ordem
de Deus, na ordem da existência, os corpos dão aos espíritos ou antes lhes impõem duas propriedades: a identidade
e a imortalidade, a personalidade e a ressurrectibilidade, a
incomunicabilidade e a integridade. Como dizia Antoine,
sobrinho dócil à teologia tentadora de Octave: "O que é a
incomunicabilidade? — É o princípio segundo o qual o ser
de um indivíduo não poderia ser atribuído a vários indivíduos e que constitui propriamente a pessoa como idêntica
a si mesma. — Qual é a função privativa da pessoa? —
A de tornar nossa substância inapta a ser assumida por
uma natureza seja inferior, seja superior à nossa" [23]. É
enquanto ligado a um corpo, encarnado, que o espírito
adquire a personalidade: separado do corpo, na morte, ele
reencontra sua potência equívoca e múltipla. E é enquanto
reunido a seu corpo, que o espírito adquire a imortalidade,
sendo a ressurreição dos corpos a condição da sobrevivência
do espírito: liberado de seu corpo, declinando seu corpo,
revogando seu corpo, o espírito cessaria de existir, mas
"subsistiria" em sua inquietante potência. A morte e a
duplicidade, a morte e a multiplicidade são pois as verdadeiras determinações espirituais, os verdadeiros acontecimentos do espírito. Compreendemos que Deus seja o
inimigo dos espíritos, que a ordem de Deus vá contra a
ordem dos espíritos: para instaurar a imortalidade e a personalidade, para impô-las à força aos espíritos, Deus deve
apostar nos corpos. Ele submete os espíritos à função
privativa da pessoa, à função privativa da ressurreição. A

22. *Le Baphomet*, Mercure de France ed., 1965.
23. *Roberte*, pp. 43-44.

APÊNDICES

301

realização das vias de Deus é a "vida da carne" [24]. Tanto que Deus é essencialmente o Traidor: ele é traidor dos espíritos, traidor dos sopros e, para prevenir sua resposta, reduplica sua traição encarnando-se ele próprio" [25]. "No começo era a traição".

A ordem de Deus compreende todos estes elementos: a identidade de Deus como último fundamento, a identidade do mundo como meio ambiente, a identidade da pessoa como instância bem fundada, a identidade do corpo como base, enfim a identidade da linguagem como potência para *designar* todo o resto. Mas esta ordem de Deus se construiu contra uma outra ordem: outra ordem que subsiste nela e que a corrói. Aqui começa o Baphomet: A serviço de Deus, o grão-mestre dos Templários tem por missão fazer a triagem dos sopros, impedi-los de misturar-se, esperando o dia da ressurreição. É, pois, porque já existe entre as almas mortas alguma intenção rebelde, uma intenção de se subtrair ao juízo de Deus: "As mais antigas espreitam as mais recentes e, misturando-se por afinidades, elas se entendem para apagar umas nas outras sua responsabilidade própria" [26]. Um dia o grão-mestre reconhece um sopro que se insinua em suas próprias volutas: é Teresa, a santa, é Santa Teresa! Deslumbrado pela prestigiosa convidada, o grão-mestre se queixa a ela da "complicação" de sua tarefa e da má vontade dos espíritos. Mas, longe de se compadecer, Teresa profere um discurso inaudito: que o número dos eleitos é fechado, que mais ninguém é condenável, nem santificável; que os espíritos ficaram como libertos da ordem de Deus, que se sentem dispensados de ressuscitar e que se aprestam em penetrar, seis ou sete, em um só corpo, no embrião, para se descarregar de sua pessoa e de sua responsabilidade. Teresa em pessoa é rebelde, profeta da rebelião: ela anuncia a morte de Deus, a reversão de Deus. "Eu me excluí do número dos eleitos." Para um jovem teólogo que amava, ela soube obter uma nova existência em um outro corpo, depois uma terceira... Não era já a prova de que Deus renunciava à sua ordem, que renunciava aos mitos da pessoa incomunicável e da ressurreição definitiva, ao tema do "uma vez por todas" implicado nestes mitos? Em verdade, uma ordem da perversidade fez explodir a ordem divina da integridade: perversidade no baixo-mundo, onde reina uma natureza tumultuosa exuberante, plena de violentações, de estupros, e de travestimentos, pois que várias almas entram no mesmo corpo e que uma mesma alma possui vários corpos; perversidade no alto, pois que os próprios sopros se misturam. Deus não pode mais

24. *Roberte*, p. 73.
25. *Roberte*, p. 81.
26. *Le Baphomet*, p. 54.

302   LÓGICA DO SENTIDO

garantir nenhuma identidade! É a grande "pornografia", a desforra dos espíritos, ao mesmo tempo sobre Deus e sobre os corpos. E Teresa anuncia ao grão-mestre seu destino: ele próprio não mais saberá fazer a triagem dos sopros! Então, tomado por uma espécie de raiva e de ciúme, mas também por uma louca tentação e ainda por um duplo desejo de castigar e pôr a prova Teresa e, enfim, pela vertigem dos dilemas que perturbam suas volutas (pois sua consciência sucumbira em meio a "desconcertantes silogismos"), o grão--mestre insufla o sopro de Teresa no corpo ambíguo de um jovem; jovem pajem que, outrora, havia dado trabalho aos Templários e que havia sido enforcado durante uma cena de iniciação. Seu corpo, em levitação e em rotação, marcado pelo enforcamento, miraculosamente conservado, reservado para uma função que vai subverter a ordem de Deus, recebe, pois, o sopro de Teresa. Insuflação anal, à qual responde no corpo do pajem uma forte reação genital.

Eis pois o outro termo do dilema, o sistema dos sopros, a ordem do Anticristo que se opõe ponto a ponto à ordem divina. Ele é caracterizado por: a morte de Deus; a destruição do mundo; a dissolução da pessoa; a desintegração dos corpos; a mudança de função da linguagem que não exprime mais do que intensidades. Afirma-se com freqüência que a filosofia na sua história mudou de centro de perspectiva, substituindo o ponto de vista do eu finito ao da substância divina infinita. A virada seria com Kant. Esta mudança, todavia, é assim tão importante como se diz? É mesmo esta a grande diferença? Enquanto guardamos a identidade formal do eu, não fica ele submetido a uma ordem divina, a um Deus único que o funda? Klossowski insiste sobre o seguinte: que Deus é a única garantia da identidade do eu e de sua base substancial, a integridade do corpo. Não conservamos o eu sem ter que guardar também Deus. A morte de Deus significa essencialmente, provoca essencialmente a dissolução do eu: o túmulo de Deus é também o túmulo do eu [27]. E o dilema encontra talvez sua expressão mais aguda: a identidade do eu remete sempre à identidade de alguma coisa fora de nós; ora, "se é Deus, nossa identidade é pura graça, se é o mundo ambiente em que tudo começa e acaba pela designação, nossa identidade é apenas puro gracejo gramatical" [28]. O próprio Kant pressentira à sua maneira, quando condenou a psicologia racional, a cosmologia racional e a teologia racional, a uma morte comum, pelo menos especulativa.

---

27. *Un si funeste désir*, pp. 220-221: "Quando Nietzsche anuncia que Deus está morto, isto é o mesmo que dizer que Nietzsche deve necessaria-mente perder sua identidade... A garantia absoluta da identidade do eu responsável desaparece no horizonte da consciência de Nietzsche, o qual, por sua vez, confunde-se com este desaparecimento".
28. *Les Lois de l'hospitalité*, Posfácio, p. 337.

APÊNDICES

Justamente, é a propósito de uma tese de Kant sobre a teologia, tese insólita e particularmente irônica, que o problema do *silogismo disjuntivo* adquire todo o seu alcance: Deus é apresentado como o princípio e o senhor do silogismo disjuntivo. Para compreender semelhante tese é preciso lembrar-se do laço que Kant coloca, em geral, entre as Idéias e o silogismo. A razão não se define primeiro por noções especiais que chamaríamos de Idéias. Ela se define antes por uma certa maneira de tratar os conceitos do entendimento: um conceito sendo dado, a razão procura um outro que, tomado na totalidade de sua extensão, condiciona a atribuição do primeiro ao objeto ao qual se relaciona. Tal é a natureza do silogismo: mortal atribuindo-se a Sócrates, procuramos o conceito que, tomado em toda sua extensão, condiciona esta atribuição (todos os homens). Assim, o procedimento da razão não colocaria problema particular se não se chocasse, contudo, com uma dificuldade: é que o entendimento dispõe de conceitos originais chamados categorias. Ora, as categorias se atribuem já a *todos* os objetos da experiência possível. Quando a razão encontra uma categoria, como vai poder encontrar um outro conceito capaz, em toda sua extensão, de condicionar a atribuição da categoria a *todos* os objetos de experiência possível? Aí, a razão é agora forçada a inverter noções supracondicionantes, que chamaremos de Idéias. É pois em segundo lugar que a razão se define como faculdade das Idéias. Chamaremos de Idéia uma noção tomada em toda sua extensão, que condiciona a atribuição de uma categoria de relação (substância, causalidade, comunidade) a todos os objetos da experiência possível. O gênio de Kant está em mostrar que o eu é a Idéia que corresponde à categoria de substância; com efeito, o eu condiciona não somente a atribuição desta categoria aos fenômenos do sentido interno, mas aos do sentido externo, em virtude de sua imediatez não menos grande. Assim, o eu é descoberto como princípio universal do silogismo categórico, na medida em que este relaciona um fenômeno determinado como predicado a um sujeito determinado como substância. Kant mostra também que mundo é a Idéia que condiciona a atribuição da categoria de causalidade a todos os fenômenos: o que faz de "mundo" o princípio universal do silogismo hipotético. Esta extraordinária teoria do silogismo, que consiste em descobrir suas implicações ontológicas, vai pois se encontrar diante de uma terceira e última tarefa, a mais delicada: não temos escolha, não resta mais para Deus como terceira Idéia a não ser assegurar a atribuição da categoria de comunidade, isto é, o *domínio sobre o silogismo disjuntivo*. Deus é destituído aqui, pelo menos provisoriamente, de suas pretensões tradicionais, de criar sujeitos e fazer um mundo,

304 LÓGICA DO SENTIDO

para não ter mais do que uma tarefa aparentemente humilde, operar disjunções ou pelo menos fundá-las.

Como é isso possível? É aí que a ironia abre passagem: Kant vai mostrar que, sob o nome do Deus cristão filosófico, nunca se entendeu outra coisa. Com efeito, definimos Deus pelo conjunto de toda possibilidade, na medida em que este conjunto constitui uma matéria "originária" ou um todo da realidade. A realidade de cada coisa daí "deriva": ela repousa, com efeito, na limitação deste todo, "uma vez que um pouco da realidade é atribuído à coisa enquanto o resto daí é excluído, o que está de acordo com o *ou* da maior disjuntiva e com a determinação do objeto por um dos membros desta divisão na menor"[29]. Em suma, o conjunto do possível é uma matéria originária de onde deriva por disjunção a determinação exclusiva e completa do conceito de cada coisa. E Deus não tem outro sentido além de fundar este manejo do silogismo disjuntivo, pois que nos é proibido concluir da unidade distributiva que sua Idéia representa à unidade coletiva ou singular de um ser em si que seria representado pela Idéia.

Vemos pois que, em Kant, Deus não é descoberto como senhor do silogismo disjuntivo a não ser na medida em que a disjunção fique ligada a exclusões na realidade que dela deriva, logo a um *uso negativo e limitativo*. A tese de Klossowski, com a nova crítica da razão que implica, assume então todo seu sentido: não é Deus, é, ao contrário, o Anticristo que é o senhor do silogismo disjuntivo. E isto porque o antideus determina a *passagem* de cada coisa por todos os predicados possíveis. Deus, como ser dos seres, é substituído pelo Baphomet, "príncipe de todas as modificações", modificação de todas as modificações. Não há mais realidade originária. A disjunção não deixa de ser uma disjunção, o *ou então* não deixa de ser um *ou então*. Mas, ao invés da disjunção significar que um certo número de predicados são excluídos de uma coisa em virtude da identidade do conceito correspondente, ela significa que cada coisa se abre ao infinito dos predicados pelos quais passa, com a condição de perder sua identidade como conceito e como eu. Ao mesmo tempo que o silogismo disjuntivo acede a um princípio e a um uso diabólicos, a disjunção é afirmada por si mesma sem cessar de ser uma disjunção, a divergência ou a diferença tornam-se objetos de afirmação pura, o *ou então* torna-se potência de afirmar, fora das condições no conceito da identidade de um Deus, de um mundo ou de um eu. O dilema e o solecismo adquirem como tais uma positividade superior. *Contudo, vimos quanto subsistia ainda em Klossowski de disjunções negativas ou exclusivas: entre a troca e a repetição, entre a linguagem dissimulada pelo corpo e o*

---

29. KANT. *Crítica da Razão Pura* (*O Ideal*).

corpo glorioso formado pela linguagem e, finalmente, entre a ordem de Deus e a ordem do Anticristo. Mas, precisamente, é na ordem de Deus e somente nesta ordem, que as disjunções têm valor negativo de exclusão. E é do outro lado, na ordem do Anticristo, que a disjunção (a diferença, a divergência, o descentramento) torna-se enquanto tal potência afirmativa e afirmada.

Qual é este outro lado, este sistema do Baphomet, dos puros sopros ou dos espíritos mortais? Eles não têm a identidade da pessoa, depuseram-na, revogaram-na. Nem por isso deixam de ter uma singularidade, singularidades múltiplas: flutuações formando figuras na crista das ondas. Tocamos no ponto em que o mito klossowskiano dos sopros torna-se também uma filosofia. Parece que os sopros, em si e em nós, devem ser concebidos como intensidades puras. É sob esta forma de quantidades intensivas ou de graus que os espíritos mortos têm uma "subsistência", enquanto perderam a "existência" ou a extensão do corpo. É sob esta forma que são singulares enquanto perderam a identidade do eu. As intensidades compreendem em si o desigual ou o diferente, cada qual já é diferença em si, tanto que todas estão compreendidas na manifestação de cada uma. É um mundo de intenções puras, explica Baphomet: "nenhum amor-próprio prevalece", "toda intenção continua permeável de intenções", "só levaria a melhor sobre outra a intenção do passado mais insensata em esperar o futuro", "um outro sopro vem ao seu encontro, eis que se supõem mutuamente, mas cada qual segundo uma *intensidade variável de intenção*". Singularidades pré-individuais e impessoais, esplendor do *On* (Se), singularidades móveis e comunicantes que penetram umas nas outras através de uma infinidade de graus, de uma infinidade de modificações. Mundo fascinante em que a identidade do eu se acha perdida, não em benefício da identidade do Um ou da unidade do Todo, mas em proveito de uma multiplicidade intensa e de um poder de metamorfose em que as relações de potência atuam umas nas outras. É o estado do que é preciso chamar de *complicatio* contra a *simplificatio* cristã. Já *Roberte ce soir* mostrava o esforço de Octave para se insinuar em Roberte, para nela deslizar sua intenção (sua intensiva intencionalidade) e com isso para lhe dar a outras intenções, ainda que "denunciando-a" aos espíritos que a violam [30]. E no *Baphomet,* quando Teresa se insufla no corpo do jovem pajem, é para formar o andrógino ou Príncipe das modificações que se oferece à intenção dos outros, que se dá a participar aos outros espíritos: "Não sou um criador que sujeita o ser ao que cria, o que cria a um só eu e este eu a um só corpo. . ." O siste-

---

30. *Roberte,* p. 53.

306 LÓGICA DO SENTIDO

ma do Anticristo é o dos simulacros que se opõem ao mundo das identidades. Mas ao mesmo tempo que o simulacro revoga a identidade, ao mesmo tempo em que fala e é falado, ele ocupa o ver e o falar, inspira a luz e o som. Ele se abre à sua diferença e a todas as outras diferenças. Todos os simulacros sobem à superfície, formam esta figura móvel na crista das ondas de intensidade, fantasma intenso.

Vemos como Klossowski passa de um sentido ao outro da palavra *intentio,* intensidade corporal e intencionalidade falada. O simulacro torna-se fantasma, a intensidade torna-se intencionalidade na medida em que toma por objeto uma outra intensidade que compreende e se compreende a si mesma, toma-se a si mesma por objeto, no infinito das intensidades pelas quais passa. É o mesmo que dizer que há em Klossowski toda uma "fenomenologia", que segue a escolástica tanto como a Husserl, mas que traça suas próprias vias. Esta passagem da intensidade à intencionalidade é também a do signo ao sentido. Em uma bela análise que fez de Nietzsche, Klossowski interpretou o "signo" como rastro de uma flutuação, de uma intensidade e o "sentido" como o movimento pelo qual a intensidade visa a si mesma ao visar ao outro, modifica-se a si mesma ao modificar o outro e volta, enfim, sobre seu próprio rastro [31]. O eu dissolvido abre-se a séries de papéis, porque faz subir uma intensidade que já compreende a diferença em si, o desigual em si e que penetra todas as outras através e nos corpos múltiplos. Há sempre um outro sopro no meu, um outro pensamento no meu, uma outra posse no que possuo, mil coisas e mil seres implicados nas minhas complicações: todo verdadeiro pensamento é uma agressão. Não se trata das influências que sofremos, mas das insuflações, flutuações que *somos,* com as quais nos confundimos. Que tudo seja tão "complicado", que *Eu* seja um outro, que algo de outro pense em nós numa agressão que é a do pensamento, numa multiplicação que é a do corpo, numa violência que é a da linguagem, é esta a alegre mensagem. Pois não estamos tão seguros de reviver (sem ressurreição) a não ser porque tantos seres e coisas pensam em nós: porque "não sabemos sempre, ao certo, se não são os outros que continuam a pensar em nós — mas o que é este outrem que forma o fora com relação a este dentro que julgamos ser? —, tudo se reduz a um só discurso, seja a flutuações de intensidade que respondem ao pensamento de cada qual e de ninguém" [32]. Ao mesmo tempo em que os corpos perdem sua unidade e o eu sua identidade, a linguagem perde sua função de designação (seu modo

31. Cf. "Oubli et anamnèse dans l'expérience vécue de l'éternel retour du Même", em *Nietzsche,* Cahiers de Royaumont, ed. de Minut, 1967.
32. "Oubli et anamnèse...", p. 233.

peculiar de integridade) para descobrir um valor puramente expressivo ou, como diz Klossowski, "emocional": não relativamente a alguém que se exprime e que estaria comovido, mas com relação a um puro expresso, pura moção ou puro "espírito" — o *sentido* como singularidade pré-individual, intensidade que se volta sobre si mesma através das outras. É assim que o nome de Roberte não designava uma pessoa mas exprimia uma intensidade primeira, ou que o Baphomet lança a diferença de intensidade constitutiva de seu nome, B-A BA ("nenhum nome próprio subsiste ao sopro hiperbólico do meu, assim, como a alta idéia que cada qual tem de si mesmo é incapaz de resistir à vertigem de meu tamanho")[33]. Os valores da linguagem expressiva ou expressionista são a provocação, a revogação, a evocação. O que é evocado (expresso) são os espíritos singulares e complicados, que não possuem um corpo sem multiplicá-lo no sistema dos reflexos e que não inspiram a linguagem sem projetá-la no sistema intensivo das ressonâncias. O que é revogado (denunciado) é a unicidade corporal tanto como a identidade pessoal e a falsa simplicidade da linguagem na medida em que é incumbida de só designar corpos e manifestar um eu. Como dizem os espíritos a Roberte, "somos nós evocáveis, vosso corpo ainda é revogável"[34].

Da intensidade à intencionalidade: cada intensidade quer a si mesma, intenciona-se a si mesma, volta-se sobre seus próprios rastros, repete-se e imita-se através de todas as outras. É o movimento do sentido. Movimento a ser determinado como eterno retorno. Já o *Souffleur,* romance da doença e da convalescença, acabava com uma revelação do eterno retorno; e com o *Baphomet,* Klossowski cria em sua obra uma seqüência grandiosa do Zaratustra. O difícil está apenas na interpretação das palavras: o eterno retorno do Mesmo. Pois nenhuma forma de identidade é aqui suposta, uma vez que cada eu dissolvido não volta a passar por si a não ser passando nos outros ou só se deseja a si mesmo através da série de papéis que não são ele próprio. A intensidade, sendo já diferença em si, abre-se sobre séries disjuntas, divergentes. Mas, precisamente, porque as séries não estão submetidas à condição da identidade de um conceito em geral e muito menos a instância que as percorre está submetida à identidade de um eu como indivíduo, as disjunções permanecem disjunções, mas sua síntese deixa de ser exclusiva ou negativa para assumir, ao contrário, um sentido afirmativo pelo qual a instância móvel passa por

---

33. *Le Baphomet,* p. 137. E, sobre a linguagem puramente expressiva ou "emocional", em relação com a noção de *Stimmung* e em oposição com a função de designação, cf. "La Période turinoise de Nietzsche", em *L'Ephémère,* nº 5, 1968, pp. 62-64.
34. *Roberte,* p. 84.

308   LÓGICA DO SENTIDO

todas as séries disjuntas; em suma, a divergência e a disjunção tornam-se objeto de afirmação como tais. O verdadeiro sujeito do eterno retorno é a intensidade, a singularidade; daí a relação entre o eterno retorno como intencionalidade efetuada e a vontade de potência como intensidade aberta. Ora, desde que a singularidade se apreende como pré-individual, fora da identidade de um eu, isto é, como *fortuita*, ela se comunica com todas as outras singularidades, sem cessar de formar com elas disjunções, mas passando por todos os termos disjuntos que afirma simultaneamente, ao invés de reparti-los em exclusões. "Não me resta pois senão me *re*-querer, não mais como o desembocar de possibilidades preliminares, nem como uma realização entre mil, mas como um momento fortuito, cuja fortuidade mesma implica a necessidade do retorno integral de toda a série" [35].

O que exprime o eterno retorno é este novo sentido da síntese disjuntiva. Da mesma forma o eterno retorno não se diz *do* Mesmo ("ele destrói as identidades"). Ao contrário, ele é o único Mesmo, mas que se diz do que difere em si — do intenso, do desigual ou do disjunto (vontade de potência). Ele é realmente o Todo, mas que se diz do que permanece desigual; a Necessidade, que se diz somente do fortuito. Ele próprio é unívoco: ser, linguagem ou silêncio unívocos. Mas o ser unívoco se diz de existentes que não o são, a linguagem unívoca se aplica a corpos que não o são, o silêncio "puro" envolve palavras que não o são. Procuraríamos, pois, em vão no eterno retorno a simplicidade de um círculo, assim como a convergência das séries em torno de um centro. Se há círculo, é o *circulus vitiosus deus*: a diferença aí está no centro e o circuito é a eterna passagem através das séries divergentes. Círculo sempre descentrado para uma circunferência excêntrica. O eterno retorno é realmente Coerência, mas é uma coerência que não deixa subsistir a minha, a do mundo e a de Deus [36]. A repetição nietzschiana não tem nada a ver com a kierkegaardiana ou, mais geralmente, a repetição no eterno retorno não tem nada a ver com a repetição cristã. Pois, o que a repetição cristã faz voltar, volta uma vez, apenas uma vez: as riquezas de Jó e o filho de Abraão, o corpo ressuscitado e o eu reencontrado. Há uma diferença de natureza entre o que volta "uma vez por todas" e o que volta por todas as vezes, uma infinidade de vezes. Assim, o eterno retorno é realmente o Todo, mas o Todo que se diz dos membros disjuntos ou das séries divergentes; ele não faz voltar tudo, não

---

35. "Oubli et anamnèse...", p. 229.   E "La Période turinoise de Nietzsche", pp. 66-67 e 83.

36. *Les Lois de l'hospitalité*, Posfácio.   E "Oubli et anamnèse...", p. 233: "Significa isto que o sujeito pensante perderia a identidade a partir de um pensamento coerente que o excluiria de si mesmo?"

APÊNDICES

309

faz voltar nada do que volta uma vez, do que pretende recentrar o círculo, tornar as séries convergentes, restaurar o
eu, o mundo e Deus. O Cristo não voltará no ciclo de
Dionísio, a ordem do anticristo expulsa a outra. *Tudo o
que, fundado em Deus, faz da disjunção um uso negativo ou
exclusivo, é negado, é excluído pelo eterno retorno.* Tudo
isto é remetido à ordem de Deus, que procede uma vez por
todas. O fantasma do Ser (eterno retorno) só faz voltar os
simulacros (vontade de potência como simulação). Coerência que não deixa subsistir a minha, o eterno retorno é não-
-senso, mas não-senso que distribui o sentido às séries divergentes sobre todo o circuito do círculo descentrado —
pois a "loucura é a perda do mundo e de si mesmo sob a
forma de um conhecimento sem começo nem fim" [37].

---

37. *Les Lois de l'hospitalité*, Posfácio, p. 346.

4. Michel Tournier e o Mundo sem Outrem

O animal parou de repente de mastigar, guardando entre seus dentes uma longa gramínea. Escarneceu, em seguida, com sua barba e se levantou sobre suas patas traseiras. E assim deu alguns passos em direção a Sexta-feira, agitando no vácuo seu casco dianteiro, sacudindo seus imensos cornos como se estivesse, de passagem, saudando uma multidão. Esta mímica grotesca gelou de surpresa Sexta-feira. O animal estava apenas a alguns passos dele quando se deixou cair para a frente, tomando ao mesmo tempo um impulso de catapulta em sua direção. Sua cabeça mergulhou entre as patas da frente, seus cornos apontaram em forquilha e ele voou em direção ao peito de Sexta-feira como uma grande flecha, guarnecida de penas e de peles. Sexta-feira se lançou para a esquerda numa fração de segundo tarde demais. Um fedor almiscarado envolveu-o... [1]

Estas páginas assim tão belas contam a luta de Sexta-feira com o bode. Sexta-feira sairá ferido, mas o bode morrerá, "o grande bode está morto". E Sexta-feira anuncia seu projeto misterioso: o bode morto voará e cantará, bode voador e musical. Para o primeiro ponto do projeto, ele se serve da pele, depilada, lavada, polida, esticada sobre uma estrutura de madeira. Amarrado a uma vara de pescar, o bode amplifica o menor movimento da linha, assumindo a função de uma gigantesca rolha celeste, transcrevendo as águas sobre o céu. Quanto ao segundo ponto, Sexta-feira serve-se da cabeça e das tripas, faz deles um instrumento que coloca em uma árvore morta a fim de produzir uma sinfonia instantânea cujo único executante deve ser o vento: é assim que o rumor da terra é, por sua vez, transportado no céu e se torna um som celeste organizado, pansonoridade, "música verdadeiramente elementar" [2]. Destas duas ma-

---

1. *Vendredi ou les limbes du Pacifique*, Gallimard, 1967, p. 161.
2. p. 171.

312 LÓGICA DO SENTIDO

neiras o grande bode morto libera os Elementos. Observar-se-á que a terra e o ar desempenham menos o papel de elementos particulares do que o de duas figuras completas opostas, cada qual reunindo, por conta própria, os quatro elementos. Mas a terra é o que os encerra e os estreita, contém-nos na profundidade dos corpos, enquanto que o céu, com a luz e o sol, leva-os ao estado livre e puro, liberados de seus limites para formar uma energia cósmica de superfície, una e, contudo, própria a cada elemento. Há, por conseguinte, um fogo, uma água, um ar e uma terra terrestres mas também uma terra, uma água, um fogo, um ar aéreos ou celestes. Há um combate entre a terra e o céu, em que está em jogo o aprisionamento ou a liberação de todos os elementos. A ilha é a fronteira ou o lugar deste combate. É por isso que é tão importante saber de que lado vai pender; se será capaz de derramar no céu seu fogo, sua terra e suas águas e de se tornar ela própria solar. O herói do romance é a ilha tanto quanto Robinson, tanto quanto Sexta-feira. A ilha muda de figura no curso de uma série de desdobramentos, não menos do que Robinson que muda de forma no curso de uma série de metamorfoses. A série subjetiva de Robinson é inseparável da série dos estados da ilha.

O termo final é Robinson feito elementar em sua ilha, ela própria entregue aos elementos: um Robinson de sol na ilha tornada solar, uraniano em Urano. O que importa aqui não é, por conseguinte, a origem, mas, ao contrário, o desfecho, o alvo final, descobertos através de todo tipo de avatares. É a primeira grande diferença em relação ao Robinson de Defoe. Observou-se freqüentemente que o tema de Robinson em Defoe não era somente uma história, mas o "instrumento de uma pesquisa": pesquisa que parte da ilha deserta e que pretende reconstituir as origens e a ordem rigorosa dos trabalhos e das conquistas que delas decorrem com o tempo. Mas é claro que a pesquisa é duas vezes falseada. De um lado, a imagem da origem pressupõe o que ela pretende engendrar (cf. tudo o que Robinson tirou dos restos do naufrágio). De outro lado, o mundo re-produzido a partir desta origem é o equivalente do mundo *real*, isto é, econômico ou do mundo tal como seria, tal como deveria ser se não existisse a sexualidade (cf. a eliminação de toda sexualidade no Robinson de Defoe)[3]. Será preciso concluir a partir daí que a sexualidade é o único princípio fantástico capaz de fazer desviar o mundo da ordem econômica rigo-

---

3. Sobre o Robinson de Defoe, cf. as observações de Pierre Macherey, que mostra como o tema da origem está ligado a uma reprodução econômica do mundo e a uma eliminação do fantástico em proveito de uma pretensa "realidade" deste mundo: *Pour une théorie de la production littéraire*, ed. Maspéro, pp. 266-275.

rosa fixada pela origem? Em suma, em Defoe a intenção era boa: o que pode ocorrer a um homem só, sem Outrem, em uma ilha deserta? Mas o problema estava mal colocado. Pois, ao invés de levar um Robinson assexuado a uma origem que reproduz um mundo econômico análogo ao nosso, arquétipo do nosso, seria preciso conduzir um Robinson assexuado a fins *completamente diferentes e divergentes* dos nossos, em um mundo fantástico tendo ele próprio desviado. Colocando o problema em termos de fim e não de origem, Tournier se proíbe de deixar Robinson abandonar a ilha. O fim, o alvo final de Robinson é a "desumanização", o encontro da libido com os elementos livres, a descoberta de uma energia cósmica ou de uma grande Saúde elementar, que não pode surgir a não ser na ilha e ainda na medida em que a ilha se tornou aérea e solar. Henry Miller falava destes "vagidos de recém-nascidos dos elementos fundamentais hélio, oxigênio, silício, ferro". E sem dúvida há um pouco de Miller e mesmo de Lawrence neste Robinson de hélio e de oxigênio: o bode morto já organiza o vagido dos elementos fundamentais.

Mas o leitor tem também a impressão de que esta grande Saúde de Robinson de Tournier esconde algo, que não é em absoluto milleriano ou lawrenciano. Não seria este *desvio* totalmente essencial que ela implica, inseparável da sexualidade desértica? O Robinson de Tournier se opõe ao de Defoe por três traços que se encadeiam com rigor: ele é relacionado a fins, a alvos, ao invés de sê-lo a uma origem; ele é sexuado; estes fins representam um desvio fantástico de nosso mundo, sob a influência de uma sexualidade transformada, ao invés de uma reprodução econômica de nosso mundo sob a ação de um trabalho continuado. Na verdade, este Robinson não faz nada de perverso; e, contudo, como nos desembaraçarmos da impressão de que ele é perverso, isto é, segundo a definição de Freud, aquele que desvia quanto aos fins? Era a mesma coisa, em Defoe, referir Robinson à origem e fazê-lo produzir um mundo conforme ao nosso; é a mesma coisa em Tournier referi-lo a fins e fazê-lo desviar, divergir quanto aos fins. Referido às origens, Robinson deve necessariamente reproduzir nosso mundo, mas, referido aos fins, ele desvia necessariamente. Estranho desvio que não é, contudo, daqueles de que nos fala Freud, uma vez que é solar e toma como objeto os elementos: tal é o sentido de Urano. "Se fosse preciso necessariamente traduzir em termos humanos este coito solar, seria conveniente definir-me sob as espécies femininas e como a esposa do céu. Mas este antropomorfismo é um contra-senso. Em verdade, no supremo grau em que acedemos, Sexta-feira e eu, a diferença de sexo está ultrapassada e Sexta-feira pode

314   LÓGICA DO SENTIDO

identificar-se a Vênus, do mesmo modo como podemos dizer em linguagem humana que me abro à fecundação do Astro Maior"[4]. Se é verdade que a neurose é o negativo da perversão, a perversão, de seu lado, não seria o elementar da neurose?

O conceito de perversão é bastardo, semijurídico, semimédico. Mas nem a medicina, nem o direito ganham nada com isso. No interesse renovado hoje por um tal conceito, parece que procuramos em uma estrutura da perversão mesma a razão de sua relação eventual muito ambígua, tanto com a justiça como com a medicina. O ponto de partida é este: a perversão não se define pela força de um desejo no sistema das pulsões; o perverso não é alguém que deseja, mas que introduz o desejo em um outro sistema e faz com que ele desempenhe, neste sistema, o papel de um limite interior, de um foco virtual ou de um ponto zero (a famosa apatia sádica). O perverso não é um eu que deseja, mais do que o Outro, para ele, não é um objeto desejado, dotado de existência real. O romance de Tournier não é, contudo, uma tese sobre a perversão. Não é um romance de tese. Nem um romance de personagens, uma vez que não há outrem. Nem um romance de análise interior, Robinson tendo muito pouca interioridade. É um surpreendente romance cômico de aventuras e um romance cósmico de avatares. Ao invés de uma tese sobre a perversão, é um romance que desenvolve a tese mesma de Robinson: o homem sem outrem em sua ilha. Mas a "tese" encontra tanto mais sentido quanto mais anuncia aventuras ao invés de se referir a uma origem suposta: que vai ocorrer no mundo insular sem outrem? Procuraremos, pois, primeiro o que significa outrem por seus *efeitos*: buscaremos os efeitos da ausência de outrem na ilha, induziremos os efeitos da presença de outrem no mundo habitual, concluiremos o que é outrem e em que consiste sua ausência. Os efeitos de outrem são, por conseguinte, as verdadeiras aventuras do espírito: um romance experimental indutivo. Então, a reflexão filosófica pode recolher o que o romance mostra com tanta força e vida.

O primeiro efeito de outrem é, em torno de cada objeto que percebo ou de cada idéia que penso, a organização de um mundo marginal, de um arco, de um fundo que outros objetos, outras idéias podem sair segundo leis de transição que regulam a passagem de uns aos outros. Olho um objeto, em seguida me desvio; deixo-o voltar ao fundo, ao mesmo tempo em que se destaca do fundo um novo objeto da minha atenção. Se este novo objeto não me fere, se não vem me chocar com a violência de um projétil (como quando bate-

---

4. p. 185.

APÊNDICES 315

mos em alguma coisa que não vimos), é porque o primeiro objeto dispunha de toda uma margem em que eu sentia já a preexistência dos seguintes, de todo um campo de virtualidades e de potencialidades que eu já sabia capazes de se atualizarem. Ora, um tal saber ou sentimento de existência marginal não é possível a não ser por intermédio de outrem. "Outrem é para nós um poderoso fator de distração, não somente porque nos desconcerta sem cessar e nos tira de nosso pensamento intelectual, mas também porque basta a possibilidade da sua aparição para lançar um vago clarão sobre um universo de objetos situados à margem de nossa atenção, mas capaz a qualquer momento de se tornar o centro dela" [5]. A parte do objeto que não vejo, coloco-a ao mesmo tempo como visível para outrem; tanto que, quando eu tiver feito a volta para atingir esta parte escondida, terei alcançado outrem por trás do objeto, para dele fazer uma totalização previsível. E os objetos atrás de mim, sinto que eles se ligam e formam um mundo, precisamente porque visíveis e vistos por outrem. E esta *profundidade* para mim, segundo a qual os objetos se invadem ou mordem uns aos outros e se escondem uns atrás dos outros, eu a vivo também como sendo uma *largura possível* para outrem, largura em que se alinham e se pacificam (do ponto de vista de uma outra profundidade). Em suma, outrem assegura as margens e transições no mundo. Ele é a doçura das contigüidades e das semelhanças. Ele regula as transformações da forma e do fundo, as variações de profundidade. Ele impede os assaltos por trás. Povoa o mundo de um rumor benevolente. Faz com que as coisas se inclinem umas em direção às outras e de uma para a outra encontrem complementos naturais. Quando nos queixamos da maldade de outrem, esquecemos esta outra maldade mais temível ainda, aquela que teriam as coisas se não houvesse outrem. Ele relativiza o não-sabido, o não-percebido; pois outrem para mim introduz o signo do não-percebido no que eu percebo, determinando-me a apreender o que não percebo como perceptível para outrem. Em todos estes sentidos é sempre por outrem que passa meu desejo e que meu desejo recebe um objeto. Eu não desejo nada que não seja visto, pensado, possuído por um outrem possível. Está aí o fundamento de meu desejo. É sempre outrem que faz meu desejo baixar sobre o objeto.

O que ocorre quando falta outrem na estrutura do mundo? Só reina a brutal oposição do sol e da terra, de uma luz insustentável e de um abismo obscuro: "a lei sumária de tudo ou nada". O sabido e o não-sabido, o percebido e o não-percebido enfrentam-se em termos absolutos, num

5. p. 32.

316 LÓGICA DO SENTIDO

combate sem nuanças; "minha visão da ilha está reduzida a si mesma, o que não vejo é uma incógnita absoluta, em todos os lugares onde não estou atualmente reina uma noite insondável"[6]. Mundo cru e negro, sem potencialidades nem virtualidades: é a categoria do possível que se desmoronou. Ao invés de formas relativamente harmoniosas, saindo de um fundo para a ele voltar segundo uma ordem do espaço e do tempo, nada mais do que linhas abstratas, luminosas e contundentes, nada mais do que um sem-fundo, rebelde e sugador. Nada além de Elementos. O sem-fundo e a linha abstrata substituíram o modelado e o fundo. Tudo é implacável. Tendo cessado de se estender e se curvar uns em direção aos outros, os objetos se erguem ameaçadores; descobrimos então maldades que não são mais as do homem. Dir-se-ia que cada coisa, tendo abdicado de seu modelo, reduzida a suas linhas mais duras esbofeteia-nos e golpeia-nos pelas costas. A ausência de outrem, nós a sentimos quando damos uma topada, instantes em que nos é revelada a velocidade estupidificante de nossos gestos. "A nudez é um luxo que só o homem calorosamente cercado pela multidão de seus semelhantes pode se oferecer sem perigo. Para Robinson, enquanto não tivesse mudado de alma, seria uma provação de uma mortífera temeridade. Despojado de seus pobres fardos — usados, dilacerados, maculados, mas saídos de vários milênios de civilização e impregnados de humanidade —, sua carne era oferecida vulnerável e branca à irradiação dos elementos brutos[7]." Não há mais transições; acabou-se a doçura das contigüidades e das semelhanças que nos permitiam habitar o mundo. Mais nada subsiste além das profundidades infranqueáveis, das distâncias e das diferenças absolutas ou então, ao contrário, de insuportáveis repetições, assim como extensões exatamente superpostas.

Comparando os primeiros efeitos de sua presença e de sua ausência, podemos dizer o que é outrem. O engano das teorias filosóficas é reduzi-lo ora a um objeto particular, ora a um outro sujeito (e mesmo uma concepção como a de Sartre do L'Être et le Néant, que se contentava em reunir as duas determinações, fazendo de outrem um objeto sob meu olhar que me olhe, por sua vez, e me transforme em objeto). Mas outrem não é nem um objeto no campo de minha percepção, nem um sujeito que me percebe: é, em primeiro lugar, uma estrutura do campo perceptivo, sem a qual este campo no seu conjunto não funcionaria como o faz. Que esta estrutura seja efetuada por personagens reais, por sujeitos variáveis, eu para vós e vós para mim, não impede que ela preexista como condição de organização em geral aos termos

6. p. 47.
7. p. 27.

que a atualizam em cada campo perceptivo organizado — o vosso, o meu. Assim, *Outrem* — *a priori* como estrutura absoluta, funda a relatividade dos outrem como termos efetuando a estrutura em cada campo. Mas qual é esta estrutura? É a do possível. Um semblante assustado é a expressão de um possível mundo assustador ou de alguma coisa de assustador no mundo que ainda não vejo. Compreendemos que o possível não é aqui uma categoria abstrata designando alguma coisa que não existe: o mundo possível expresso existe perfeitamente, mas não existe (atualmente) fora do que o exprime. O semblante terrificado não se parece com a coisa terrificante, ele a implica, a envolve como algo de diferente, numa espécie de torção que põe o expresso no exprimente. Quando apreendo, por minha vez e por conta própria, a realidade do que outrem exprimia, não faço nada mais do que explicar outrem, desenvolver e realizar o mundo possível correspondente. É verdade que outrem já dá uma certa realidade aos possíveis que envolve: falando, precisamente. Outrem é a existência do possível envolvido. A linguagem é a realidade do possível enquanto tal. O eu é o desenvolvimento, a explicação dos possíveis, seu processo de realização no atual. De Albertine percebida ao longe, Proust diz que envolve ou exprime a praia e a arrebentação das ondas: "Se ela me tivesse visto, o que é que eu poderia ter representado para ela? Do seio de que universo ela me distinguiria?" O amor, o ciúme, serão a tentativa de desenvolver, de desdobrar este mundo possível chamado Albertine. Em suma, outrem como estrutura, é a *expressão de um mundo possível,* é o expresso apreendido como não existindo ainda fora do que o exprime. "Cada um destes homens era um mundo possível, bastante coerente, com seus valores, seus focos de atração e repulsão, seu centro de gravidade. Por mais diferentes que fossem uns dos outros, estes possíveis tinham atualmente em comum uma pequena imagem da ilha — quão sumária e superficial! — em torno da qual se organizavam e num canto da qual se encontravam um náufrago chamado Robinson e seu servidor mestiço. Mas, por mais central que fosse esta imagem, ela era em cada qual marcada com o signo do provisório, do efêmero, condenada a voltar no mais breve prazo para o nada de onde a retirara o naufrágio ocidental do Whitebird. E cada um desses mundos possíveis proclamava ingenuamente sua realidade. Isso é que era outrem: um possível que se obstina em passar por real" [8].

Podemos compreender melhor os efeitos da presença de outrem. A psicologia moderna elaborou uma rica série de categorias que explicam o funcionamento do campo per-

8. p. 192.

318   LÓGICA DO SENTIDO

ceptivo e das variações de objetos neste campo: forma-fundo, profundidade-comprimento, tema-potencialidade perfis
-unidade de objeto, franja-centro, texto-contexto, tético-não
-tético, estados transitivos-partes substantivas etc. Mas o
problema filosófico correspondente não está, ao que parece,
bem colocado: pergunta-se se essas categorias pertencem ao
próprio campo perceptivo e lhe são imanentes (monismo),
ou se remetem a sínteses subjetivas exercendo-se sobre uma
matéria da percepção (dualismo). Estaríamos enganados se
recusássemos a interpretação dualista sob o pretexto de
que a percepção não se faz por meio de uma síntese intelectual ajuizadora; podemos evidentemente conceber sínteses
passivas sensíveis de um tipo bem diferente, exercendo-se
sobre uma matéria (Husserl, neste sentido, nunca renunciou
a um certo dualismo). Mas, mesmo assim, duvidamos de
que o dualismo esteja bem definido enquanto o estabelecermos entre uma matéria do campo perceptivo e sínteses pré
-reflexivas do eu. O verdadeiro dualismo encontra-se alhures:
entre os efeitos da "estrutura Outrem" no campo perceptivo
e os efeitos de sua ausência (o que seria a percepção se não
houvesse outrem). É preciso compreender que outrem não é
uma estrutura entre outras no campo da percepção (no sentido em que, por exemplo, reconhecer-lhe-íamos uma diferença de natureza com relação aos objetos). *Ele é a estrutura que condiciona o conjunto do campo* e o funcionamento
deste conjunto, tornando possível a constituição e a aplicação das categorias precedentes. Não é o eu, é outrem como
estrutura que torna a percepção possível. São pois os mesmos
autores que interpretam mal o dualismo e que não escapam
da alternativa segundo a qual outrem seria ou um objeto
particular no campo ou então um outro sujeito de campo.
Definindo outrem, segundo Tournier, com a expressão de
um mundo possível, fazemos dele, ao contrário, o princípio
a priori da organização de todo campo perceptivo segundo
as categorias, fazemos dele a estrutura que permite o funcionamento assim como a "categorização" deste campo. O
verdadeiro dualismo aparece então com a ausência de
outrem: o que ocorre, neste caso, para o campo perceptivo?
Será que é estruturado segundo outras categorias? ou, ao
contrário, abre-se sobre uma matéria muito especial, fazendo-nos penetrar em um informal particular? Eis a aventura de Robinson.

     A tese, a hipótese-Robinson, tem uma grande vantagem:
apresenta-nos como devido às circunstâncias da ilha deserta o desaparecimento progressivo da estrutura Outrem.
Certamente, ela sobrevive e funciona ainda, muito tempo
depois que Robinson, na ilha, não mais encontra termos
atuais ou personagens para efetuá-la. Mas vem o momen

APÊNDICES

319

to em que tudo acaba: "Os faróis desapareceram de meu campo. Nutrida por minha fantasia, durante muito tempo ainda sua luz chegou até mim. Agora, acabou-se, as trevas me envolvem"[9]. E quando Robinson reencontrar Sexta-feira, nós o veremos, não é mais como outrem que o encontrará. E quando, no final, chega um navio na ilha, Robinson saberá que não pode mais restaurar os homens em sua função de outrem, uma vez que a própria estrutura que preencheriam desapareceu: "Era isto outrem: um possível que se obstina em passar por real. E que seja cruel, egoísta, imoral negar esta exigência, é o que toda sua educação havia inculcado a Robinson mas que ele esquecera durante todos esses anos de solidão e ele perguntava agora se chegaria algum dia a retomar o hábito perdido"[10]. Ora, esta dissolução progressiva mas irreversível da estrutura não é o que o perverso atinge por outros meios, na sua "ilha" interior? Para falar como Lacan, a "perempção" de outrem faz com que os outros não sejam mais apreendidos como outrem, uma vez que inexiste a estrutura que poderia dar-lhes este lugar e esta função. Mas não é, assim, todo o nosso mundo percebido que se desmorona? Em proveito de outra coisa?...

Voltemos, por conseguinte, aos efeitos da presença de outrem, tais como decorrem da definição "outrem-expressão de um mundo possível". O efeito fundamental é a distinção de minha consciência e de seu objeto. Esta distinção decorre com efeito da estrutura Outrem. Povoando o mundo de possibilidades, de fundos, de franjas, de transições, — inscrevendo a possibilidade de um mundo espantoso quando ainda não estou espantado ou então, ao contrário, a possibilidade de um mundo tranqüilizante quando, eu, me encontro realmente assustado com o mundo, — envolvendo sob outros aspectos o mesmo mundo que se mantém diferentemente desenvolvido diante de mim, — constituindo no mundo um conjunto de bolhas que contêm mundos possíveis: eis o que é outrem [11]. A partir daí, outrem faz com que minha consciência caia necessariamente em um "eu era", em um passado que não coincide mais com o objeto. Antes que outrem apareça, havia por exemplo um mundo tranqüilizan-

9. p. 47.
10. pp. 192, 193.
11. A concepção de Tournier comporta evidentemente ecos leibni}}}anos (a mônada como expressão de mundo), mas também ecos sartrianos. A teoria de Sartre em *L'Être et le Néant* é a primeira grande teoria de outrem, porque ultrapassa a alternativa: outrem é um objeto (ainda que fosse um objeto particular no campo perceptivo) ou então é sujeito (ainda que fosse um outro sujeito para um outro campo perceptivo)? Sartre aqui é precursor do estruturalismo, pois ele é o primeiro a ter considerado outrem como estrutura própria ou especificidade irredutível ao objeto e ao sujeito. Mas como ele definia esta estrutura pelo "olhar", caía de novo nas categorias de objeto e de sujeito, fazendo de outrem aquele que me constitui como objeto quando me olha, pronto para se converter em objeto quando o olho. Parece que a estrutura. Outrem precede o olhar; este marca antes o instante em que alguém vem preencher a estrutura; o olhar não faz mais do que efetuar, atualizar uma estrutura que deve ser definida independentemente.

320   LÓGICA DO SENTIDO

te, do qual não distinguíamos minha consciência; outrem surge, exprimindo a possibilidade de um mundo assustador, que não é desenvolvido sem fazer passar o precedente. Eu nada sou além dos meus objetos passados, meu eu não é feito senão de um mundo passado, precisamente aquele que outrem faz passar. Se outrem é um mundo possível, *eu* sou um mundo passado. E todo o erro das teorias do conhecimento é o de postular a contemporaneidade do sujeito e do objeto, enquanto que um não se constitui a não ser pelo aniquilamento do outro. "De repente se produz um desligamento. O sujeito se arranca do objeto, despojando-o de uma parte de sua cor e de seu peso. Alguma coisa arrebentou no mundo e todo um conjunto de coisas se desmorona convertendo-se em mim. Cada objeto é desqualificado em proveito de um sujeito correspondente. A luz se torna olho e não existe mais como tal: ela não é mais do que excitação da retina. O odor torna-se narina — e o próprio mundo se revela inodoro. A música do vento nas árvores é refutada: não era mais do que um abalo de tímpano... O sujeito é um objeto desqualificado. Meu olho é o cadáver da luz, da cor. Meu nariz é tudo o que resta dos odores quando sua irrealidade foi demonstrada. Minha mão refuta a coisa que segura. O problema do conhecimento nasce, então, de um anacronismo. Ele implica a simultaneidade do sujeito e do objeto, cujas misteriosas relações gostaria de esclarecer. Ora, o sujeito e o objeto não podem coexistir, uma vez que são a mesma coisa, primeiro integrada ao mundo real, depois jogada fora como rebotalho [12]." Outrem assegura, por conseguinte, a distinção da consciência e de seu objeto, como distinção temporal. O primeiro efeito de sua presença concernia ao espaço e à distribuição das categorias da percepção; mas o segundo efeito, talvez mais profundo, concerne ao tempo e à distribuição de suas dimensões, do precedente e do seguinte no tempo. Como haveria ainda um passado quando outrem não funciona mais?

Na ausência de outrem, a consciência e seu objeto não fazem mais do que um. Não há mais possibilidade de erro: não simplesmente porque outrem não está mais lá, constituindo o tribunal de toda realidade, para discutir, infirmar ou verificar o que acredito ver, mas porque, faltando em sua estrutura, ele deixa a consciência colar ou coincidir com o objeto num eterno presente. "Dir-se-ia, por conseguinte, que meus dias se endireitaram. Não mais oscilam uns sobre os outros. Mantêm-se de pé, verticais e se afirmam orgulhosamente em seu valor intrínseco. E como não são mais diferenciados pelas etapas sucessivas de um plano em vias de

12.   pp. 82-84.

APÊNDICES

execução, eles se parecem a tal ponto que se superpõem exatamente em minha memória e que me parece viver sem cessar o mesmo dia [13]." A consciência deixa de ser uma luz sobre os objetos para se tornar uma pura fosforescência das coisas em si. Robinson não é senão a consciência da ilha, mas a consciência da ilha é a consciência que a ilha tem dela mesma e é a ilha nela mesma. Compreende-se então o paradoxo da ilha deserta: o náufrago, se é único, se perdeu a estrutura-outrem, em nada rompe o deserto da ilha, antes o consagra. A ilha se chama Speranza, mas o Eu quem é? "A questão está longe de ser ociosa e nem é insolúvel, pois se ele não é Eu, Eu só pode ser Speranza [14]." Eis que progressivamente Robinson se aproxima de uma revelação: a perda de outrem, ele o experimentara primeiro como uma perturbação fundamental do mundo; nada mais subsistia além da oposição da luz e da noite, tudo se fazia contundente, o mundo tinha perdido suas transições e suas virtualidades. Mas ele descobre (lentamente) que é outrem, ao contrário, que perturbava o mundo. Era ele a perturbação. Outrem desaparecido não são mais somente os dias que se retificam. São as coisas também que não são mais baixadas umas sobre as outras. É também o desejo não mais baixando sobre um objeto ou um mundo possível expresso por outrem. A ilha deserta entra numa retificação, numa ereção generalizada.

A consciência não se tornou somente uma fosforescência interior às coisas, mas um fogo nas suas cabeças, uma luz acima de cada uma, um "Eu voador". Nesta luz aparece *outra coisa*: um duplo aéreo de cada coisa. "Parecia-me entrever, durante um breve instante, uma outra ilha escondida... Esta outra Speranza, para aí fui transportado agora, aí me instalei num momento de inocência [15]." É isto que o romance descreve de maneira excelente: em cada caso, o extraordinário nascimento do duplo erigido. Ora, qual é exatamente a diferença entre a coisa tal como aparece em presença de outrem e o duplo que tende a se destacar em sua ausência? É que outrem presidia à organização do mundo em objetos e às relações transitivas entre estes objetos. Os objetos não existiam senão pelas possibilidades com as quais outrem povoava o mundo; cada qual não se fechava sobre si, não se abria sobre outros objetos a não ser em função dos mundos possíveis expressos por outrem. Em suma: outrem é quem aprisionava os elementos no limite dos corpos e, mais ao longe, nos limites da terra. Pois a própria terra nada mais é do que o grande corpo que retém os elementos. A terra não é terra a não ser povoada de outrem. Outrem é quem fabrica os corpos com

13. p. 176.
14. p. 175.
15. p. 177.

322   LÓGICA DO SENTIDO

elementos, os objetos com corpos, assim como fabrica seu
próprio semblante com os mundos que exprime. O duplo
liberado, quando outrem se desmorona, não é, pois, uma
réplica das coisas. O duplo, ao contrário, é a imagem endi-
reitada em que os elementos se liberam e se retomam, todos
os elementos tornados celestes e formando mil figuras capri-
chosas elementares. E primeiro a figura de um Robinson
solar e desumanizado: "Sol, estás contente comigo? Olha-
-me. Minha metamorfose vai bastante no sentido de tua
chama? Desapareceu minha barba, cujos pêlos vegetavam
em direção da terra, como radículas geotrópicas. Em
compensação, minha cabeleira enrola seus cachos ardentes
como um braseiro voltado para o céu. Sou uma flecha
dirigida para o teu foco..." [16] Tudo se passa como se a
terra inteira tentasse escapar-se pela ilha, não somente restituindo os outros elementos que retinha indevidamente sob a
influência de outrem, mas traçando por si mesma seu próprio duplo aéreo que a torna, por sua vez, celeste, que a
faz concorrer com os outros elementos no céu e para as
figuras solares. Em suma, outrem é o que, envolvendo os
mundos possíveis, impedia os duplos de se endireitarem.
Outrem era o grande abaixador. Tanto que a des-estru-
turação de outrem não é uma desorganização do mundo,
mas uma organização-de pé por oposição à organização
deitada, o endireitamento, a circunscrição de uma imagem
vertical e sem espessura; depois, de um elemento puro
enfim liberado.

Foram necessárias catástrofes para esta produção dos
duplos e dos elementos: não somente os ritos do grande bode
morto, mas uma formidável explosão, em que a ilha largou
todo seu fogo e vomitou-se a si mesma através de uma de
suas cavernas. Mas, através das catástrofes, o desejo retifi-
cado aprende qual é seu verdadeiro objeto. A natureza e a
terra já não nos diziam que o objeto do desejo não é o corpo
nem a coisa, mas somente a Imagem? E quando desejáva-
mos o próprio Outrem, sobre o que incidia nosso desejo
senão sobre este pequeno mundo possível expresso que outrem
havia cometido o engano de envolver dentro de si ao invés
de deixá-lo flutuar e voar acima do mundo, desenvolvido
como um duplo glorioso? E quando contemplamos esta borboleta que saqueia uma flor que reproduz exatamente o abdô-
men de sua fêmea e que vai embora levando em sua cabeça
dois bicos de pólen, percebemos que os corpos não são mais
do que desvios para atingir as Imagens e que a sexualidade
realiza tanto melhor e mais prontamente seu fim quanto mais
economiza este desvio, dirige-se diretamente às Imagens e,
finalmente, aos elementos liberados dos corpos [17]. A conju-

16.   p. 175.
17.   Cf. pp. 100 e 111.

APÊNDICES

323

gação da libido com os elementos, tal é o desvio de·Robinson; mas toda a história deste desvio quanto aos fins é também a "retificação" das coisas, da terra e do desejo.

Quantas dificuldades foram necessárias para se chegar até aí, quantas aventuras romanescas. Pois a primeira reação de Robinson foi o desespero. Ele exprime exatamente este momento da neurose em que a estrutura Outrem funciona ainda, embora não haja mais ninguém para preenchê-la, efetuá-la. De uma certa maneira, ela funciona tanto mais rigorosamente quanto não é mais ocupada por seres reais. Os outros não estão mais ajustados à estrutura; esta funciona no vazio, tanto mais exigente por isso mesmo. Ela não cessa de rejeitar Robinson em um passado pessoal não-reconhecido, nas armadilhas da memória e nas dores da alucinação. Este momento da neurose (em que é Robinson inteirinho que se acha "rejeitado") encarna-se no *chiqueiro,* que Robinson partilha com os porcos: "Somente seus olhos, seu nariz e sua boca afloravam no tapete flutuante das gotículas de água e dos ovos de sapo. Liberado de todos os seus vínculos terrestres, ele seguia, num devaneio abobalhado, fiapos de lembranças que, retornando de seu passado, dançavam no céu nos cordões das folhas imóveis" [18].

O segundo momento, contudo, mostra que a estrutura Outrem começa a se esboroar. Libertando-se do chiqueiro, Robinson procura um substituto de outrem, capaz de manter, apesar de tudo, o hábito que outrem dava às coisas: a ordem, o trabalho. A ordenação do tempo pela clepsidra, a instauração de uma produção superabundante, o estabelecimento de um código de leis, a multiplicidade dos títulos e funções oficiais de que Robinson se encarrega, tudo isto dá testemunho de um esforço para repovoar o mundo de outros que são ainda ele mesmo e para manter os efeitos da presença de outrem quando a estrutura abre falência. Mas a anomalia se faz sentir: enquanto o Robinson de Defoe se proíbe de produzir além de sua necessidade, pensando que o mal começa com o excesso da produção, ọ de Tournier se lança em uma produção "frenética", o único mal consistindo em consumir, na medida em que sempre consumimos sozinhos e para nós mesmos. E, paralelamente a esta atividade de trabalho, como correlato necessário, desenvolve-se uma estranha paixão de distensão e de sexualidade. Detendo por vezes sua clepsidra, habituando-se à noite sem fundo de uma caverna, untando seu corpo com leite, Robinson mergulha até o centro interior da ilha e encontra um alvéolo um que consegue se enrodilhar, que é como o envelope larvar de seu próprio corpo. Regressão mais fantàstica que a da neurose, pois que remonta à Terra-Mãe, à Mãe primordial: "Ele era

18. p. 34.

324 LÓGICA DO SENTIDO

esta pasta mole apanhada em um monte de pedra, era esta fava, tomada na carne maciça e inabalável de Speranza"[19]. Enquanto o trabalho conservava a forma de objetos como uma porção de vestígios acumulados, a involução renuncia a todo objeto formado em proveito de um interior da Terra e de um princípio de enterramento. Temos, porém, a impressão de que as duas condutas assim tão diferentes são singularmente complementares. De uma e de outra parte há frenesi, duplo frenesi definindo o momento da psicose e que aparecia, evidentemente, no retorno à Terra e à genealogia Cósmica do esquizofrênico, mas não menos já no trabalho, na produção de objetos esquizofrênicos inconsumíveis, procedendo por amontoamento e acumulação[20]. Aqui é, pois, a estrutura Outrem que tende ela própria a se dissolver: o psicótico tenta aliviar a ausência dos outrem reais instaurando uma ordem de vestígios humanos e à dissolução da estrutura organizando uma filiação sobre-humana.

Neurose e psicose são a aventura da profundidade. A estrutura Outrem organiza a profundidade e pacifica-a, torna-a possível de ser vivida. Da mesma forma as perturbações desta estrutura implicam um desregramento, um enlouquecimento da profundidade, como um retorno agressivo do sem-fundo que não podemos mais conjurar. Tudo perdeu sentido, tudo se torna *simulacro e vestígio,* mesmo o objeto do trabalho, mesmo o ser amado, mesmo o mundo em si mesmo e o eu no mundo... A menos, contudo, que haja uma salvação de Robinson. A menos que Robinson invente uma nova dimensão ou um terceiro sentido para a expressão "perda de outrem". A menos que a ausência de outrem e a dissolução de sua estrutura não desorganizem simplesmente o mundo, mas abram ao contrário uma possibilidade de salvação. É preciso que Robinson volte à superfície, que descubra as superfícies. A superfície pura é, talvez, o que outrem nos escondia. É talvez na superfície, assim como um vapor, que uma imagem desconhecida das coisas se determina e, da terra, uma nova figura enérgica, uma energia superficial sem outrem possível. Pois o céu não significa, em absoluto, uma altura que seria somente o inverso da profundidade. Na sua oposição com a terra profunda, o ar e o céu são a descrição de uma superfície pura e sobrevôo do campo desta superfície. O céu solipsista não tem profundidade: "Estranho preconceito que valoriza cegamente a profundidade em detrimento da superfície e que pretende que superficial significa não de vasta dimensão, mas pouca profundidade, enquanto

19. p. 91.
20. Cf. as páginas de Henri Michaux descrevendo uma mesa fabricada por um esquizofrênico, *Les Grandes Épreuves de l'esprit,* Gallimard, p. 156 e s. A fabricação por Robinson de um barco transportável não deixa de ter analogia com isto.

APÊNDICES

profundo significa, ao contrário, de grande profundidade e não de fraca superfície. E, contudo, um sentimento como o amor se mede bem melhor, ao que parece, se é verdade que pode ser medido, pela importância de sua superfície do que por seu grau de profundidade..." [21] Na superfície, primeiro se levantam estes duplos ou estas Imagens aéreas; depois, no sobrevôo celeste do campo, estes Elementos puros e liberados. A ereção generalizada é a das superfícies, sua retificação, outrem desaparecido. Então os simulacros sobem e convertem-se em *fantasmas,* na superfície da ilha e no vôo sobre o céu. Duplos sem semelhança e elementos sem constrangimento são os dois aspectos do fantasma. Esta reestruturação do mundo é a grande Saúde de Robinson, a conquista da grande Saúde ou o terceiro sentido de "perda de outrem".

É aí que intervém Sexta-feira. Pois o personagem principal, como diz o título, é Sexta-feira, o jovem. Somente ele pode guiar e acabar a metamorfose começada por Robinson e lhe revelar seu sentido, o objetivo. Tudo isto, inocentemente, superficialmente. É Sexta-feira que destrói a ordem econômica e moral instaurada por Robinson na ilha. É ele que faz Robinson deixar de gostar da encosta, tendo feito crescer, segundo seu próprio prazer, uma outra espécie de mandrágora. É ele que faz explodir a ilha, fumando o tabaco proibido perto de um barril de pólvora e restitui ao céu, a terra, assim como as águas e o fogo. É ele que faz voar e cantar o bode morto (= Robinson). Mas é ele sobretudo que apresenta a Robinson a imagem do duplo pessoal, como complemento necessário da imagem da ilha: "Robinson vira e revira esta questão consigo mesmo. Pela primeira vez ele entrevê claramente, sob o mestiço grosseiro e estúpido que o irrita, a existência possível de um *outro* Sexta-feira — como suspeitou outrora, bem antes de descobrir a caverna e a encosta, uma *outra* ilha, escondida sob a ilha administrada" [22]. Enfim, é ele que conduz Robinson à descoberta dos Elementos livres, mais radicais que as Imagens ou os Duplos, pois que os formam. Que dizer de Sexta-feira, senão que é travesso e moleque, mas apenas na superfície? Robinson não deixará de ter sentimentos ambivalentes a seu respeito, só o salvando por acaso, graças a um erro de tiro, quando, na realidade, queria matá-lo.

Mas o essencial é que Sexta-feira não funciona em absoluto como um outrem reencontrado. É muito tarde, pois a estrutura desapareceu. Ora ele funciona como um objeto insólito, ora como um estranho cúmplice. Robinson trata-o ora como um escravo que procura integrar à ordem econômica

21. pp. 58-59.
22. p. 119.

da ilha, pobre simulacro, ora como o detentor de um segredo novo que ameaça a ordem, misterioso fantasma. Ora quase como um objeto ou um animal, ora como se Sexta-feira fosse um além de si mesmo, um além de Sexta-feira, o duplo ou a imagem de si. Ora aquém de outrem, ora além. A diferença é essencial. Pois outrem, no seu funcionamento normal, exprime um mundo possível; mas este mundo possível existe em nosso mundo e, se não é desenvolvido ou realizado sem mudar a qualidade de nosso mundo, ele o é, pelo menos, segundo leis que constituem a ordem do real em geral e a sucessão do tempo. Sexta-feira funciona bem diferentemente, ele que indica um *outro* mundo suposto verdadeiro, um duplo irredutível unicamente verdadeiro e neste outro mundo um duplo de outrem que ele não é mais, que não pode mais ser. Não um outrem, mas um outro do outrem. Não uma réplica, mas um Duplo: o revelador dos elementos puros, aquele que dissolve os objetos, os corpos e a terra. "Parecia que (Sexta-feira) pertencia a um outro reino, em oposição ao reino telúrico de seu senhor sobre o qual ele tinha efeitos devastadores por pouco que tentássemos aprisioná-lo aí." Eis por que ele não é nem mesmo para Robinson objeto de desejo. Robinson pode muito bem envolver seus joelhos, contemplar seus olhos, ele o faz só para apreender seu duplo luminoso que ·quase não retém mais do que os elementos livres escapados de seu corpo. "Ora, tratando-se de minha sexualidade, dou-me conta de que nem uma só vez Sexta-feira despertou em mim uma tentação sodomita. O que se explica, em primeiro lugar, porque ele chegou muito tarde: minha sexualidade já se tornara elementar e era para Speranza que ela se dirigia... Não se tratava para mim de regredir em direção e amores humanos, mas de mudar de elemento sem sair do elementar." Outrem *baixa*: baixa os elementos na terra, a terra em corpos, os corpos em objetos. Mas Sexta-feira, inocentemente, endireita de novo os objetos e os corpos, leva a terra até o céu, libera os elementos. Endireitar de novo, retificar é também encurtar. Outrem é um estranho desvio, ele baixa meus desejos sobre os objetos, meus amores sobre os mundos. A sexualidade não está ligada à geração a não ser em um tal desvio que faz passar por outrem primeiro a diferença dos sexos. É primeiro em outrem, por outrem, que a diferença dos sexos é fundada, estabelecida. Instaurar o mundo sem outrem, reendireitar o mundo (como Sexta-feira o faz ou antes como Robinson percebe que Sexta-feira o faz), é evitar o desvio. É separar o desejo de seu *objeto,* de seu desvio por um corpo, para referi-lo a uma *causa* pura: os Elementos. "Desapareceram os andaimes de instituições e de mitos que permitem ao desejo tomar corpo, no duplo sentido da palavra, isto é, de se dar uma forma

APÊNDICES

327

definida e fundir um corpo feminino [23]". Robinson não pode mais apreender-se a si mesmo ou apreender Sexta-feira, do ponto de vista de um sexo diferenciado. A psicanálise está livre para ver nesta abolição do desvio, nesta separação da causa do desejo com relação ao objeto, neste retorno aos elementos, o signo de um instinto de morte — instinto tornado solar.

Tudo é aqui romanesco, inclusive a teoria, que se confunde com uma ficção necessária: uma certa teoria de outrem. Devemos primeiro conceder a maior importância à concepção de outrem como estrutura: não "forma" particular em um campo perceptivo (distinta da forma "objeto" ou da forma "animal"), mas sistema condicionando o funcionamento do conjunto do campo perceptivo em geral. Devemos pois distinguir *Outrem a priori,* que designa esta estrutura e *este--outrem-aqui, aquele-outrem-lá,* que designam os termos reais efetuando a estrutura neste ou naquele campo. Se este outrem aqui é sempre alguém, eu para vós, vós para mim, isto é, em cada campo perceptivo o sujeito de um outro campo, outrem *a priori,* em compensação, não é ninguém, pois a estrutura é transcendente aos termos que a efetuam. Como defini-la? A expressividade que define a estrutura Outrem é constituída pela categoria do possível. Outrem *a priori* é a *existência* do possível em geral: na medida em que o possível existe somente como expresso, isto é, em um exprimente que não se parece a ele (torção do expresso no exprimente). Quando o herói de Kierkegaard reclama: "possível, possível, por favor, senão sufoco", quando James reclama o "oxigênio da possibilidade", nada mais fazem do que invocar Outrem *a priori.* Tentamos mostrar neste sentido como outrem condicionava o conjunto do campo perceptivo, a aplicação a este campo das categorias do objeto percebido e das dimensões do sujeito que percebe, enfim, a distribuição dos outrem particulares em cada campo. Com efeito, as leis da percepção para a constituição de objetos (forma-fundo etc.), para a determinação temporal do sujeito, para o desenvolvimento sucessivo dos mundos, pareceram-nos depender do possível como estrutura Outrem. Mesmo o desejo, quer seja desejo de objeto ou desejo de outrem, depende da estrutura. Não desejo objeto a não ser como expresso por outrem no modo do possível; não desejo em outrem senão os mundos possíveis que exprime. Outrem aparece como o que organiza os Elementos em Terra, a terra em corpos, os corpos em objetos e que regula e mede ao mesmo tempo o objeto, a percepção e o desejo.

Qual é o sentido da ficção "Robinson"? Que é uma robinsonada? Um mundo sem outrem. Tournier supõe que

23. p. 99.

328   LÓGICA DO SENTIDO

através de muitos sofrimentos Robinson descobre e conquista uma grande Saúde, na medida em que as coisas acabam por se organizar bem diferentemente do que o fariam com outrem presente, porque liberam uma imagem sem semelhança, um duplo delas próprias ordinariamente recalcado e que este duplo, por sua vez, libera puros elementos ordinariamente prisioneiros. Não é o mundo que é perturbado pela ausência de outrem, ao contrário, é o duplo glorioso do mundo que se acha escondido por sua presença. Eis a descoberta de Robinson: descoberta da superfície, do além elementar, do Outro para Outrem. Então por que a impressão de que esta grande Saúde é perversa, que esta "retificação" do mundo e do desejo é também desvio, perversão? Robinson, contudo, não tem nenhum comportamento perverso. Mas qualquer estudo sobre a perverssão, qualquer romance sobre a perversão esforça-se por manifestar a existência de uma "estrutura perversa" como princípio do qual os comportamentos perversos decorrem eventualmente. Neste sentido a estrutura perversa pode ser considerada como aquela que se opõe à estrutura Outrem e se substitui a ela. E da mesma forma como os outrem concretos são termos atuais e variáveis efetuando esta estrutura — outrem, os comportamentos do perverso, sempre pressupondo uma ausência fundamental de outrem, são somente termos variáveis efetuando a estrutura perversa.

Por que tem o perverso a tendência para se imaginar um anjo radioso, de hélio e de fogo? Por que ele tem, ao mesmo tempo, contra a *terra,* contra a fecundação e os objetos de desejo, este ódio que encontramos já sistematizado em Sade? O romance de Tournier não se propõe explicar, mas mostra. Por aí ele reencontra, com a ajuda de meios bem diferentes, os estudos psicanalíticos recentes que parecem dever renovar o estatuto do conceito de perversão e primeiro fazem com que ele saia desta incerteza moralizante em que era mantido pela psiquiatria e o direito reunidos. Lacan e sua escola insistem profundamente: sobre a necessidade de compreender os comportamentos perversos a partir de uma *estrutura* e de definir esta estrutura que condiciona os próprios comportamentos; sobre a maneira pela qual o desejo sofre uma espécie de *deslocamento* nesta estrutura e pela qual a *Causa* do desejo se destaca assim do *objeto;* sobre a maneira pela qual a *diferença dos sexos* é desautorada pelo perverso, em proveito de um mundo andrógino dos *duplos;* sobre a anulação de outrem na perversão, sobre a posição de um "além do Outro" ou de um Outro de outrem, como se outrem desprendesse aos olhos do perverso sua própria *metáfora;* sobre a "dessubjetivação" perversa — pois é cer-

APÊNDICES

to que nem a vítima nem o cúmplice funcionam como outros [24]. Por exemplo, não é porque ele queira, não porque deseje fazer sofrer o outro que o sádico o destitui de sua qualidade de outro. É o inverso, é porque ele carece da estrutura Outrem, e vive sob uma outra estrutura servindo de condição a seu mundo vivo, que apreende os outros seja como vítimas seja como cúmplices, mas em nenhum dos dois casos não os apreende como outrem, sempre ao contrário como Outros do que outrem. Aí, ainda, é chocante ver em Sade até que ponto as vítimas e os cúmplices, com sua reversibilidade necessária, não são em absoluto captados como outrem: mas ora como corpos detestáveis, ora como duplos ou Elementos aliados (não sobretudo duplos do herói, mas duplos de si mesmos, sempre saídos de seu corpo à conquista dos elementos atômicos) [25].

O contra-senso fundamental sobre a perversão consiste, em razão de uma fenomenologia apressada dos comportamentos perversos, em virtude também das exigências do direito, relacionar a perversão a certas ofensas feitas a outrem. E tudo nos persuade, do ponto de vista do comportamento, de que a perversão não é nada sem a presença de outrem: o voyeurismo, o exibicionismo etc. Mas, do ponto de vista da estrutura, é preciso dizer o contrário: é porque a estrutura Outrem falta, substituída por uma outra estrutura, que os "outros" reais não podem mais desempenhar o papel de termos efetuando a primeira estrutura desaparecida, mas somente, na segunda, o papel de corpos vítimas (no sentido muito particular que o perverso atribui aos corpos) ou o papel de cúmplices-duplos, cúmplices-elementos (aí ainda no sentido muito particular do perverso). O mundo do perverso é um mundo sem outrem, logo, um mundo sem possível. Outrem é o que possibilita. O mundo perverso é um mundo em que a categoria do necessário substitui completamente a do possível: estranho spinozismo em que falta o oxigênio, em proveito de uma energia mais elementar e de um ar rarefeito (o Céu-Necessidade). Toda perversão é um outremcídio, um altruicídio e, por conseguinte, um assassínio dos possíveis. Mas o altruicídio não é cometido pelo comportamento perverso, mas sim suposto na estrutura perversa. O

24. Cf. a coletânea *Le Désir et la Perversion*, ed. du Seuil, 1967. O artigo de Guy Rosolato, "Estudo das perversões sexuais a partir do fetichismo", apresenta observações muito interessantes, embora talvez um pouco rápidas, sobre a "diferença dos sexos" e sobre o "duplo" (pp. 25-26). O artigo de Jean Clavreul, "O casal perverso", mostra que nem a vítima ou o cúmplice ocupam o lugar de outrem (sobre a "dessubjetivação", cf. p. 110 e sobre a distinção da Causa e do Objeto do desejo, cf., do mesmo autor, "Observações sobre a questão da realidade nas perversões", *La Psychanalyse*, nº 8, p. 290 e s.). Parece que estes estudos, fundados no estruturalismo de Lacan e sua análise da *Verleugnung*, estão em desenvolvimento.

25. Em Sade, o tema constante das combinações de moléculas.

que não impede que o perverso seja perverso não constitucionalmente, mas no desfecho de uma aventura que passou seguramente pela neurose e roçou a psicose. É o que sugere Tournier neste romance extraordinário: é preciso imaginar Robinson perverso; a única robinsonada é a própria perversão.

5. Zola e a Fissura

É na *Besta Humana* que aparece o célebre texto:

A família não tinha aprumo, muitos possuíam uma fissura. Ele sentia muito bem, em certas horas, esta fissura hereditária; não que ele tivesse má saúde, pois a apreensão e a vergonha de suas crises haviam bastado para emagrecê-lo outrora; mas era, no seu ser, súbitas perdas de equilíbrio, tais como brechas, orifícios pelos quais seu eu lhe escapava, em meio a uma espécie de grande fumaça que tudo deformava...

Zola lança um grande tema, que será retomado sob outras formas e com outros meios pela literatura moderna e sempre numa relação privilegiada com o alcoolismo: o tema da fissura (Fitzgerald, Malcolm Lowry).

É muito importante que Jacques Lantier, o herói de *A Besta Humana* seja vigoroso, sadio, de boa saúde. É que a fissura não designa um caminho pelo qual passariam elementos mórbidos ancestrais, marcando o corpo. Ocorre de fato a Zola exprimir-se assim, mas ele o faz por comodidade. E é realmente assim para certos personagens, os macilentos, os nervosos, mas precisamente não são eles que carregam a fissura ou não é por isso somente que a carregam. A hereditariedade não é o que passa pela fissura, ela é a própria fissura: a fratura ou o orifício, imperceptíveis. Em seu verdadeiro sentido, a fissura não é uma passagem para uma hereditariedade mórbida, em si mesma, ela é toda a hereditariedade e todo o mórbido. Ela não transmite nada além de si mesma, de um corpo são para um outro corpo são dos Rougon-Macquart. Tudo repousa no paradoxo desta hereditariedade confundida com seu veículo ou seu meio, deste transmitido confundido com sua transmissão ou desta transmissão que não transmite nada além de si mesma: a fissura

332   LÓGICA DO SENTIDO

cerebral em um corpo vigoroso, a fissura do pensamento. Salvo acidentes que teremos oportunidade de ver, o soma é vigoroso, sadio. Mas o germe é a fissura nada mais do que a fissura. Nestas condições, esta toma um aspecto de destino épico, passando de uma história ou de um corpo a outro, formando o fio condutor dos Rougon-Macquart.

O que é que se distribui em torno da fissura, o que é que formiga nas suas bordas? O que Zola chama de temperamentos, instintos, "os gordos apetites". Mas o temperamento ou o instinto não designa uma entidade psicofisiológica. É uma noção muito mais rica e concreta, uma noção de romance. Os instintos designam em geral condições de vida e de sobrevivência, condições de conservação de um determinado gênero de vida em um meio histórico e social (aqui, o Segundo Império). Eis por que os burgueses de Zola podem facilmente chamar de virtudes seus vícios e suas covardias, suas ignomínias; eis por que, inversamente, os pobres são freqüentemente reduzidos a "instintos" como o alcoolismo, exprimindo suas condições históricas de vida, sua maneira única de suportar uma vida historicamente determinada. Sempre o "naturalismo" de Zola é histórico e social. O instinto, o apetite, têm pois figuras diversas. Ora ele exprime a maneira pela qual o corpo se conserva em um meio favorável dado; neste sentido, ele próprio é vigor e saúde. Ora ele exprime o gênero de vida que um corpo inventa para fazer girar em seu proveito os dados do meio, com o risco de destruir os outros corpos; neste sentido, ele é potência ambígua. Ora exprime o gênero de vida sem o qual um corpo não suportaria sua existência historicamente determinada em um meio desfavorável, com o risco de se destruir a si mesmo; neste sentido, o alcoolismo, as perversões, as doenças, mesmo a senilidade são instintos. O instinto tende a conservar, enquanto exprime sempre o esforço de perpetuar um modo de vida; mas este modo e o próprio instinto podem ser destruidores não menos do que conservadores no sentido restrito da palavra. O instinto manifesta a degenerescência, a precipitação da doença, a perda de saúde não menos do que a saúde mesma. Sob todas as suas formas, o instinto não se confunde nunca com a fissura, mas mantém com ela relações estreitas variáveis: ora a recobre ou a cola de novo bem ou mal e por um tempo mais ou menos longo, graças à saúde do corpo; ora ele a alarga, lhe dá uma outra orientação que faz explodir os pedaços, provocando o acidente na decrepitude do corpo. É no *Assomoir,* por exemplo, em Gervaise, que o instinto alcoólico vem duplicar a fissura como tara original. (Deixamos, por enquanto, de lado a questão de saber se há instintos evolutivos ou ideais, capazes enfim de transformar a fissura.)

APÊNDICES   333

Através da fissura, o instinto procura o objeto que lhe corresponde nas circunstâncias históricas e sociais de seu gênero de vida: o vinho, o dinheiro, o poder, a mulher... Um dos tipos femininos preferidos de Zola é a nervosa, esmagada pela abundância de seus cabelos negros, passiva, não revelada a si mesma e que se soltará no encontro (tal era já Teresa em *Thérèse Raquin,* antes da série dos Rougon, mas também Séverine em *A Besta Humana.* Terrível o encontro entre os nervos e o sangue, entre um temperamento nervoso e um temperamento sangüíneo, que reproduz a origem dos Rougon. O encontro faz ressoar a fissura. É que os personagens que não são da família Rougon, assim como Séverine, intervêm ao mesmo tempo como objeto aos quais se fixam o instinto de um Rougon, mas também como seres providos eles próprios de instintos e de temperamento e, enfim, como cúmplices ou inimigos, dando testemunho, por sua própria conta, de uma fissura secreta que vem ajuntar-se à outra. A fissura-aranha: tudo culmina, na família Rougon-Macquart, com Nana, sadia e boa menina no fundo, em seu corpo vigoroso, mas que se faz objeto para fascinar os outros e comunicar sua fissura ou revelar a dos outros — imundo germe. De onde também o papel privilegiado do álcool: é graças a este "objeto" que o instinto opera sua mais profunda junção com a própria fissura.

O encontro do instinto e do objeto forma uma idéia fixa, não um sentimento. Se Zola romancista intervém nos seus romances, é primeiro para dizer aos leitores: atenção, não acreditem que se trate de sentimentos. Célebre é a insistência com a qual Zola, tanto em *A Besta Humana,* como em *Thérèse Raquin,* explica que os criminosos não têm remorsos. E os amantes não têm igualmente amor — salvo quando o instinto soube verdadeiramente "colar de novo" tornar-se evolutivo. Não se trata de amor, não se trata de remorsos etc., mas de torções, de estalidos ou, ao contrário, de acalmias, de apaziguamentos, nas relações entre temperamentos sempre estendidos por cima da fissura. Zola é excelente na descrição de uma calma breve antes da grande decomposição ("era certo agora, havia uma desorganização progressiva, como uma infiltração do crime..."). Esta denegação do sentimento em proveito da idéia fixa tem evidentemente várias razões em Zola. Invocaremos primeiro a moda do tempo, a importância do esquema fisiológico. A "fisiologia", desde Balzac, desempenhava o papel literário hoje conferido à psicanálise (fisiologia de um país, de uma profissão etc.). Mais ainda, é verdade que deste Flaubert o sentimento é inseparável de um malogro, de uma falência ou de uma mistificação; e o que o romance conta é a impotência de um personagem em constituir uma vida interior.

Neste sentido, o naturalismo introduziu no romance três tipos de personagens, o homem da falência interior ou o frustrado, o homem das vidas artificiais ou o perverso, o homem das sensações rudimentares e das idéias fixas ou o animal. Mas em Zola, se o encontro do instinto e de seu objeto não chega a formar um sentimento, é sempre porque se faz por cima da fissura, de uma a outra borda. O grande vazio interior é causado pela existência da fissura. Todo o naturalismo adquire então uma nova dimensão.

Há, pois, em Zola, dois ciclos desiguais coexistentes, interferindo um com o outro: *a pequena e a grande hereditariedade,* uma pequena hereditariedade histórica e uma grande hereditariedade épica, uma hereditariedade somática e uma hereditariedade germinal, uma hereditariedade dos instintos e uma hereditariedade da fissura. Por mais forte e constante que seja a junção entre as duas, elas não se confundem. A pequena hereditariedade é a dos instintos, no sentido em que as condições e gêneros de vida dos ancestrais ou dos pais podem se enraizar no descendente e agir nele como uma natureza, por vezes a gerações de distância: por exemplo, um fundo de saúde se reencontra ou então a degradação alcoólica passa de um a outro corpo, as sínteses instinto--objeto se transmitem ao mesmo tempo que os modos de vida se reconstituem. Quaisquer que sejam os saltos que opera, esta hereditariedade dos instintos transmite alguma coisa de bem determinado; e o que transmite, ela o "reproduz", ela é hereditariedade do Mesmo. Não é assim em absoluto da outra hereditariedade, a da fissura, pois, nós o vimos, a fissura não transmite nada além de si mesma. Ela não está ligada a este ou aquele instinto, a uma determinação orgânica interna e muito menos a tal acontecimento exterior que fixaria um objeto. Ela transcende os gêneros de vida, assim, vai de maneira contínua, *imperceptível e silenciosa,* fazendo toda a unidade dos Rougon-Macquart. A fissura não transmite senão a fissura. O que ela transmite não se deixa determinar como isto ou aquilo, mas é forçosamente vago e difuso. Não transmitindo senão a si mesma, ela não reproduz o que transmite, não reproduz um "mesmo", não reproduz nada, contentando-se em avançar em silêncio, em seguir as linhas de menor resistência, sempre obliquando, prestes a mudar de direção, variando sua tela, perpetuamente herdada do Outro.

Observou-se com freqüência a inspiração científica de Zola. Mas sobre o que recai esta inspiração, vinda da Medicina de seu tempo? Ela recai precisamente sobre a distinção de duas hereditariedades, distinção que se elaborava no pensamento médico contemporâneo: uma hereditariedade dita homóloga e bem determinada e uma hereditariedade dita "dis-

APÊNDICES   335

similar ou de transformação", com caráter difuso, definindo uma "família neuropatológica" [1]. Ora, o interesse de uma tal distinção é que se substitui completamente à dualidade do hereditário e do adquirido ou mesmo torna esta dualidade impossível. Com efeito, a pequena hereditariedade homóloga dos instintos pode muito bem transmitir caracteres adquiridos: é mesmo inevitável na medida em que a formação do instinto não é separável de condições históricas e sociais. Quanto à grande hereditariedade dissimilar da fissura, ela tem com o adquirido uma relação completamente diferente, mas não menos essencial: trata-se desta vez de uma potencialidade difusa que não se atualizaria se um adquirido transmissível, de caráter interno e externo, não lhe desse tal ou tal determinação. Em outros termos, se é verdade que os instintos não se formam e não encontram seus objetos senão nas bordas da fissura, a fissura inversamente não prossegue em seu caminho, não estende sua tela, não muda de direção, não se atualiza em cada corpo senão em relação com os instintos que lhe abrem a via, ora colando-a de novo um pouco, ora alargando-a e aprofundando-a, até à quebra final, também assegurada pelo trabalho dos instintos. A correlação é pois constante entre as duas ordens e atinge seu mais alto ponto quando o instinto se tornou alcoólico e a fissura, rachadura definitiva. As duas ordens se esposam estreitamente, anel envolvido por um anel maior, mas nunca se confundem.

Ora, se é justo observar a influência das teorias científicas e médicas sobre Zola, como seria injusto deixar de sublinhar a transformação que ele as faz sofrer, a maneira pela qual ele recria a concepção das duas hereditariedades, a potência poética que dá a esta concepção para dela fazer a estrutura nova do "romance familiar". O romance integra então dois elementos de fundo que lhe eram até então estranhos: o Drama, com a hereditariedade histórica dos instintos, o Epos, com a hereditariedade épica da fissura. Nas suas interferências os dois formam o ritmo da obra, isto é, asseguram a repartição entre os silêncios e os ruídos. São os instintos, os "gordos apetites" dos personagens que preenchem os romances de Zola com seus ruídos, formando um prodigioso rumor. Mas o silêncio que vai de um romance

---

1. Em um artigo sobre *Freud e a ciência* Jacques Nassif analisa brevemente esta concepção de hereditariedade, tal como ela se encontra, por exemplo, em Charcot. Ela abre o caminho no reconhecimento da influência dos acontecimentos exteriores. "É claro que o termo *família* é tomado aqui em suas duas acepções: a do modelo da classificação e a do laço de parentesco". De um lado as doenças do sistema nervoso constituem uma só família, de outro lado esta família está indissoluvelmente unida pelas leis da hereditariedade. Estas permitem explicar o fato de não ser uma mesma doença a se transmitir eletivamente, mas só uma disposição neuropática difusa que, posteriormente, em função de fatores não-hereditários, poderá especializar-se em uma doença distinta". (*Cahiers pour l'analyse*, nº 9, 1968). Evidentemente, a *família* Rougon Macquart já tem estes dois sentidos.

ao outro e sob cada romance, pertence essencialmente à fissura sob o ruído dos instintos, a fissura prossegue e se transmite silenciosamente.

O que a fissura designa ou antes o que ela é, este vazio, é a Morte, o Instinto de Morte. Os instintos podem muito bem falar, fazer barulho, agitar-se, não podem é recobrir este silêncio mais profundo, nem esconder aquilo de que saem e no qual entram de novo: o instinto de morte, *que não é um instinto entre os outros,* mas a fissura em pessoa, em torno da qual todos os instintos formigam. Em sua homenagem a Zola, ao mesmo tempo profunda e reticente, Céline encontrava acentos freudianos para marcar esta presença universal do instinto de morte silencioso, sob os instintos ruidosos: "O sadismo unânime atual procede antes de tudo de um desejo de nada profundamente instalado no homem e sobretudo na massa dos homens, uma espécie de impaciência amorosa, quase irresistível, unânime, pela morte... *Nossas palavras vão até os instintos e por vezes tocam-nos, mas ao mesmo tempo aprendemos que aí se detinha e para sempre, nosso poder...* No jogo do homem o Instinto de morte, o instinto silencioso está decididamente bem colocado, ao lado talvez do egoísmo"[2]. Mas pense o que quiser Céline, já era esta a descoberta de Zola: como os gordos apetites gravitam em torno do instinto de morte, como formigam por uma fissura que é a do instinto de morte, como a morte surge sob todas as idéias fixas, como o instinto de morte se faz reconhecer sob todos os instintos, como ele constitui por si só a grande hereditariedade, a fissura. Nossas palavras não vão senão até aos instintos, mas é da outra instância, do Instinto de morte que elas recebem seu sentido e seu não--senso, assim como suas combinações. Sob todas as histórias dos instintos, o epos da morte. Dir-se-ia primeiro que os instintos recobrem a morte e fazem-na recuar; mas é provisório e mesmo seu ruído se alimenta de morte. Como se diz na *Besta Humana* a propósito de Roubaud, "e na noite turva de sua carne, no fundo de seu desejo sujo que sangrava, bruscamente levantou-se a necessidade da morte". E Misard tem como idéia fixa a descoberta das economias de sua mulher, mas não pode perseguir sua idéia senão através do assassinato da mulher e da demolição da casa, num combate silencioso.

O essencial de *A Besta Humana* é o instinto de morte no personagem principal, a fissura cerebral de Jacques Lantier, mecânico de locomotiva. Jovem, ele pressente tão bem a maneira pela qual o instinto de morte se disfarça sob todos os apetites, a Idéia de morte sob todas as idéias fixas, a grande hereditariedade sob a pequena, que se mantém isola-

---

2. "Céline I", *L'Herne*, n.° 3, p. 171.

APÊNDICES   337

lado: primeiro das mulheres, depois também do vinho, do dinheiro, das ambições que poderia ter legitimamente. Ele renunciou aos instintos; seu único objeto é a máquina. O que ele sabe é que a fissura introduz a morte em todos os instintos, persegue seu trabalho neles, por eles; e que, na origem ou termo de todo instinto, trata-se de matar e talvez, também, de ser morto. Mas, este silêncio que Lantier se impõe, para opô-lo ao silêncio mais profundo da fissura, acha-se, de repente, rompido: Lantier viu, num clarão, um assassínio cometido em um trem que passava e viu a vítima jogada na estrada; adivinhou quem eram os assassinos, Roubaud e sua mulher, Séverine. E ao mesmo tempo que se põe a amar Séverine e redescobre o domínio do instinto, é a morte que transborda nele, pois que este amor veio da morte e deve a ela voltar.

A partir deste crime cometido pelos Roubaud desenvolve-se todo um sistema de identificações e de repetições que forma o ritmo do livro. Primeiro Lantier se identifica imediatamente ao criminoso: "o outro, o homem entrevisto com a faca na mão, havia ousado! Ah, não ser covarde, satisfazer-se, enfim, enfiar a faca! Ele, cujo desejo disto torturava há dez anos!" Roubaud, de seu lado, matou o presidente por ciúme, tendo compreendido que este violentara Séverine quando criança e lhe fizera esposar uma mulher conspurcada. Mas, após o crime, ele se identifica de uma certa maneira ao presidente: por sua vez, ele dá a Lantier sua mulher, conspurcada e criminosa. E se Lantier se põe a amar Séverine é porque ela participou do crime: ela "era como o sonho de sua carne". Então produziu-se a tríplice acalmia: acalmia de torpor no lar de Roubaud; acalmia de Séverine, que reencontra sua inocência em seu amor por Lantier; sobretudo acalmia de Lantier, que reencontra com Séverine a esfera dos instintos e que imagina ter preenchido a fissura: nunca, acredita, desejará matá-la, ela que matou ("sua posse tinha um encanto poderoso, ela o havia curado"). Mas já uma tríplice desorganização sucede à acalmia, segundo cadências desiguais. Roubaud, desde o crime, substitui o álcool a Séverine, como objeto de seu instinto. Séverine encontrou um amor instintivo que lhe restitui a inocência; mas não pode se impedir de misturar a ela uma confissão explícita a seu amante que, no entanto, adivinhou tudo. E, numa cena em que Séverine esperou Lantier, exatamente como Roubaud antes do crime esperara Séverine, ela diz tudo ao amante, detalha a confissão, precipitando seu desejo na lembrança da morte ("o arrepio do desejo perdia-se em um outro arrepio de morte"). Livre, ela confessa o crime a Lantier, assim como, constrangida, ela confessara a Roubaud suas relações com o presidente, as quais provocaram o crime. E esta imagem de morte que despertou, ela não pode mais conjurá-la, desviá-la a não ser projetando-a sobre Roubaud, levando Lantier a matar Roubaud ("Lantier viu-se com a faca na mão, golpeando Roubaud na garganta, assim como este golpeara o presidente...").

Quanto a Lantier, a confissão de Séverine não lhe ensinou nada, mas terrificou-o. Ela não deveria ter falado. A mulher que ele amava e que lhe era "sagrada" porque envolvia nele a imagem de morte, perdeu seu poder confessando, designando uma outra vítima possível. Lantier não chega a matar Roubaud. Ele que não poderá matar senão o o objeto do seu instinto. Esta situação paradoxal, em que todo mundo em torno dele mata (Roubaud, Séverine, Misard, Flore) por razões tiradas de outros instintos, mas em que Lantier não chega a matar, ele que carrega, contudo, o puro instinto de morte — não pode ser desfeito senão pelo assassínio de Séverine. Lantier aprende que a voz dos instintos o enganara; que seu amor "instintivo" por Séverine só em aparência havia preenchido a fissura, que o ruído dos instintos não tinha senão por um momento recoberto o Instinto de morte silencioso. É que é Sevérine que é preciso matar, para que a pequena hereditariedade reencontre a grande e que todos os instintos entrem na fissura: "tê-la como a terra, morta"; "o mesmo golpe dado no presidente, no mesmo lugar, com a mesma raiva... e os dois assassínios haviam se aproximado, um não era a lógica do outro?" Séverine sente em torno de si um perigo, que interpreta como uma "barreira", uma barragem entre ela e Lantier, em virtude da existência de Roubaud. Não é, contudo, uma barreira entre ambos, mas somente a fissura-aranha no cérebro de Lantier, o trabaho silencioso. E Lantier não terá remorso, após o assassínio de Séverine: sempre esta saúde, este corpo são, "nunca ele passara tão bem, sem remorsos, com o ar aliviado, numa grande paz feliz", "a memória abolida, os órgãos em um estado de equilíbrio, de saúde perfeita". Mas, precisamente, esta saúde é ainda mais derrisória do que se o corpo tivesse caído doente, minado pelo álcool ou por um outro instinto. Todo este corpo pacífico, este corpo de saúde, não é mais do que um terreno rico para a fissura, um alimento para a aranha. Ele terá necessidade de matar outras mulheres. Com toda sua saúde, "viver tinha chegado ao fim, ele não tinha mais diante de si senão esta noite profunda, de um desespero sem limites, em que ele fugia". E quando seu antigo amigo, Pecqueux, tenta fazê-lo cair do trem, mesmo o protesto de seu corpo, seus reflexos, seu instinto de conservação, sua luta contra Pecqueux, são uma reação derrisória, que oferece Lantier ao grande Instinto

APÊNDICES   339

ainda mais claramente do que se ele se suicidasse e o conduz
com Pecqueux para uma morte comum.

A força de Zola está em todas estas cenas em eco, com
mudança de parceiros. Mas o que é que assegura a distribuição das cenas, a repartição dos personagens e esta lógica
do instinto? Seguramente, o trem. O romance abre-se com
uma espécie de balé das máquinas na estação. Mas, acima
de tudo, a breve visão do assassinato do presidente é prece-
dida, para Lantier, escandida 'e seguida pelos trens que
passam, assumindo funções diversas (Cap. II). O trem
aparece primeiro como o que desfila, espetáculo móvel reunindo toda a terra e pessoas de toda origem e de todo e
qualquer país: contudo, espetáculo já para uma moribunda,
para a vigia imóvel assassinada lentamente por seu marido.
Um segundo trem surge, formando desta vez assim como um
corpo gigante, mas também assim como traçando uma fissura neste corpo, comunicando esta fissura à terra e às casas
— e "nas duas bordas ... a eterna paixão e o eterno crime".
Um terceiro e um quarto trens permitem ver os elementos
da via, trincheiras profundas, aterros-barricadas, túneis. Enfim, um sexto trem reúne as forças do inconsciente, da indiferença e da ameaça, roçando de um lado a cabeça do assassinado e de outro o corpo do *voyeur*, puro Instinto de
morte cego e surdo. Por mais barulhento que seja, o trem
é surdo e, graças a isto, silêncio.

A verdadeira significação do trem aparece com a locomotiva que Lantier conduz, a Lison. No começo, ela
substituíra, aos seus olhos, todos os objetos de instinto aos
quais renunciava. E ela própria é apresentada como tendo
um instinto, um temperamento, "uma necessidade muito
grande de ser lubrificada: os cilindros, sobretudo, devora-
vam quantidades impensáveis de graxa, uma fome contínua,
uma verdadeira devassidão". Ora, o que se passa com a
locomotiva não será o mesmo que se passa com a humanidade, em que o rumor dos instintos remete a uma fissura
secreta, a tal ponto que seria possível dizer que é ela, a
locomotiva, a Besta humana? No capítulo sobre a viagem
em plena neve, ela se engaja na via como em uma fissura
estreita em que não pode mais avançar. E quando sai, ela
se acha fendida, "atingida em algum lugar por um golpe
mortal". A viagem cavou essa fissura que o instinto, o apetite de graxa, escondia. Além do instinto perdido, revela-se
cada vez mais a máquina como imagem de morte, como puro
Instinto de morte. E quando Flore provoca o descarrila-
mento, não sabemos mais muito bem se é a máquina que é
assassinada ou se é ela que mata. E, na última cena do
romance, a nova' máquina, sem condutor, conduz para a
morte soldados embriagados que cantam.

340   LÓGICA DO SENTIDO

A locomotiva não é um objeto, mas evidentemente um símbolo épico, grande Fantasma como há sempre em Zola e que reflete todos os temas e as situações do livro. Em todos os romances dos Rougon-Macquart, há um enorme objeto fantasmagórico que é também o lugar, o testemunho e o agente. Sublinhou-se freqüentemente o caráter épico do gênio de Zola, visível na estrutura da obra, nesta sucessão de planos que esgotam, cada qual, um tema. Nós o compreenderemos melhor se compararmos *A Besta Humana* com *Thérèse Raquin,* romance anterior à série dos Rougon--Macquart. Os dois se parecem muito: pelo assassinato que une o casal, pelo encaminhamento da morte e o processo de desorganização, pela semelhança de Thérèse e de Séverine, pela ausência de remorso ou a denegação de interioridade. Mas *Thérèse Raquin* é a versão trágica, enquanto *A Besta Humana* é a versão épica. Em *Thérèse Raquin,* o que ocupa verdadeiramente a cena é o instinto, o temperamento, a oposição dos dois temperamentos de Thérèse e de Laurent; e se há uma transcendência, é somente a de um juiz ou de uma testemunha inexorável que simboliza o destino trágico. Eis por que o papel do símbolo ou do deus trágico é representado pela velha Mme Raquin, a mãe do assassinado, muda e paralisada, assistindo à decomposição dos amantes. O *drama,* a aventura dos instintos, não se reflete a não ser em um *logos* representado pelo mutismo da velha, por sua expressiva fixidez. Nos cuidados que Laurent lhe impõe, nas declarações teatrais que Thérèse lhe faz, há uma intensidade trágica raramente igualada. Mas, precisamente, é só a prefiguração trágica de *A Besta Humana;* Zola, em *Thérèse Raquin,* não dispõe ainda de seu método épico que anima a empresa dos Rougon-Macquart.

Pois, o essencial da epopéia é um duplo registro em que os deuses, ativamente, desempenham à sua maneira e num outro plano a aventura dos homens e de seus instintos. O *drama,* então, reflete-se em um *epos,* a pequena genealogia em uma grande genealogia, a pequena hereditariedade em uma grande hereditariedade, a *pequena manobra* em uma *grande manobra.* Daí decorrem conseqüências de vários tipos: o caráter pagão da epopéia, a oposição do destino épico e do destino trágico, o espaço aberto da epopéia contra o espaço fechado da tragédia e sobretudo a diferença do símbolo no épico, e no trágico. Em *A Besta Humana* não é mais simplesmente uma testemunha nem um juiz, é um agente e um lugar, o trem, que desempenha o papel de símbolo com relação à história, operando a grande manobra. Ele traça também um espaço aberto na escala de uma nação e de uma civilização, contrariamente ao espaço fechado de *Thérèse Raquin,* dominado somente pelo olhar da velha.

APÊNDICES   341

"Desfilavam tantos homens e mulheres na tempestade dos trens ..., seguramente, a terra toda passava por lá, ... a luminosidade levava-os, ela não estava bem segura de tê-los visto." O duplo registro, em *A Besta Humana,* são os instintos ruidosos e a fissura, o Instinto de morte silencioso. Tanto que tudo o que ocorre, ocorre em dois níveis, do amor e da morte, do soma e do germe, das duas hereditariedades. A história é duplicada por um *epos.* Os instintos ou os temperamentos não ocupam mais o lugar essencial. Os instintos fervilham em torno do trem e no trem, mas o próprio trem é a representação épica do Instinto de morte. A civilização é avaliada de dois pontos, do ponto de vista dos instintos que determina, do ponto de vista da fissura que, por sua vez, a determina.

No mundo que lhe é contemporâneo, Zola descobre a possibilidade de restaurar o épico. A sujeira como elemento de sua literatura, "a literatura pútrida", é a história do instinto sobre este fundo de morte. A fissura é o deus épico para a história dos instintos, a condição que torna possível uma história dos instintos. Para responder àqueles que o acusam de exagero, o escritor não tem *logos,* mas somente um epos, que diz que não iremos nunca muito longe na descrição da composição, uma vez que é preciso ir até onde vai a fissura. Indo o mais longe possível o Instinto de morte voltar-se-á contra si mesmo? A fissura tem, talvez, elementos para se ultrapassar na direção que cria, ela que não é preenchida senão em aparência e por um instante pelos gordos apetites? E uma vez que ela absorve todos os instintos, pode talvez também operar a transmutação dos instintos, voltando a morte contra si mesma. Fazer instintos que seriam evolutivos ao invés de serem alcoólicos, eróticos ou financeiros, conservadores ou destruidores? Observou-se freqüentemente o otimismo final de Zola e os romances róseos entre os negros. Mas, interpretamo-los muito mal se invocarmos uma alternância; de fato, a literatura otimista de Zola não é diferente de sua literatura pútrida. É num mesmo movimento, que é o do épico, que os mais baixos instintos se refletem no terrível Instinto de Morte, mas também que o Instinto de morte se reflete em um espaço aberto e talvez contra si mesmo. O otimismo socialista de Zola quer dizer que, pela fissura, já é o proletariado que passa. O trem como símbolo épico, com os instintos que ele transporta e o instinto de morte que ele representa, está sempre dotado de um futuro. E as últimas frases de *A Besta Humana* são ainda um canto ao futuro, quando, Pecqueux e Lantier jogados fora do trem, a máquina cega e surda leva para a morte soldados "estupidificados de fadiga e bêbados, que cantavam". Como se a fissura

342 LÓGICA DO SENTIDO

não atravessasse e não alienasse o pensamento senão por ser também a possibilidade do pensamento, aquilo a partir do qual o pensamento se desenvolve e se recobre. Ela é o obstáculo ao pensamento, mas também a morada e a potência do pensamento, o lugar e o agente. O último romance da série, *Le Docteur Pascal,* indica este ponto final épico da volta da morte contra si mesma, da transmutação dos instintos e da idealização da fissura, no elemento puro do pensamento "científico" e "progressista" em que queima a árvore genealógica dos Rougon-Macquart.

FILOSOFIA NA PERSPECTIVA

O Socialismo Utópico
Martin Buber (D031)
Filosofia em Nova Chave
Susanne K. Langer (D033)
Sartre
Gerd A. Bornheim (D036)
O Visível e o Invisível
M. Merleau-Ponty (D040)
Linguagem e Mito
Ernst Cassirer (D050)
Mito e Realidade
Mircea Eliade (D052)
A Linguagem do Espaço e do Tempo
Hugh M. Lacey (D059)
Estética e Filosofia
Mikel Dufrenne (D069)
Fenomenologia e Estruturalismo
Andrea Bonomi (D089)
A Cabala e seu Simbolismo
Gershom Scholem (D128)
Do Diálogo e do Dialógico
Martin Buber (D158)
Visão Filosófica do Mundo
Max Scheler (D191)
Conhecimento, Linguagem, Ideologia
Marcelo Dascal (org.) (D213)
Notas para uma Definição de Cultura
T. S. Eliot (D215)
Dewey: Filosofia e Experiência Democrática
Maria Nazaré de C. Pacheco Amaral (D229)
Romantismo e Messianismo
Michel Löwy (D234)
Correspondência
Walter Benjamin e Gershom
Scholem (D249)
Isaiah Berlin: Com Toda a Liberdade
Ramin Jahanbegloo (D263)
Existência em Decisão
Ricardo Timm de Souza (D276)
Metafísica e Finitude
Gerd A. Bornheim (D280)
O Caldeirão de Medéia
Roberto Romano (D283)
George Steiner: À Luz de Si Mesmo
Ramin Jahanbegloo (D291)
Um Ofício Perigoso
Luciano Canfora (D292)
O Desafio do Islã e Outros Desafios
Roberto Romano (D294)
Adeus a Emmanuel Lévinas
Jacques Derrida (D296)
Platão: Uma Poética para a Filosofia
Paulo Butti de Lima (D297)
Ética e Cultura
Danilo Santos de Miranda (D299)
Emmanuel Lévinas: Ensaios e Entrevistas
François Poirié (D309)
Preconceito, Racismo e Política
Anatol Rosenfeld (D322)
Razão de Estado e Outros Estados da Razão
Roberto Romano
Razão de Estado e Outros Estados da Razão
Roberto Romano (D335)
Lukács e Seus Contemporâneos
Nicolas Tertulian (D337)
Homo Ludens
Joan Huizinga (E004)
Gramatologia
Jacques Derrida (E016)
Filosofia da Nova Música
T. W. Adorno (E026)
Filosofia do Estilo
Gilles Geston Granger (E029)
Lógica do Sentido
Gilles Deleuze (E035)
O Lugar de Todos os Lugares
Evaldo Coutinho (E055)
História da Loucura
Michel Foucault (E061)
Teoria Crítica I
Max Horkheimer (E077)
A Artisticidade do Ser
Evaldo Coutinho (E097)
Dilthey: Um Conceito de Vida e uma Pedagogia
Maria Nazaré de C. P. Amaral (E102)
Tempo e Religião
Walter I. Rehfeld (E106)
Kósmos Noetós
Ivo Assad Ibri (E130)
História e Narração em Walter Benjamin
Jeanne Marie Gagnebin (E142)
Cabala: Novas Perspectivas
Moshe Idel (E154)
O Tempo Não-Reconciliado
Peter Pál Pelbart (E160)
Jesus
David Flusser (E176)
Avicena: A Viagem da Alma
Rosalie Helena de S. Pereira (E179)
Nas Sendas do Judaísmo
Walter I. Rehfeld (E198)
Cabala e Contra-História: Gershom Scholem
David Biale (E202)
Nietzsche e a Justiça
Eduardo Rezende Melo (E205)
Ética contra Estética
Amelia Valcárcel (E210)
O Umbral da Sombra
Nuccio Ordine (E218)
Ensaios Filosóficos
Walter I. Rehfeld (E246)

Filosofia do Judaísmo em Abraham Joshua Heschel
  Glória Hazan (E250)
A Escritura e a Diferença
  Jacques Derrida (E271)
Mística e Razão: Dialética no Pensamento Judaico. De Speculis Heschel
  Alexandre Leone (E289)
A Simulação da Morte
  Lúcio Vaz (E293)
Judeus Heterodoxos: Messianismo, Romantismo, Utopia
  Michael Löwy (E298)
Estética da Contradição
  João Ricardo Carneiro Moderno (E313)
Pessoa Humana e Singularidade em Edith Stein
  Francesco Alfieri (E328)
Ética, Responsabilidade e Juízo em Hannah Arendt
  Bethania Assy (E334)
Arqueologia da Política: Leitura da República Platônica
  Paulo Butti de Lima (E338)
A Presença de Duns Escoto no Pensamento de Edith Stein: A Questão da Individualidade
  Francesco Alfieri (E340)
Ensaios sobre a Liberdade
  Celso Lafer (EL038)
O Schabat
  Abraham J. Heschel (EL049)
O Homem no Universo
  Frithjof Schuon (EL050)
Quatro Leituras Talmúdicas
  Emmanuel Levinas (EL051)
Yossel Rakover Dirige-se a Deus
  Zvi Kolitz (EL052)
Sobre a Construção do Sentido
  Ricardo Timm de Souza (EL053)
A Paz Perpétua
  J. Guinsburg (org.) (EL055)
O Segredo Guardado
  Ili Gorlizki (EL058)
Os Nomes do Ódio
  Roberto Romano (EL062)
Kafka: A Justiça, O Veredicto e a Colônia Penal
  Ricardo Timm de Souza (EL063)
Culto Moderno dos Monumentos
  Alois Riegl (EL064)
A Filosofia do Judaísmo
  Julius Guttmann (PERS)
Averróis, a Arte de Governar
  Rosalie Helena de Souza Pereira (PERS)
Testemunhas do Futuro
  Pierre Bouretz (PERS)

Na Senda da Razão: Filosofia e Ciência no Medievo Judaico (PERS)
  Rosalie Helena de Souza Pereira (org.) (PERS)
O Brasil Filosófico
  Ricardo Timm de Souza (K022)
Diderot: Obras I – Filosofia e Política
  J. Guinsburg (org.) (T012-I)
Diderot: Obras II – Estética, Poética e Contos
  J. Guinsburg (org.) (T012-II)
Diderot: Obras III – O Sobrinho de Rameau
  J. Guinsburg (org.) (T012-III)
Diderot: Obras IV – Jacques, o Fatalista, e Seu Amo
  J. Guinsburg (org.) (T012-IV)
Diderot: Obras V – O Filho Natural
  J. Guinsburg (org.) (T012-V)
Diderot: Obras VI (1) – O Enciclopedista – História da Filosofia I
  J. Guinsburg e Roberto Romano (orgs.) (T012-VI)
Diderot: Obras VI (2) – O Enciclopedista – História da Filosofia II
  J. Guinsburg e Roberto Romano (orgs.) (T012-VI)
Diderot: Obras VI (3) – O Enciclopedista – Arte, Filosofia e Política
  J. Guinsburg e Roberto Romano (orgs.) (T012-VI)
Diderot: Obras VII – A Religiosa
  J. Guinsburg (org.) (T012-VII)
Platão: República – Obras I
  J. Guinsburg (org.) (T019-I)
Platão: Górgias – Obras II
  Daniel R. N. Lopes (intr., trad. e notas) (T019-II)
Hegel e o Estado
  Franz Rosenzweig (T021)
Descartes: Obras Escolhidas
  J. Guinsburg, Roberto Romano e Newton Cunha (orgs.) (T024)
Spinoza, Obra Completa em 4 volumes
  J. Guinsburg; N. Cunha e R. Romano (orgs.) (T029)
Comentário Sobre a República
  Averróis (T30)
Lessing: Obras
  J. Guinsburg (org.) (T34)
Políbio (História Pragmática)
  Breno Battistin Sebastiani (T35)
As Ilhas
  Jean Grenier (LSC)

COLEÇÃO ESTUDOS
(Últimos Lançamentos)

305. *Apelos*, Jacques Copeau
306. *Ensaios de um Percurso: Estudos e Pesquisas de Teatro*, Esther Priszkulnik
307. *Função Estética da Luz*, Roberto Gill Camargo
308. *Interior da História*, Marina Waisman
309. *O Cinema Errante*, Luiz Nazario
310. *A Orquestra do Reich*, Misha Aster
311. *A Poética de Sem Lugar: Por uma Teatralidade na Dança*, Gisela Dória
312. *Eros na Grécia Antiga*, Claude Calame
313. *Estética da Contradição*, João Ricardo C. Moderno
314. *Teorias do Espaço Literário*, Luis Alberto Brandão
315. *Haroldo de Campos: Transcriação*, Marcelo Tápia e Thelma Médici Nóbrega (orgs.)
316. *Entre o Ator e o Performer*, Matteo Bonfitto
317. *Holocausto: Vivência e retransmissão*, Sofia Débora Levy
318. *Missão Italiana: HIstórias de uma Geração de Diretores Italianos no Brasil*, Alessandra Vannucci
319. *Além dos Limites*, Josette Féral
320. *Ritmo e Dinâmica no Espetáculo Teatral*, Jacyan Castilho
321. *A Voz Articulada Pelo Coração*, Meran Vargens
322. *Beckett e a Implosão da Cena: Poética Teatral e Estratégias de Encenação*, Luiz Marfuz
323. *Teorias da Recepção*, Claudio Cajaiba
324. *Revolução Holandesa, A Origens e Projeção Oceânica*, Roberto Chacon de Albuquerque
325. *Psicanálise e Teoria Literária: O Tempo Lógico e as Rodas da Escritura e da Leitura*, Philippe Willemart
326. *Os Ensinamentos da Loucura: A Clínica de Dostoiévski*, Heitor O´Dwyer de Macedo
328. *A Pessoa Humana e Singularidade em Edith Stein*, Francesco Allieri
329. *A Dança do Agit-Prop*, Eugenia Casini Ropa
330. *Luxo & Design*, Giovanni Cutolo
331. *Arte e Política no Brasil*, André Egg, Artur Freitas e Rosane Kaminski (orgs.)
332. *Teatro Hip-Hop*, Roberta Estrela D'Alva
333. O Soldado Nu: Raízes da Dança Butô, Éden Peretta
334. *Ética, Responsabilidade e Juízo em Hannah Arendt*, Bethania Assy
335. *Alegoria em Jogo: A Encenação Como Prática Pedagógica*, Joaquim Gama
336. *Jorge Andrade: Um Dramaturgo no Espaço Tempo*, Carlos Antônio Rahal
337. *Nova Economia Política dos Serviços*, Anita Kon
338. *Arqueologia da Política*, Paulo Butti de Lima
339. *Campo Feito de Sonhos*, Sônia Machado de Azevedo
340. *A Presença de Duns Escoto no Pensamento de Edith Stein: A Questão da Individualidade*, Francesco Alfieri
341. *Os Miseráveis Entram em Cena: Brasil, 1950-1970*, Marina de Oliveira
342. *Antígona, Intriga e Enigma*, Kathrin H. Rosenfield
343. *Teatro: A Redescoberta do Estilo e Outros Escritos*, Michel Saint-Denis
344. *Isto Não É um Ator*, Melissa Ferreira
345. *Música Errante,* Rogério Costa
346. *O Terceiro Tempo do Trauma*, Eugênio Canesin Dal Molin
347. *Machado e Shakespeare: Intertextualidade*, Adriana da Costa Teles

Este livro foi impresso na cidade de Cotia,
nas oficinas da Meta Brasil,
para a Editora Perspectiva.